Prüfungsfragen und Prüfungsvorbereitung für die

Küchenmeisterprüfung

3. Auflage

von
Bernd Degen

Thomas Kessler

Anton Seidl

Peter Stolzenberger

Bestell-Nr.: 04895

Autoren:

Bernd Degen, Viechtach
Küchenmeister, Hotelmeister, Serviermeister und Fachlehrer i. R.

Thomas Kessler, Regen-March
Hotelbetriebswirt und Fachlehrer

Anton Seidl, Kammersdorf
Dipl.-Handelslehrer, OStR

Peter Stolzenberger, Bernried
Küchenmeister und Fachlehrer

Druck 5 4 3 2 1

Alle Drucke derselben Auflage sind parallel einsetzbar, da bis auf die Behebung von Druckfehlern untereinander unverändert.

ISBN 3-8057-0489-5

Alle Rechte vorbehalten. Das Werk ist urheberrechtlich geschützt. Jede Verwertung außerhalb der gesetzlich geregelten Fälle muss vom Verlag schriftlich genehmigt werden.

© 2002 by Fachbuchverlag Pfanneberg, 42781 Haan-Gruiten
http://www.pfanneberg.de

Photos: Sämtlich durch Herrn Bernd Degen, Viechtach
Satz und Druck: Tutte Druckerei GmbH, 94121 Salzweg-Passau

Vorwort

Seit 1985 hat die Rechtsverordnung für die Prüfung zum „MEISTER IM GASTGEWERBE", mit den anerkannten Abschlüssen „geprüfter Küchenmeister", „geprüfter Restaurantmeister" und „geprüfter Hotelmeister" Gültigkeit. Die in den vom DIHT und DEHOGA entwickelten einheitlichen Rahmenstoffpläne mit Lernzielen dienten uns als Leitfaden für die Ausarbeitung dieses Prüfungsfragen-Buches.

Es soll nicht die umfassendere Fachliteratur und schon gar nicht den Vorbereitungslehrgang ersetzen, sondern es soll dem zukünftigen Meister dienen, sich gezielt und nach aktuellem Stand auf seine Prüfung vorzubereiten. Möge dieses Buch vielen helfen, „Meister im Gastgewerbe" zu werden!

Viechtach, im Frühjahr 2002

Die Autoren

Inhaltsverzeichnis

Fachübergreifender Teil

Grundlagen für kostenbewusstes Handeln — 12

Volkswirtschaftslehre — 12
Betriebsorganisation — 37
Rechnungswesen — 48
Steuern, Abgaben, Versicherungen — 79

Grundlagen für rechtsbewusstes Handeln — 85

Grundgesetz, Gerichtsbarkeit und Rechtsprechung — 85
Arbeits- und Sozialrecht — 90
Fachbezogene Rechtsvorschriften — 123
Bürgerliches Gesetzbuch, Handelsgesetzbuch, Gewerbeordnung — 150
Umweltschutzrecht — 179

Grundlagen für die Zusammenarbeit im Betrieb — 184

Sozialverhalten des Menschen — 184
Einflüsse des Betriebes auf das Sozialverhalten — 188
Einflüsse des Meisters — 191

Fachtheoretischer Teil

Lebensmittel — 200

Schlachtfleisch — 200
Fische — 210
Krustentiere, Schaltiere, Kaviar — 214
Hausgeflügel — 221
Pasteten, Terrinen, Galantinen — 222
Haarwild und Federwild — 224
Obst, Gemüse und Pilze — 227
Kartoffeln, Teigwaren, Reis — 229
Milch und Milcherzeugnisse — 232
Eierspeisen — 236
Gewürze und würzende Zutaten — 239
Getränkearten — 241
    Wein — 241
    Ausländische Weine — 251
    Likörwein — 262
    Schaumwein — 266
    Bierherstellung — 271
    Spirituosenherstellung — 278
    Aufgussgetränke — 282
    Mineralwasser, Fruchtsaft — 284
    Mixtechniken und Mixgetränke — 285

Speisen und Speisenfolgen — 292

Speisenangebote — 292
    Warenanforderung — 292
    Regionale und nationale Gerichte, Internationale Küche — 310
    Gerichte der „Neuen Küche" — 328
    Patisseriewaren — 331
    Speisenfolgen, Angebote für Buffetkarten, Außer-Haus-Küche und Spezialitätenwochen — 344
        Erstellung von Speisenfolgen zu verschiedenen Anlässen — 353
    Speisekarten — 356

Vor- und Zubereitung von Speisen — 359

Grundlagen der Ernährungslehre — 359
    Verdauung und Stoffwechsel — 360
    Zuckerstoffe – Kohlenhydrate — 361
    Wasser — 366
    Mineralstoffe — 367
    Vitamine — 368
    Enzyme — 369
Technologie der Vorbereitung von Lebensmitteln — 371
Zubereitung und Nachbereitung von Speisen — 375
    Fonds, Suppen, Soßen, Fische, Desserts — 380
    Fachausdrücke — 425
Haltbarmachung von Lebensmitteln — 431
Veränderungen der Stoffe — 432

Betriebsorganisation im Küchenbetrieb — 434

Arbeitsplatzgestaltung — 434
Arbeitsabläufe — 445
Verkaufsgespräche und betriebsinterne Absprachen — 450
Kontrolle und Abrechnung — 457
Verkaufsfördernde Veranstaltungen und Aktionen — 461

Nachweis der Schaubilder und Fotos

Schaubilder:

Seite 22 oben: Deutsche Wachstums-Früchte
Globus Kartendienst GmbH, Hamburg, Globus Nr. 7006

unten: Die deutsche Bundesbank
Erich Schmidt Verlag GmbH, Berlin, Zahlenbild Nr. 459120

Seite 24 oben: Die langen Wellen der Konjunktur
Globus Kartendienst GmbH, Hamburg, Globus Nr. 4933

unten: Konjunkturbewegung in der Marktwirtschaft
Globus Kartendienst GmbH, Hamburg, Globus Nr. 3144

Seite 27 oben: Wege zum neuen Tarifvertrag
Globus Kartendienst GmbH, Hamburg, Globus Nr. 4198

unten: Der Europäische Zentralbankrat
dpa-Grafik 1126

Seite 33: So funktioniert die EU
Globus Kartendienst GmbH, Hamburg, Globus Nr. 5599

Zeichnungen:
Alle im Buch enthaltenen Zeichnungen wurden den Einzelbänden der Buchreihen ,,Prüfungsfragen und Antworten für die Berufe des Gastgewerbes" bzw. ,,... des Metzger/Fleischer-Handwerks", ebenfalls erschienen im Verlag Europa-Lehrmittel, Haan-Gruiten, entnommen.

Fotos:
Alle im Buch enthaltenen mehr- und einfarbigen Fotos wurden von dem Mitautor der Texte, Bernd Degen, Viechtach/Bayer. Wald, aufgenommen.

Restaurant im Hotel „Plaza Athenée" in Paris

Fachübergreifender Teil

Grundlagen für kostenbewusstes Handeln

Volkswirtschaftslehre

Beschreiben Sie die Begriffe Bedürfnisse, Bedarf und Nachfrage!	Bedürfnisse: Mangelempfindungen der Menschen, die diese bestrebt sind zu beheben. Bedarf: Die mit Kaufkraft versehenen Bedürfnisse; Der Bedarf ist eine Teilmenge der Bedürfnisse. Nachfrage: Dies sind die Bedürfnisse, die sich der Mensch leistet; die Nachfrage ist also eine Teilmenge des Bedarfs.
Wie können die Bedürfnisse nach der Dringlichkeit ihrer Befriedigung eingeteilt werden?	Existenzbedürfnisse (= Lebens- oder Grundbedürfnisse), Kulturbedürfnisse, Luxusbedürfnisse.
Geben Sie jeweils Beispiele dazu an!	
– Existenzbedürfnisse:	Nahrung, Kleidung, Wohnung, gewisses Maß an Bildung.
– Kulturbedürfnisse:	moderne Kleidung, abwechslungsreiches Essen, größere Wohnung, Radio, Fernsehapparat, höhere Bildung.
– Luxusbedürfnisse	Modellkleid, Segeljacht, Weltreise.
Beschreiben Sie kurz diese Bedürfnisse	Die Befriedigung der Existenzbedürfnisse ist lebensnotwendig. Kulturbedürfnisse sind verfeinerte Bedürfnisse des modernen Menschen. Luxusbedürfnisse kann sich ein Großteil der Bevölkerung nur bei großer Sparsamkeit leisten.
Wovon hängt die Befriedigung der Bedürfnisse ab?	Sie hängt in der Regel vom Vermögen und Einkommen (Lohn, Gehalt, Rente usw.), also der Kaufkraft, die jedem Menschen zur Verfügung steht, ab.
Wodurch sind alle Bedürfnisse gekennzeichnet?	Die Bedürfnisse der Menschen sind individuell und unbegrenzt. Sie ändern sich im Zeitablauf.

Wie werden die Bedürfnisse nach den gesellschaftlichen Befriedigungsmöglichkeiten eingeteilt? Geben Sie auch Beispiele an!	Individualbedürfnisse: Fernsehapparat, Brot, Auto, Möbel. Kollektivbedürfnisse: Straßen, Museen, Theater, öffentliche Verkehrsmittel, Krankenhäuser, Schulen, saubere Umwelt.
Beschreiben Sie diese Bedürfnisse! – *Individualbedürfnisse:* – *Kollektivbedürfnisse:*	 Sie richten sich auf Güter, die der einzelne für sich bzw. innerhalb seiner Familie konsumieren kann. Sie werden mit Gütern befriedigt, die allen Menschen zur Nutzung zur Verfügung stehen sollen.
Ordnen Sie folgende Bedürfnisse den oben genannten Einteilungskriterien zu: – *auf der Autobahn fahren* – *Hunger, Durst* – *Appetit auf geräucherten Lachs* – *Sicherheit vor Verbrechern* – *nach Information, z. B. Tageszeitung* – *Bedürfnis eines Arbeiters, einen schnellen Sportwagen zu fahren*	 Kollektivbedürfnis Existenzbedürfnis/Individualbedürfnis Luxusbedürfnis/Individualbedürfnis Kollektivbedürfnis Kulturbedürfnis/Individualbedürfnis Luxusbedürfnis/Individualbedürfnis
Womit können die Bedürfnisse befriedigt werden?	Sie können allgemein mit Gütern befriedigt werden.
Wie werden die Güter nach ihrer Verfügbarkeit unterschieden?	Freie Güter Wirtschaftliche Güter
Welche Konsequenz ergibt sich aus der Tatsache, dass die weitaus meisten Güter wirtschaftliche Güter sind?	Wirtschaftliche Güter haben einen Preis, d. h. sie kosten etwas. Der einzelne Mensch muss somit wirtschaftlich (ökonomisch) handeln, d. h. über die verschiedenartige Verwendung seiner Kaufkraft entscheiden.

Unterscheiden Sie (mit Beispielen): *– freie Güter und wirtschaftliche Güter*	Freie Güter stehen in unbeschränktem Maße zur Verfügung und können vom Menschen nach Belieben in Anspruch genommen werden, z. B. Luft, Meerwasser. Sind die Güter knapp und kosten etwas, spricht man von wirtschaftlichen Gütern.
– materielle und immaterielle Güter	Materielle Güter sind alle Sachgüter, z. B. Waage, Einrichtungen, Kfz; immaterielle Güter sind Dienstleistungen, z. B. Behandlung durch einen Arzt und Rechte, z. B. Patente.
– Konsumgüter und Produktionsgüter (Investitionsgüter)	Konsumgüter dienen der unmittelbaren Bedürfnisbefriedigung, z. B. eine Kiste Bier; Produktionsgüter werden zur Herstellung von Wirtschaftsgütern benötigt, z. B. Rohstoffe, Geschäftshaus, Grund;
– Gebrauchsgüter und Verbrauchsgüter	Gebrauchsgüter können über einen längeren Zeitraum genutzt werden, z. B. Kühlschrank; Verbrauchsgüter werden in einem einmaligen Verbrauchsvorgang konsumiert, z. B. Brot.
Erklären Sie den Begriff „Kaufkraft"!	Kaufkraft ist das zur Verfügung stehende Einkommen (Nettoeinkommen, Kindergeld, Miet-/Pachteinnahme, Rente, Pension, Arbeitslosengeld/-hilfe) im Verhältnis zu der damit zu erwerbenden Gütermenge. Er beschreibt also das Verhältnis zwischen Einkommen und Preisen.
Was versteht man in einer Volkswirtschaft unter „Bedarf"?	Bedarf ist die Summe aller Bedürfnisse, die durch Kaufkraft erfüllt werden können.
Nennen und charakterisieren Sie die volkswirtschaftlichen Produktionsfaktoren!	Natur: z. B. Boden, Luft, Wasser, Sonne. Der Boden dient als gewerblicher Standort für das Gastgewerbe. Arbeit: Zur Produktion von Gütern ist geistige und körperliche Arbeit der Menschen notwendig. Kapital: Unter Kapital im volkswirtschaftlichen Sinne versteht man produzierte Produktionsmittel, z. B. Gebäude, Einrichtungen, Ausstattungen, Kfz, Waren.

Welche Wirkung hat die Kapitalbildung auf die Produktion?	Durch die Kombination der beiden Produktionsfaktoren Natur + Arbeit ist Produzieren bereits möglich. Will der Mensch den Erfolg seiner Arbeit erhöhen, muss er investieren, d.h. Geldkapital in Sachkapital anlegen; es kommt zur Mechanisierung und Automatisierung.
Welche Folgen und Probleme zeitigt die Kombination und Substitution der Produktionsfaktoren?	Die zunehmende Kapitalbildung setzt immer mehr Personal frei, sie führt zur Monotonie der Arbeit (z. B. Fließband), hat erhebliche Umweltbelastungen zur Folge (z. B. Luftverschmutzung durch Abgase) und verschwendet Ressourcen (z. B. Erdöl, Erdgas)
Erläutern Sie das ökonomische Prinzip in seinen beiden Ausprägungen anhand branchenspezifischer Beispiele!	**Maximalprinzip:** mit gegebenen Mitteln den größtmöglichen Erfolg erzielen. Beispiel: Ein Hotel hat einen bestimmten Werbeetat. Jetzt gilt es zu überlegen, welche Werbemaßnahmen den größten Erfolg bringen, z. B: Allein- oder Sammelwerbung. **Minimalprinzip:** einen geplanten Erfolg mit dem geringstmöglichen Einsatz an Mitteln erreichen. Beispiel: Ziel ist ein Gewinn von 150 000,— €. Durch verschiedene zusätzliche Maßnahmen wie z. B. Veranstaltungen (Starkbierfest, Tanz) kann dieses Ziel erreicht werden.
Was verstehen Sie unter Produktivität?	Darunter versteht man die Ergiebigkeit einer wirtschaftlichen Tätigkeit.
Wie wird die Arbeitsproduktivität ermittelt?	P = Erzeugte Menge : Arbeitseinsatz
Ermitteln Sie die Arbeitsproduktivität aufgrund folgender Angaben: Ein Ausflugsrestaurant verkaufte an einem Tag 1000 Hauptgerichte. Es beschäftigt 5 Köche, jeder Koch arbeitete 8 Stunden.	$P = \dfrac{1000 \text{ Gerichte}}{40 \text{ Arbeitsstunden}} = 25$
Welche Bedeutung haben Produktivitätskennzahlen?	Produktivitätskennzahlen dienen inner- und zwischenbetrieblichen Vergleichen.

Was versteht man unter Wirtschaftlichkeit?	Unter Wirtschaftlichkeit versteht man das Verhältnis von Ertrag (Leistung) zum Aufwand (Kosten)
Berechnen Sie die Wirtschaftlichkeit unter Zugrundelegung folgender Angaben: Ein Restaurant verkaufte in einem Monat Speisen und Getränke im Wert von 50 000,— €. An Material-, Lohn- und anderen Kosten hatte es 40 000,— €.	Wirtschaftlichkeit = $\dfrac{\text{Ertrag}}{\text{Aufwand}}$ $\dfrac{50\,000,\text{---}}{40\,000,\text{---}} = 1{,}25$
Welche Bedeutung haben Wirtschaftlichkeitsberechnungen?	Sie dienen der Leistungs- und Kostenkontrolle im inner- und zwischenbetrieblichen Vergleich.
Was versteht man unter Rentabilität?	Unter Rentabilität versteht man die Verzinsung eines Kapitals innerhalb eines bestimmten Zeitabschnittes.
Welche Arten von Rentabilität kann man unterscheiden?	Eigenkapitalrentabilität (= Unternehmerrentabilität), Gesamtkapitalrentabilität (= Unternehmungsrentabilität), Umsatzrentabilität
Berechnen Sie die Eigenkapital-, Gesamtkapital- und Umsatzrentabilität aufgrund folgender Angaben: Eigenkapital 400 000,— €, Fremdkapital 200 000,— €, Reingewinn 54 000,— €, Fremdkapitalzinsen 6 000,— €, Umsatz 1 200 000,— €.	Eigenkapitalrentabilität: $\dfrac{54\,000}{400\,000} \times 100 = 13{,}5\,\%$ Gesamtkapitalrentabilität: $\dfrac{54\,000 + 6\,000}{600\,000} \times 100 = 10\,\%$ Umsatzrentabilität: $\dfrac{54\,000}{1\,200\,000} \times 100 = 4{,}67\,\%$
Ist es möglich, dass ein Betrieb bei geringerer Produktivität sehr rentabel ist?	Das ist dann der Fall, wenn für die (geringen) Leistungen sehr hohe Erlöse erzielt, die Aufwendungen hierfür ebenfalls sehr gering gehalten werden, ebenso der Kapitaleinsatz (z. B. Eigenkapital).

Was versteht man unter den Begriffen *– Resourcenverschwendung* *– Recycling?*	– Verschwenderischer Umgang mit Rohstoffen (z. B. Wasser, Erdöl, Metall, Glas, Holz) – Wiederverwendung von Material (z. B. Styropor, Plastik, Glas, Metalle, Papier, Bioabfall)
Kennzeichnen Sie die Stellung der Produktionsbetriebe, der Dienstleistungsbetriebe, des Staates und der privaten Haushalte im Wirtschaftskreislauf!	Die Produktions- und Dienstleistungsbetriebe nehmen produktive Leistungen der privaten Haushalte (Arbeiter und Angestellte) in Anspruch, um Güter und Dienstleistungen her- bzw. bereitzustellen. Dienstleistungsbetriebe kaufen von den Produktionsbetrieben Güter, jene Betriebe nehmen aber auch deren Dienste in Anspruch. Der Staat ist in das System dergestalt eingebunden, dass er von den Unternehmen und privaten Haushalten Steuern und Abgaben empfängt, aber auch Subventionen, Transferleistungen, z. B. Kindergeld, Vergabe von Staatsaufträgen, Gehälter und Sozialleistungen, vergibt.
Welche Rolle spielen hierbei die Banken und das Ausland?	Banken: Sowohl Unternehmen als auch Haushalte machen bei Kreditinstituten Einlagen; dafür erhalten sie Zinsen. Die Banken vergeben an beide Kredite, wofür sie dann Kreditzinsen von ihnen erhalten. Ausland: Exportierende Unternehmen erhalten für ihre Waren Exporterlöse, umgekehrt geben Importeure entsprechende Zahlungen ans Ausland.
Erklären Sie den Wirtschaftskreislauf mit Güter- und Geldströmen!	Die Haushalte stellen den Unternehmen Arbeitskräfte zur Verfügung. Dafür empfangen sie Einkommen (Löhne und Gehälter). Ein Großteil davon fließt als Konsumausgaben wieder an die Unternehmen zurück, die Konsumgüter und Dienstleistungen an die Haushalte liefern. Damit ist der Wirtschaftskreislauf geschlossen.
Was verstehen Sie unter Sozialprodukt?	Darunter versteht man die Summe aller Güter (Sachgüter, Dienstleistungen), die in einer Volkswirtschaft innerhalb eines Jahres erstellt werden (in Geld ausgedrückt).

Worin liegt der Unterschied zwischen Brutto- und Nettosozialprodukt?	Zum Bruttosozialprodukt werden die Werte aller in einem Jahr erzeugten Güter und Dienstleistungen zusammengezählt. Will man auf das Nettosozialprodukt kommen, muß man vom Bruttosozialprodukt die Abschreibungen, also Verschleiß und Veraltern der Maschinen der Unternehmen abziehen.
Unterscheiden Sie Nominales und Reales Bruttosozialprodukt!	Das Nominale Bruttosozialprodukt ermittelt man, wenn man die Güter und Dienstleistungen zu den jeweiligen Preisen ansetzt. Zieht man hiervon die Inflation (= Preissteigerung gegenüber dem Vorjahr) ab, erhält man das Reale (= echte) Bruttosozialprodukt.
Weshalb wird das Reale Bruttosozialprodukt als Maßstab angesetzt?	Beim Realen Bruttosozialprodukt werden die Preissteigerungen abgezogen, denn diese würden das Ergebnis verzerren und verfälschen; hohe Inflationsraten gaukeln ein falsches Wirtschaftswachstum vor.
In welchen Wirtschaftsbereichen entsteht das Sozialprodukt?	In der Land- und Forstwirtschaft, der Industrie, im Handel und Verkehrsgewerbe, bei Dienstleistungsunternehmen und beim Staat.
Wie verteilt sich das Sozialprodukt?	Einkommen aus unselbständiger Arbeit und Einkommen aus Unternehmertätigkeit und Vermögen (z. B. Mieten, Pachten, Zinsgutschriften) sowie indirekte Steuern und Abschreibungen.
Was zeigt die Verwendungsrechnung des Sozialproduktes?	Sie zeigt, wofür das Sozialprodukt verwendet wurde (privater Konsum, Staatsverbrauch, Investitionen, Außenbeitrag = Differenz aus Export-Import).
Aus welchen Werten setzt sich das Volkseinkommen zusammen?	Aus den Einkommen aus unselbständiger Arbeit und aus denen aus Unternehmertätigkeit und Vermögen.
Erklären Sie den Begriff Lohnquote!	Den prozentualen Anteil des Einkommens aus unselbständiger Arbeit am Volkseinkommen bezeichnet man als Lohnquote.

Wie beurteilen Sie die Aussagefähigkeit der volkswirtschaftlichen Gesamtrechnung?	Das Sozialprodukt kann nur dann als Grundlage für die Beurteilung des Wirtschaftswachstums dienen, wenn es zu konstanten Preisen verglichen wird (= reales Sozialprodukt). Problematisch wird die Berechnung zu konstanten Preisen v. a. dann, wenn sich, wie meist in der Realität, die Preise für die im Sozialprodukt enthaltenen Güter ungleich verändern (z. B. starke Senkung/Erhöhung der Erdölpreise). Das Sozialprodukt kann auch kaum als Maßstab für den wirtschaftlichen Wohlstand benutzt werden, denn es sagt nichts über die Verteilung der Güter aus (z. B. Wirtschaftswachstum trotz hoher Arbeitslosigkeit).
Nennen Sie die geistigen Grundlagen der Freien Marktwirtschaft!	Die Freie Marktwirtschaft beruht auf der Idee des Liberalismus. Das Prinzip geht auf den Engländer Adam Smith (1723–1790) zurück. Die freien Unternehmer trafen unbeeinflusst ihre Entscheidungen. Sie standen zueinander auf dem Markt in einem v. a. vom Staat unbeeinflussten freien Wettbewerb. Gute Gewinnaussichten und die Möglichkeit der freien Entfaltung waren die wesentlichen Antriebskräfte.
Welche Merkmale kennzeichnen eine Freie Marktwirtschaft?	Privateigentum an Produktionsmitteln Produktions-, Gewerbe-, Niederlassungs-, Vertrags- und Konsumfreiheit, das Handeln richtet sich nach dem Grundsatz des höchstmöglichen Gewinns, freier Wettbewerb, freie Preisbildung am Markt, freie Berufs- und Arbeitsplatzwahl, keine Produktionsbeschränkung, Löhne werden von Arbeitgeber und Arbeitnehmer ausgehandelt, Funktion des Staates: Schutz, Bildung, Rechtspflege, Außenpolitik.

Welche Mängel hat Ihrer Meinung nach die Freie Marktwirtschaft?	Starke Abhängigkeit der Arbeitnehmer; Konzentration des Vermögens bei wenigen; Einschränkung und eventuell Ausschaltung des Wettbewerbs; Monopolbildungen; Bedürfnisse der Allgemeinheit bleiben in vielen Fällen unbefriedigt.
Wie funktioniert das Modell der reinen Zentralverwaltungswirtschaft (= Planwirtschaft)?	In dieser Wirtschaftsordnung werden Produktion und Verbrauch durch staatliche Stellen zentral geplant. Dazu werden kurzfristige (Jahrespläne) und langfristige (Fünf- und Zehnjahrespläne) Planungen vorgenommen. Es gibt keine Märkte, weder für Preis, noch für Lohn und Zins. Das Geld dient nur als Verrechnungseinheit.
Welche Merkmale müssen gegeben sein, damit die Planwirtschaft funktionieren kann?	Eine zentrale Planungsbehörde; Vorausplanung der Verteilung von Gütern und Dienstleistungen; keine Produktions-, Gewerbe- und Niederlassungsfreiheit; keine Konsumfreiheit sondern Zuteilungssystem; kein Freihandel; keine Vertragsfreiheit; kein Privateigentum an Produktionsmitteln sondern Kollektiveigentum; keine freie Berufswahl, Arbeitsplatzwahl und Freizügigkeit.
Mit welchen Mängeln hat die Planwirtschaft stets zu kämpfen?	Die Planwirtschaft ist nur dann funktionstüchtig, wenn die zentrale Planstelle über alle zur Planung notwendigen Informationen verfügt. Die Informationsbeschaffung und -auswertung scheitert aber oftmals an den technischen, wirtschaftlichen, politischen und außerhalb menschlicher Einflussnahme stehenden Gründen.
Erklären Sie, auf welchen Prinzipien (= Grundsätzen) die Soziale Marktwirtschaft beruht!	**Freiheitliches Prinzip:** So viel Freiheit wie möglich im wirtschaftlichen Bereich, z. B. weitgehende Gewerbefreiheit, Konsumfreiheit, freie Arbeitsplatzwahl, Freizügigkeit, Vertragsfreiheit, Privateigentum an Produktionsmitteln. **Soziales Prinzip:** Schutz des wirtschaftlich Schwächeren, z. B. Arbeitnehmer, kleine Unternehmen, Steuerklassen.

Welche sozialpolitischen Ziele sollen in der Sozialen Marktwirtschaft angestrebt werden? Geben Sie kurze Erklärungen dazu!	**Soziale Sicherheit:** Schutz des Arbeitnehmers vor Risiken des Arbeitslebens und vor Ausbeutung; durch die ges. Sozialversicherungen und die Arbeitsschutzgesetze. **Gerechte Einkommens- und Vermögensverteilung:** Progressive Steuer, Steuerklassen, Sonderausgaben, Werbungskosten, Wohnungsbau- und Sparprämien, Kindergeld, Wohngeld. **Chancengleichheit:** Bildung ist grundsätzliche Aufgabe des Staates; jeder soll nach seinen Fähigkeiten und Neigungen die gleichen Bildungschancen haben. Der Staat stellt die Bildungseinrichtungen zur Verfügung; sozial Schwache erhalten finanzielle Hilfen, z. B. Stipendien. **Mitbestimmung:** Mitsprache des Arbeitnehmers in seinem Arbeitsbereich; Betriebsverfassungsgesetz, Mitbestimmungsgesetz, Montan-Mitbestimmungsgesetz.
Welche Merkmale sind kennzeichnend für die Soziale Marktwirtschaft?	Der Staat greift in das Wirtschaftsgeschehen ein (Sozialstaat); eingeschränkte Gewerbefreiheit; Konsumfreiheit; weitgehend Freihandel; Privateigentum und Staatseigentum; grundsätzlich freie Berufswahl, Arbeitsplatzwahl und Freizügigkeit; gerechtere Einkommensverteilung, z. B. Steuerprogression; grundsätzliche Chancengleichheit in der Bildung.
Welcher Grundsatz gilt für das Handeln des Staates in der Sozialen Marktwirtschaft?	Der Staat soll nur dann in das wirtschaftliche Geschehen eingreifen, wenn die Prinzipien bedroht sind, oder durch staatliche Maßnahmen besser verwirklicht werden können.
Wer wird als der „Vater" der Sozialen Marktwirtschaft bezeichnet?	Ludwig Erhard, von 1949–1963 Bundeswirtschaftsminister und von 1963–1966 Bundeskanzler.
Welche Institution wacht in der Bundesrepublik Deutschland darüber, dass der wirtschaftliche Wettbewerb nicht eingeschränkt wird?	Das Kartellamt (Sitz in Berlin)

Was versteht man unter Wirtschaftspolitik?	Darunter sind Überlegungen, Entscheidungen und Maßnahmen des Staates, die das wirtschaftliche Geschehen beeinflussen, zu verstehen.
Welche wirtschaftspolitischen Ziele strebt die Soziale Marktwirtschaft an?	Stabilität des Preisniveaus (= gleichbleibende Preise auf möglichst niedrigem Niveau); hoher Beschäftigungsstand (= Vollbeschäftigung bzw. möglichst wenig Arbeitslose); Wirtschaftswachstum (= jedes Jahr soll mehr produziert werden); Außenwirtschaftliches Gleichgewicht (= Zahlungsbilanzausgleich, d. h. Zahlungseingänge aus dem Waren- und Dienstleistungsexport und der Kapitalzufuhr sollen den Zahlungsausgängen entsprechen).
Welches Gesetz verpflichtet den Staat, diese Ziele anzustreben?	Gesetzliche Grundlage ist das sogenannte Stabilitätsgesetz von 1967.
Weshalb spricht man in diesem Zusammenhang vom „Magischen Viereck"?	Da es fast an Zauberei (= Magie) grenzt, die vier zum Teil widerstrebenden Wirtschaftsziele gleichzeitig zu erreichen, spricht man vom „Magischen Viereck".
Warum gilt Wirtschaftswachstum als Ziel?	Es ist bei Bevölkerungswachstum notwendig, um den Lebensstandard zu erhalten. Bei Bevölkerungsstagnation bzw. sinkenden Bevölkerungszahlen führt es zur Erhöhung des Lebensstandards. Den durch Rationalisierung oder durch Strukturwandel freigesetzten Arbeitskräften können wieder Arbeitsplätze verschafft werden. Sicherung der Konkurrenzfähigkeit gegenüber dem Ausland. Wachstum ist der Motor für sozialen Fortschritt und für soziale Sicherheit.
Heute treten zu den 4 Zielen des Stabilitätsgesetzes noch 2 weitere hinzu. Welche?	Gerechte Einkommensverteilung und Erhaltung einer lebenswerten Umwelt.

Woran wird wirtschaftliches Wachstum gemessen?	Wirtschaftliches Wachstum wird nach der Veränderung des realen Bruttosozialproduktes gemessen.
Der Staat strebt das Ziel Vollbeschäftigung an. Wie wirkt sich dies im Normalfall auf die anderen 3 Ziele des Stabilitätsgesetzes aus?	Auf das Wirtschaftswachstum hätte dies positive Auswirkungen, denn je mehr Menschen beschäftigt sind, um so mehr wird produziert. Die anderen beiden Ziele aber würden negativ davon berüht. Je mehr Einkommen zur Verfügung steht, um so größer ist die Nachfrage. Erhöhung der Nachfrage lässt den Preis steigen. Steigende Preise bedeuten Devisenabflüsse (Devisen = ausländische Währungen), wenn im Ausland stabiles Preisniveau herrscht.
Diesmal soll das Ziel Preisniveaustabilität angestrebt werden. Welche Auswirkungen hat das auf die anderen Ziele?	Staat und Bundesbank ziehen Geld aus dem Kreislauf, wodurch die Nachfrage sinkt. Sinkende Nachfrage hat Produktionseinschränkungen zur Folge, was wiederum zu Entlassungen von Arbeitskräften führt. Eine niedrige Inflationsrate führt zu Exportüberschüssen und damit zu außenwirtschaftlichem Ungleichgewicht.
Erklären Sie mit Beispielen die verschiedenen Formen der Arbeitslosigkeit!	
– saisonale	Arbeitslosigkeit bedingt durch geringe Nachfrage nach Gütern innerhalb einer bestimmten Jahreszeit, z. B. im Gastgewerbe im Herbst oder Frühjahr, oder bei Bauarbeitern im Winter.
– konjunkturelle	Sie ist meist kurzfristiger Natur, bedingt durch geringes oder gar negatives Wirtschaftswachstum.
– strukturelle	Bedingt durch den Niedergang von Wirtschaftszweigen wegen überlegener ausländischer Konkurrenz, Bedürfnisänderungen, Rohstoff- und Energiemangel, z. B. Strukturkrisen im Montanbereich (Kohle und Stahl).
– friktionelle	Sie tritt auf, weil zu jedem Zeitpunkt Menschen aus einem Arbeitsverhältnis ausscheiden, ihre neue Arbeit aber noch nicht angetreten haben.

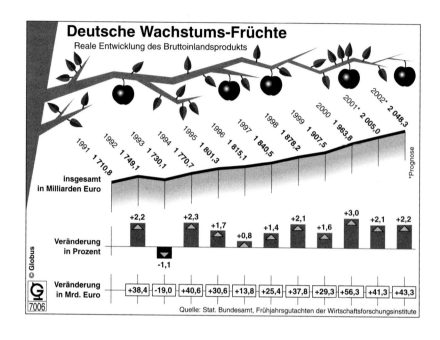
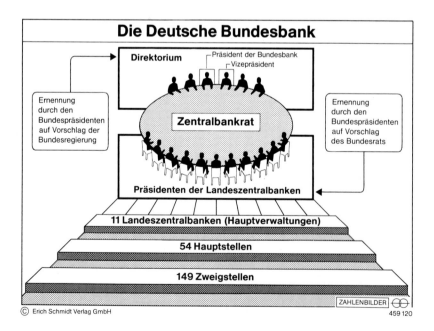

Was versteht man unter Konjunktur?	Darunter versteht man die jeweilige wirtschaftliche Gesamtlage bzw. Gesamtentwicklung.
Wie verläuft die Konjunktur im Zeitablauf?	Sie verläuft wellenförmig, d. h. es gibt wirtschaftlich bessere und schlechtere Zeiten.
Welche Phasen (= Abschnitte) unterscheidet man dabei?	Entwickelt sich die Wirtschaft positiv, so spricht man von wirtschaftlichem Aufschwung oder Expansion; entwickelt sie sich negativ, spricht man von einem wirtschaftlichen Abschwung oder Rückschlag bzw. Rezession. Die Zeit des größten Wirtschaftswachstums wird Hochkonjunktur oder Boom, die schlechteste Zeit der wirtschaftlichen Entwicklung Tiefstand oder Depression genannt.
Zeichnen Sie den Konjunkturzyklus und bestimmen Sie die einzelnen Phasen!	reales Bruttosozialprodukt — Expansion — Boom — Rezession — Trend — Depression → Zeit
Welche Institutionen können Konjunkturpolitik betreiben?	Der Staat (= Bund, Länder, Gemeinden) und die Deutsche Bundesbank und die Europäische Zentralbank.
Welche Möglichkeiten der Konjunkturpolitik stehen dem Staat nach dem Stabilitätsgesetz offen?	Bei Hochkonjunktur: Konjunkturausgleichsrücklage, Sperrung von Geldern, Hinausschieben von Maßnahmen, Erhöhung der Lohn- und Einkommenssteuer um 10% für ein Jahr; Bei Rezession und Depression: Ausgabe dieser Gelder, Kreditaufnahme des Bundesfinanzministers bis 5 Mrd. € außerhalb des Haushaltes, Senkung der Lohn- und Einkommenssteuer um 10% für 1 Jahr.
Welche weiteren Möglichkeiten hat der Staat?	Steuerliche Maßnahmen (Erhöhungen und Senkungen), Importbeschränkungen bzw. -erweiterungen (Mengenfestsetzungen, Zölle). Exportsubventionen (= Ausfuhrzuschüsse), Änderungen bei Abschreibungsmöglichkeiten.

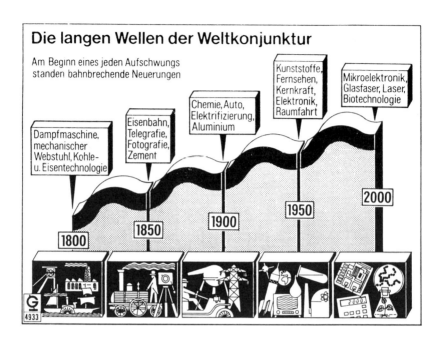
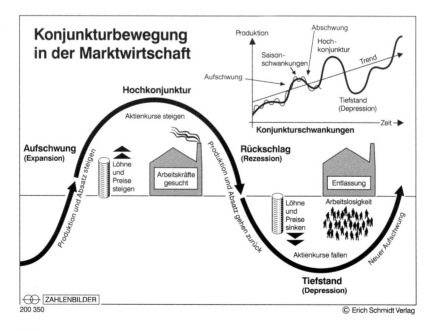

Welchen Nutzen bietet das Geld in der modernen Volkswirtschaft?	– die Suche nach einem passenden Tauschpartner entfällt – Kauf und Verkauf können getrennt werden – Geld ist eine einheitliche Rechengröße.
Welche verschiedenen Funktionen hat das Geld?	– Tauschmittel – Zahlungsmittel (Wertübertragung) – Recheneinheit (vergleichende, rechnerische Wertangabe bei der Preisangabe, Buchführung, Statistik ...) – Wertaufbewahrung.
Wer gibt Banknoten aus, wer besitzt die Münzhoheit?	Banknoten: Bundesbank Münzen: Staat (Bundesfinanzministerium).
Erklären sie den Begriff Giralgeld (Buchgeld)!	Giralgeld ist Geld, das von (Giro-)Konto zu Konto wandert (und dort in den „Büchern" steht) Giro: italienisch „Kreis".
Weshalb besitzt das Bankenwesen große Sicherheit?	Das Bundesaufsichtsamt für das Kreditwesen und die Bundesbank stellen Richtlinien für die Kreditvergabe, Liquidität und Eigenkapital der Banken auf. Die Banken müssen dem Aufsichtsamt laufend die Bücher vorlegen und jeden Kunden mit mindestens 3 Millionen Kredit melden.
Wodurch entsteht Inflation?	– die Nachfrage ist größer als das Angebot – allgemeine Unternehmenskosten werden auf die Preise aufgeschlagen – die Geldmenge wird größer.
Weshalb ist Inflation für die wirtschaftliche Entwicklung schädlich?	– der Geldwert sinkt (z. B. Einkommens-, Vermögens-, Zinsverluste) – Geld wird in (sichere) Sachwerte wie Immobilien angelegt und nicht investiert.
Wovon wird die Preisentwicklung bestimmt?	– der Geldmenge – der Finanz- und Steuerpolitik – den Tarifabschlüssen (z. B. Lohnerhöhung) – Außenhandel (Import und Export).

Wie setzt sich das Europäische System der Zentralbanken (ESZB) zusammen?	Zum ESZB gehören die Europäische Zentralbank (EZB) an der Spitze und die jeweiligen nationalen Zentralbanken der Mitgliedsländer der Europäischen Währungsunion.
Wie setzt sich das EZB-Direktorium zusammen?	Es besteht aus dem Präsidenten der EZB, dem Vizepräsidenten und bis zu vier weiteren Mitgliedern.
Wie setzt sich der Europäische Zentralbankrat zusammen?	Er besteht aus dem Direktorium der EZB und den Präsidenten der Zentralbanken der Euro-Länder. Die Mitglieder werden von den Staats- und Regierungschefs der Teilnehmerländer auf Empfehlung der Wirtschafts- und Finanzminister berufen. Ihre Amtszeit beträgt 8 Jahre, eine Wiederwahl ist nicht zulässig. Alle Mitglieder des Direktoriums müssen in Währungsangelegenheiten sowie in Bankfragen erfahrene und allgemein anerkannte Persönlichkeiten sein.
Welche grundsätzlichen Entscheidungen trifft der EZB-Rat?	Er bestimmt die Geldpolitik, z. B. durch die Festlegung der Leitzinsen, genehmigt die Ausgaben von Banknoten (Festsetzung von Richtwerten für das Geldmengenwachstum), erteilt Weisungen und gibt Leitlinien an die nationalen Zentralbanken.
Beschreiben Sie kurz den Inhalt der Geldpolitik!	Einmal im Monat wird ein Refinanzierungsgeschäft mit einer Laufzeit von 3 Monaten zu einem bestimmten Zinssatz angeboten (Basistender – Hauptrefinanzierungssatz). Dieser Basistender ermöglicht den Banken weiterhin eine etwas längerfristigere Zentralbankgeldversorgung.
Weshalb ist Preisstabilität/Geldwertstabilität als Ziel so bedeutsam?	Geldwertstabilität erhöht die Planungssicherheit der Wirtschaftssubjekte (z. B. Unternehmen, Staat, private Haushalte), sie führt zu niedrigen Zinsen und stabilen Wechselkursen und fördert so das Wirtschaftswachstum. Zudem schützt sie die Sparer vor einer Entwertung ihres Geldvermögens und erhält die Kaufkraft der Einkommen.

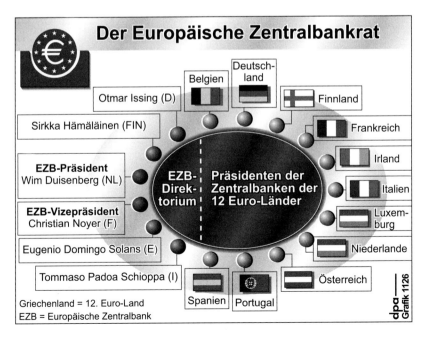

Sind EZB und nationale Zentralbanken an Weisungen aus der Politik gebunden?	Nein, sie sind politisch völlig unabhängig; die Politik darf ihnen keinerlei Weisungen erteilen.
Wie setzt sich die Deutsche Bundesbank personell zusammen?	Sie besteht aus dem Zentralbankrat (Direktorium = Präsident, Vizepräsident sowie vier weitere Mitglieder) sowie den 9 Präsidenten der Landeszentralbanken.
Welche Aufgaben hat der Zentralbankrat und das Direktorium?	Der ZBR setzt die Geschäftspolitik fest und das Direktorium setzt die Geschäftspolitik um.
Welche Aufgabe hat die Deutsche Bundesbank nachdem die Europäische Zentralbank geschaffen ist?	Die Bundesbank führt im Rahmen von Leitlinien und Weisungen der EZB die Geldpolitik in Deutschland durch, d. h. sie gibt die Banknoten in Deutschland aus und versorgt die Kreditinstitute mit Zentralbankgeld. Ferner ist sie in die Bankenaufsicht eingeschaltet, wickelt den bargeldlosen Zahlungsverkehr ab und verwaltet die deutschen Währungsreserven. Schließlich ist sie weiterhin die „Hausbank" des Staates und bringt als solche für ihn die Münzen in Umlauf, wickelt für Bund und Länder den Zahlungsverkehr ab und berät den Staat bei der Mittelaufnahme am Kapitalmarkt.
Wie heißt der Berufsverband der Gastwirte auf Bundesebene?	DEHOGA = Deutscher Hotel- und Gaststättenverband. Dieser gliedert sich in Landes-, Bezirks- und Kreisverbände. Der einzelne Gastronom kann einem Kreisverband beitreten.
Welche Ziele und Aufgaben verfolgen die gastgewerblichen Arbeitgeberverbände?	Sie verfolgen wirtschaftliche Interessen gegenüber dem Staat (Bund, Länder Gemeinden) in Steuerangelegenheiten, z. B. Beseitigung der Gewerbesteuer, der Getränkesteuer, sowie in gewerberechtlichen Fragen, z. B. Änderung des Gaststättengesetzes (Einführung eines Sachkundenachweises, Verschärfung des § 12), Bierlieferungsrecht, Lebensmittel- und Hygienegesetze. Tarifpolitik (der jeweilige Landesverband des DEHOGA ist Tarifpartner der NGG). Förderung der Berufsaus- und weiterbildung sowie der wissenschaftlichen Forschungsarbeit.

Fortsetzung: *Welche Ziele und Aufgaben verfolgen die gastgewerblichen Arbeitgeberverbände?*	Vertretung von Verbandsinteressen gegenüber anderen Verbänden, z. B. gegenüber der GEMA, Brauwirtschaft, Berufsgenossenschaft, Kreditkartengewerbe. Berufsständische Belange, z. B. Informationen, Besichtigungen, gesellige Kontakte, Jubiläen.
In welche Gruppen gliedert sich der DEHOGA?	Im DEHOGA gibt es zwei Fachgruppen mit Fachabteilungen: Fachgruppe Hotels und verwandte Betriebe: Hotels, Gasthöfe, Fremdenheime, Internationale Hotels Fachgruppe Gaststätten und verwandte Betriebe: Speise- und Schankwirtschaften, Bahnhofsgaststätten, Autobahnraststätten, Trinkhallen, Diskotheken und Tanzbetriebe, Musikveranstaltende Betriebe, Gemeinschaftsverpflegung und Catering.
Wie ist die Gesamtheit der Arbeitgeber auf Bundesebene organisiert?	Der Spitzenverband der Arbeitgeber ist die Bundesvereinigung der Deutschen Arbeitgeber-Verbände. Diese hat Fachspitzenverbände und überfachliche Landesverbände als Mitglieder. Mittelbar sind viele weitere Verbände über diese Mitgliedsorganisationen angeschlossen.
Kennen Sie internationale Verbände der Gastwirte? Nennen Sie auch deren Hauptaufgaben!	IHA = Internationale Hotel Assoziation Aufgaben: Herausgabe eines internationalen Hotelführers, Warnung vor zahlungsunwilligen Reisebüros, Verzeichnis guter Reisebüros. HORECA = Zusammenschluß der nationalen Gastgewerbeverbände Aufgaben: Förderung des Berufsstandes auf internationaler Ebene sowie der Aus- und Weiterbildung, Erfahrungs- und Gedankenaustausch, Kampf gegen die Schwarzarbeit, Einführung eines Sachkundenachweises, Angebots- und Nachfrageveränderungen ausmachen, Verbesserung des Bierlieferungsrechts, Preisgestaltung im Gastgewerbe, Fluktuation im Gastgewerbe durchleuchten, über Technologieneuheiten zu informieren, Kampf gegen die Jugendarbeitslosigkeit.

Fortsetzung: *Kennen Sie internationale Verbände der Gastwirte? Nennen Sie auch deren Hauptaufgaben!*	HOTREC = Zusammenschluß der gastgewerblichen Verbände in der EG Aufgaben: Harmonisierung der MwSt., Tourismusprogramm der EG erstellen, Kampf gegen die Schwarzgastronomie
Wie sind die Arbeitnehmer – allgemein – in Deutschland organisiert?	Die Arbeitnehmer sind in einzelnen Gewerkschaften, dem Deutschen Beamtenbund und dem Christlichen Gewerkschaftsbund als ihre Interessensvertretungen organisiert. Die Gewerkschaften sind im Dachverband DGB = Deutscher Gewerkschaftsbund vereint.
Welche Einzelgewerkschaften gibt es derzeit?	– IG Bau-Agrar-Umwelt – IG Bergbau-Chemie-Energie – IG Metall – Gewerkschaft Erziehung und Wissenschaft (GEW) – Transnet Gewerkschaft (GdED) – Gewerkschaft Nahrung-Genuss-Gaststätten (NGG) – Ver.di (Vereinigte Dienstleistungsgewerkschaft) – Gewerkschaft der Polizei (GdP)
Welche branchenspezifische Verbände im Gastgewerbe kennen Sie?	VKD Verband der Köche Deutschlands VSR Verband der Serviermeister, Restaurant- und Hotelfachkräfte HDV Hoteldirektoren-Vereinigung DBU Deutsche Barkeeper-Union

Fortsetzung: *Welche branchenspezifische Verbände im Gastgewerbe kennen Sie?*	Vereinigung der Hotelportiers (Goldener Schlüssel)
	HSMA Hospitality Sales & Marketing Association
	FBMA Food and Beverage Management Association
	Sommelier-Union (= Verband der Weinfachleute in der Gastronomie)
	GAD Gastronomische Akademie Deutschlands
	Eurotoques Europäische Union der Köche
Welche Aufgaben wollen diese Verbände erfüllen?	Förderung der fachlichen und beruflichen Aus- und Weiterbildung, Hilfe bei der Imagepflege des Gewerbes und des Berufes, Verminderung der Fluktuation im Gastgewerbe, Pflege des Erfahrungsaustausches, gastronomischen Weitblick verschaffen, Organisation überbetrieblicher Bildungslehrgänge, technische Entwicklungstendenzen erkennen, Pflege geselliger Kontakte.
Wann und von welchen Staaten wurde die EWG/ EG/EU gegründet?	Römische Verträge am 25.03.1957 unterzeichnet = Gründung der Europäischen Wirtschaftsgemeinschaft (Gründerstaaten: Frankreich, Bundesrepublik Deutschland, Italien, Belgien, Niederlande, Luxemburg) Die EWG wurde mit Vertrag vom 08.04.1965 seit Juli 1967 zur EG = Europäische Gemeinschaft und seit 1992 zur EU (= Europäische Union).

Nennen Sie die derzeitigen Mitgliedstaaten der EU.	Frankreich, Bundesrepublik Deutschland, Italien, Belgien, Niederlande, Luxemburg, Irland, Großbritannien, Dänemark, Griechenland, Spanien, Portugal, Schweden, Finnland, Österreich.
Welche Beweggründe veranlassten europäische Staaten die europäische Einigung voranzutreiben?	Friedenssicherung, Beseitigung vergangener Krisenherde, Überwindung von Rivalitäten, Verbesserung der Bedingungen für die wirtschaftliche und politische Stabilität, durch Zusammcnarbeit eine ausgewogene Entwicklung aller Regionen zu fördern, Verminderung des sozialen Gefälles innerhalb Europas, Erhöhung des Lebensstandards vo. a. der benachteiligten Bevölkerung, Schaffung eines einheitlichen großen Marktes, Freizügigkeit von Kapital und Arbeit, Unterstützung der Entwicklungsländer durch Zusammenarbeit.
Nennen Sie die Organe der EU, ihre Zusammensetzung sowie ihre wichtigsten Aufgaben!	**Ministerrat:** Er setzt sich aus je einem Mitglied der Regierungen der Mitgliedsstaaten zusammen, ist das oberste rechtssetzende Organ der Gemeinschaft (= Legislative) und faßt auf Grundlage der Verträge und der Vorschläge der Kommissionen seine Beschlüsse. **Kommission:** Sie besteht derzeit aus 17 Mitgliedern, ist unabhängig von den Regierungen der Mitgliedsstaaten, ergreift die Initiative zur Weiterentwicklung der Gemeinschaft, sorgt für die Durchführung der Ministerratsbeschlüsse (= Exekutive), verwaltet die Fonds (z. B. Agrar-, Entwicklungs-, Regional-, Sozialfond). **Europäisches Parlament:** Es besteht aus Abgeordneten, die für 5 Jahre von den einzelnen Ländern gewählt werden, hat vorwiegend nur beratende Funktion, kontrolliert die Verwaltungsausgaben der Gemeinschaftsorgane, ohne ihre Anhörung kann der Ministerrat nicht entscheiden, Mitspracherecht beim EG-Haushalt, kann die Kommission durch Mißtrauensvotum stürzen.

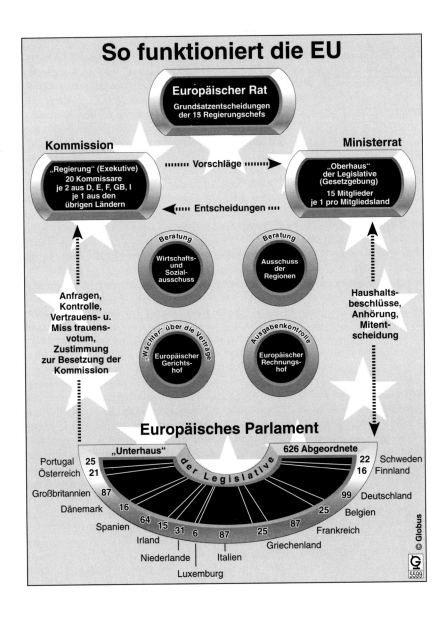

Fortsetzung:

Nennen Sie die Organe der EU, ihre Zusammensetzung sowie ihre wichtigsten Aufgaben!

Europäischer Gerichtshof: Er setzt sich aus 11 Richtern und 5 Generalanwälten zusammen, hat die höchstrichterliche Gewalt in allen Gemeinschaftsfragen, kann von allen Organen, Mitgliedsstaaten und Einzelpersonen angerufen werden, seine Urteile sind verbindlich.

Europäischer Rechnungshof: Er kontrolliert, wofür die Gelder der EU ausgegeben werden (sie müssen auf Gesetze zurückzuführen sein, mit Zahlungsermächtigungen übereinstimmen und wirtschaftlich sein).

Europäischer Rat: Rat der Staats- und Regierungschefs (siehe Bild Seite 33).

Was wissen Sie von der EFTA?

EFTA = Europäische Freihandelszone (seit 1960); im Gegensatz zur EU hat sie keinen Souveränitätsverzicht zur Voraussetzung und keine gemeinsamen Außenzölle, die Mitglieder erheben untereinander keine Zölle, die Landwirtschaft ist nicht im Vertrag mit einbezogen.

Was wissen sie von der OECD?

OECD = Organ für wirtschaftliche Zusammenarbeit und Entwicklung; um die Marshall-Plan-Hilfe sinnvoll zu verteilen, wurde von 17 europäischen Staaten 1948 die OEEC gegründet, die 1960 zur OECD wurde. Ziel dieser Organisation ist es, die wirtschaftliche Zusammenarbeit der Mitgliedsstaaten untereinander und mit anderen Staaten zu fördern, sowie eine aktive Entwicklungshilfe zu leisten.

Betriebsorganisation

Was ist Planung?	Planung ist die gedankliche Vorbereitung zielgerichteter, zukünftiger Handlungen bzw. Entscheidungen.
Welche Grundsätze sind bei der Durchführung der Planung zu beachten?	Vollständigkeit der Informationen und Tatbestände Genauigkeit der Information Kontinuität der Planung (nicht gelegentliche Planung) Flexibilität (Berücksichtigung der Veränderungen der Informationen) Wirtschaftlichkeit
Aus welchen Maßnahmen besteht die Planung (der Planungsregelkreis)?	Zielsetzung, Grundsatzbildung, Programmeinstellung, Zeitplan, Verfahrensweise, Budget.
Was ist ein Ziel?	Ein Ziel ist ein bestimmter, in der Zukunft angestrebter Zustand.
Nennen Sie Ziele, die ein gastgewerblicher Unternehmer anstrebt!	Senkung der Kosten, Erhöhung der Rentabilität, Liquiditätssicherung, Erhöhung des Umsatzes und Gewinns, Erhöhung der Produktivität, Zufriedenheit der Gäste, Erhöhung der Zimmerbelegung, Längere Verweildauer der Übernachtungsgäste, Stärkung der Marktmacht, Verringerung der Fluktuation.
Ziele können komplementär sein (d.h. sich gegenseitig fördern). Erklären Sie dies anhand eines Beispieles!	Eine Senkung der Kosten, z. B. durch Erhöhung der Arbeitsproduktivität und durch günstigeren Einkauf, hat bei gleichbleibendem Umsatz eine Erhöhung des Gewinnes zur Folge.
Manche Ziele konkurrieren miteinander (behindern sich gegenseitig). Geben Sie hierzu ein Beispiel!	Beim Einkauf größerer Mengen von Waren kann ein niedrigerer Preis erzielt werden. Andererseits steigen dadurch die Lagerkosten (Zinsen, Verderb) und die Liquidität des Betriebes nimmt ab.

Ziele können auch unabhängig voneinander erreicht werden (= neutrale bzw. indifferente Ziele). Führen Sie ein Beispiel an!	Der Gastronom kann beispielsweise gleichzeitig Verhandlungen über einen Kredit zur Liquiditätssicherung führen und außerdem anstreben, die Zeit für die Erstellung der monatlichen Bilanz zu verkürzen.
Wozu dient die Budgetierung?	Mit ihr sollen die notwendigen finanziellen Mittel für die jeweiligen Ziele vorausbestimmt werden. Es werden die zu erwartenden Einnahmen den zu erwartenden Ausgaben in einem bestimmten Zeitraum gegenübergestellt.
Was wird bei der Grundsatzbildung geregelt?	Immer wiederkehrende Handlungen und Fragen müssen verbindlich geregelt werden.
Welche Forderungen müssen bei der Grundsatzbildung beachtet werden?	Grundsätze müssen klar und unmissverständlich sein (Sprache der Mitarbeiter benutzen), sie sollen dauerhaft sein, aber so flexibel, dass sie sich den veränderten Gegebenheiten anpassen, sie sollen für alle gelten (= allgemein verbindlich sein), die Mitarbeiter sollen bei der Erarbeitung beteiligt werden.
Welche Vorteile hat eine durchdachte Verfahrensweise?	Sie bringt eine Arbeitsvereinfachung, Doppelarbeit wird vermieden, ebenso Leerlauf und Überschneidungen; Reibungen werden ausgeschaltet, sowie Spannungen und Streitigkeiten unter den Mitarbeitern vermindert oder beseitigt.
Erklären Sie folgende Begriffe! *– Organisation:*	Planvolle Zuordnung von Menschen und Sachen zur Leistungserstellung.
– Improvisation:	Fallweises Handeln ohne Vorbereitung, d. h. aus dem Stegreif etwas entscheiden.
– Disposition:	Anordnung, Gliederung, Planung, Verfügung.
Welche Fundamentalprinzipien müssen bei der Organisation beachtet werden?	Zweckmäßigkeit, Wirtschaftlichkeit, Gleichgewicht, Koordination.

Kennzeichnen Sie das Wesen der Betriebsorganisation!	Sie ist ein System dauerhaft angelegter betrieblicher Regelungen, das einen möglichst kontinuierlichen und zweckmäßigen Betriebsablauf und den Wirkungszusammenhang zwischen den Trägern betrieblicher Aufgaben gewährleisten soll. Betriebsorganisation hat instrumentalen Charakter und dient als Ordnungsmittel der Zielerreichung.
Wodurch wird die Gestaltung der Betriebsorganisation bestimmt?	Sie wird bestimmt von der Unternehmensaufgabe, die in Teilaufgaben gegliedert ist.
Welche 6 Merkmale hat die Aufgabe?	Verrichtung (bewirkt die Erfüllung der Aufgabe), Objekt, Aufgabenträger, Sachmittel (zur Unterstützung des Aufgabenträgers), Raum (örtliche Festlegung der Aufgabenerfüllung), Zeit bzw. Dauer, die die Aufgabenerfüllung erfordert.
Wer kann Aufgabenträger sein?	Einzelperson, Personengruppe, Mensch-Maschine-Kombination.
Worin liegt das Hauptanliegen der organisatorischen Bemühungen?	Es besteht darin, das Zusammenwirken der Aufgabenträger so gut wie möglich zu gestalten (= Integration der Aufgabenträger).
Weshalb werden Stellen gebildet?	Die einzelnen Teilaufgaben müssen bestimmten Zuständigkeitsbereichen zugeordnet werden und es müssen die Regeln aufgestellt werden, nach denen die arbeitsteiligen Verrichtungen ablaufen sollen.
Was ist unter einer Stellenbeschreibung zu verstehen?	Darunter versteht man die detaillierte und unpersönliche Beschreibung von Aufgaben, Kompetenzen und Verantwortungen einer Stelle.

Welche Angaben muss eine Stellenbeschreibung mindestens beinhalten?	Bezeichnung der Stelle, Abteilung, Über- und Unterstellungsverhältnis der Stelle, Kompetenzen, Aufgaben (Haupt- und Einzel-), Verantwortung (Haupt- und Einzel-), Informationsbeziehungen, Anforderungen an den Stelleninhaber, Stellenvertretung.
Welche Vorteile bringen Stellenbeschreibungen für Mitarbeiter und Vorgesetzte?	Mitarbeiter: Klare Informationen über Aufgaben, Kompetenzen und Verantwortung, Handlungsfreiheit im Delegationsbereich gegenüber Vorgesetzten und Kollegen, Möglichkeit der Selbstkontrolle, keine willkürliche Beurteilung durch Vorgesetzte, genaue Informationen für neue Mitarbeiter; Vorgesetzte: Grundlage für Dienstaufsicht und Erfolgskontrolle der Mitarbeiter, Zeitersparnis, Hilfsmittel für Mitarbeiterbeurteilung.
Nach ihren Aufgaben läßt sich die Stellenbeschreibung in 3 Teile gliedern. Welche?	Beschreibung der organisatorischen Eingliederung des Stelleninhabers (mit Angaben zur Person), Beschreibung der Aufgaben (Haupt- und Einzel-) und Befugnisse (Entscheidungs- und Unterschriftenbefugnis), Anforderungen (Vorbildung, Kenntnisse, Eigenschaften) und Bewertungsmaßstäbe.
Was ist eine Instanz?	Mit Instanz bezeichnet man eine leitende Stelle mit Verantwortung und Entscheidungs- und Anordnungsbefugnis, d. h. sie ist sehr oft stark auf eine bestimmte Person zugeschnitten.
Nach welchen Merkmalen kann eine Instanz gegliedert werden?	Nach der Anzahl der Beteiligten (Singular- oder Pluralinstanz), nach der Ebene (top-, middle-, lower-management), nach den Entscheidungen (Linien- und Stabsinstanz).
Was bedeutet delegieren?	Aufgaben, Kompetenzen und Verantwortung auf Mitarbeiter zu übertragen.

Unter welchen Voraussetzungen ist Delegation sinnvoll?	Der Vorgesetzte muss gewillt sein, Aufgaben, Kompetenzen und Verantwortung abzugeben. Der Mitarbeiter muss fähig sein, die an ihn gestellten Erwartungen zu erfüllen.
Welche Leitungssysteme im Betrieb kennen Sie? Kennzeichnen Sie diese!	**Einliniensystem:** Die Anweisungen gelangen direkt von oben nach unten. Es beruht auf dem Grundsatz des Instanzenweges. Die Leitung hat alle Entscheidungen in der Hand. Der Weisungs- und Berichtsweg ist klar. Dieses System findet man v. a. in kleinen und mittleren Betrieben. In Großbetrieben sollten andere Systeme bevorzugt werden. **Mehrliniensystem:** Dies ist ein System mit geteilter Weisungsbefugnis in sachlicher und personeller Hinsicht. Es kann zu Überschneidungen der Verantwortungsbereiche kommen. Vorteil v. a.: die führenden Stellen sind mit Spezialisten besetzt. **Stab-Linien-System:** Dieses System stellt einen Kompromiss obiger Systeme dar. Bei Entscheidungen werden fachkundige Spezialisten (sog. Stäbe) herangezogen. Diese haben nur Beratungs- und Kontrollfunktion, kein Weisungsrecht. Vor allem in größeren Betrieben findet dieses System Anwendung.
Was verstehen Sie unter Ablauforganisation?	Ablauforganisation ist das zeitliche und örtliche Hinter- und Nebeneinander der zur Erreichung eines bestimmten Arbeitsergebnisses auszuführenden Arbeiten.
Welches Ziel verfolgt die Ablauforganisation?	Die Arbeitsvorgänge müssen so geordnet werden, daß für die einzelnen Arbeiten möglichst kurze Durchlaufzeiten zur Kostensenkung erreicht werden. Sie muss daneben auch noch den arbeitenden Menschen berücksichtigen, sein körperliches und seelisches Wohlbefinden.
Welche Stufen der Gliederung des Arbeitsablaufes sind zu durchlaufen?	Aufnahme des Ist-Zustandes, Prüfung des Ist-Zustandes, Soll-Vorschlag, Beschreibung des Arbeitsablaufes des Soll-Vorschlags.

Welche Aufgaben sind in den Produktionsabteilungen zu organisieren?	Aufgabenträger (z. B. Küchenbrigade), Erfolgsrechnung (z. B. Steigerung der Erlöse, Senkung der Kosten), Wareneinsatzkontrolle (z. B. Lagerung, Restverwertung, Diebstahl, Bons, Mengenstruktur), Rationalisierungsmaßnahmen (z. B. Rezeptkartei)
Welche Bedeutung hat eine ordnungsgemäße Lagerhaltung?	Der Betriebsablauf kann somit reibungslos und erfolgsversprechend vonstatten gehen. Deshalb müssen Handelswaren, Roh-, Hilfs- und Betriebsstoffe bei Bedarf jederzeit in quantitativer und qualitativer Hinsicht vorhanden sein.
Welche Vorteile hat ein kleiner Lagerbestand?	Güte- und Qualität der Waren sind größer, da stets frische Lebensmittel vorrätig sind. Des weiteren werden dadurch die Lagerkosten gesenkt (kurze Lagerdauer, kein Verderb). Die Liquidität des Unternehmens ist durch geringe Kapitalbildung größer.
Nennen Sie Gründe, die bei der Lagerung zum Verderb von Lebensmittel führen können!	Falsche Lagertemperaturen, lange Lagerdauer, mangelnde Ventilation, ungenügende Trennung von Lebensmitteln, mangelhafte sanitäre Einrichtungen, Verzögerungen zwischen Warenannahme und richtiger Lagerung.
Erklären Sie folgende Lagerbestandsgrößen!	
– Optimaler Lagerbestand:	Die Kosten der Einkaufs- und Lagerhaltung sind hier so minimal, dass die größte Wirtschaftlichkeit der Lagerhaltung erreicht wird. Dieser Bestand kann aber nicht exakt ermittelt werden, da die Verhältnisse auf der Einkaufs- und Verkaufsseite nicht vorausgesehen werden können.
– Eiserner Bestand: (Mindestbestand)	Dies ist der Lagerbestand, der immer vorhanden sein muss, um einen störungsfreien Betriebsablauf bei normalem Betrieb zu gewährleisten.
– Meldebestand:	Dies ist die Lagerbestandshöhe, bei der neue Ware bestellt werden muss.

Ermitteln Sie den Meldebestand von Fassbier: täglicher Verbrauch 2 hl-Fässer, Lieferzeit 4 Tage, Mindestbestand 6 hl.	Meldebestand: Tagesverbrauch × Lieferzeit + Mindestbestand $= 2 \times 4 + 6 = 14 \text{ hl}$
Ermitteln Sie Lagerkennziffern aufgrund folgender Angaben: Wareneinsatz 1,2 Mill. €, durchschnittlicher Lagerbestand 100 000,— €, Jahreszinssatz 8%. a) *Lagerumschlagshäufigkeit*	$\text{Umschlagshäufigkeit} = \dfrac{\text{Wareneinsatz}}{\varnothing \text{ Lagerbestand}}$ $= \dfrac{1\,200\,000}{100\,000} = 12$ Das Lager wird 12mal im Jahr umgesetzt.
b) *∅ Lagerdauer*	$\varnothing \text{ Lagerdauer} = \dfrac{360}{12} = 30 \text{ Tage}$
c) *Lagerzinssatz*	$\text{Lagerzinssatz} = \dfrac{8 \times 30}{360} = \dfrac{240}{360} = 0{,}67\,\%$
Welche Auswirkung hat eine Erhöhung der Umschlagshäufigkeit und was bedeutet dies?	Sie hat eine Verkürzung der durchschnittlichen Lagerdauer zur Folge. Dies bedeutet: Verringerung des Kapitalbedarfs, geringere Zinskosten, weniger Verderb und Schwund, Stärkung der Wettbewerbssituation, bessere Anpassung an Nachfrageänderungen, höhere Wirtschaftlichkeit und Rentabilität.

	Temperatur °C	Rel. Luftfeucht. %
Bis zu welcher Höchsttemperatur und relativer Luftfeuchtigkeit sollen folgende Lebensmittel gelagert werden?		
– *Fleisch-/Wurstwaren*	0 – +4	70–75
– *Fische in Eis im Kühlschrank*	0 – +2	80–100
– *Milch, Butter, Rahm*	+8 – +10	75
– *Eier*	+5 – +8	75–85
– *Früchte und Gemüse*	+6 – +8	80–90

Welche Aufgabengebiete umfasst die Lagerverwaltung?	Warenannahme und Eingangskontrolle, Lagerbuchführung (Warenein- und Ausgangsbuch, Lagerkartei), sach- und fachgemäße Betreuung der eingelagerten Waren, Ausgabe der Waren an die Abteilungen des Betriebes, Inventur.
Was bezeichnet man als Marketing?	Die Erschließung, Sicherung und Ausweitung des Absatzmarktes für die eigenen Leistungen (oder Produkte) heißt Marketing.
Welche Marketing-Instrumente kennen Sie? Nennen Sie Beispiele!	Produktgestaltung (Hotel, Restaurant, Umwelt), Sortimentsgestaltung (Art der Zimmer, Getränke- und Speisekarte), Service/Gästebetreuung, Preisgestaltung (kostenorientierter Preis, Nachfragepreis, Konkurrenzpreis), Werbung, Verkauf, Verkaufsförderung (Maßnahmen zur Gestaltung der persönlichen Kontakte zwischen Verkäufer und Käufer), Public-Relations (Öffentlichkeitsarbeit), Verkaufsschulung.
Was will man durch Marktforschung erreichen?	Dadurch sollen zukünftige Absatzmöglichkeiten untersucht werden (z. B. Veränderungen in der Bedürfnisstruktur des Gastes). Sie gliedert sich in Marktanalyse (einmalige Untersuchung) und in Marktbeobachtung (dauernde Beobachtung).
Welches Ziel wird mit Werbung verfolgt?	Dadurch sollen die Leistungen des Unternehmens (Bewirtung, Beherbergung) begehrenswert gemacht werden.
Welche Aufgaben hat die Werbung?	Neue Gäste gewinnen, Stammgäste erhalten, neue Bedürfnisse wecken, Bedarfslenkung, Neuerungen vorstellen.

Nennen Sie Werbemittel!	Anzeigen (in Zeitungen, Zeitschriften usw.), Plakat, Prospekt (Faltblatt, Werbebrief), Film-, Dia-Tonbildschau, Rundfunk- und Fernsehspots, Leuchtreklame (City Light), Hinweisschilder, Aufkleber, Messebesuche, Geschenke, Ehrungen, Presseberichte, Postwurfsendungen, Homepage/Internet-Auftritt.
Erklären Sie den Unterschied zwischen direkter und indirekter Werbung. Nennen Sie auch Beispiele!	**Direkte Werbung:** Die Werbemaßnahme wendet sich direkt an den Gast, z. B. Prospekt, Anzeigen, Plakate, Kinowerbung. **Indirekte Werbung:** Versuch, auf Umwegen Gäste zu gewinnen, z. B. Werbegeschenke, guter Service, gemütliches Lokal.
Welche Grundsätze sollen bei der Werbung beachtet werden?	Wirksamkeit, Glaubwürdigkeit, Wahrheit, Wirtschaftlichkeit, Einheitlichkeit, Zielklarheit, Originalität, Aktualität, Sozialverträglichkeit.
Kennzeichnen Sie Innen- und Außenwerbung. Geben Sie jeweils Beispiele an!	**Innenwerbung:** Darunter sind Werbemaßnahmen zu verstehen, die der Werbende im Inneren seines Hauses unternimmt um den Gast zu erhalten und evtl. auch als Werbenden zu gewinnen. Beispiele: Gute Küche, vorbildlicher Service, geschultes freundliches Personal, Beratungsgespräche, gemütliche Atmosphäre, Zuvorkommenheit, Empfangscocktail, Ausstellungsvitrinen, vorbildliche Speisekarte, Auslegen von Tageszeitungen, Schaufenster, Sauberkeit und Ordnung, Blumen im Zimmer, Beleuchtung, Güte der Matratze, Bilder, Tapeten. **Außenwerbung:** Bei dieser Werbung versucht der Werbende durch das Äußere seines Hauses und durch Maßnahmen außerhalb des Betriebes auf sich aufmerksam zu machen. Beispiele: Wirtshausschild, Leuchtreklame, Außenfassade, Hinweisschilder, Anzeigen, Prospekt, Plakat, Korrespondenz, Werbefunk, Kinowerbung, Lage des Hauses, Postwurfsendung, Werbebeilagen in Zeitungen, Angebote, Teilnahme an Fachmessen und Ausstellungen.

Welche Arten der Werbung unterscheidet man (geben Sie auch nähere Erläuterungen und Beispiele an) *– nach der Zahl der Werbenden?* *– nach der Zahl der Umworbenen?*	**Alleinwerbung:** Ein Hotel wirbt für sich allein. **Sammelwerbung:** Hier finden sich verschiedene Werbende zusammen, z. B. die Hotels eines Fremdenverkehrsortes werben gemeinsam. **Gemeinschaftswerbung:** Werbung z. B. für ein bestimmtes Urlaubsgebiet (Nationalpark Bay. Wald), oder für ein allgemeines Produkt (Bier). **Einzelwerbung:** Sie richtet sich direkt an den einzelnen Umworbenen, z. B. Werbebrief, -gespräch. **Massenwerbung:** Eine anonyme Masse von Menschen wird angesprochen, z. B. Rundfunkwerbung, Anzeigen, Plakate.
Welche Unterlagen benötigt man zur Personalbedarfsermittlung?	Leistungsplan, Vorgabezeiten, normale Fehlzeiten (z. B. Urlaub), Beobachtung der Belegschaft hinsichtlich der Veränderungen (z. B. Beförderung, Wehrdienst, Mutterschaft), Stellenbeschreibungen, Personalreserveplan (Aushilfen), Auftragssituation.
Welche Möglichkeiten der Personalbeschaffung hat man?	Beschaffung aus den eigenen Reihen, Neueinstellungen, evtl. Personal-Leasing.
Errechnen Sie die Fluktuationsrate: ein Hotelbetrieb hat jährlich durchschnittlich 50 Mitarbeiter. Davon scheiden 8 Mitarbeiter aus.	$$\frac{\text{Abgänge} \times 100}{\varnothing \text{ Personalbestand}}$$ $$= \frac{8 \times 100}{50} = \frac{800}{50} = 16\%$$
Nennen Sie Beispiele der indirekten und direkten Methoden der Bewerberauslese!	**Indirekte Methoden:** Stil der Bewerbung, Analyse des Lebenslaufes, Ausgewogenheit des Lichtbildes, Bewertung der Schulzeugnisse und Betriebszeugnisse, Wert von Referenzen. **Direkte Methoden:** Persönliches Gespräch, Gruppengespräch, Analyse des Verhaltens, ärztliche Untersuchung, psychologische Testverfahren und Wissensprüfung.

Welche grundsätzlichen Erwägungen muss man bei der Einführung neuer Mitarbeiter anstellen?	Der erste Tag und der erste Eindruck sind sehr wichtig, Situationen des neuen Mitarbeiters (z. B. guter Wille, Erwartungen, Unsicherheit, Nervosität) berücksichten, Situation des Arbeitgebers kennen (z. B. neuer Mitarbeiter soll schnell zu seiner Leistungsfähigkeit kommen, Betriebsklima, Fluktuation), psychologische Erkenntnisse (z. B. wer sich wohl fühlt, ist leistungsfähiger, Angst hemmt), Arbeitsmarktlage (der Arbeitnehmer sucht sich meist seinen Arbeitgeber aus, „ideelle Lohntüte").
Welche Methoden der Anlernung des neuen Mitarbeiters kennen Sie? Beschreiben Sie auch kurz den Effekt auf den neuen Mitarbeiter!	**Zuschauer-Methode:** darf nichts tun und sagen, geringer Lerneffekt, lange Anlernzeit. **Handlanger-Methode:** lernt nichts, fühlt sich fast überflüssig, kaum Impulse für Leistungen. **Zuhörer-Methode:** geringe Aufnahmefähigkeit, ungewohnt, Mißverständnisse, lange Anlernzeit. **Schwimmer-Methode:** Teamgeist ist gering, Ellenbogen-Entwicklung, schlechte Gruppendynamik. **Wissenschaftliche Methoden.**
Nennen und beschreiben Sie die 4 Stufen der wichtigen Mitarbeiterunterweisung!	**Vorbereitung des Mitarbeiters:** Atmosphäre des Vertrauens schaffen, beruhigend wirken, Bezeichnung der Arbeit, Feststellung der Vorkenntnisse, Interesse wecken, richtige Plazierung. **Vorführung durch den Unterweisenden:** einzelne Phasen des Arbeitsprozesses erläutern und zeigen, Schlüsselpunkte betonen, keine Überforderung. **Ausführung durch den Mitarbeiter:** praktische Ausführung der Arbeit, Überprüfung der Durchführung und Verbesserung der Fehler, Geduld beim Einüben, Vergewisserung, ob alles verstanden wurde, evtl. Wiederholung, keine falschen Gewohnheiten aufkommen lassen. **Abschluss der Unterweisung:** selbstständig arbeiten lassen, kontrollieren, Fragen stellen lassen, Hilfe stellen, Überprüfung in größer werdenden Zeitabständen, Anerkennung zollen.

Welche Leitsätze für die Anwendung von Kritik sollten gelten?	Notwendige Kritik darf nicht unterbleiben, sie darf nicht gespeichert werden, sie darf kein Ventil für Verärgerung sein, sie hat den richtigen Ton zu wahren, nicht jede Kleinigkeit soll kritisiert werden, sie hat unter 4 Augen zu geschehen, es darf kein Kollektivurteil sein, sie muß sachlich sein und nie persönlich werden, Stimmung und Typ des Kritisierten müssen berücksichtigt werden, sie muß direkt sein, d. h. keinen Dritten damit beauftragen, keine stillschweigende Kritik, Kritik soll fördern, Verbesserungsvorschläge.

Rechnungswesen

Welche Aufgabe hat das betriebliche Rechnungswesen zu erfüllen?	Es hat die Aufgabe, alle für das Unternehmen bedeutenden wirtschaftlichen Vorgänge zu erfassen, sie zu ordnen und rechnerisch auszuwerten.
In welche 4 Hauptzweige gliedert sich das Rechnungswesen?	Buchführung (= Zeitrechnung) Kostenrechnung (= Stückrechnung) Statistik (= Vergleichsrechnung) Planung (= Vorschaurechnung)
Welche Aufgaben hat die Buchführung?	Mit ihrer Hilfe hat der Kaufmann jederzeit einen Überblick über sein Vermögen, seine Schulden und seine Zahlungsfähigkeit (= Liquidität). Sie hat laufend die Veränderungen der Vermögens- und Schuldenwerte zu erfassen. Aufgrund der lückenlosen Aufzeichnung aller Aufwendungen und Erträge kann der Erfolg des Unternehmens (Gewinn oder Verlust) ermittelt werden. Die Buchführung liefert das benötigte Zahlenmaterial, wodurch erst eine genaue Kalkulation, Kostenrechnung und Statistik ermöglicht wird.

Fortsetzung: *Welche Aufgaben hat die Buchführung?*	Sie bildet ferner die Grundlage für die Besteuerung des Betriebes und des Unternehmers. Des weiteren stellt sie das notwendige Zahlenmaterial für betriebliche Planungen (z. B. Investitionen) zur Verfügung.
Wer gilt nach HGB als Kaufmann?	Als Kaufmann gilt jeder, der ein Handelsgewerbe betreibt. Handelsgewerbe ist jeder Gewerbebetrieb, es sei denn, dass das Unternehmen nach Art oder Umfang einen in kaufmännischer Weise eingerichteten Geschäftsbetrieb nicht erfordert (= Kleingewerbetreibende). Dies bedeutet, dass jeder, der ein Gewerbe betreibt, das bei wertender Gesamtbetrachtung verschiedener Unternehmensdaten, insbesondere des Umsatzes, der Zahl der Mitarbeiter, sich in das Handelsregister unter einer Firma eintragen muss. Der Kaufmannsbegriff gilt nunmehr auch für Dienstleistungsunternehmen und Handwerksbetriebe.
Welche rechtliche Regelungen gelten für den Kleingewerbetreibenden?	Für ihn gelten, wie auch für den Privatmann, ausschließlich die Bestimmungen des Bürgerlichen Gesetzbuches (BGB). Jeder Kleingewerbetreibende kann aber durch freiwillige Eintragung in das Handelsregister die Kaufmannseigenschaft mit allen Vor- und Nachteilen erwerben.
Wie sieht die Buchführungspflicht kleinerer Gewerbetreibender aus?	Gewerbetreibende, die unter den Beitragsgrenzen bleiben (siehe S. 48 unten), haben nur ein Wareneingangsbuch zu führen, wobei die geordnete Aufbewahrung der Eingangsrechnungen genügt.
Nennen Sie die handels- und steuerrechtlichen Vorschriften ordnungsgemäßer Buchführung!	Diese Vorschriften sind in den §§ 238 ff. des HGB festgelegt. Sie beinhalten im einzelnen: Jeder Kaufmann ist verpflichtet, Bücher zu führen und in diesen seine Handelsgeschäfte und die Lage seines Vermögens nach den Grundsätzen ordnungsgemäßer Buchführung ersichtlich zu machen. Jeder Kaufmann hat bei Beginn seines Handelsgewerbes sein Vermögen und seine Schulden genau aufzuzeichnen und einen das Verhältnis des Vermögens und der Schulden dar-

Fortsetzung: *Nennen Sie die handels- und steuerrechtlichen Vorschriften ordnungsgemäßer Buchführung!*	stellenden Abschluß zu machen; Inventar und Bilanz sind hierbei jährlich aufzustellen. Die Bilanz ist in inländischer Währung aufzustellen, das Inventar und die Bilanz sind vom Kaufmann zu unterzeichnen. Sind mehrere persönlich haftende Gesellschafter vorhanden, so haben alle zu unterzeichnen. Bei der Führung der Handelsbücher hat sich der Kaufmann einer lebenden Sprache und der Schriftzeichen einer solchen zu bedienen; er darf in seinen Büchern weder radieren noch Eintragungen durch Streichung unleserlich machen sowie keine leeren Zwischenräume zwischen den Eintragungen lassen. Nach Steuerrecht sind Handelsbücher, Inventare, Bilanzen, Lageberichte, Konzernabschlüsse und Buchungsbelege 10 Jahre, Geschäftsbriefe und sonstige Unterlagen 6 Jahre aufzubewahren.
Welche Gesetze können im Einzelfall noch von Bedeutung sein?	Aktiengesetz, GmbH-Gesetz, Genossenschaftsgesetz.
Welche Gesetze enthalten steuerrechtliche Vorschriften für den Kaufmann?	Vor allem die Abgabenordnung (AO), des weiteren das Einkommenssteuer-, Körperschaftssteuer-, Umsatzsteuer- und Gewerbesteuergesetz.
Unter welchen Voraussetzungen ist ein selbstständiger Gastronom zur Buchführung verpflichtet?	– Wenn der Umsatz 260 000 € im Kalenderjahr übersteigt. – Wenn der Gewinn aus Gewerbebetrieb höher als 25 000 € im Jahr ist.

Welche Grundsätze ordnungsgemäßer Buchführung müssen beachtet werden?	Die Aufzeichnungen müssen klar und übersichtlich sein. Alle Geschäftsfälle sind zeitlich fortlaufend und lückenlos zu erfassen. Keine Bleistifteintragungen, weder radieren noch Eintragungen unkenntlich machen. Keine Buchung ohne Beleg, die Belege sind fortlaufend zu nummerieren. Kasseneinnahmen und -ausgaben sind täglich aufzuzeichnen.
Wann kann der Kaufmann wegen fehlender Ordnungsmäßigkeiten bestraft werden?	Der Kaufmann kann bestraft werden, wenn er der Buchführungspflicht nicht nachkommt, Belege vernichtet, verheimlicht, verfälscht oder Geschäfte ohne Rechnung macht.
Mit welchen Maßnahmen muss er rechnen?	Das Finanzamt kann die Besteuerungsgrundlage schätzen und die Beweispflicht umkehren, Steuervergünstigungen können entzogen und u. U. ein Strafverfahren wegen Steuerhinterziehung eingeleitet werden.
Was verstehen Sie unter Inventur?	Inventur ist die mengen- und wertmäßige Bestandsaufnahme (messen, wiegen, zählen, bewerten) des Vermögens und der Schulden in allen Bereichen des Unternehmens. Sie ist also die Tätigkeit, mit der die Vermögens- und Schuldenwerte erfasst werden.
Welche 3 Arten der Inventur kennen Sie? Beschreiben Sie diese!	**Stichtagsinventur:** Diese Inventur wird zu einem bestimmten Stichtag, meist am Ende des Geschäftsjahres, durchgeführt. **Permanente Inventur:** Hier werden die Inventurbestände dadurch ermittelt, daß zum Anfangsbestand des jeweiligen Artikels die Zu- und Abgänge zu- oder abgerechnet werden, so daß zu jeder Zeit der aktuelle Sollbestand berechnet werden kann. Eine körperliche Bestandsaufnahme ist aber trotzdem mindestens einmal im Jahr erforderlich. **Verlegte Inventur:** Bei dieser Art von Inventur werden die Vermögensbestände entweder auf einen Zeitpunkt innerhalb der letzten 3 Monate vor oder der ersten 2 Monate nach dem Schluss des Geschäftsjahres verlegt. Die Inventurwerte sind aber auf den Stichtag fortzuschreiben.

Wie beurteilen Sie den Wert der permanenten Inventur?	Mit ihrer Hilfe können die Sollbestände auch während des Geschäftsjahres mit den Istbeständen verglichen werden. Somit können jederzeit Abweichungen festgestellt werden, die dann den Kaufmann veranlassen sollen, nach ihren Ursachen zu forschen.
Worin liegt der Unterschied der Inventur zum Inventar?	Inventar ist das schriftliche Ergebnis der Bestandsaufnahme, also das ausführliche Bestandsverzeichnis des Vermögens und der Schulden.
Wie gliedert sich ein korrektes Inventar?	Ein Inventar gliedert sich in A. Vermögen, B. Schulden, C. Eigenkapital (Reinvermögen).
Wie wird der Gliederungspunkt A in einem Inventar unterteilt?	Das Vermögen gliedert sich in a) Anlagevermögen und b) Umlaufvermögen.
Welches Gliederungsprinzip wird hier jeweils zugrunde gelegt?	Anlagevermögen: Man ordnet es nach der Nutzungsdauer, wobei mit dem Vermögen begonnen wird, das am längsten genutzt werden kann. Umlaufvermögen: Dieses Vermögen wird nach der Flüssigkeit (= Liquidität) geordnet, d. h. nach der Nähe zum Geldzustand, wobei mit dem am wenigsten flüssigen begonnen wird.
Geben Sie jeweils Beispiele an!	Anlagevermögen: Unbebaute Grundstücke, Gebäude, Maschinen und maschinelle Anlagen, Betriebs- und Geschäftsausstattung sowie Einrichtung, Fuhrpark, sonstiges Anlagevermögen (z. B. Geschirr, Wäsche, Gläser, Bestecke). Umlaufvermögen: Roh-, Hilfs- und Betriebsstoffe, Warenvorräte, Forderungen, Bankguthaben (Bank, Sparkasse), Bargeld (Kassenbestand).
Wie werden die Schulden gegliedert?	Die Schulden werden unterteilt in a) langfristige und b) mittel- und kurzfristige.
Nach welchem Gliederungsgesichtspunkt werden die Schulden der Reihe nach erfasst?	Sie werden danach geordnet, wann sie fällig sind. Dabei werden die am spätesten fälligen zuerst notiert.

Geben Sie Beispiele für lang- sowie mittel- und kurzfristige Schulden an!	Langfristige: Hypotheken- und Darlehensschulden. Mittel- und Kurzfristige: Verbindlichkeiten an Lieferer, kurzfristige Bankschulden.
Von wem muss das Inventar unterzeichnet werden?	Es ist vom Geschäftsinhaber persönlich zu unterschreiben und mit Ort und Datum zu versehen. Bei Gesellschaften, z. B. OHG, KG, müssen alle persönlich haftenden Gesellschafter unterschreiben.
Ermitteln Sie das Eigenkapital, wenn das gesamte Vermögen 1 200 000 € beträgt und die gesamten Schulden 510 000 €.	Eigenkapital = Vermögen ./. Schulden 　　　　　= 1 200 000,— € 　　　　./.　　510 000,— € 　　　　　=　 690 000,— €
Ein Hotelier hat bei Geschäftsgründung 200 000 € aus seinem Privatvermögen in die Unternehmung eingebracht. Wie lautet der Fachausdruck für diesen Betrag?	Diese 200 000 € stellen sein Eigenkapital dar.
Ermitteln Sie jeweils den Erfolg (Gewinn oder Verlust) aufgrund folgender Angaben aus dem Inventar: *a) Reinvermögen am Ende des Geschäftsjahres 420 000 €, Ende des vorigen Jahres 280 000 €.*	420 000 € ./.　280 000 € 　　140 000 € Gewinn
b) Angaben wie bei a) und wie verändert sich der Erfolg, wenn der Hotelier einen Lottogewinn von 60 000 € zur Anschaffung eines Geschäftsautos verwendete und privat insgesamt 25 000 € entnahm?	140 000 € +　 25 000 € −　 60 000 € 　　105 000 € Gewinn

Wie heißt die Gegenüberstellung der Vermögenswerte und Vermögensquellen?	Bilanz.
Wie werden die jeweiligen Seiten bezeichnet?	Vermögenswerte = Aktivseite = Mittelverwendung. Vermögensquellen = ist Passivseite = Mittelherkunft.
Wie gliedert sich die Aktiv- und Passivseite?	Aktiv: 1. Anlagevermögen, 2. Umlaufvermögen Passiv: 1. Eigenkapital, 2. Fremdkapital.
Kennzeichnen Sie Aktiv- und Passivkonten: Lieferschulden, Eigenkapital, Hypothekenschulden, Waren, Gebäude Sparkassenguthaben, Betriebs-PKW, Einrichtungen, Darlehen, Grundstücke, Schuldwechsel, Kassenbestand, Forderungen.	**Aktivkonten:** Waren, Gebäude, Sparkassenguthaben, PKW, Einrichtungen, Grundstücke, Kasse, Forderungen. **Passivkonten:** Liefererschulden, Eigenkapital, Hypothekenschulden, Darlehen, Schuldwechsel.
Welche 4 Bilanzveränderungen sind möglich?	Aktivtausch = Veränderung der Bilanz auf der Aktivseite. Passivtausch = Veränderung der Bilanz auf der Passivseite. Bilanzverkürzung = Verminderung auf beiden Seiten. Bilanzverlängerung = Zugang auf beiden Seiten.
Welche Bilanzveränderung haben die folgenden Geschäftsfälle zur Folge? a) *Der Wirt Schlau bringt den gemachten Lottogewinn als zusätzliches Eigenkapital ein.* b) *Er kauft sich zunächst eine neue Theke*	Bilanzverlängerung (Zunahme bei der Bank = Aktivkonto, sowie bei Eigenkapital = Passivkonto). Aktivtausch (Abnahme bei der Bank, Zunahme bei Geschäftsausstattung).

Fortsetzung folg. Seite

Fortsetzung von Vorseite

c) Getränke- und Zigaretten kauft er auf Ziel ein.	Bilanzverlängerung
d) Obige Rechnung wird überwiesen.	Bilanzverkürzung
e) Die Brauerei ist bereit, die Verbindlichkeiten ihr gegenüber in ein Darlehen umzuwandeln.	Passivtausch
f) Für 1000,– € werden Waren bar verkauft.	Aktivtausch
g) Ein Darlehen wird zurückgezahlt.	Bilanzverkürzung
h) Für den Kauf eines Autos wird ein Darlehen aufgenommen.	Bilanzverlängerung
Worin besteht der Unterschied zwischen Bilanz und Inventar?	In der Bilanz werden die Vermögenswerte und Schulden nicht ausführlich zusammengestellt wie beim Inventar, sondern in zusammengefaßter und übersichtlicher Form einander gegenübergestellt.
Wann ist eine Bilanz zu erstellen?	Eine Bilanz ist zu Beginn eines Gewerbes, am Anfang eines jeden Geschäftsjahres als Eröffnungsbilanz und am Ende jeden Geschäftsjahres als Schlussbilanz sowie bei Beendigung eines Gewerbes zu erstellen.
Wie ist der Kontenrahmen für das Hotel- und Gaststättengewerbe gegliedert?	Der Hotel- und Gaststätten-Kontenrahmen ist in 9 Kontenklassen (0–8) und diese wiederum in Kontengruppen aufgegliedert. Kontengruppen können wiederum in Kontenarten- und -unterarten untergliedert sein.
Erklären Sie dies anhand des Beispieles Kaffeebestand!	Kontenklasse: 2 = Vorräte u. a., Kontengruppe: 20 = Warenvorräte, Kontenart: 203 = Getränke, Kontenunterart: 2035 = Kaffee, Tee, Kakao.
Wozu dient der Kontenrahmen?	Er dient einer übersichtlichen Ordnung der Konten sowie der richtigen Zuordnung der Aufwands- und Ertragskonten.

Welche Kontengruppen umfassen die einzelnen Kontenklassen?	Klasse 0: Lang- und mittelfristige Aktivkonten, z. B. Grundstücke, Maschinen, Betriebs- und Geschäftsausstattung, Einrichtung, Kfz, Konzessionen. Klasse 1: Finanzanlagen und Geldkonten, z. B. Beteiligungen, Besitzwechsel, Bankguthaben, Kasse, Vorsteuer, Mehrwertsteuer, Privatkonto. Klasse 2: Vorräte, Forderungen, z. B. Waren, Halb- und Fertigerzeugnisse der Küche, Hilfs- und Betriebsstoffe, Forderungen. Klasse 3: Eigenkapital, Wertberichtungen und Rückstellungen. Klasse 4: Verbindlichkeiten und passive Rechnungsabgrenzungen. Klasse 5: Erträge, z. B. Beherbergungs-, Getränke-, Speisenumsatz, Handelswaren, Skontoerträge. Klasse 6: Betriebsbedingte Kosten, z. B. Warenkosten, Personal- und Energiekosten, Steuern, Gebühren, Beiträge, Versicherungen, Kfz-Kosten, Abschreibungen, Verwaltungskosten. Klasse 7: Anlagebedingte Kosten, z. B. Mieten und Pachte, Zinsen, Abschreibungen auf Anlagen. Klasse 8: Eröffnung und Abschluß, z. B. Eröffnungsbilanz, G + V Rechnung, Entnahmen und Einstellungen aus/in Rücklagen, Bilanzgewinn und Schlußbilanz.
Welche Kontenklassen beinhalten *a) Erfolgskonten* *b) Bestandskonten?*	Kontenklassen 5−7 Kontenklassen 0−4
Weshalb heißen die Konten der Kontenklassen 0−4 Bestandskonten?	Diese Konten weisen Bestände auf, die in der Bilanz aufgeführt sind.
Welche 2 Arten von Bestandskonten gibt es?	Aktive Bestandskonten (= Aktivkonten) und passive Bestandskonten (= Passivkonten).

Weshalb wird die Bilanz in Konten aufgelöst?	Jeder Geschäftsfall muss buchhalterisch erfasst werden. Schon in einem kleineren Betrieb kommen täglich mehrere Geschäftsfälle vor. Ohne Auflösung in Konten müsste bei jedem Geschäftsfall eine neue Bilanz erstellt werden. Dies wäre sehr umständlich und zeitraubend. Deshalb wird die Bilanz in Konten aufgelöst, auf denen dann die einzelnen Geschäftsfälle verbucht werden. Auch das Betriebsgeschehen wird dadurch übersichtlicher.
Wie werden die beiden Seiten eines Kontos genannt?	Linke Seite = Soll, Rechte Seite = Haben.
Auf welcher Seite werden bei aktiven Bestandskonten der Anfangsbestand sowie Bestandsvermehrungen gebucht?	In beiden Fällen im Soll (siehe auch Bilanz: Aktiv).
Wie wird die Differenz der Soll- und Habenseite eines Kontos gezeichnet?	Saldo
Wo werden bei passiven Bestandskonten die Bestandsverminderungen gebucht?	Im Soll
Welche Auswirkung hat eine Habenbuchung auf ein Aktivkonto?	Diese Buchung vermindert den Bestand auf diesem Konto, z. B. Bankguthaben.
Auf welcher Seite entsteht der Saldo eines Aktivkontos?	Er entsteht im Haben.
Wie wird der Saldo eines Kontos ermittelt?	Es wird zuerst die betragsmäßig stärkere Seite addiert und hiervon der Betrag der anderen Seite abgezogen. Der Saldo wird dann auf die betragsmäßig schwächere Seite geschrieben.

Wodurch ist a) der einfache Buchungssatz b) der zusammengesetzte gekennzeichnet?	a) Nur eine Soll- und nur eine Habenbuchung. b) Hier können sowohl mehrere Soll- wie auch mehrere Habenbuchungen vorkommen.
Welche 2 Arten von Belegen unterscheidet man? Nennen Sie Beispiele!	Natürliche Belege, z. B. Rechnungen, Kontoauszüge. Künstliche Belege, z. B. Quittung über Privatentnahme.
Wie muss bei der doppelten Buchführung ein Geschäftsfall verbucht werden?	Er muss im Soll und zum anderen im Haben gebucht werden (also doppelt). Dabei können jeweils mehrere Konten betroffen sein.
Wie lautet die allgemeine Buchungsformel?	Erst Soll(buchungen), dann Haben(buchungen).
Welche Details muß ein Kontierungsstempel beinhalten?	Belegnummer, Soll- und Habenbuchungen (Konten), jeweilige Beträge und das Buchungsdatum.
Wie geht man bei der Erstellung eines Buchungssatzes vor?	Zuerst werden die Konten genannt, auf denen im Soll gebucht wird, dann folgt das Wort „an" oder ein Längsstrich und daneben die Konten der Habenbuchungen, z. B. Kasse an Bank.
Was ist dabei bezüglich des Betrages zu beachten?	Im Soll muss stets der gleiche Betrag gebucht werden wie im Haben.
Wozu dient das Grundbuch dem Kaufmann?	Im Grundbuch werden alle Geschäftsfälle in chronologischer Reihenfolge erfasst (Datum, Belegnummer, Geschäftsvorfall, betroffene Konten, jeweilige Beträge im Soll und Haben). Erst später erfolgt dann die Buchung auf den einzelnen Konten.
Wie wird ein Grundbuch noch genannt?	Tagebuch, Journal
Welche 4 Fragen müssen Sie sich bei der Aufstellung eines Buchungssatzes stellen?	Welche Konten sind betroffen? Welche Art von Konten sind es (Aktiv- oder Passivkonten)? Nehmen die Konten zu oder ab? Auf welcher Kontenseite (S/H) wird gebucht?

Bilden Sie zu folgenden Geschäftsfällen die Buchungssätze! (ohne MwSt.)

– Wareneinkauf gegen Barzahlung	Waren/Kasse
– Verkauf einer Küchenmaschine auf Rechnung	Forderungen/Maschinen
– Barabhebung vom Bankkonto	Kasse/Bank
– Kauf eines LKW auf Ziel	Fuhrpark/Verbindlichkeiten
– Rückzahlung eines Darlehens durch Banküberw.	Darlehen/Bank
– Kauf eines Garderobenständers bar	Geschäftsausstattung/Kasse
– Kauf einer Geschirrspülmaschine gegen Wechsel	Maschinen/Schuldwechsel
– Erwerb der Konzession gegen bar	Konzession/Kasse
– Wir akzeptieren einen Wechsel	Verbindlichkeiten/Schuldwechsel
– Inkasso eines Besitzwechsels durch unsere Bank	Bank/Besitzwechsel
– Wir zahlen die Pacht per Banküberweisung	Pacht/Bank
– Überweisung von Löhnen	Löhne/Bank
– Kauf von Heizöl gegen Rechnung	Betriebsstoffvorräte/Verbindlichkeiten
– Kauf von Lebensmitteln gegen Rechnung	Lebensmittelvorräte/Verbindlichkeiten
– Abhebung vom Postscheckkonto	Kasse/Postscheck
– Wir bringen Geld zur Bank	Bank/Kasse
– Aufnahme eines Darlehens bei der Bank	Bank/Darlehen

In welche Unterkonten wird das Eigenkapitalkonto aufgeteilt?	Privatkonto, Erfolgskonten

Weshalb erfolgt diese Aufteilung?	All diese Vorgänge müssten jeweils auf dem Eigenkapitalkonto einzeln verbucht werden. Da häufig, würde das Eigenkapitalkonto sehr schnell unübersichtlich werden.
Wie werden Erfolgskonten unterteilt?	Sie werden in Ertrags-(=Erlös) und Aufwands(= Kosten)konten gegliedert.
Geben Sie jeweils Beispiele an!	**Ertragskonten:** Umsatzerlöse (Beherbergung, Speisen, Getränke, Handelswaren), Skontoerlöse, Zinsen, Mieterträge. **Aufwandskonten:** Waren, Personal-, Energiekosten, Betriebssteuern, Gebühren, Beiträge, Versicherungen, Betriebs- und Verwaltungskosten, Mieten, Pachten, Abscheibungen, Zinsaufwendungen.
Auf welcher Kontoseite werden Aufwendungen, auf welcher Erträge gebucht?	Bei Aufwendungen handelt es sich um Kapitalminderungen, deshalb werden sie jeweils im Soll gebucht. Erträge sind Mehrungen des Kapitals, deshalb Habenbuchungen.
Welche Aufgabe hat das G + V Konto?	Alle Aufwands- und Ertragskonten werden hier abgeschlossen; es sammelt im Soll alle Aufwendungen und im Haben alle Erträge.
Auf welcher Kontoseite steht bei einem Aufwandskonto der Saldo?	Im Haben
Der Saldo bei G + V soll ein Gewinn sein; auf welcher Kontoseite steht dieser Saldo?	Im Soll
Wohin wird der G + V Saldo gebucht?	Auf das Konto Eigenkapital
Worin besteht das Wesen der Abschreibung?	Die Abschreibung ist der auf ein Jahr entfallende Anteil der Anschaffungskosten. Abschreibungen stellen als Wertminderung Kosten dar, mindern also den Gewinn sowie die Höhe der Steuerzahlungen. Sie gehen in die Preiskalkulation ein, womit der Unternehmer versucht, bis zur Ersatzbeschaffung den Wert des Anlagegegenstandes wieder hereinzubekommen.

Welche Vermögenswerte werden abgeschrieben?	Der Abschreibung unterliegt v. a. das Anlagevermögen, z. B. Gebäude, Maschinen, Kfz, Geschäftsausstattung, aber auch Gegenstände des Umlaufvermögens bisweilen, z. B. uneinbringliche Forderungen.
Welche 2 Abschreibungsverfahren unterscheidet man bezüglich ihrer Höhe?	Diesbezüglich unterscheidet man die lineare und die degressive Abschreibung.
Kennzeichnen Sie die beiden Methoden!	**Lineare Abschreibung:** Die Abschreibungsquote und somit auch der Betrag bleibt gleich, z. B. 5 Jahre lang 20 % des Anschaffungswertes. **Degressive Abschreibung:** Hier ändert sich der jährliche Abschreibungsbetrag. Die Ursache dafür ist, daß vom jeweiligen Restwert abgeschrieben wird.
Welche 2 buchhalterischen Abschreibungsmethoden kennen Sie? Kennzeichnen Sie diese!	**Direkte Abschreibung:** Abschreibung unmittelbar von dem betreffenden Aktivkonto. **Indirekte Abschreibung:** Der Abschreibungsbetrag wird einem passiven Wertberichtigungskonto gutgeschrieben. Auf dem Anlagekonto bleibt der Anschaffungswert erhalten.
Welche 2 Vorfälle nimmt das Privatkonto auf?	Auf dem Privatkonto werden die Entnahmen des Unternehmers im Soll und etwaige Kapitaleinlagen des Unternehmers im Haben gebucht.
Weshalb wird das Privatkonto dem Eigenkapitalkonto vorgeschaltet?	Das Privatkonto nimmt kapitalverändernde Vorgänge während des Jahres, die privat bedingt sind, auf. Dadurch wird das Kapitalkonto entlastet und somit übersichtlicher. Zum Schluss des Jahres wird das Privatkonto dann auf das Eigenkapitalkonto abgeschlossen.
Bilden Sie die Buchungssätze!	
– Der Wirt entnimmt für private Zwecke aus der Geschäftskasse.	Privat/Kasse
– Der Hotelier entnimmt für private Feier Waren aus dem Lager.	Privat/Eigenverbrauch

Der Wirt bringt den Lottogewinn in seinen Betrieb ein.	Bank/Privat
– Das Konto „Privat" wird abgeschlossen, die Entnahmen sind höher als die Einlagen.	Eigenkapital/Privat
Welche Umsätze unterliegen der Umsatzsteuer (Mehrwertsteuer)?	Lieferungen und Leistungen, die ein Unternehmer im Inland gegen Entgelt ihm Rahmen seines Unternehmens ausführt; der Eigenverbrauch, die Einfuhr.
Welches ist die Bemessungsgrundlage?	Bemessungsgrundlage ist das Entgelt des Leistungsempfängers (Warenwert ./. Preisnachlässe + in Rechnung gestellte Versandkosten).
Was besteuert die sog. Mehrwertsteuer?	Sie besteuert die bei jedem Unternehmer erzielte Wertschöpfung, den Mehrwert (Unterschied zwischen Ein- und Verkaufspreis).
Wie hoch ist der derzeitige Regelsteuersatz der Mehrwertsteuer?	16 %
Für welche Erzeugnisse sind nur 7 % USt zu berechnen?	Für Grundnahrungsmittel, Bücher, Zeitschriften, Umsätze aus freiberuflicher Tätigkeit, Personenbeförderung im Nahverkehr, Lieferungen des Wirtes außer Haus (außer Luxuswaren wie z. B. Hummer).
Kennen Sie die wichtigsten Leistungen, die MwSt-frei sind?	Ausfuhrlieferungen, Kreditgewährungen, die Vermietung und Verpachtung von Grundstücken durch Privatpersonen, Umsätze von Ärzten, u. a.
Wie bezeichnet man die MwSt, die beim Wareneinkauf entsteht und warum?	Sie wird als Vorsteuer bezeichnet, weil sie der Gastwirt schon vorher bezahlen muss, bevor er beim Verkauf die MwSt in Rechnung setzen kann, die er dann berechtigterweise abführen müsste. Die Vorsteuer stellt also eine Forderung des Wirtes an das Finanzamt dar.

Wie wirkt sich die MwSt *a) für den Gastwirt* *b) für den Gast aus?*	Gastwirt: Er trägt selbst keine MwSt, da er die bereits bezahlte Vorsteuer von der erhaltenen MwSt abziehen kann und nur mehr den Differenzbetrag an das Finanzamt abführen muss. Seine Kostenrechnung wird so in keiner Weise belastet. Gast: Der Gast (Endverbraucher) kann die MwSt nirgends mehr in Abzug bringen, er hat sie also im Endeffekt zu tragen.
Wie wird die Differenz von MwSt und Vorsteuer bezeichnet?	Zahllast
Ermitteln Sie die Zahllast: Wareneinkauf 4000 € netto, Vorsteuer 7%; Warenverkauf 7100 € netto, MwSt 16%!	MwSt: 16% von 7100,— = 1136,— € −Vst 7% von 4000,— = 280,— € 856,— €
An welche Institution ist die Zahllast regelmäßig abzuführen?	An das Finanzamt.
Auf welchen Kostenseiten wird die VSt bzw. die MwSt gebucht?	VSt: Soll MwSt: Haben
Wie werden die Konten VSt und MwSt abgeschlossen?	Das Konto Vorsteuer ist (als wertmäßig kleineres Konto) ein Unterkonto des Kontos MwSt und wird somit zur Berechnung der Zahllast auf dieses abgeschlossen.

Bilden Sie die Buchungssätze:
Einkauf von Lebensmitteln auf Ziel, zuzügl. 7% MwSt
Telephongebühren werden abgebucht
Getränkeverkauf bar
 	
Wir überweisen eine Rechnung unter Abzug von Skonto
	Lebensmittel/Verbindlichkeiten
	VSt
	Telephon/Bank
	
	Kasse/Getränkeumsatz
	       MwSt
	Verbindlichkeiten/Bank
	       VSt
	       Skontoerträge

Erklären Sie die Begriffe Kostenart, Kostenstelle, Kostenträger! Beispiele!	Kostenarten: Sie sind in den Kontenklassen 6 und 7 aufgeführt, z. B. Waren-, Personal-, Energie- und Verwaltungskosten. Kostenstelle: Sie gibt an, wo die Kosten entstanden sind, z. B. Beherbergung, Küche, Keller. Kostenträger: Die Erzeugnisse bzw. Leistungen eines Betriebes müssen die Kosten tragen, z. B. Übernachtung, Menü Nr. 1, Wein Nr. 15.
Unterscheiden Sie Einzel- und Gemeinkosten. Beispiele!	Einzelkosten: Dies sind Kosten, die dem Kostenträger und der Kostenstelle direkt zuzuordnen sind, z. B. Warenkosten (Lebensmittel, Getränke). Gemeinkosten: Solche Kosten können der Kostenstelle und dem Kostenträger nicht direkt zugerechnet werden, z. B. Personal-, Energie-, Verwaltungskosten.
Welche Aufgabe hat die Kostenstellenrechnung?	Sie weist auf Gemeinkosten anteilig und verursachungsgerecht den Stellen im Unternehmen zu, bei denen sie bei der Leistungserstellung entstanden sind.
Beschreiben Sie, in welcher Form die Kostenstellenrechnung häufig durchgeführt wird und warum.	In der Praxis erfolgt die Kostenstellenrechnung meist mit Hilfe des Betriebsabrechnungsbogens (BAB). Die Kostenarten werden senkrecht aufgelistet und waagerecht nach Kostenstellen gegliedert. Diese tabellarische Form ist sehr übersichtlich und der Arbeitsaufwand nicht groß.

Erstellen Sie einen BAB aufgrund folgender Angaben:

1. *Zu verteilende Kosten:* Personalkosten
   Höhe der Kosten: 125 000,— €
   Kontonummer: 62
   Verteilungsgrundlage: Lohn- und Gehaltsliste
   Verteilungsschlüssel: 4:4:2

2. *Zu verteilende Kosten:* Energiekosten
   Höhe der Kosten: 20 000,— €
   Kontonummer: 64
   Verteilungsgrundlage: Verbrauch in kWh
   Verteilungsschlüssel: 5:3:2

3. *Zu verteilende Kosten:* Verwaltungskosten
   Höhe der Kosten: 5 000,— €
   Kontonummer: 66/67
   Verteilungsgrundlage: Umsatz
   Verteilungsschlüssel: 6:3:1

4. *Zu verteilende Kosten:* AfA
   Höhe der Kosten: 10 000,— €
   Kontonummer: 73
   Verteilungsgrundlage: Baukosten/Bauplan
   Verteilungsschlüssel: 7:2:1

Kto. Nr.	Kostenart	Wert der Buchhaltung	Verteilungs-schlüssel	Kostenstelle Beherbergung	Küche	Keller
62	Personalkosten	125000,—	4:4:2	50000,—	50000,—	25000,—
64	Energiekosten	20000,—	5:3:2	10000,—	6000,—	4000,—
66/67	Verwaltungskosten	5000,—	6:3:1	3000,—	1500,—	500,—
73	Abschreibungen	10000,—	7:2:1	7000,—	2000,—	1000,—

Wie werden die Gemeinkosten auf die Kostenstellen verteilt?	Die Zuordnung erfolgt mit Hilfe des Verteilungsschlüssels.

Welche Verteilungsgrundlage benützen Sie sinnvollerweise bei:	
– Personalkosten	Lohn- und Gehaltsliste
– Energiekosten, Reinigung	Verbrauch (in kWh, Liter...), Raumgrößen (m^2, m^3)
– Abschreibungen	Baukosten, Bauplan
– Verwaltungskosten	Umsatz
– Schuldzinsen	Baukosten, Bauplan

Nennen Sie Begriffe der Mengenkalkulation und geben Sie jeweils eine kurze Erklärung dazu!	Schlachtverlust: Er ist je nach Tierart unterschiedlich hoch, z. B. beim Hammel ca. 50 %. Warmschwund: Gewichtsverlust des Fleisches, der durch Abkühlung innerhalb von 12 Stunden nach der Schlachtung entsteht, z. B. beim Schweinefleisch ca. 1,5 %. Kaltschwund: Entsteht durch das Eintrocknen des Fleisches beim Abhängen; abhängig von der Größe des Stückes, der Luftfeuchtigkeit und der Beschaffenheit des Fleisches. Hauverlust: Er entsteht bei der Teilung des Schlachttieres in handliche Stücke.

Geben Sie das Kalkulationsschema für die Schlachtverlustberechnung an!	Lebendgewicht in kg ./. Schlachtverlust in % vom Lebendgewicht = Warmschlachtgewicht ./. Schwund in % vom Warmschlachtgewicht = Kaltschlachtgewicht ./. Hauverlust in % des Kaltschlachtgewichts = Verwertbares Fleisch

Weshalb bleibt der Kaltschwund unberücksichtigt?	Er entsteht erst später beim Abhängen des Fleisches.

Berechnen Sie den Schlachtverlust nach folgenden Angaben:
Das Lebendgewicht eines Hammels beträgt 60 kg. Wieviel kg verwertbares Fleisch erhält man bei der Schlachtung, wenn der Schlachtverlust 50 %, der Warmschwund 2 % und der Hauverlust 5 % beträgt?

Lebendgewicht 100 %	60,000 kg
∕. Schlachtverlust 50 %	30,000 kg
= Warmschlachtgewicht	30,000 kg
∕. Warmschwund 2 %	0,600 kg
= Kaltschlachtgewicht	29,400 kg
∕. Hauverlust 5 %	1,470 kg
= Verwertbares Fleisch	27,930 kg

Ein Gastwirt schlachtet ein Schwein mit einem Lebendgewicht von 120 kg. Der Schlachtverlust beträgt 17 %, der Warmschwund 1,5 %, der Hauverlust 3 %. Wieviel kg verwertbares Fleisch erhält er?

Lebendgewicht	120,000 kg
∕. Schlachtverlust 17 %	20,400 kg
= Warmschlachtgewicht	99,600 kg
∕. Warmschwund 1,5 %	1,494 kg
= Kaltschlachtgewicht	98,106 kg
∕. Hauverlust 3 %	2,943 kg
= Verwertbare Fleischmenge	95,163 kg

Ein Kalb wiegt lebend 92 kg. Der Wirt hat pro kg 8,— € bezahlt. Der Schlachtverlust beträgt 35 %, der Warmschwund 1,5 %, der Hauverlust 3 %.

Lebendgewicht	92,000 kg
∕. Schlachtverlust 35 %	32,200 kg
= Warmschlachtgewicht	59,800 kg
∕. Warmschwund 1,5 %	0,897 kg
= Kaltschlachtgewicht	58,903 kg
∕. Hauverlust 3 %	1,767 kg
= Verwertbares Fleisch	57,136 kg

a) *Wie teuer kommt dem Wirt ein kg verwertbares Fleisch?*
b) *Wie teuer kommt das Fleisch für ein Essen, wenn dazu 200 g Fleisch verwendet werden?*

Das Kalb kostet dem Wirt: 92 kg × 8,— €
= 736,— €

a) Kosten für 1 kg verwertbares Fleisch:
736,— € : 57,136 = 12,88 €

b) 12,88 € : 5 = 2,58 €

Ein Wirt erhielt nach der Schlachtung eines Tieres 81 kg verwertbares Fleisch. Welches Lebendgewicht hatte das Tier, wenn er 20 % Schlachtverlust, 1 % Schwund und 3 % Hauverlust hatte?	Verwertbares Fleisch + Hauverlust 3 % = Kaltschlachtgewicht + Warmschwund 1 % = Warmschlachtgewicht + Schlachtverlust 20 % = Lebendgewicht	81,000 kg 2,505 kg 83,505 kg 0,843 kg 84,348 kg 21,087 kg 105,435 kg

Anmerkung: Die Berechnung erfolgt vom verwertbaren Fleisch ausgehend, wobei auf jeder Stufe der Rückrechnung folgende Formel gilt:

$$\frac{Wert}{(100 - \% \ Satz)} \times 100 = \text{nachfolgender Wert.}$$

Welche Verluste können bei der Zubereitung von Fleisch entstehen?	Rohabfall (z. B. beim Auslösen des Fleisches und beim Portionieren). Bratverlust (abhängig von der Zubereitungsart und der Qualität des Fleisches).

Mit welchem Kalkulationsschema errechnet man die Zubereitungsverluste beim Fleisch?	Verwertbares Fleisch ∕. Rohabfall (in % vom verwertbaren Fleisch) = Bratfertiges Fleisch ∕. Bratverlust (in % vom bratfertigen Fleisch) = Tafelfertiges Fleisch

Wieviel kg tafelfertiges Fleisch erhält ein Wirt, wenn er 16,5 kg verwertbares Fleisch hat, der Rohabfall 18 % und der Bratverlust 26 % beträgt?	Verwertbares Fleisch ∕. Rohabfall 18 % = Bratfertiges Fleisch ∕. Bratverlust 26 % = Tafelfertiges Fleisch	16,500 kg 2,970 kg 13,530 kg 3,518 kg 10,012 kg

Ein Schweinerücken wiegt 6 kg und kostet 42,— €. Nach dem Parieren bleiben noch 5 kg übrig.	
a) Wieviel % beträgt der Rohabfall?	a) 6 kg ≙ 100 % 1 kg ≙ × % $$× = \frac{1 \times 100}{6} = \frac{100}{6} = 16{,}67 \%$$
b) Wie teuer ist ein kg bratfertiger Schweinerücken?	b) 42,— € : 5 kg = 8,40 €/kg

Ein Stück verwertbares Rindfleisch wiegt 27,5 kg, der Rohabfall beträgt 25%.

a) Wieviel kg tafelfertiges Fleisch erhalten Sie, wenn der Bratverlust 28,5% beträgt?	a) Verwertbares Fleisch ∕. Rohabfall 25% = Bratfertiges Fleisch ∕. Bratverlust 28,5% = Tafelfertiges Fleisch	27,500 kg 6,875 kg 20,625 kg 5,878 kg 14,747 kg
b) Wie teuer sind 125 g davon, wenn beim Einkauf pro kg 9.20 € bezahlt wurden?	b) 27,5 kg × 9,20 € = 253,— € Einkaufspreis. 253,00 : 14,747 = 17,16 € : 8 = <u>2,15 €</u>	
Aus welchen Zuschlägen setzen sich die „Betriebskosten" zusammen? Beispiele!	Allgemeine Küchenkosten (z.B. Löhne, Energiekosten, Reinigung, Abschreibungen, Reparaturen), Küchengemeinkosten (z.B. Pacht, Zinsen, Steuern, Versicherungen), Dienstleistungskosten (z.B. Geschirr, Besteck, Tischwäsche, Heizung, Reinigung, Beleuchtung).	
Woraus kann der Unternehmer die Höhe dieser Kosten ersehen?	Diese Kosten erhält er aus der Buchführung (der G + V Rechnung).	

Mit welchen Zuschlagssätzen zu den Rohstoffkosten rechnet der Betrieb:
Rohstoffkosten 39 650,— €
Allg. Küchenkosten 21 236,— €,
Küchengemeinkosten 12 342,— €,
Dienstleistungskosten 6792,— €.

Rohstoffkosten 39 650,— € = 100%
Allg. Küchenkosten 21 236,— € = x %

$$x = \frac{100 \times 21\,236}{39\,650} = 53,55\%$$

31,13%

17,13%

<u>Gesamtzuschlag 102% (101,81%)</u>

Errechnen Sie den Betriebskostenzuschlag: Rohstoffkosten 51 420,— €, gesamte Betriebskosten 55 170,— €

Betriebskostenzuschlag = 107% (107,29%)

Welche anderen Zuschläge muss der Gastwirt noch berücksichtigen, um zum Endpreis (= Inklusivpreis) zu kommen?	Gewinn, Bedienungsgeld, MwSt.

Stellen Sie das komplette Schema der Zuschlagskalkulation auf!	Rohstoffkosten
	+ allg. Küchenkosten
	  (in % von den Rohstoffkosten)
	+ Küchengemeinkosten
	  (in % von den Rohstoffkosten)
	+ Dienstleistungskosten
	  (in % von den Rohstoffkosten)
	= Selbstkostenpreis
	+ Gewinn
	= Geschäftspreis (kalkulierter Preis)
	+ Bedienungsgeld (Umsatzbeteiligung)
	= Netto(verkaufs)preis
	+ MwSt
	= Bruttoverkaufspreis (Endpreis, Inklusivpreis)

Ein Sportverein hat seine 16 Spieler anlässlich einer Aufstiegsfeier in ein Restaurant zum gemeinsamen Essen eingeladen. Wie teuer kommt dem Verein das Essen, wenn der Wirt folgendermaßen kalkuliert: Materialkosten pro Essen 6,— €, 85% Betriebskosten, 25% Gewinn, 12% Bedienungsgeld und MwSt?		
	Materialkosten	6,00 €
	+ Betriebskosten 85%	5,10 €
	= Selbstkostenpreis	11,10 €
	+ Gewinn 25%	2,78 €
	= kalkul. Preis	13,88 €
	+ Bedienungsgeld 12%	1,67 €
	= Nettopreis	15,55 €
	+ MwSt 16%	2,49 €
	= Inklusivpreis	18,04 €
	18,04 € × 16 = 288,64 €	

Für ein Festessen kauft ein Wirt 25 kg verwertbares Kalbfleisch ein. Er muss dafür 220,— € bezahlen. Für 75,— € benötigt er Zutaten und Beilagen. Beim Portionieren entsteht ein Rohabfall von 20 %, der Bratverlust beträgt 25 %.

a) Für wieviele Personen kann er ein Essen zubereiten, wenn er pro Person 200 g tafelfertiges Fleisch reichen will?

b) Berechnen Sie den Inklusivpreis für ein Essen bei folgenden Zuschlägen: Betriebskosten 110 %, Gewinn 25 %, Bedienungsgeld 15 % und MwSt 16 %!

Verwertbares Fleisch	25 kg
./. Rohabfall 20 %	5 kg
= Bratfertiges Fleisch	20 kg
./. Bratverlust 25 %	5 kg
= Tafelfertiges Fleisch	15 kg

a) 15 000 g : 200 g = <u>75 Personen (Portionen)</u>

b) Rohstoffkosten 220,— + 75,— =	295,00 €
+ Betriebskosten 110 %	324,50 €
= Selbstkosten	619,50 €
+ Gewinn 25 %	154,88 €
= kalkulierter Preis	774,38 €
+ Bedienungsgeld 15 %	116,16 €
= Nettopreis	890,54 €
+ MwSt 16 %	142,49 €
= Inklusivpreis	1033,03 €

1033,03 € : 75 = <u><u>13,77 €</u></u>

Berechnen Sie den Kalkulationsaufschlag: Betriebskosten 87 %, Gewinn 25 %, Bedienungsgeld 12 %, MwSt 16 %.

Rohstoffkosten	100,00 €
+ Betriebskosten 87 %	87,00 €
= Selbstkostenpreis	187,00 €
+ Gewinn 25 %	46,75 €
= Kalk. Preis	233,75 €
+ Bedienungsgeld 12 %	28,05 €
= Nettopreis	261,80 €
+ MwSt 16 %	41,89 €
= Inklusivpreis	303,69 €

Der Kalkulationsaufschlag beträgt 203,69 €.

Wie hoch ist im obigen Beispiel der Kalkulationszuschlag in %? Begründung!

Er beträgt 203,69 %. Der Kalkulationszuschlag ist die Differenz zwischen dem Materialeinsatz und dem Inklusivpreis in Prozent ausgedrückt und bezogen auf die Material(Rohstoff)kosten.

Berechnen Sie den Inklusivpreis für ein Essen, wenn die Rohstoffkosten 5,60 € und der Kalkulationszuschlag 185 % beträgt!	Rohstoffkosten 100 % + Kalkulationszuschlag 185 % = Inklusivpreis = 285 %	5,60 € 10,36 € 15,96 €
Wie ermittelt man den Kalkulationsfaktor?	Den Kalkulationsfaktor erhält man, indem man den Inklusivpreis (in Prozenten) durch 100 teilt.	
Ermitteln Sie den Kalkulationsfaktor im vorgenannten Beispiel!	Inklusivpreis = 285 % : 100 = 2,85 Der Kalkulationsfaktor ist 2,85!	
Ein Gastwirt rechnet mit einem Kalkulationsfaktor von 3,3. Berechnen Sie den Rohstoffeinsatz, wenn das Essen 26,— € kosten darf.	Rohstoffkosten 100 % + Aufschlag 230 % = Inklusivpreis 330 %	= 7,88 € = 18,12 € = 26,00 €
Die Rohstoffkosten für ein Essen betragen 5,80 €. Sie rechnen mit einem Kalkulationsfaktor von 2,8. Zu welchem Preis können Sie anbieten?	Rohstoffkosten 5,80 € × 2,8 = 16,24 € Inklusivpreis = 16,24 €	
Zuchtchampignons werden je Körbchen mit einem Gesamtgewicht von 2,5 kg geliefert und kosten je Körbchen 12,40 €. Das leere Körbchen wiegt 250 g. Wie viel kosten ein kg Champignons?	12,40 : 2,25 = 5,51 €	
Welches ist die Zuschlagsgrundlage bei der Getränkekalkulation?	Der Bezugspreis eines Getränkes.	

Welche Kostenzuschläge werden hier verrechnet?	Direkte Kellerkosten, Kellergemeinkosten, Dienstleistungskosten

Berechnen Sie die einzelnen Zuschläge in %:
Bezugspreis   25 000,—
a) direkte Kellerkosten 9 000,—

a) Bezugspreis 25 000,— ≙ 100 %
   dir. Kellerkosten 9 000,— ≙ × %

$$= \frac{9000 \times 100}{25000} = \underline{36\%}$$

b) Kellergemeinkosten 4 000,—
c) Dienstleistungskosten 7 500,—

b) = $\underline{16\%}$

c) = $\underline{30\%}$

Berechnen Sie den Betriebskostenzuschlag (siehe obiges Beispiel)

Bezugspreis   25 000,— ≙ 100 %
Gesamtkosten 20 500,— ≙ × %

$$= \frac{20500 \times 100}{25000} = 82\%$$

Betriebskostenzuschlag = $\underline{82\%}$

Bei einer 3-l-Flasche Weinbrand rechnet der Barkeeper mit einem Schankverlust von 2,5 %. Wieviel 2-cl-Gläser können aus dieser Flasche ausgeschenkt werden?

Schankverlust = 2,5 % von 3 l = 0,075 l
Bleibt noch:
3 l ./. 0,075 l = 2,925 l zum Ausschank.
Umgerechnet in cl = 292,5 cl.
2 cl-Gläser = $\underline{146}$

Berechnen Sie den Inklusivpreis einer Flasche Weißwein aufgrund folgender Angaben: Betriebskosten 75 %, Gewinn 20 %, Bedienungsgeld 12 %, MwSt 16 %, Bezugspreis 3,95 €.

Bezugspreis	3,95 €
+ Betriebskosten 75 %	2,96 €
= Selbstkostenpreis	6,91 €
+ Gewinn 20 %	1,38 €
= Kalk. Preis	8,29 €
+ Bedienungsgeld 12 %	0,99 €
= Nettopreis	9,28 €
+ MwSt 16 %	1,48 €
= Inklusivpreis	10,76 €

Mit welchem Kalkulationsaufschlag rechnet ein Gastwirt, dessen Betriebskosten 90% betragen und wenn mit 30% Gewinn, 15% Bedienungsgeld und 16% MwSt kalkuliert wird?	Bezugspreis + Betriebskosten 90% = Selbstkostenpreis + Gewinn 30% = Kalkul. Preis + Bedienungsgeld 15% = Nettopreis + MwSt 16% = Inklusivpreis	100,— € 90,— € 190,— € 57,— € 247,— € 37,05 € 284,05 € 45,45 € 329,50 €
	Der Kalkulationsaufschlag beträgt 229,50%	
Wie hoch ist der Kalkulationsfaktor im obigen Beispiel (aufgerundet)?	Er beträgt 329,50% : 100 = 3,30	
Von welchen Kosten wird bei der Zimmerpreiskalkulation ausgegangen?	Von den durchschnittlichen Selbstkosten einer Übernachtung.	
Wie ermittelt man die durchschnittlichen Selbstkosten einer Übernachtung?	Man ermittelt sie, indem man die Gesamtkosten der Beherbergungsabteilung durch die Anzahl der jährlichen Übernachtungen teilt.	
Die jährlichen Betriebskosten eines Hotels betragen 1 275 720,— €. Ermitteln Sie die durchschnittlichen Selbstkosten, wenn dieses Hotel 51 530 Übernachtungen im Jahr hat.	Durchschnittliche Selbstkosten $= \dfrac{1\,275\,620}{51\,530} = 24{,}75\,€$	
Ermitteln Sie den durchschnittlichen Inklusivpreis für obiges Hotel, wenn mit 30% Gewinn, 15% Bedienungsgeld und 16% MwSt kalkuliert wird.	Durchschnittliche Selbstkosten + Gewinn 30% = Kalkul. Preis + Bedienungsgeld 15% = Durchschnittl. Nettopreis + MwSt 16% = Durchschnittl. Inklusivpreis	24,75 € 7,43 € 32,18 € 4,83 € 37,01 € 5,92 € 42,93 €

Das Hotel Talblick verfügt über 54 Doppelzimmer und 22 Einzelzimmer. Im abgelaufenen Jahr (365 Tage) zählte man 34 164 Übernachtungen. Nach dem BAB beliefen sich die Selbstkosten auf 966 840,— €
a) Mit welcher Frequenz hat der Betrieb gearbeitet?

a) $365 \times 54 \times 2 = 39\,420$
$+ 365 \times 22 \quad = \underline{8\,030}$
$47\,450$ mögliche Übernachtungen

Frequenz: $\dfrac{34\,164 \times 100}{47\,450} = \underline{\underline{72\,\%}}$

b) Berechnen Sie die Selbstkosten je Übernachtung!

b) $966\,840,— \text{€} : 34\,164 = 28{,}30\,\text{€}$
Selbstkosten je Übernachtung: $\underline{\underline{28{,}30\,\text{€}}}$

Im Abrechnungszeitraum beliefen sich die Selbstkosten auf 150 000,— €; es wurden 30 000,— € Gewinn erwirtschaftet. Berechnen Sie den Aufschlag für Gewinn in Prozent!

$\dfrac{30\,000,— \times 100}{150\,000,—} = \dfrac{300 : 15}{100} = \underline{\underline{20\,\%}}$

Wie viel darf eine Flasche Sekt im Einkauf kosten: 16% MwSt, 15% Bedienungsgeld, 30% Gewinn, 90% Betriebskosten, Inklusivpreis 20,— €

Inklusivpreis	20,— €
− MwSt 16%	2,76 €
= Nettopreis	17,24 €
− Bedienungsgeld 15%	2,25 €
= Kalk. Preis	14,99 €
− Gewinn 30%	3,46 €
= Selbstkostenpreis	11,53 €
− Betriebskosten 90%	5,46 €
= Bezugspreis	6,07 €

Die Flasche Sekt darf im Einkauf höchstens 6,07 € kosten.

Anmerkung: Die Berechnung erfolgt vom Inklusivpreis ausgehend rückwärts, wobei auf jeder Stufe der Rückrechnung folgende Formel gilt:

$$\dfrac{Wert}{(100 + \%Satz)} \times 100 = nachfolgender\ Wert$$

Wie hoch dürfen die Materialkosten für ein Menü sein, wenn der Gastwirt mit folgenden Sätzen kalkuliert: Betriebskosten 85%, Gewinn 30%, Bedienungsgeld 15%, MwSt 16% Für ein Menü will er 14,— € verlangen.	Inklusivpreis − MwSt 16% = Nettopreis − Bedienungsgeld 15% = Kalk. Preis − Gewinn 30% = Selbstkostenpreis − Betriebskosten 85% = Materialkosten	14,— € 1,93 € 12,07 € 1,57 € 10,50 € 2,42 € 8,08 € 3,71 € 4,37 €

Die Materialkosten für ein Menü dürfen nur 4,40 € betragen.

Zur Berechnung der Materialkosten/Selbstkosten siehe auch Anmerkung bei der letzten Rechenaufgabe auf S. 75.

Um den kinderreichen Familien entgegenzukommen, setzt das Hotel „Arberblick" zwei Kindermenüs auf die Karte. Der Hoteldirektor schlägt vor: a) Donald Duck zu 8,00 € b) Rumpelstilzchen zu 9,50 €. Berechnen Sie die Materialkosten bei 130% Gemeinkosten, 15% Gewinn, 11% Umsatzbeteiligung, 16% MwSt.		a)	b)
	Inklusivpreis	8,— €	9,50 €
	− MwSt 16%	1,10 €	1,31 €
	= Nettopreis	6,90 €	8,19 €
	− Umsatzbeteil. 11%	0,68 €	0,81 €
	= Kalk. Preis	6,22 €	7,38 €
	− Gewinn 15%	0,81 €	0,96 €
	= Selbstkosten	5,41 €	6,42 €
	− Gemeinkosten 130%	3,06 €	3,63 €
	= Materialkosten	2,35 €	2,79 €

Zur Berechnung der Materialkosten/Selbstkosten siehe auch Anmerkung bei der letzten Rechenaufgabe auf S. 75.

Ermitteln Sie den Selbstkostenpreis einer Übernachtung, wenn der Hotelier wie folgt kalkuliert: Inklusivpreis 25,— €, 20% Gewinn, 12% Bedienungsgeld, 16% MwSt.	Inklusivpreis − MwSt 16% = Nettopreis − Bedienungsgeld 12% = Kalk. Preis − Gewinn 20% = Selbstkosten	25,— € 3,45 € 21,55 € 2,31 € 19,24 € 3,21 € 16,03 €

Der Selbstkostenpreis beträgt 16,03 €.

Zur Berechnung der Materialkosten/Selbstkosten siehe auch Anmerkung bei der letzten Rechenaufgabe auf S. 75.

Der Selbstkostenpreis für ein Essen beträgt 4,50 €, der kalkulierte Preis 5,85 €. Wie viel Prozent beträgt der Gewinn?	Selbstkostenpreis + Gewinn = Kalk. Preis Gewinn in % = 30 % $= \dfrac{1{,}35 \times 100}{4{,}50} = 30\,\%$	4,50 € 1,35 € 5,85 € 4,50 = 100 % 1,35 = x %
Wie hoch ist der Gewinn in € und %, wenn wir ein Essen mit einem Rohstoffeinsatz von 4,50 € zum Preis von 15,13 € auf die Karte setzen? Die Betriebskosten werden mit 105 %, das Bedienungsgeld mit 15 % und die MwSt mit 16 % kalkuliert.	Rohstoffkosten + Betriebskosten 105 % = Selbstkostenpreis + Gewinn = Kalk. Preis + Bedienungsgeld 15 % = Nettopreis + MwSt 16 % = Inklusivpreis Gewinn = 2,11 € = 22,86 % $= \dfrac{2{,}11 \times 100}{9{,}23} = 22{,}86\,\%$	4,50 € 4,73 € 9,23 € 2,11 € 11,34 € 1,70 € 13,04 € 2,09 € 15,13 € 9,23 = 100 % 2,11 = x %
Kennzeichnen Sie das Wesen der Statistik!	Die Statistik ist eine Vergleichsrechnung, die auf die Vergangenheit bezogen ist. Anhand von Vergleichszahlen wird der Betrieb kontrolliert und die Wirtschaftlichkeit des Geschehens festgestellt. Die Daten einzelner Perioden werden einander gegenübergestellt. Die Statistik ist eine wesentliche Grundlage für die Planung.	
Was sind Daten?	Daten sind alle Informationen, die für die Statistik verwendet werden.	
Nennen Sie Datenquellen!	Bons, Fremdenscheine, Buchhaltung, Bilanz, BAB; Statistisches Landesamt (Übernachtungszahlen), Verbände (z. B. DEHOGA; BHG; Ringhotels), Erfa-Gruppen, Betriebsvergleiche.	
Wie können Daten dargestellt werden?	In Tabellen, Kurven(Linien)-, Stab(Säulen)-, Flächendiagramm, Kartogramm, Bildstatistik.	
Wozu dienen Statistiken dem Unternehmer?	Sie dienen ihm als Entscheidungsgrundlage sowie für innerbetriebliche, zwischenbetriebliche und Branchenvergleiche.	

Steuern – Abgaben – Versicherungen

Welches sind die Grundlagen des Steuerwesens?	Förmliche Steuergesetze (z. B. EStG, UStG), Rechtsverordnungen (z. B. EStDV, UStDV) und Verwaltungsvorschriften der Finanzbehörden (z. B. EStR, Gewerbesteuer-Richtlinien), Erlasse des Finanzministers, Rechtsprechung der Finanzgerichte und des Bundesfinanzhofes, sowie entsprechende Entscheidungen des Bundesverfassungsgerichtes.
Worin unterscheiden sich Steuern, Gebühren, Beiträge?	**Steuern:** Sie sind einmalige oder laufende Geldleistungen (nicht Naturalien), die keine Gegenleistung für eine bestimmte Leistung darstellen, von einem öffentlich rechtlichen Gemeinwesen (z. B. Gemeinde) zur Erzielung von Einnahmen erhoben werden und allen, bei denen der Tatbestand zutrifft, auferlegt werden. **Gebühren:** Dies sind Abgaben, die als Entgelt für bestimmte Dienstleistungen oder andere Leistungen einer öffentlichen Einrichtung zu entrichten sind, z. B. Wasser-, Kanal-, Strom-, Telefongebühren. **Beiträge:** Sie sind Abgaben, die zur Deckung der Kosten öffentlicher Einrichtungen abzuführen sind, z. B. Kanal-, Straßenanliegerbeiträge, Kurtaxe.
Mit welchem Begriff bezeichnet man die Ausgaben des Staates?	Öffentliche Ausgaben.
Nennen Sie Beispiele, wodurch dem Staat Ausgaben erwachsen!	Verwaltung, Verteidigung, Soziale Sicherung, Beitrag zur EU, Forschung, Verkehrswesen, Bildung und Wissenschaft, Subventionen, u.a.
Welche Einnahmequellen stehen dem Staat zur Verfügung? Beispiele!	Steuern (z. B. Lohn-, Einkommens-, Körperschafts-, Umsatz-, Mineralölsteuer), Erwerbseinkünfte aus öffentlichen Unternehmungen (z. B. Verkehrs- und Versorgungsbetriebe), Aufnahme von Krediten (z. B. Anleihen), Überschüsse der Bundesbank.

Warum sind Ihrer Meinung nach Steuern notwendig?	Der moderne Staat hat eine große Vielzahl von Aufgaben zu übernehmen, z. B. Verwaltung, Verteidigung, Infrastruktur. Die Finanzierung dieser Aufwendungen ist im wesentlichen nur über die Erhebung von Steuern möglich.
Wie werden die Steuern eingeteilt: (Beispiele!)	
a) Nach der Erhebungsart?	**Direkte:** Steuerschuldner und Steuerträger sind identisch, z. B. Lohn, Einkommens-, Vermögenssteuer. **Indirekte:** Steuerschuldner und Steuerträger sind nicht identisch, z. B. Umsatzsteuer, Zölle, Tabaksteuer.
b) Nach der Verwaltungspraxis (Steuergegenstand)?	**Besitzsteuern:** Einkommens-, Körperschafts-, Vermögenssteuern **Verbrauchssteuern:** Mineralöl-, Tabak-, Bier-, Zuckersteuer. **Verkehrssteuern:** Umsatz-, Grunderwerbs-, Wechselsteuer. **Realsteuern:** Grund- und Gewerbesteuer. **Zölle:** Einfuhr- und Ausfuhrzölle.
c) Je nachdem, wem die Steuern zufließen?	Bund: Zölle, Verbrauchssteuern. Land: Vermögens-, Kfz-, Bier-, Grunderwerbssteuer. Gemeinde: Grund-, Gewerbe-, Hundesteuer. Gemeinschaftssteuer: Umsatz-, Einkommens-, Körperschaftssteuer.
Kennzeichnen Sie das Wesen der Einkommenssteuer!	Die ESt ist eine Personensteuer, durch die die wirtschaftliche Leistungsfähigkeit der natürlichen Personen (= Menschen) besteuert werden soll. Deshalb werden die persönlichen Verhältnisse des Steuerpflichtigen (z. B. Familienstand) sowie besondere Umstände, die seine wirtschaftliche Leistungsfähigkeit beeinflussen können (z. B. Unterstützung mittelloser Angehöriger) berücksichtigt. Als Privatsteuer gehört sie zu den Aufwendungen der Lebenshaltung des Steuerpflichtigen und ist deshalb bei der Ermittlung der Einkünfte nicht abzugsfähig.

Wer unterliegt der Einkommenssteuerpflicht?	Wer (neben dem Lohn) andere Einkünfte bezieht, z. B. Gewinne aus einem Unternehmen, Honorare aus freiberuflicher Tätigkeit oder Einnahmen aus Vermietung und Verpachtung, wird zur EST veranlagt.
Was ist Inland im Sinne des ESt-Rechts?	Inland ist die Bundesrepublik Deutschland mit ihren 16 Bundesländern (z. Zt.).
Welche Einkunftsarten unterscheidet das EStG?	Das EStG unterscheidet: – Einkünfte aus Land- und Forstwirtschaft – Einkünfte aus Gewerbebetrieben – Einkünfte aus selbständiger Arbeit – Einkünfte aus nichtselbständiger Arbeit – Einkünfte aus Kapitalvermögen – Einkünfte aus Vermietung und Verpachtung – Sonstige Einkünfte, z. B. Pensionen, Renten.
Was wird jeweils als Einkünfte angesetzt?	Bei den ersten 3 Einkunftsarten ist der Gewinn als Einkünfte anzusetzen. Bei den anderen der Überschuß der Einnahmen über die Werbungskosten bzw. den Verlust.
Was sind Werbungskosten?	Werbungskosten sind Aufwendungen zur Erwerbung, Sicherung und Erhaltung der Einnahmen. Sie können nur bei Überschußeinkünften entstehen.
Geben Sie Beispiele für Werbungskosten an: *a) Bei Einkünften aus nichtselbständiger Arbeit*	Aufwendungen für Fahrten zwischen Wohnung und Arbeitsstätte, Mehraufwendungen bei doppelter Haushaltsführung, Arbeitsmittel (Fachliteratur, Werkzeuge, typische Arbeitskleidung), Beiträge zu Berufsverbänden (z. B. Gewerkschaft).
b) Bei Einkünften aus selbständiger Arbeit	Grundsteuer, Reparaturen am Gebäude, Müllabfuhrgebühr, Abschreibung.

Was sind Sonderausgaben? Beispiele!	Dies sind Aufwendungen, die vom Gesamtbetrag der Einkünfte abgezogen werden können, wenn sie weder Betriebsausgaben noch Werbungskosten sind, z. b. Beiträge zur Sozialversicherung und Bausparkassen, Versicherungen, Spenden, Unterhaltsleistungen, gezahlte Kirchensteuer, Aufwendungen für Berufsaus- und -weiterbildung.
Was sind außergewöhnliche Belastungen? Beispiele!	Außergewöhnliche Belastungen sind gegeben, wenn man zwangsläufig größere Aufwendungen bestreiten muss als die überwiegende Mehrzahl der Steuerpflichtigen gleichen Familienstandes, z. B. Unterstützung der Eltern, Kosten durch Krankheit und Behinderung, Unterstützung von Flüchtlingen.
Auf welche Weise kann der Gewinn ermittelt werden?	Der Gewinn kann ermittelt werden – durch Betriebsvermögensvergleich – durch die Überschußrechnung – nach Durchschnittssätzen (Land- und Forstwirtschaft)

Ermitteln Sie den Gewinn durch Betriebsvermögensvergleich: Betriebsvermögen des vorigen Jahres 500 000,— €, Betriebsvermögen des abgelaufenen Jahres 580 000,— €, Privatentnahmen 20 000,— €, Einlagen 3 000,— €.	Betriebsvermögen des abgelaufenen Jahres	580 000,— €
	∕. Betriebsvermögen des vorigen Jahres	500 000,— €
	Zunahme	80 000,— €
	+ Entnahmen	20 000,— €
		100 000,— €
	∕. Einlagen	3 000,— €
	Gewinn aus Gewerbebetrieb	97 000,— €

Welche Steuerpflichtige können den Gewinn durch die Überschussrechnung ermitteln?	Solche Steuerpflichtige, die nicht zur Buchführung verpflichtet sind und auch freiwillig keine Bücher führen und regelmäßige Abschlüsse machen, z. B. kleine Gewerbetreibende, freiberuflich Tätige sowie kleine Land- und Forstwirte.

Was ist Steuergegenstand bei der Gewerbesteuer?	Der Gewerbebetrieb, soweit er im Inland betrieben wird.
Welche Tatbestandsmerkmale müssen gegeben sein, daß man von einem Gewerbebetrieb sprechen kann?	Selbstständigkeit, nachhaltige Ausübung der Tätigkeit, Gewinnerzielungsabsicht, Beteiligung am allgemeinen wirtschaftlichen Verkehr, keine Land- und Forstwirtschaft, keine freiberufliche Tätigkeit.
Welche 2 Arten von Gewerbebetrieben kennen Sie?	Stehender Gewerbebetrieb und Reisegewerbebetrieb.
Wann beginnt die Gewerbesteuerpflicht: a) bei Einzelunternehmen und Personengesellschaften?	Im Zeitpunkt der Aufnahme der maßgeblichen Tätigkeit.
b) bei Kapitalgesellschaften?	Grundsätzlich mit der Eintragung in das Handelsregister.
Welche Gemeinde darf die Gewerbesteuer erheben: a) bei einem stehenden Gewerbebetrieb?	Diejenige Gemeinde, in deren Bezirk der Unternehmer eine Betriebsstätte unterhält.
b) bei einem Reisegewerbebetrieb?	Diejenige Gemeinde, in der sich der Mittelpunkt der gewerblichen Tätigkeit befindet.
Welches ist die Besteuerungsgrundlage der Gewerbesteuer?	Der Gewerbeertrag.
Was unterliegt der Vermögenssteuer?	Bei unbeschränkt Steuerpflichtigen das Gesamtvermögen, bei beschränkt Steuerpflichtigen das Inlandsvermögen.
Wie heißt die Einkommenssteuer von juristischen Personen?	Körperschaftssteuer (z.B. für GmbH, AG, Genossenschaft).

Welche Behörde stellt die Lohnsteuerkarte aus?	Die Gemeinde/Stadt.
Welches ist die Grundlage für die Lohnsteuer?	Grundlage ist das jeweilige Bruttoentgelt des Arbeitnehmers (lohnsteuerpflichtig sind auch Sachbezüge (Kost und Logis), und geldwerte Vorteile, z. B. Firmenwagen).
Welche Daten werden auf der Lohnsteuerkarte eingetragen?	Name, Anschrift, Familienstand, Geburtsdatum, Zahl der Kinder, Religionszugehörigkeit, evtl. Freibeträge, Steuerklasse.
Wieviele Steuerklassen gibt es? Nennen Sie auch die jeweiligen Personenkreise!	I: Ledige, verwitwete, geschiedene Arbeitnehmer ohne Kind II: Obige Arbeitnehmer mit Kind III: Verheiratete Arbeitnehmer, nur einer ist erwerbstätig IV: Verheiratete Arbeitnehmer, beide berufstätig (Wahlklasse) V: Wahlklasse, ein Arbeitnehmer erhält dann Klasse III. VI: Arbeitnehmer, die gleichzeitig von mehreren Arbeitgebern Arbeitslohn erhalten (mit ihrer zweiten und weiteren Lohnsteuerkarte).
Warum ist die Umsatzsteuer eine indirekte Steuer?	Steuerschuldner und Steuerpflichtiger sind nicht identisch.
Für welche Umsätze/Leistungen gelten 16%, 7% oder 0% Umsatzsteuer?	**16% (normaler USt-Satz):** gilt für die meisten Waren, Güter und Dienstleistungen **7% (ermäßigter Satz):** gilt für wichtige Güter des täglichen Bedarfs wie Lebensmittel, Bücher, Zeitungen, Fahrkarten für den Personennahverkehr **0% (von der USt befreit):** für Mieten, Arzthonorare, Eintrittspreise für Konzerte, Messen, Theater.

Was bedeutet Mehrwertsteuer?	An der Herstellung von Endprodukten sind i. d. R. mehrere Unternehmen beteiligt. Jeder Unternehmer erhöht den Wert des Produktes. Dieser Mehr-Wert wird dann besteuert. Die MwSt-Belastung auf allen Stufen führt zur Anhebung des Endverkaufspreises, den der Endverbraucher bezahlen muss. Im Ergebnis zahlt der Unternehmer keine MwSt (als Umsatzsteuer), außer für den Eigenverbrauch als Endverbraucher.
Welche sonstigen Verbrauchssteuern sind Ihnen bekannt?	Tabaksteuer, Mineralölsteuer, Biersteuer, Schaumweinsteuer, Kaffeesteuer, Branntweinabgabe u. a.

Grundlagen für rechtsbewusstes Handeln

Grundgesetz, Gerichtsbarkeit und Rechtsprechung

Welche Grundrechte werden vom Grundgesetz der Bundesrepublik Deutschland garantiert?

Schutz der Menschenwürde,
Freiheit der Person (Entfaltungsfreiheit),
Gleichheit vor dem Gesetz,
Glaubens-, Gewissens- und Religionsfreiheit,
Meinungs- und Informationsfreiheit,
Freiheit von Kunst und Wissenschaft,
Schutz von Ehe und Familie und Gleichstellung der nichtehelichen Kinder, Recht auf Schule,
Versammlungsfreiheit, Vereinigungsfreiheit,
Brief-, Post- und Fernmeldegeheimnis,
Recht auf Freizügigkeit,
Freiheit der Berufs- und Arbeitsplatzwahl,
Unverletzlichkeit der Wohnung,
Garantie des Eigentums,
Überführung in Gemeineigentum,
Staatsangehörigkeit,
Auslieferungsverbot, Asylrecht,
Petitionsrecht,
Anspruch auf den gesetzlichen Richter,
Anspruch auf rechtliches Gehör vor dem Richter,
Verbot rückwirkender Strafgesetze,
keine Doppelbestrafung bei Strafvollzug,
Schutz vor willkürlicher Verhaftung.

Können Grundrechte eingeschränkt werden?

Ja, z. B. bei Wehr- und Ersatzdienst und im Krisenfall (z. B. militärischer Angriff von außen). Dies gilt aber nur für bestimmte Grundrechte, nicht für Menschenrechte, ein Grundrecht darf aber nicht in seinem Wesensgehalt angetastet werden.

Wer hat in der Bundesrepublik Deutschland das Recht, Gesetzentwürfe beim Bundestag einzubringen?

Bundesregierung, Bundesrat, Bundestag.

Was kann ein Bürger unternehmen, wenn er sich in seinen Rechten verletzt fühlt?	Nach Art. 17 GG hat er das Recht, sich schriftlich mit Bitten und Beschwerden an die zuständigen Stellen oder an das Parlament (Petitionsausschuss) zu wenden, um von dort, wenn möglich, Rechtshilfe zu erlangen.
Welchen Weg geht ein von der Bundesregierung eingebrachter Gesetzesvorschlag?	Vorlagen der Bundesregierung müssen zuerst dem Bundesrat zugeleitet werden, ehe sie dann dem Bundestag zur Beschlussfassung vorgelegt werden.
Wie viele Abgeordnete müssen einen Gesetzesvorschlag unterschreiben, damit er im Bundestag behandelt wird?	Der Vorschlag muß von mindestens 5% der Bundestagsmitglieder unterschrieben sein.
Worin unterscheidet sich ein einfaches von einem zustimmungsbedürftigen Gesetz?	Einfaches Gesetz: Dieses Gesetz bedarf nicht der Zustimmung des Bundesrates. Zustimmungsgesetz: Ein solches Gesetz kommt nur dann zustande, wenn neben der Mehrheit des Bundestages auch die Mehrheit des Bundesrates das Gesetz beschließt.
Welche Mehrheit ist zu einem verfassungsändernden Gesetz notwendig?	Durch Gesetz kann man die Verfassung nur dann ändern, wenn mindestens ⅔ der gesetzlichen Mitgliederanzahl von Bundestag und Bundesrat zustimmen.
Was kann der Bundesrat unternehmen, wenn er Bedenken gegen ein einfaches Gesetz hat?	Er kann den Vermittlungsausschuss anrufen. Wenn dieser keinen Änderungsvorschlag macht, kann der Bundesrat Einspruch beim Bundestag einlegen; dieser kann aber den Einspruch mit entsprechender Mehrheit zurückweisen.
Wie setzt sich der Vermittlungsausschuss zusammen?	Ihm gehören gleichviele Bundestagsabgeordnete und Bundesratsmitglieder an.

Welche Gesetze bedürfen der Zustimmung des Bundesrates?	Föderative Gesetze, d. h. Gesetze, die die bundesstaatlichen Grundlagen des Bundes berühren. Gesetze, die die Verwaltungszuständigkeit der Länder betreffen. Gesetze, die das Grundgesetz ändern. Gesetze, die die bundesstaatliche Finanzverfassung berühren. Gesetze, die Verträge mit anderen Staaten beinhalten, u. a.
Welche Aufgabe haben die Ausschüsse des Bundestages?	Zwischen der ersten und zweiten Lesung erfolgen in den zuständigen Ausschüssen eingehende Beratungen des Gesetzentwurfes, der gegebenenfalls auch abgeändert wird. In den Ausschüssen wird die eigentliche Arbeit an den Gesetzestexten geleistet.
Wie setzen sich die Ausschüsse zusammen?	Sie bestehen aus Abgeordneten und sind entsprechend den Mehrheitsverhältnissen des Bundestages zusammengesetzt.
Nennen Sie einige Ausschüsse des Bundestages!	Haushalts-, Innen-, Petitions-, Sport-, Finanz- und Verteidigungsausschuß, Ausschuß für Wirtschaft, für Ernährung, Landwirtschaft und Forsten, für Arbeit und Soziales, für Verkehr, für Raumordnung, Bauwesen und Städtebau, für Forschung und Technologie, Tourismus u.a.
Im Gegensatz zu den ständigen Ausschüssen gibt es von Zeit zu Zeit auch Sonderausschüsse. Wie werden diese genannt?	Untersuchungsausschüsse.
Welche Aufgaben haben solche Ausschüsse?	Sie überprüfen bestimmte Tatsachen und Zusammenhänge. Dabei werden auch Zeugen und Sachverständige vernommen, z. B. bei sog. „CDU-Spenden-Ausschuss".

Welche 2 Bundestagsausschüsse sind als ständige Ausschüsse von der Verfassung vorgeschrieben?	Ausschuss für Verteidigung und für auswärtige Angelegenheiten.
Für welche Rechtsfälle sind die „ordentlichen Gerichte" zuständig? Nennen Sie diese Gerichte!	Sie sind für Rechtsfälle des Privat- und Strafrechts zuständig. Zivil- und Strafgerichte (Amtsgericht, Landgericht, Oberlandesgericht, Bundesgerichtshof).
Wie sind diese Gerichte aufgebaut?	Sie bestehen jeweils aus einer zivilrechtlichen (für Fälle aus dem Privatrecht) und einer strafrechtlichen (für Fälle aus dem Strafrecht) Abteilung.
Welche Gerichte zählen zur besonderen Gerichtsbarkeit?	Verwaltungs-, Arbeits-, Finanz- und Sozialgerichte.
Weshalb wurden besondere Gerichte geschaffen?	Die Bereiche, mit denen sich diese Gerichte zu befassen haben, sind kompliziert und erfordern deshalb von den Richtern entsprechende Sachkenntnisse.
Wieviel Instanzen haben die besonderen Gerichtsbarkeiten?	3 Instanzen
Welches der besonderen Gerichte hat keine 1. Instanz?	Finanzgerichtsbarkeit
Bei welchem Gericht ist bei der ersten Instanz kein Anwalt vorgeschrieben?	Beim Arbeitsgericht
Welche Gerichte gehören zur Sozialgerichtsbarkeit?	Sozialgerichte, Landessozialgerichte, Bundessozialgericht.
Wie setzt sich die erste Instanz der Sozialgerichtsbarkeit zusammen?	Das Sozialgericht gliedert sich in Kammern, die in der Besetzung mit einem Berufsrichter als Vorsitzenden und 2 ehrenamtlichen Laienrichtern tätig werden.

Wie alt müssen die Laienrichter mindestens sein?	Das Mindestalter für Laienrichter beträgt 25 Jahre.
Welche Gerichte gehören zur Arbeitsgerichtsbarkeit?	Arbeitsgerichte, Landesarbeitsgerichte, Bundesarbeitsgericht.
Wie setzt sich die erste Instanz der Arbeitsgerichtsbarkeit zusammen?	Das Arbeitsgericht gliedert sich in Kammern, die in der Besetzung mit einem Vorsitzenden, der Berufsrichter ist, und 2 ehrenamtlichen Arbeitsrichtern (1 Arbeitgeber- und 1 Arbeitnehmervertreter) tätig werden.
Ab welchem Alter kann man zum Arbeitsrichter berufen werden?	Das Mindestalter beträgt 25 Jahre.
Für wie lange und von wem werden die Arbeitsrichter berufen?	Die Arbeitsrichter werden von der obersten Arbeitsbehörde des Landes auf die Dauer von 4 Jahren berufen.
Wie ist der Instanzenweg beim Arbeitsgericht geregelt?	Gegen das Urteil des Arbeitsgerichtes kann man Berufung beim Landesarbeitsgericht einlegen. Ist man mit dessen Urteil wiederum nicht einverstanden, kann man Revision beim Bundesarbeitsgericht beantragen.
Vor welchen Gerichten werden folgende Fälle verhandelt?	
a) Einbruch mit Diebstahl	Amtsgericht
b) Ein Arbeiter klagt, weil er zuwenig Urlaub erhalten hat	Arbeitsgericht
c) Ein Steuerzahler klagt gegen die Festsetzung seiner Einkommenssteuer	Finanzgericht
d) Eine Witwe klagt gegen die Festsetzung ihrer Rente	Sozialgericht
e) Ein Bürger klagt, weil ihm eine Baugenehmigung verweigert wurde	Verwaltungsgericht

Auf welchen Grundsätzen beruht die Rechtsprechung?	Gewaltenteilung: die Richter sind unabhängig; Vor Gericht hat jedermann Anspruch auf rechtliches Gehör; keine Strafe ohne Gesetz; niemand darf wegen derselben Tat aufgrund der allgemeinen Strafgesetze mehrmals bestraft werden.
Politische Macht muss kontrolliert werden. Nennen Sie Möglichkeiten!	Politische Wahlen, Gewaltenteilung, Verfassung, Föderalismus, Parlament, parlamentarische und außerparlamentarische Opposition, Bundesverfassungsgericht, Bundesrechnungshof, Massenmedien (TV, Radio, Presse...).
Erläutern Sie den Begriff Gewaltenteilung. Nennen Sie Beispiele, durch welche Institutionen die einzelnen Gewalten repräsentiert werden!	Teilung der staatlichen Gewalt in die 3 Bereiche: Legislative (Parlament), Exekutive (Regierung, Verwaltung) und Judikative (Gerichte, Richter).
Beschreiben Sie die *– klassische und die* *– moderne* *Gewaltenteilung!*	**klassische:** Parlament (Legislative) Regierung (Exekutive) Rechtsprechung (Judikative) **moderne:** Regierung und Regierungsparteien Opposition Rechtsprechung Öffentliche Meinung durch Massenmedien (als „4. Gewalt").

Arbeits- und Sozialrecht

Nennen Sie Rechtsquellen des Arbeitsrechts!	Grundgesetz, Verfassungen der Länder, BGB, HGB, Handwerksordnung, Arbeitsschutzgesetze, Betriebsverfassungsgesetz, Rechtsverordnungen, Verwaltungsrichtlinien, Satzungen, Kollektivverträge (z. B. Tarifverträge), Gewohnheitsrecht und Betriebsübungen, Arbeitsverträge; überstaatliches Recht, z. B. internationale Arbeitsrechtsordnung, allg. Regeln des Völkerrechts u. a.

Wer gilt als Arbeitnehmer?	Personen, die aufgrund eines Arbeitsverhältnisses verpflichtet sind, im Dienste eines anderen weisungsgebundene, abhängige Arbeiten zu leisten, die Erwerbszwecken dienen.
Welche Personen gelten nicht als Arbeitnehmer?	Beamte, Richter, Soldaten, Selbständige, gesetzliche Vertreter juristischer Personen, mitarbeitende Gesellschafter, mithelfende Familienangehörige, Strafgefangene, Ordensangehörige, Heiminsassen, Sozialhilfeempfänger.
Als was gelten Angestellte und Arbeiter im öffentlichen Dienst?	Sie gelten im arbeitsrechtlichen Sinne als Arbeitnehmer.
Kommt es auf die Dauer der Beschäftigung an, um als Arbeitnehmer zu gelten?	Nein. Egal ob jemand dauernd, vorübergehend oder gelegentlich arbeitet, bzw. einer Voll- oder Teilzeitarbeit nachgeht, dies ändert nichts an der Arbeitnehmereigenschaft.
Worin liegt der Unterschied zum Arbeitgeber?	Der Arbeitgeber leistet selbstbestimmte, der Arbeitnehmer fremdbestimmte Arbeit.
Arbeitsrechtlich gibt es zwei verschiedene Arbeitnehmer-Gruppen. Welche?	Angestellte und Arbeiter.
Worin liegen die Unterschiede zwischen diesen beiden Gruppen von Arbeitnehmern?	Bei der Entgeltzahlung (Arbeiter: Lohn, Angestellter: Gehalt), im Ausmaß körperlicher und geistiger Arbeit und in der Betriebsverfassung.
Wie kommt ein Arbeitsvertrag zustande?	Jeder Vertrag ist ein zweiseitiges Rechtsgeschäft. Daher bedarf es auch beim Arbeitsvertrag der zwei übereinstimmenden Willenserklärungen, in diesem Fall des Arbeitgebers und des Arbeitnehmers.
Welche arbeitsrechtliche Bedeutung hat die Stellenanzeige?	Eine Stellenanzeige ist noch kein Angebot, da sie sich an eine unbestimmte Zahl von Interessenten richtet. Sie stellt lediglich eine Aufforderung dar, sich zu bewerben, d. h. einen Vertragsabschluss anzubieten.

Welche Personenkreise können einen Arbeitsvertrag als Arbeitnehmer eingehen?	Nur voll und beschränkt geschäftsfähige Personen können einen Arbeitsvertrag abschließen. Letztere benötigen noch die Zustimmung des gesetzlichen Vertreters.
Gelten Formvorschriften für den Abschluss eines Arbeitsvertrages?	Nein, es gilt der Grundsatz der Formfreiheit. Arbeitsverträge können auch mündlich oder durch schlüssiges Verhalten zu Stande kommen.
Für bestimmte Arbeitsverträge gilt aber die Schriftform. Nennen Sie solche!	Für Verträge mit Angestellten der Sozialversicherungen und bei den Berufsgenossenschaften. Für Berufsausbildungsverträge und wenn Tarifverträge dies vorschreiben.
Welche Rechtsmängel könnte ein Arbeitsvertrag aufweisen? Beispiele!	Irrtum (z. B. zwei Bewerber haben den selben Namen, der „falsche" wird eingestellt);
	arglistige Täuschung (z. B. eine Bewerberin erklärt wider besseres Wissen, sie sei nicht schwanger);
	widerrechtliche Drohung (z. B. der Bewerber verlangt die Einstellung, anderenfalls werde er den Unternehmer wegen Steuerhinterziehung anzeigen);
	Verstoß gegen gesetzliche Verbote (z. B. Vertrag über die Beschäftigung eines Kindes);
	Verstoß gegen die guten Sitten (z. B. auffallendes Mißverhältnis zwischen der Arbeitsleistung und dem Entgelt);
	mangelnde Geschäftsfähigkeit (z. B. Ausbildungsvertrag mit einem Minderjährigen ohne Zustimmung der Eltern);
	des weiteren Schein-, Scherzgeschäfte und Formverstöße.

Welche Hauptpflichten haben die Arbeitnehmer und Arbeitgeber aufgrund des Arbeitsvertrages? Erklären Sie dies kurz!	Arbeitnehmer: Arbeitspflicht; diese Pflicht ist grundsätzlich persönlich zu erfüllen; sie ist am vereinbarten Ort zu erfüllen und während der vereinbarten oder gesetzlich geregelten Arbeitszeit. Treuepflicht; sie gebietet dem Arbeitnehmer, sich nach besten Kräften für die Interessen des Arbeitgebers und des Betriebes einzusetzen, z. B. Unterlassen von bestimmten Nebenbeschäftigungen, Wettbewerbsverbot und Schmiergeldverbot.
	Arbeitgeber: Lohnzahlungspflicht; Lohn für Arbeiter, Gehalt für Angestellte und sonstige Entgelte wie Weihnachtsgeld, Urlaubsgeld, Vermögensbildung, Fürsorgepflicht, d. h. Schutz von Leben und Gesundheit, Haftung, Sorge für das Eigentum des Arbeitnehmers, Gleichbehandlung, Urlaubsgewährung.
Auf welche Rechtsgrundlagen kann man sich bezüglich der Lohn- bzw. Gehaltshöhe berufen?	Auf Gesetze, z. B. Heimarbeitergesetz und vor allem auf Tarifverträge.
Tariflöhne sind Mindestlöhne. Was bedeutet dies?	Der Arbeitgeber ist verpflichtet, mindestens den Tariflohn zu zahlen. Er kann mehr bezahlen, weniger als der Tariflohn darf nicht bezahlt werden.
Bekommt ein Arbeitnehmer Lohn, wenn er wegen Krankheit arbeitsunfähig wird?	Wenn die Arbeitsunfähigkeit unverschuldet ist, erhält der Arbeitnehmer für die ersten 6 Wochen seinen vollen Lohn weiter. Ist er länger als 6 Wochen krank, bekommt er von seiner Krankenkasse das Krankengeld, das ca. 80% des Bruttolohnes ausmacht. Obergrenze ist das bisherige Nettoeinkommen.
Nennen Sie weitere Beispiele, wann der Arbeitnehmer seinen Lohn fortgezahlt bekommt!	Der Arbeitnehmer bekommt auch dann seinen Lohn weiter bezahlt, wenn er unverschuldet an der Arbeitsleistung verhindert wird, (z. B. Musterung), während des Erholungsurlaubs und für die Arbeitszeit, die infolge eines gesetzlichen Feiertages ausfällt.

Worin liegt der Unterschied zwischen Lohn und Gehalt?	Lohn wird das Entgelt des Arbeiters, Gehalt das Entgelt des Angestellten genannt. Der Lohn wird nach Stunden oder Stücken berechnet, das Gehalt bestimmt sich nach der Arbeitszeit, z. B. Monatsgehalt.
Neben den ausführenden Mitarbeitern (Angestellte und Arbeiter) gibt es noch die leitenden Angestellten. Welche Angestellten gehören Ihrer Meinung nach zu dieser Gruppe?	Prokuristen, Handlungsbevollmächtigte, Geschäftsführer, Betriebsleiter, Abteilungsleiter, Personalchefs, Direktoren.
Bei welcher Lohnform hängt die Höhe des Lohns von der Leistung ab?	Dies ist beim Akkordlohn (Stücklohn) der Fall (Einzel-/Gruppenakkord).
In welchem Gesetz würden Sie nachschlagen, wenn Sie sich über den Mindesturlaub der Arbeitnehmer informieren möchten?	Im Bundesurlaubsgesetz.
Wieviele Tage beträgt der gesetzliche Mindesturlaub für Arbeitnehmer?	Für Arbeitnehmer beträgt er mindestens 24 Werktage.
Welche Urlaubsregelung gilt, wenn im Tarifvertrag für einen 40jährigen Arbeitnehmer im 7. Beschäftigungsjahr 30 Werktage Jahresurlaub stehen?	Das Bundesurlaubsgesetz enthält nur Mindestbedingungen, die nach dem Grundsatz der Unabdingbarkeit durch tarifliche, betriebliche oder einzelvertragliche Regelungen verbessert werden können.
Zählen die arbeitsfreien Samstage und andere Wochentage bei der Urlaubszeitermittlung mit?	Ja, als Werktage gelten alle Kalendertage, die nicht Sonn- oder gesetzliche Feiertage sind.

Wie lange muss ein Arbeitnehmer in einem Betrieb beschäftigt sein, um erstmals Anspruch auf Urlaub zu haben?	Mindestens 6 Monate.
Wann ist der Urlaub zu gewähren?	Der Urlaub muss im laufenden Kalenderjahr gewährt und genommen werden. Liegen dringende betriebliche oder in der Person des Arbeitnehmers liegende Gründe vor, kann der Urlaub auf das nächste Kalenderjahr übertragen werden. Er muss dann in den ersten 3 Monaten des folgenden Jahres gewährt und genommen werden.
Darf der Urlaub abgegolten werden?	Kann der Urlaub wegen Beendigung des Arbeitsverhältnisses ganz oder teilweise nicht mehr gewährt werden, ist er abzugelten. Dies gilt nicht, wenn der Arbeitnehmer das Arbeitsverhältnis unberechtigt vorzeitig gelöst hat oder wenn ihm berechtigterweise fristlos gekündigt wurde.
Ein Arbeitnehmer will während des Urlaubs einer Erwerbstätigkeit nachgehen. Darf er das?	Er darf während des Urlaubs keiner Erwerbstätigkeit nachgehen, die dem Urlaubszweck widerspricht.
Womit wird die Gewährung eines Urlaubs begründet?	Der Urlaub sollte zur Erhaltung und Regeneration der Arbeitskraft und der Lebensfreude dienen.
Ein Arbeitnehmer erkrankt während des Urlaubs. Er kann dies durch ein ärztliches Zeugnis belegen. Hat dies Auswirkungen auf die Anzahl der Urlaubstage?	Wenn der Arbeitnehmer durch ein ärztliches Zeugnis seine Arbeitsunfähigkeit nachweisen kann, werden diese Tage auf den Jahresurlaub nicht angerechnet. Der Arbeitnehmer darf aber seinen angetretenen Urlaub um diese Tage nicht eigenmächtig verlängern.

Ein Arbeitnehmer geht für 4 Wochen zur Kur. Der Arbeitgeber will ihm diese Zeit auf den Urlaub anrechnen. Darf er das?	Nein, soweit ein Anspruch auf Fortzahlung des Arbeitsentgelts nach der gesetzlichen Lohnfortzahlung im Krankheitsfalle besteht.
Welches ist die Bemessungsgrundlage für das Urlaubsentgelt?	Das Urlaubsentgelt bemisst sich nach dem durchschnittlichen Arbeitsverdienst, den der Arbeitnehmer in den letzten 13 Wochen vor Beginn des Urlaubs erhalten hat. Erfolgt in dieser Zeit oder während des Urlaubs eine Verdiensterhöhung, ist von diesem erhöhten Verdienst auszugehen. Verdienstkürzungen bleiben außer Betracht.
Wann ist das Urlaubsentgelt auszuzahlen?	Es ist vor Antritt des Urlaubs auszuzahlen.
Nennen Sie weitere Gesetze, die wichtige Urlaubsregelungen enthalten!	Das Schwerbeschädigtengesetz, das Arbeitsplatzschutzgesetz und das Jugendarbeitsschutzgesetz.
Wofür dient das Arbeitszeitgesetz?	Es dient dazu, – den Schutz der Gesundheit der Arbeitnehmer zu gewährleisten, – die Rahmenbedingungen für flexible Arbeitszeiten zu verbessern, – Sonn- und Feiertage als Tage der Arbeitsruhe zu bewahren.
Nennen Sie die wichtigsten Regelungen des Arbeitszeitgesetzes.	a. Tägliche Arbeitszeit: die höchstzulässige tägliche Arbeitsdauer beträgt 8 Stunden. Sie kann jedoch auf bis zu 10 Stunden verlängert werden. Diese muss jedoch innerhalb von 6 Monaten auf 8 Stunden im Durchschnitt ausgeglichen werden. b. Ruhezeit: Nach Beendigung der Arbeit haben die Arbeitnehmer Anspruch auf eine ununterbrochene Ruhezeit von mindestens 11 Stunden. In Krankenhäusern und Pflegeeinrichtungen, im Gastgewerbe, in Verkehrsbetrieben, beim Rundfunk, in der Landwirtschaft und Tierhaltung gelten Ausnahmen; ebenso für Kraftfahrer und Beifahrer.

Fortsetzung: *Nennen Sie die wichtigsten Regelungen des Arbeitszeitgesetzes.*	c. Ruhepausen: Niemand darf länger als 6 Stunden ohne Ruhepausen arbeiten. Vorgeschrieben sind mindestens 30 Minuten; bei einer Arbeitszeit von mehr als 9 Stunden mindestens 45 Minuten. d. Nachtarbeit: jede Arbeit zwischen 23 und 6 Uhr, die mehr als 2 Stunden dauert, zählt zur Nachtarbeit. Als Nachtarbeitnehmer gilt, wer normalerweise Nachtarbeit in Wechselschicht oder an mindestens 48 Tagen im Kalenderjahr leistet. e. Sonntagsarbeit: An Sonntagen und gesetzlichen Feiertagen haben Arbeitnehmer grundsätzlich frei. Insgesamt 16 genau definierte Bereiche, z. B. Gastronomie, Polizei, Rettungswesen sind von diesem Grundsatz ausgenommen. In der Industrie ist Sonn- und Feiertagsarbeit nur dann erlaubt, wenn die Produktion aus technischen Gründen ununterbrochen laufen muss. Beschäftigte in Bäckereien und Konditoreien dürfen bis zu 3 Stunden mit der Herstellung, dem Austragen oder Ausfahren ihrer Produkte beschäftigt werden. Verkaufsstellen dieser Betriebe dürfen für die Dauer von 3 Stunden ihre Waren auch im Laden verkaufen.
Welche Zeit gilt als Arbeitszeit?	Arbeitszeit ist die Zeit vom Beginn bis zum Ende der Arbeit ohne Ruhepausen. Waschen und Umkleiden gehören also nicht zur Arbeitszeit, wohl aber Fertigmachen und Aufräumen des Arbeitsplatzes.
Worin liegt der Unterschied zwischen Mehrarbeit und Überstunden?	Mehrarbeit liegt vor, wenn die allgemeine gesetzliche Höchstarbeitsdauer von 8 Stunden täglich und 48 Stunden in der Woche überschritten wird. Unter Überstunden versteht man dagegen die Überschreitung der regelmäßigen tariflichen, betrieblichen oder einzelvertraglichen Arbeitszeit.

Ist der Arbeitnehmer verpflichtet, Überstunden und Mehrarbeit zu leisten?	Soweit sie nach der Arbeitszeitordnung zulässig sind, richtet sich die Verpflichtung nur nach tarifvertraglichen, betrieblichen oder einzelvertraglichen Vereinbarungen.
Muss Mehrarbeit vergütet werden?	Ja, der Arbeitnehmer hat Anspruch auf angemessene Vergütung.
Wie kann sich ein Arbeitnehmer im Betrieb über das Arbeitszeitgesetz informieren?	Der Arbeitgeber hat einen Abdruck des Arbeitszeitgesetzes und einen Aushang über Beginn und Ende der regelmäßigen täglichen Arbeitszeit und Ruhepausen an sichtbarer Stelle im Betrieb anzubringen.
Wer kontrolliert die Einhaltung dieser Vorschriften?	Gewerbeaufsichtsamt, Landkreisbehörden.
Wann endet ein befristetes, wann ein unbefristetes Arbeitsverhältnis?	**Befristet:** mit Ablauf der Vertragszeit (z. B. Ausbildungsvertrag) **Unbefristet:** bei ordentlicher Kündigung mit Ablauf der gesetzlichen oder tariflichen Kündigungsfrist; bei außerordentlicher Kündigung z. B. sofort; durch Aufhebungsvertrag, z. B. der Arbeitgeber lässt den Arbeitnehmer schon vor Ablauf der Kündigungsfrist gehen; durch Tod des Arbeitnehmers, bei Verbleiben des Arbeitnehmers bei der Bundeswehr; bei Wegfall der Geschäftsgrundlage, z. B. totale Zerstörung des Betriebes; nach erfolgreicher Anfechtung.
Wie lange darf die Probezeit bei einem Arbeitsverhältnis dauern?	Die Probezeit darf längstens 6 Monate dauern.
Wie lange ist die Kündigungsfrist während der vereinbarten Probezeit?	Die Kündigungsfrist beträgt 2 Wochen.
Ist bei der Kündigungsfrist zwischen Arbeitern und Angestellten zu unterscheiden?	Nein, unterschiedliche Fristen sind nicht mehr zulässig. Diese Unterscheidung wurde durch die Neufassung des § 622 BGB aufgehoben.

Wie ist die (Grund-)Kündigungsfrist die vom Arbeitgeber und Arbeitnehmer einzuhalten ist?	Sie beträgt vier Wochen zum 15. oder zum Ende des Kalendermonates. In Betrieben bis zu 20 Arbeitnehmern kann einzelvertraglich eine vierwöchige Grundkündigungsfrist ohne festen Termin vereinbart werden.
Nennen Sie die verlängerten gesetzlichen Kündigungsfristen für die Arbeitgeberkündigung!	Nach einer Betriebszugehörigkeit von ... Jahren mit einer Frist von ... Monat(en) zum Monatsende 2 Jahren: 1 Monat 5 Jahren: 2 Monate 8 Jahren: 3 Monate 10 Jahren: 4 Monate 12 Jahren: 5 Monate 15 Jahren: 6 Monate 20 Jahren: 7 Monate Bei der Berechnung der Beschäftigungsdauer werden die Zeiten, die vor der Vollendung des 25. Lebensjahres des Arbeitnehmers liegen, nicht berücksichtigt.
Kann für die Kündigung durch den Arbeitnehmer eine längere Frist vereinbart werden?	Nein dies ist nicht zulässig.
Sind tarifvertragliche Regelungen möglich?	Ja, die Tarifpartner können Kündigungsfristen frei vereinbaren, sie dürfen aber nicht kürzer sein als die gesetzlichen Fristen. Eine einzelvertragliche Übernahme der tarifvertraglichen Kündigungsfristen durch nichttarifgebundene Arbeitgeber und -nehmer ist zulässig.
In welchen Fällen kann einzelvertraglich doch eine kürzere Kündigungsfrist vereinbart werden?	– wenn ein Arbeitnehmer zur vorübergehenden Aushilfe eingestellt ist (bis 3 Monate) – wenn der Arbeitgeber in der Regel nicht mehr als 20 Arbeitnehmer, ausschließlich der zu ihrer Berufsbildung Beschäftigten, angestellt hat und die Kündigungsfrist vier Wochen nicht unterschreitet.

Wann ist eine Kündigung des Arbeitgebers unwirksam?	Die Kündigung des Arbeitgebers ist unwirksam, wenn sie sozial ungerechtfertigt ist, wenn es im betreffenden Betrieb einen Betriebsrat gibt und dieser vor der Kündigung nicht gehört wurde.
Was bedeutet die Aussage „sozial ungerechtfertigt"?	Dies bedeutet, dass keine Gründe in der Person oder dem Verhalten des Arbeitnehmers vorliegen, oder die Kündigung durch keine dringenden betrieblichen Erfordernisse bedingt ist.
Wann ist ferner eine Kündigung sozial ungerechtfertigt?	Eine Kündigung ist sozial ungerechtfertigt, wenn – sie aus betrieblichen Gründen erfolgte und hier soziale Gesichtspunkte nicht genügend berücksichtigt wurden (z. B. Verheirateten statt Ledigen wird gekündigt) – der Arbeitnehmer an einem anderen Arbeitsplatz im selben Betrieb oder in einem anderen Betrieb des Unternehmens weiterbeschäftigt werden könnte – die Weiterbeschäftigung des Arbeitnehmers nach zumutbaren Umschulungs- und Fortbildungsmaßnahmen möglich wäre oder – eine Weiterbeschäftigung des Arbeitnehmers unter geänderten Arbeitsbedingungen möglich wäre und der Arbeitnehmer sein Einverständnis hierzu erklärt hat und – wenn der Betriebsrat fristgerecht widersprochen hat.
Nach welcher Beschäftigungszeit in einem Betrieb besteht für den Arbeitnehmer ein allgemeiner Schutz vor sozial ungerechtfertigter Kündigung?	Nach 6 Monaten.
Welche Kündigungen fallen nicht unter das Kriterium „sozial ungerechtfertigt"?	Es sind dies Kündigungen von Arbeitnehmern, die noch keine 6 Monate im Betrieb gearbeitet haben und wenn sie von Betrieben mit regelmäßig weniger als 5 Arbeitnehmern (ohne Auszubildende) ausgesprochen werden.

Was ist eine Änderungskündigung?	Dies ist eine Kündigung des Arbeitsverhältnisses, verbunden mit dem Angebot, den Arbeitsplatz unter geänderten Bedingungen beizubehalten.
Wann spricht man von Massenentlassungen?	Dies sind Entlassungen von 5 Arbeitnehmern und mehr (abhängig von der Betriebsgröße). Hier ist das Arbeitsamt zu informieren und der Betriebsrat dazu zu befragen. Das Arbeitsamt muss zustimmen, kann aber eine Entlassung nicht verhindern, höchstens hinausschieben.
Wann ist eine Kündigung von seiten des Arbeitgebers gerechtfertigt?	Bei Vorlage eines wichtigen Grundes. Gründe, die in der Person oder dem Verhalten des Arbeitnehmers liegen: mangelnde körperliche und geistige Eignung, permanente Unpünktlichkeit, Querulantentum, Verstoß gegen die Treuepflicht, Unzuverlässigkeit. Bei dringenden betrieblichen Gründen: Betriebsstillegung, Einschränkung des Betriebes, mangelnder Auftragsbestand.
Unter welchen Voraussetzungen darf ein Arbeitsverhältnis außerordentlich (fristlos) gekündigt werden?	Eine fristlose, außerordentliche Kündigung ist Arbeitnehmern und Arbeitgebern nur möglich, wenn ein wichtiger Grund es unmöglich macht, das Arbeitsverhältnis bis zum nächsten ordentlichen Kündigungstermin fortzusetzen, z. B. Verweigerung des Lohnes, beharrliche Arbeitsverweigerung, grobe Beleidigungen des Arbeitgebers oder leitender Mitarbeiter, Tätlichkeiten im Betrieb, Konkurrenztätigkeiten, eigenmächtiger Urlaubsantritt ...
Wohin kann sich der Arbeitnehmer wenden, wenn er der Ansicht ist, dass die Kündigung ungerechtfertigt ist?	Er kann sich an den Betriebsrat (innerhalb einer Woche) und an das Arbeitsgericht (innerhalb von 3 Wochen) wenden.
Ist eine Kündigung ohne vorherige Information des Betriebsrates wirksam?	Nein, eine ohne Anhörung des Betriebsrates ausgesprochene Kündigung ist unwirksam.

Ein Arbeitnehmer gewinnt einen Arbeitsgerichtsprozess. Die Weiterbeschäftigung im bisherigen Betrieb ist ihm nicht mehr zumutbar. Was kann dem Arbeitnehmer zugesprochen werden?	Ihm kann eine Abfindung bis zu 12 Monatsverdiensten zugesprochen werden.
Nennen Sie wesentliche gesetzliche Grundlagen bezüglich Kündigungsschutz!	Bürgerliches Gesetzbuch (BGB), Kündigungsschutzgesetz (KSchG), Mutterschutzgesetz, Schwerbehindertengesetz, Berufsbildungsgesetz, Angestelltenfristengesetz.
Welche Personengruppen genießen einen besonderen Kündigungsschutz?	Langjährige Mitarbeiter, Schwerbeschädigte, Betriebsräte, Jugendvertreter, Auszubildende nach der Probezeit, Wehrdienstleistende, Frauen während der Schwangerschaft, innerhalb der ersten vier Monate nach der Entbindung und während des Erziehungsurlaubs.
Wozu soll das Jugendarbeitsschutzgesetz dienen?	Es soll die Jugendlichen vor Entwicklungsschäden schützen.
Für welchen Personenkreis gilt dieses Gesetz?	Es gilt für alle Beschäftigten bis zur Vollendung des 18. Lebensjahres.
Dieses Gesetz unterscheidet Kinder und Jugendliche. Bis zu welchem Alter spricht es von Kindern?	Kind im Sinne dieses Gesetzes ist, wer noch nicht 15 Jahre alt ist. Jugendlicher ist, wer 15 Jahre, aber noch nicht 18 Jahre alt ist. Auf Jugendliche, die der Vollzeitschulpflicht unterliegen, finden die für die Kinder geltenden Vorschriften Anwendung.
Welche Beschäftigungen sind für Jugendliche verboten?	Verboten sind Akkord- und Fließbandarbeit, jegliche Art von gefährlichen Arbeiten (Übersteigung der Leistungsfähigkeit, sittliche Gefahren, schädliche Umwelteinwirkungen, besondere Unfallgefahren, Gefährdung der Gesundheit), Arbeit unter Tage.

Dürfen Kinder beschäftigt werden?	Grundsätzlich ist die Beschäftigung von Kindern verboten. Dieses Verbot gilt nur dann nicht, wenn Kinder zum Zwecke der Beschäftigungs- und Arbeitstherapie, im Rahmen eines Betriebspraktikums während der Vollzeitschulpflicht und in Erfüllung einer richterlichen Weisung tätig sind. Das Verbot gilt auch nicht für die Beschäftigung von Kindern über 13 Jahre mit Einwilligung des Personensorgeberechtigten, soweit die Beschäftigung leicht und für Kinder geeignet ist. Kinder dürfen nicht mehr als 2 Stunden täglich, in landwirtschaftlichen Familienbetrieben nicht mehr als 3 Stunden täglich, nicht zwischen 18 und 8 Uhr, nicht vor dem Schulunterricht und nicht während des Schulunterrichtes beschäftigt werden.
Nennen Sie die wesentlichen Bestimmungen des Jugendarbeitsschutzgesetzes bezogen auf das Gastgewerbe, hinsichtlich der ...	
– Arbeitszeit	täglich 8 Std., ausnahmsweise 8,5 Std., wenn sie dafür an anderen Werktagen derselben Woche verkürzt wird
– Wochenarbeitszeit	40 Stunden, 5-Tage-Woche ... – w. b. –
– Sonn- und Feiertagsregelung	im Gastgewerbe ausnahmsweise zulässig; jeder 2. Sonntag soll, mindestens 2 Sonntage im Monat müssen beschäftigungsfrei bleiben (aber 5-Tage-Woche); an gesetzlichen Feiertagen ist die Beschäftigung im Gastgewerbe zulässig; am 24. und 31.12. dürfen Jugendliche nicht nach 14 Uhr, am 25.12., 1.1., am ersten Osterfeiertag und am 1. Mai überhaupt nicht beschäftigt werden;
– Samstagsarbeit	im Gastgewerbe ausnahmsweise zulässig; mindestens 2 Samstage im Monat sollen beschäftigungsfrei bleiben; die 5-Tage-Woche ist aber sicherzustellen;
– Schichtzeit	grundsätzlich höchstens 10 Stunden, im Gastgewerbe höchstens 11 Std.

Fortsetzung: *Nennen Sie die wesentlichen Bestimmungen des Jugendarbeitsschutzgesetzes bezogen auf das Gastgewerbe, hinsichtlich der ...*	
– Ruhepausen	bei einer Arbeitszeit von mehr als 4,5–6 Std.: 30 Minuten bei einer Arbeitszeit von mehr als 6 Stunden: 60 Minuten als Ruhepausen gelten nur Arbeitsunterbrechungen von mind. 15 Minuten; länger als 4,5 Std. hintereinander dürfen Jugendliche nicht ohne Ruhepause beschäftigt werden;
– Freizeit	nach Beendigung der täglichen Arbeitszeit ist Jugendlichen bis zum nächsten Arbeitsbeginn eine ununterbrochene Freizeit von mind. 12 Std. zu gewähren.
– Nachtruhe	grundsätzlich von 20–6 Uhr; im Gastgewerbe dürfen Jugendliche über 16 Jahre bis 23 Uhr beschäftigt werden. An dem einem Berufsschultag unmittelbar vorangehenden Tag dürfen Jugendliche nicht nach 20 Uhr beschäftigt werden, wenn der Unterricht vor 9 Uhr beginnt.
Nennen Sie die Urlaubsregelung für Jugendliche!	15-jährige: 30 Werktage 16-jährige: 27 Werktage 17-jährige: 25 Werktage Entscheidend ist das Alter zu Beginn des Kalenderjahres.
Welche Vorschriften gelten hinsichtlich der ärztlichen Untersuchungen?	Vor Beginn des Beschäftigungsverhältnisses ist der Jugendliche ärztlich zu untersuchen; eine Nachuntersuchung ist innerhalb von 12 Monaten nach Aufnahme der Beschäftigung vorgeschrieben.
Wie lange darf die Erstuntersuchung zurückliegen?	Sie muss innerhalb der letzten 14 Monate vor Beginn der Beschäftigung durchgeführt worden sein.

Welche Stelle kontrolliert die Einhaltung des Jugendarbeitsschutzgesetzes?	Das zuständige Gewerbeaufsichtsamt.
Mit welchen Strafen kann ein Arbeitgeber belegt werden, wenn er gegen das Jugendarbeitsschutzgesetz verstößt?	Wer als Arbeitgeber vorsätzlich oder fahrlässig gegen diese Vorschriften verstößt, handelt ordnungswidrig und kann mit einer Geldbuße bis zu 15 000,— € belegt werden. Vorsätzliche Verstöße, durch die Kinder oder Jugendliche in ihrer Gesundheit gefährdet werden, können sogar mit Freiheitsstrafen bis zu einem Jahr bestraft werden.
Für welche Frauen gilt das Mutterschutzgesetz?	Dieses Gesetz gilt für Frauen, die in einem Arbeitsverhältnis stehen und für in der Heimarbeit Beschäftigte.
Nennen Sie die Beschäftigungsverbote für werdende Mütter!	Werdende Mütter dürfen nicht beschäftigt werden, soweit nach ärztlichem Zeugnis Leben oder Gesundheit von Mutter und Kind bei Fortdauer der Beschäftigung gefährdet ist; sie dürfen ferner für die Zeit von 6 Wochen vor dem voraussichtlichen Termin und 8 Wochen nach der Niederkunft (bei Früh- und Mehrlingsgeburten 12 Wochen) nicht beschäftigt werden: sie dürfen nicht mit Mehr-, Nacht- und Akkordarbeit und nicht an Sonn- und Feiertagen beschäftigt werden sowie keine schweren körperlichen und gesundheitsgefährdenden Arbeiten verrichten.
Bis wie viel Uhr darf eine schwangere Hotelfachfrau abends beschäftigt werden?	In den ersten vier Monaten bis 22 Uhr; ab dem fünften Monat noch bis 20 Uhr.

Wer gilt als Schwerbehinderter?	Schwerbehinderte sind Personen, – mit einem Grad der Behinderung von wenigstens 50%, – sofern sie ihren Wohnsitz, ihren gewöhnlichen Aufenthalt oder ihre Beschäftigung auf einem Arbeitsplatz rechtmäßig im Bundesgebiet haben. Die Schwerbehinderteneigenschaft wird kraft Gesetz, d.h. bereits mit dem Eintritt der Behinderung und nicht erst mit deren Feststellung durch das Versorgungsamt erworben.
Wer kann einem Schwerbehinderten gleichgestellt werden?	Personen mit einem Grad der Behinderung von weniger als 50, aber wenigstens 30, sollen auf Antrag Schwerbehinderten gleichgestellt werden, wenn sie infolge ihrer Behinderung ohne die Gleichstellung einen geeigneten Arbeitsplatz nicht erlangen oder nicht behalten können. Die Gleichstellung erfolgt durch das für den Wohnort zuständige Arbeitsamt.
Wer stellt die Behinderung fest?	Das für den Wohnort des Behinderten zuständige Amt für Versorgung und Familienförderung (Versorgungsamt) hat nach dem Gesetz auf Antrag die Behinderungen, den Grad der Behinderung und gegebenenfalls weitere gesundheitliche Merkmale festzustellen. Es erteilt hierüber einen rechtskräftigen Feststellungsbescheid.
Was sagt das Gesetz über die Beschäftigungspflicht von Schwerbehinderten aus?	Private Arbeitgeber und Arbeitgeber der öffentlichen Hand, die über mindestens 20 Arbeitsplätze verfügen, haben wenigstens 5% der Arbeitsplätze mit Schwerbehinderten zu besetzen. Arbeitgeber, die die vorgeschriebene Zahl von Schwerbehinderten nicht beschäftigen, sind verpflichtet, eine Ausgleichsabgabe zu zahlen.
Neben dem sozialen gibt es noch den technischen Arbeitsschutz. Welche Ziele verfolgt der technische Arbeitsschutz?	Der technische Arbeitsschutz hat es sich zum Ziel gesetzt, Arbeitsunfälle und Berufskrankheiten zu verhüten.

Nennen Sie rechtliche Grundlagen des technischen Arbeitsschutzes! Geben Sie kurze Erläuterungen dazu!	Arbeitsstättenverordnung: Sie schreibt vor, wie der Arbeitsplatz nach modernen Erkenntnissen menschengerecht gestaltet werden muss. Maschinenschutzgesetz: Es verpflichtet die Hersteller der technischen Arbeitsmittel, diese möglichst sicher zu bauen. Arbeitsstoffordnung: Giftige, ätzende und andere gefährliche Stoffe müssen besonders gekennzeichnet und behandelt werden. Arbeitssicherheitsgesetz: Hier ist u. a. festgelegt, unter welchen Bedingungen Betriebe, Betriebsärzte und Sicherheitsbeauftragte zu benennen haben.
Wer überwacht die Durchführung und Einhaltung der Arbeitsschutzgesetze?	Das Gewerbeaufsichtsamt.
Welche Rechte/Pflichten haben der Arbeitnehmer und der Arbeitgeber bei Beendigung des Arbeitsverhältnisses?	Arbeitnehmer: Herausgabe von Arbeitsmitteln, z. B. vom Arbeitgeber gestellte Arbeitskleidung, Bestecke; Schweigepflicht, Wettbewerbsverbot (gilt nur für den kaufm. Angestellten), Räumung der Wohnung beim Arbeitgeber. Arbeitgeber: Ausschreiben eines Zeugnisses, Herausgabe von Arbeitspapieren (z. B. Lohnsteuerkarte), Freizeitgewährung zur Stellungssuche, Ausstellen einer Arbeitsbescheinigung (für Arbeitsamt), Urlaub, Lohnfortzahlung im Krankheitsfall.

Von welchen Grundgedanken lässt sich das „Gesetz über Betriebsärzte, Sicherheitsingenieure und andere Fachkräfte für Arbeitssicherheit" leiten?	Diese Fachkräfte sollen den Arbeitgeber beim Arbeitsschutz und bei der Unfallverhütung unterstützen. Damit soll erreicht werden, dass – diesbezügliche Vorschriften den besonderen Betriebsverhältnissen entsprechend angewandt werden, – gesicherte arbeitsmedizinische und sicherheitstechnische Erkenntnisse zur Verbesserung des Arbeitsschutzes und der Unfallverhütung verwirklicht werden können, – die dem Arbeitsschutz und der Unfallverhütung dienenden Maßnahmen einen möglichst hohen Wirkungsgrad erreichen.
Welche Personen dürfen als Betriebsärzte bestellt werden?	Personen, die berechtigt sind, den ärztlichen Beruf auszuüben und die über die hierfür erforderliche arbeitsmedizinische Fachkunde verfügen.
Welche Anforderungen werden an Fachkräfte für Arbeitssicherheit gestellt?	– Sicherheitsingenieur: Berufsbezeichnung Ingenieur, der über sicherheitstechnische Fachkunde verfügt. – Sicherheitstechniker oder -meister: muss über entsprechende sicherheitstechnische Fachkunde verfügen.
Von welchen Grundgedanken lässt sich das Betriebsverfassungsgesetz leiten?	Die arbeitenden Menschen sollen am Geschehen in den Betrieben und Unternehmen verantwortlich teilhaben. Der Arbeitnehmer soll nicht Objekt fremder Entscheidungen sein, er darf nicht bei Entscheidungen, die seine Lebensinteressen berühren, von der demokratischen Mitsprache ausgeschlossen sein. Die Unternehmensziele müssen von den Belangen der arbeitenden Menschen mitgeprägt sein (Humanisierung des Arbeitslebens). Ferner gilt die Mitbestimmung als ein stabilisierendes Element unserer Wirtschafts- und Gesellschaftsordnung.
In welchem Gesetz sind die Beziehungen zwischen Arbeitgeber, Arbeitnehmer und Betriebsrat geregelt?	Im Betriebsverfassungsgesetz (BVG).

Welche Ziele verfolgt das Betriebsverfassungsgesetz?	Das BVG hat vier grundlegende Ziele. Der Wunsch ein **ausgewogenes Verhältnis zwischen Kapital und Arbeit** zu erzielen ist Hintergrund für den rechtlichen Anspruch auf betriebliche Mitbestimmung. Die Betriebsleitung wird dadurch verpflichtet, nicht nur die Interessen der Kapitalgeber, sondern auch die der Beschäftigten angemessen zu berücksichtigen. Demokratie **in der Wirtschaft** bedeutet, dass Konflikte nicht durch Zwang, sondern durch eine demokratische Diskussion, durch Dialog und Mitentscheidung gelöst werden. Indem die Betroffenen über ihre Arbeitsbedingungen mitbestimmen können, soll **sozialer Fortschritt** erreicht werden. Und letztlich soll durch **Kontrolle der wirtschaftlichen Macht** ihr Missbrauch verhindert werden.
Für welche Betriebe gilt das BVG?	Es gilt für Privatbetriebe, sofern sie nicht eine Gesellschaft oder Genossenschaft mit mehr als 2000 Beschäftigten sind.
Zwischen Arbeitgeber und Arbeitnehmer kann es zu Konflikten kommen. Welche Individualrechte hat der Arbeitnehmer nach dem BVG?	Der Arbeitnehmer ist vom Arbeitgeber über seine Aufgabe und Verantwortung sowie über die Art seiner Tätigkeit und die Einordnung in den Arbeitsablauf des Betriebes zu unterrichten. Er hat das Recht, in betrieblichen Angelegenheiten, die seine Person betreffen, gehört zu werden. Des Weiteren hat er das Recht, in die über ihn geführte Personalakte Einsicht zu nehmen und Erklärungen dazu abzugeben. Ferner steht ihm das Recht der Beschwerde zu, wenn er sich vom Arbeitgeber oder von anderen Arbeitnehmern des Betriebes benachteiligt oder ungerecht behandelt oder in sonst einer Weise beeinträchtigt fühlt.
Was regelt das BVG?	Es regelt die Mitbestimmung und Mitwirkung der Arbeitnehmer.
Durch welches Organ kann der Arbeitnehmer im Betrieb mitbestimmen?	Durch den Betriebsrat.

In welchen Betrieben kann es einen Betriebsrat geben?	Ein Betriebsrat kann gewählt werden, wenn – in einem Betrieb der privaten Wirtschaft wenigstens 5 Arbeitnehmer (über 18 Jahre alt) beschäftigt sind und – 3 Arbeitnehmer mindestens ein halbes Jahr zum Betrieb gehören (Voraussetzung für die Wählbarkeit).
Welche Personalstärke hat der Betriebsrat?	Größe und Zusammensetzung des Betriebsrates richten sich nach der Anzahl der im Betrieb beschäftigten Arbeitnehmer (Arbeiter und Angestellte). Gewählt werden: – ein Mitglied in Betrieben mit 5–20 wahlberechtigten Beschäftigten, – drei Mitglieder in Betrieben mit 21–50 Wahlberechtigten, – fünf Mitglieder in Betrieben mit 51–100 Wahlberechtigten, – entsprechend mehr Betriebsräte in größeren Betrieben. Das Geschlecht, das in dem Betrieb in der Minderheit ist, muss im BR mit seinem prozentualen Anteil an der Belegschaft vertreten sein.
In welchen Zeitabständen finden Betriebsratswahlen statt?	Die regelmäßigen Betriebsratswahlen finden alle 3 Jahre in der Zeit vom 1. März bis 31. Mai statt.
In welcher Form wird der Betriebsrat gewählt?	Er wird in geheimer und unmittelbarer Wahl gewählt.

Welche Aufgaben hat der Betriebsrat?	Der BR vertritt die Rechte der Beschäftigten gegenüber dem Arbeitgeber. Das Betriebsverfassungsgesetz verlangt, dass beide Seiten zum Wohl der Beschäftigten und des Betriebes vertrauensvoll zusammenarbeiten sowie mit Gewerkschaften und Arbeitgeberverbänden kooperieren. Allgemeine Aufgaben: – Kontrolle über die Durchführung der für die AN geltenden Gesetze, Verordnungen, Unfallverhütungsvorschriften sowie Tarifverträge und Betriebsvereinbarungen, – dem Beantragen von Maßnahmen, die dem Betrieb und der Belegschaft dienen, – Mitwirken bei der Gestaltung von Arbeitsplätzen, -abläufen und -umgebung. Der BR hat aber auch abgestufte Mitwirkungs- und Mitbestimmungsrechte. Sie reichen vom Recht auf Anhörung und Beratung bis hin zu echten Mitbestimmungsrechten in dem Sinn, dass der Arbeitgeber ohne Zustimmung des BR nicht entscheiden kann.
Der Betriebsrat hat Mitbestimmungs-, Mitwirkungs- und Unterrichtungsrechte. Beschreiben Sie diese Rechte und nennen Sie Fälle, in denen sie zum Tragen kommen!	Mitbestimmungsrechte: Die Entscheidung des Unternehmens ist ohne Zustimmung des Betriebsrates nicht gültig. (Hier gibt es auch gesetzliche oder tarifliche Regelungen) Beispiele: – Betriebsordnung und Arbeitnehmerverhalten – Beginn, Ende und Verteilung der täglichen Arbeitszeit, Pausen – Urlaubsplan – Einführung von technischen Einrichtungen zur Überprüfung von Verhalten und Leistung der Arbeitnehmer – Unfallverhütung – Sozialeinrichtungen im Betrieb – betriebliche Entlohnungsgrundsätze und -methoden – Akkord- und Prämiensätze – betriebliches Vorschlagswesen

Fortsetzung: *Der Betriebsrat hat Mitbestimmungs-, Mitwirkungs- und Unterrichtungsrechte.* *Beschreiben Sie diese Rechte und nennen Sie Fälle, in denen sie zum Tragen kommen!*	Mitwirkungsrechte: Der Betriebsrat ist bei der Durchführung bestimmter Maßnahmen zu beteiligen. Beispiele: – Einstellung, Ein- und Umgruppierung, Versetzung (Personalplanung) – Durchführung betrieblicher Bildungsmaßnahmen – Kündigungen – Arbeitsabläufe – Einführung und Organisation der Gruppenarbeit – Hinzuziehung bei allen Fragen des Umweltschutzes Unterrichtungsrechte: Information des Betriebsrates in wirtschaftlichen Angelegenheiten des Betriebes. Beispiele: – wirtschaftliche und finanzielle Lage – Produktions- und Absatzlage – Investitionen und Rationalisierungen – Arbeitsmethoden – Stilllegen, Verlegen und Zusammenschließen von Betrieben – Änderungen der Betriebsorganisation – Gestaltung des Arbeitsplatzes
Was geschieht, wenn sich BR und AG nicht einigen können?	Eine paritätisch besetzte Einigungsstelle soll die Streitfragen friedlich beilegen. Ansonsten sind bei Streitigkeiten die Arbeitsgerichte zuständig.
In welchem zeitlichen Rahmen sind Betriebsversammlungen einzuberufen und wozu dienen diese?	Betriebsversammlungen sind einmal im Kalendervierteljahr einzuberufen. Hier muss der Betriebsrat über seine Tätigkeiten berichten. Sie dienen auch der Aussprache zwischen dem Betriebsrat und den Beschäftigten, die sich hier zu den Beschlüssen des Betriebsrates äußern und Anträge stellen können.
Wann muss ein Wirtschaftsausschuss gebildet werden?	In allen Unternehmen mit mehr als 100 Beschäftigten wird ein Wirtschaftsausschuss gebildet. Dessen Mitglieder werden vom Betriebsrat bestimmt.

Welche Aufgaben hat der Wirtschaftsausschuss?	Er hat die Aufgabe, wirtschaftliche Angelegenheiten mit der Unternehmensleitung zu beraten. Diese muss dem Ausschuss umfassend und rechtzeitig über folgende Angelegenheiten informieren: – die wirtschaftliche und finanzielle Situation des Unternehmens – Produktion und Absatz – beabsichtigte Investitionen – Rationalisierungsvorhaben – Einführung anderer Arbeitsmethoden – organisatorische Änderungen – Verlegung, Einschränkung oder Stilllegung von Betrieben oder Betriebsteilen. Der Wirtschaftsausschuss ist verpflichtet, den Betriebsrat über das Ergebnis der Beratungen zu informieren.
In welchen (allgemeinen) Angelegenheiten hat der Betriebsrat ein Mitbestimmungsrecht?	Der Betriebsrat hat das Mitbestimmungsrecht in sozialen, personellen und wirtschaftlichen Angelegenheiten im betrieblichen Bereich.
Erläutern Sie dies näher!	Soziale Angelegenheiten: Mitbestimmung in Fragen der Betriebsordnung und des Verhaltens der Arbeitnehmer im Betrieb. Beginn, Ende und Verteilung der Arbeitszeit, Pausenregelung, Art der Lohnauszahlung, Aufstellung des Urlaubsplanes und bei der Verwirklichung und Verwaltung von Sozialeinrichtungen im Betrieb. Personelle Angelegenheiten: Unterrichtung über die Personalplanung und Berufsbildung, Behandlung von Härtefällen, Ein- und Ausstellung, Eingruppierung, Umgruppierung und Versetzung.
Was und innerhalb welcher Frist muss der Betriebsrat beachten, wenn er bei personellen Einzelmaßnahmen und Kündigungen seine Zustimmung verweigern will?	Er muss seine Verweigerung der Zustimmung innerhalb einer Woche nach Unterrichtung durch den Arbeitgeber unter Angabe von Gründen diesem mitteilen.

In welchem Bereich hat der Betriebsrat nur Mitwirkungsrecht?	Mitwirkungsrechte hat der Betriebsrat in wirtschaftlichen Angelegenheiten, z. B. bei Betriebsänderungen (Stillegung, Verlegung, Zusammenschlüsse, Änderung der Organisation, neue Arbeitsmethoden).
In welchen Zeitabständen hat der Betriebsrat Betriebsversammlungen einzuberufen?	Der Betriebsrat hat einmal in jedem Kalendervierteljahr eine Betriebsversammlung einzuberufen und in ihr einen Tätigkeitsbericht zu erstatten.
Aus welchen Teilnehmern besteht die Betriebsversammlung?	Die Betriebsversammlung besteht aus den Arbeitnehmern des Betriebes. Sie ist nicht öffentlich.
Wer leitet die Betriebsversammlung?	Die Betriebsversammlung wird vom Vorsitzenden des Betriebsrates geleitet.
Dürfen Betriebsversammlungen während der Arbeitszeit stattfinden?	Ja, Betriebsversammlungen können während der Arbeitszeit stattfinden.
Ist die Zeit der Betriebsversammlung den Arbeitnehmern zu vergüten?	Die Zeit der Teilnahme und zusätzliche Wegezeiten sind den Arbeitnehmern wie Arbeitszeit zu vergüten.
Dürfen Arbeitgeber und Betriebsrat Maßnahmen des Arbeitskampfes zur Interessendurchsetzung einsetzen?	Maßnahmen des Arbeitskampfes sind zwischen Arbeitgeber und Betriebsrat nicht zulässig.
Welche Stelle ist zuständig, um Meinungsverschiedenheiten zwischen Arbeitgeber und Betriebsrat beizulegen?	Zur Beilegung von Meinungsverschiedenheiten zwischen Arbeitgeber und Betriebsrat ist die Einigungsstelle anzurufen bzw. bei Bedarf zu bilden.
Aus welchen Personen setzt sich die Einigungstelle zusammen?	Sie besteht aus einer gleichen Anzahl von Beisitzern, die von Arbeitgeber und Betriebsrat bestellt werden, um einen unparteiischen Vorsitzenden, auf dessen Person sich beide einigen müssen.

Welche Mitarbeiter können eine Jugend- und Auszubildendenvertretung wählen?	Diese können Beschäftigte unter 18 Jahren sowie Auszubildende unter 25 Jahren wählen.
Wer ist hierzu wahlberechtigt?	Wahlberechigt sind alle jugendlichen Arbeitnehmer des Betriebes.
Bis zu welchem Alter kann man als Jugendvertreter gewählt werden?	Bis unter 24 Jahre.
In welchen Zeitabständen wird gewählt?	Jugendvertreter werden alle 2 Jahre gewählt.
Welche Aufgaben hat die Jugendvertretung?	Sie muss darüber wachen, dass die für die Jugendlichen geltenden Gesetze im Betrieb beachtet werden. Sie kann eigene Sitzungen und betriebliche Jugendversammlungen abhalten. Die Teilnahme an Betriebsratssitzungen ist möglich; volle Mitentscheidung hat sie hier aber nur in Fragen, die die Jugendlichen im Betrieb betreffen. Ferner kann sie beim Betriebsrat Maßnahmen zum Wohle der Jugendlichen beantragen, nimmt Beschwerden jugendlicher Mitarbeiter entgegen und trägt sie dem Arbeitgeber vor.
Wer trifft Betriebsvereinbarungen?	Sie werden zwischen dem Arbeitgeber und dem Betriebsrat getroffen.
Was stellen Betriebsvereinbarungen dar?	Sie sind Vereinbarungen über betriebliche Fragen, z. B. die Festsetzung der Betriebsordnung.
In welchem Rahmen dürfen sich Betriebsvereinbarungen bewegen?	Sie setzen im Bereich des Einzelbetriebes autonomes Recht. Gesetze und Tarifverträge haben aber den Vorrang, d. h. Betriebsvereinbarungen dürfen darüber hinaus gehen, eine Schlechterstellung der Arbeitnehmer ist dagegen nicht zulässig.
Für welche Arbeitnehmer gelten diese Vereinbarungen?	Sie gelten für alle Betriebsangehörigen, nicht nur für Gewerkschaftsmitglieder.

Was bedeutet Mitbestimmung im Unternehmen?	Mitbestimmung im Unternehmen bedeutet vor allem ein Mitentscheidungsrecht bei der Kontrolle, Bestellung und Abberufung der Personen, die das Unternehmen leiten, z. B. Vorstand. Die Mitbestimmung erfolgt durch den Aufsichtsrat.
Wie ist die Mitbestimmung in Kapitalgesellschaften, die nicht zur Montan-Industrie zählen, geregelt?	In Kapitalgesellschaften mit 500 bis 2000 Beschäftigten, sowie in Aktiengesellschaften, die vor dem 10. August 1994 gegründet wurden, auch bei weniger als 500 Beschäftigten, muss der Aufsichtsrat zu einem Drittel mit Arbeitnehmervertretern besetzt sein. In größeren Kapitalgesellschaften muss der Aufsichtsrat je zur Hälfte mit Vertretern der Anteilseigner, z. B. Aktionäre, und der Arbeitnehmer besetzt sein. Bei Stimmengleichheit hat der Aufsichtsratsvorsitzende eine zweite Stimme.
Was ist unter Tarifautonomie zu verstehen?	Das verfassungsmäßige Recht der Tarifpartner, frei (= autonom), d. h. ohne staatliche Anweisungen verbindliche Rechtsnormen zu schaffen, die Tariflöhne und sonstige Arbeitsbedingungen betreffen.
Tarifautonomie ist ein Grundrecht. In welchem Artikel des Grundgesetzes ist sie festgeschrieben?	Im Grundgesetz Artikel 9(3): „Das Recht, zur Wahrung und Förderung der Arbeits- und Wirtschaftsbedingungen Vereinigungen zu bilden, ist für jedermann und für alle Berufe zu gewährleisten".
Wer kann Tarifvertragspartei sein?	Tarifvertragspartei ist die jeweilige Gewerkschaft, einzelne Arbeitgeber oder Vereinigungen von Arbeitgebern.
Statt Tarifpartner wird oftmals noch ein anderer Begriff verwendet. Welcher?	Sozialpartner.
Worüber verhandeln die Tarifpartner ganz allgemein?	Sie verhandeln über Arbeits- und Wirtschaftsbedingungen.

Wer sind die Tarifpartner im Hotel- und Gaststättengewerbe?	Die Arbeitgeberseite wird vom DEHOGA bzw. vom jeweiligen Landesverband vertreten; die Arbeitnehmerseite von der NGG (= Gewerkschaft Nahrung, Genuss und Gaststätten).
Welche Arten von Tarifverträgen sind zu unterscheiden?	Rahmen- bzw. Manteltarifvertrag, Entgelttarifvertrag und Sondertarifvertrag z. B. bezüglich Vermögensbildung.
Welche Regelungen werden in Manteltarifverträgen getroffen?	Diese Tarifverträge regeln allg. Arbeitsbedingungen, wie Einstellung und Probezeit, Arbeitszeit, Kündigung, Entlohnungsgrundsätze, Urlaub und Urlaubsgeld, Weihnachtsgeld.
Was wird im Lohn- und Gehaltstarifvertrag geregelt?	Löhne und Gehälter für das jeweilige Personal (festbesoldetes, Bedienungspersonal, Aushilfspersonal), Ausbildungsvergütung, Sonntagszuschlag für Auszubildende.
Was bedeutet die Aussage: „Tarifverträge enthalten Mindestregelungen"?	Der Arbeitgeber ist verpflichtet, dem Arbeitnehmer mindestens die tariflichen Leistungen zukommen zu lassen, z. B. Lohn, Urlaub. Er kann mehr gewähren, weniger ist nicht erlaubt.
Wie lange haben die Tarifverträge normalerweise Gültigkeit?	Manteltarifverträge bleiben meist mehrere Jahre unverändert; Entgelttarifverträge haben im allgemeinen eine Laufzeit von einem Jahr.
Wo sind die „Spielregeln" für das Verhältnis zwischen der Gewerkschaft und dem Arbeitgeberverband festgeschrieben?	Im Tarifvertragsgesetz, aber auch in den Satzungen der Gewerkschaften und Arbeitgeberverbände.
Was ist, im Zusammenhang mit Tarifverträgen, unter der „Friedenspflicht" zu verstehen?	Die Friedenspflicht leitet sich aus dem Grundsatz der Vertragstreue ab. Es ist demnach untersagt, während der Laufzeit von Tarifverträgen, Kampfmaßnahmen über tarifliche Fragen zu unternehmen, z. B. Streik, Aussperrung.
Für wen gelten die Tarifverträge?	Die Tarifverträge gelten für die Mitglieder der Tarifvertragsparteien und für Arbeitgeber, die selbst Partei des Tarifvertrages sind.

Die Tarifverträge werden meist allgemeinverbindlich erklärt. Was heißt das?	Mit der Allgemeinverbindlichkeitserklärung erfassen die Rechtsnormen des Tarifvertrages in seinem Geltungsbereich auch die bisher nicht tarifgebundenen Arbeitgeber und Arbeitnehmer.
Wer kann die Tarifverträge allgemeinverbindlich erklären?	Der Bundesminister für Arbeit und Sozialordnung kann einen Tarifvertrag im Einvernehmen mit Spitzenvertretern der Tarifpartner (Tarifausschuss) für allgemeinverbindlich erklären, wenn dies im öffentlichen Interesse geboten erscheint und die tarifgebundenen Arbeitgeber nicht weniger als 50 % der unter dem Geltungsbereich des Tarifvertrages fallenden Arbeitnehmer beschäftigen.
Tarifverträge können auf 3 Wegen zustandekommen. Beschreiben Sie diese kurz!	Der kürzeste und schnellste Weg ist, dass sich die Tarifpartner gleich bei ihren ersten Verhandlungen einigen. Ist einer der Partner mit dem Ergebnis nicht zufrieden, erklärt er das Scheitern der Verhandlungen. Oftmals wird nun ein unparteiischer Schlichter eingeschaltet. Akzeptieren die Partner dessen Kompromissvorschlag, kommt nun ein Tarifvertrag zustande. Scheitert aber die Schlichtung, kommt es meist zu Kampfmaßnahmen, weiteren Verhandlungen und erst dann zu einem neuen Tarifvertrag.
Welche Anforderungen muss ein legaler Streik erfüllen?	In einer Urabstimmung müssen mindestens 75% der Gewerkschaftsmitglieder im Tarifgebiet einem Streik zustimmen; die jeweils betroffene Gewerkschaft organisiert den Streik; der Streik darf nur arbeitsrechtliche Ziele verfolgen (z. B. Lohnerhöhungen). Politische Streiks sind verboten.
Welches Ziel wird durch einen Streik verfolgt?	Ziel eines Streikes ist es, durch den Produktionsausfall den oder die Arbeitgeber zu zwingen, auf die Forderungen der Gewerkschaften einzugehen.

Welche rechtlichen Folgen zeitigt ein Arbeitskampf für die Arbeitnehmer?	Das Arbeitsverhältnis bleibt bestehen, es wird aber kein Lohn bezahlt. Gewerkschaftsmitglieder erhalten von ihrer Organisation finanzielle Unterstützung.

Erklären Sie:

– *Wilder Streik*	Dieser wird von den Arbeitnehmern eines Betriebes oder mehrerer Betriebe ohne Abstimmung in der Gewerkschaft allein durchgeführt.
– *Teil-Streik*	Er ergreift nur einen Teil der Arbeitnehmer eines Betriebes, oder nur einen Teil der Betriebe, gegen die sich die Streikforderung richtet.
– *Schwerpunkt-Streik*	Hier werden schwerpunktmäßig einzelne ausgesuchte Betriebe eines Tarifbezirks bestreikt, z. B. wichtige Zuliefererbetriebe.
– *Sympathie-Streik*	Wird zugunsten der Arbeitnehmer eines anderen Betriebes organisiert.
– *General-Streik*	Er hat die Lahmlegung aller oder der lebenswichtigen Betriebe eines Landes oder eines Gebietes zur Folge.
Wann kommt es zum Ende eines normalen Streiks?	Der Streik wird beendet, wenn mindestens 25% der Gewerkschaftsmitglieder im Tarifgebiet in einer neuen Urabstimmung zustimmen.
Welche Gegenwaffe zum Streik haben die Arbeitgeber?	Sie haben die Möglichkeit zur Aussperrung, d. h. Arbeitnehmern bestreikter und nicht bestreikter Betriebe wird vorübergehend der Zugang zu den Arbeitsplätzen verweigert. Die Arbeitgeber zahlen in dieser Zeit keinen Lohn.
Was wollen die Arbeitgeber mit der Aussperrung erreichen?	Die Arbeitgeber gehen davon aus, dass die Arbeitnehmer kein Interesse daran haben, ihre Existenzgrundlage zu verlieren und deshalb eher verhandlungsbereit sind.

Als Schlichter werden meist neutrale Fachleute gewählt. Welche Personen werden bevorzugt?	Schlichter sind oftmals Landesarbeitsminister oder ehemalige Minister, wie z. B. Georg Leber (ehem. Arbeits- und Verteiligungsminister) bei den Metalltarifverhandlungen 1984, Hermann Höcherl 1986, der Vorsitzende des Bundesarbeitsgerichtes 1994, 1986 oder Hans-Dietrich Genscher (ehem. Außenminister) beim Lufthansa-Piloten-Streik 2001.
Welches ist die Hauptaufgabe der Sozialversicherung?	Hauptaufgabe ist der Schutz vor Risiken des Arbeitslebens.
Welches sind die „Säulen" der Sozialversicherung?	Als Säulen der Sozialversicherung gelten die Krankenversicherung, Unfallversicherung, Arbeitslosenversicherung, Rentenversicherung und die Pflegeversicherung.
Wann entstanden die Sozialversicherungen?	1883: Krankenversicherung 1884: Unfallversicherung 1889: Rentenversicherung 1927: Arbeitslosenversicherung 1995: Pflegeversicherung
Wie wird die Sozialversicherung finanziert?	Sie wird aus den Beiträgen finanziert, die je zur Hälfte von den Arbeitgebern und Arbeitnehmern aufgebracht werden. Lediglich in der Unfallversicherung tragen die Arbeitgeber die Lasten allein.
Welches sind die Versicherungsträger bei der Sozialversicherung?	Krankenversicherung: Ortskrankenkassen (AOK), Betriebs-, Innungs-, Ersatzkassen u. a. Unfallversicherung: Berufsgenossenschaften Arbeitslosenversicherung: Bundesanstalt für Arbeit Rentenversicherung: Landesversicherungsanstalten für Arbeiter, Bundesversicherungsanstalt für Angestellte. Pflegeversicherung: Pflegekasse (sie ist der gesetzlichen Krankenversicherung angegliedert).

Welche Leistungen erbringen die Sozialversicherungen?	
– *Krankenversicherung*	Arzt-, Zahnarzt- und Krankenhausbehandlung, Arzneien, Kuren, Krankengeld, Mutterschaftshilfe, Vorbeugung, Haushaltshilfe, Sterbegeld, Familienhilfe.
– *Unfallversicherung*	Heilbehandlung, Umschulung, Renten (Verletzten- und Hinterbliebenenrente), Unfallverhütung.
– *Arbeitslosenversicherung*	Arbeitslosengeld, Arbeitslosenhilfe, Kurzarbeitergeld, Konkursausfallgeld, berufliche Aus- und Fortbildung, Umschulung, Berufsberatung, Arbeitsvermittlung.
– *Rentenversicherung*	Renten (Altersrente, Rente wegen Erwerbsunfähigkeit oder wegen Betriebsunfähigkeit, Hinterbliebenenrente), Rehabilitation (Umschulung, Heilbehandlung).
– *Pflegeversicherung*	Zahlt für häusliche Pflege ein monatliches Pflegegeld oder Sachleistungen (ambulante Betreuung), gestuft nach der Pflegebedürftigkeit (auch Kombination möglich); seit 1. Juli 1996 auch die stationäre Betreuung.
Welche Unfälle gelten als Arbeitsunfälle?	Als Arbeitsunfälle gelten Unfälle am Arbeitsplatz, Unfälle auf dem Weg von und zu der Arbeit und Berufskrankheiten.
Welche Personenkreise sind jeweils pflichtversichert?	
– *Krankenversicherung*	Auszubildende, Wehrdienstleistende, Behinderte, alle Arbeiter und Angestellten bis zur Beitragsbemessungsgrenze.
– *Unfallversicherung*	Auszubildende, Schüler und Studenten, Personen die Hilfe leisten, alle Arbeiter und Angestellten.
– *Arbeitslosenversicherung*	Auszubildende, alle Arbeiter und Angestellten.
– *Rentenversicherung*	Auszubildende, alle Arbeiter und Angestellten.
– *Pflegeversicherung*	„Automatisch" abgesichert sind die Mitglieder der gesetzlichen Krankenversicherung und ihre versicherten Familienangehörigen. Privatversicherte müssen sich selbst versichern.

Welche Bedeutung hat die Beitragsbemessungsgrenze?	Die Berechnung der Versicherungsbeiträge erfolgt nur bis zu einem bestimmten Verdienst (= Beitragsbemessungsgrenze). Wer mehr verdient, zahlt immer den gleichen Höchstbetrag.
Bei welcher Sozialversicherung gibt es keine Beitragsbemessungsgrenze?	Bei der Unfallversicherung.
Um welche Art von Unternehmen handelt es sich bei den Trägern der Sozialversicherungen?	Es handelt sich um Mitgliederunternehmen, die vom Staat beaufsichtigt werden.
Wie lange kann Arbeitslosenhilfe gewährt werden?	Zeitlich unbegrenzt.
Wann kann eine Frau mit 60 Jahren in Altersrente gehen?	Die Frau muss 15 Beitragsjahre aufweisen, wovon 10 Jahre nach dem 40. Lebensjahr liegen müssen.
Wann kann eine Frau/ ein Mann grundsätzlich erst mit 65 Jahren in Altersrente (Regelaltersrente) gehen?	Wenn sie/er mindestens 5 Beitragsjahre (= 60 Monate) aufzuweisen hat. Kindererziehungszeiten zählen zu den Beitragsjahren.
Ein Mann kann 35 Versicherungsjahre nachweisen. Von welchem Alter an kann er frühestens aus dem Berufsleben ausscheiden?	Mit 63 Jahren (= flexible Altersgrenze).
Wovon hängt die Höhe der Altersrente ab?	Sie hängt von der Anzahl der Beitragsjahre und der Höhe des Einkommens ab.
Bei welcher Stelle muss jeder Arbeitsunfall vom Betrieb angezeigt werden?	Bei der Berufsgenossenschaft.
Welcher Träger zahlt a) dem Arbeiter b) dem Angestellten die Altersrente?	a) Die zuständige Landesversicherungsanstalt (LVA). b) Die Bundesversicherungsanstalt für Angestellte (Berlin) (BfA).

Bei welchem Gericht kann jemand Klage erheben, wenn er mit den Leistungen aus den gesetzlichen Sozialversicherungen nicht einverstanden ist?	Für Klagen gegen Träger der gesetzlichen Sozialversicherungen ist nur das Sozialgericht zuständig.

Fachbezogene Rechtsvorschriften

Zu welchem Zweck hat der Gesetzgeber ein Lebensmittelgesetz erlassen?	Zum Schutz der Verbraucher. Die Verbraucher sollen vor schädigenden Einflüssen durch Lebensmittel geschützt werden.
Welche Verordnung findet beim Zusatz von Konservierungsstoffen Anwendung?	Werden Lebensmitteln z. B. Konservierungsstoffe zugesetzt, fallen diese Zusatzstoffe unter die Zusatzstoff-Zulassungsverordnung.
Nennen Sie Lebensmittelkonservierungsstoffe!	Benzoesäure, PHB-Ester, Ameisensäure, Schwefeldioxid, Diphenyl
Wenn in einer Gaststätte ein Heringssalat, konserviet mit Benzoe- und Sorbinsäure, sowie ein Brot mit Propionsäure angeboten wird, welche Pflicht hat dann der Gastwirt?	Auf der Speisenkarte ist bei der aufgeführten Speise die Bezifferung für die Konservierungsstoffe anzubringen. In einer Fußnote der Karte müssten als Erklärung stehen: 1. mit Konservierungsstoff Benzoesäure 2. mit Konservierungsstoff Sorbinsäure 3. mit Konservierungsstoff Propionsäure.
Auf Verpackungen tauchen sehr oft Nummern mit dem Buchstaben „E" auf. Was bedeutet diese Kennzeichnung?	Dies ist die Kenn-Nummer aus der Liste der Zusatzstoffe mit E-Nummern. So bedeutet z. B. die Bezeichnung „Konservierungsstoff E 200" gleichzeitig „Konservierungsstoff Sorbinsäure". „E 200" ist also die E-Nummer.
Welchen Lebensmittelbereich umfasst die Lebensmittel-Kennzeichnungs-Verordnung?	Alle Lebensmittel, die in Abwesenheit des Käufers abgepackt und verschlossen werden, müssen entsprechend gekennzeichnet sein, um den Verbraucher zu unterrichten.

Welche Kennzeichnungen werden auf diesen Fertigpackungen anzubringen sein?	Die Verkehrsbezeichnung der Ware; Name und Sitz der Herstellerfirma; Verzeichnis der Zutaten; Mindesthaltbarkeitsdatum; Mengenkennzeichnung.
Erklären Sie den Begriff „Verkehrsbezeichnung".	Verkehrsbezeichnung eines Lebensmittels ist entweder – eine in Rechtsvorschriften festgelegte Bezeichnung (*Qualitätswein b. A.; Deutsche Markenbutter*), – ansonsten die nach allgemeiner Verkehrsauffassung übliche Bezeichnung (*„Lyoner"*) oder – eine Beschreibung des Lebensmittels (*Tomatensoße mit Fleischklößchen*) und erforderlichenfalls seiner Verwendung (*Brotaufstrich*) Dem Verbraucher muss es anhand der Verkehrsbezeichnung möglich sein, die Art des Lebensmittels (*Qualitätswein b. A.*) zu erkennen und es von anderen, verwechselbaren Lebensmitteln (*Tafelwein*) zu unterscheiden.
Erklären Sie den Begriff „Zutaten"!	Alle Zutaten für dieses Lebensmittel müssen aufgezählt werden, und zwar in absteigender Reihenfolge ihres Gehaltes.
Erklären Sie den Begriff „Mindesthaltbarkeitsdatum" (MHD).	Das MHD gibt Auskunft darüber, bis wann (Tag, Monat und Jahr) das Lebensmittel unter angemessenen Aufbewahrungsbedingungen seine spezifischen Eigenschaften behält. Dabei sind unverschlüsselt verschiedene Varianten der MHD-Angabe möglich:

Mindesthaltbarkeit:	Art der Angabe des MHD:
bis maximal 3 Monate	„mindestens haltbar bis ..." (Tag, Monat)
über 3 bis 18 Monate	„mindestens haltbar bis Ende ..." (Monat, Jahr)
über 18 Monate	„mindestens haltbar bis Ende ..." (Jahr)

Für welche Art von Fertigpackungen gibt es Ausnahmen?	Sehr kleine Fertigpackungen, die für den sofortigen Einzelverzehr gedacht sind, müssen nicht den Namen des Herstellers und die Zutaten aufweisen, jedoch das Mindesthaltbarkeitsdatum und die Mengenangabe sowie die Verkehrsbezeichnung.
Führen Sie Lebensmittel auf, für die ein Mindesthaltbarkeitsdatum (MHD) nicht erforderlich ist.	Frischobst, Frischgemüse, Getränke mit über 10% vol. Alkohol, Speiseeis in Portionspackungen, Speisesalz, Zucker.
Warum erließ der Gesetzgeber eine strenge Hackfleischverordnung?	Rohes Fleisch ist anfällig für Bakterienwachstum. Zerkleinertes Fleisch ist wegen der noch größeren Oberfläche extrem anfällig.
Wann müssen Hackfleischgerichte, die als Tiefkühlware verkauft werden sollen, eingefroren werden?	Sie müssen unmittelbar nach der Herstellung eingefroren werden.
Was ist beim Auftauen zu beachten?	Angetautes oder aufgetautes Hackfleisch darf nicht wieder eingefroren werden.
Zählen Sie Erzeugnisse auf, die am gleichen Tag verkauft oder verändert werden müssen!	Hackfleisch, Schabefleisch (Tatar), Geschnetzeltes Fleisch, Frikadellen, Fleischfüllungen, Fleischbrät, Gemahlene Leber, Fleischklöße, gesteaktes Fleisch.
Wie lange darf Hackfleisch höchstens tiefgefroren werden?	Höchstens sechs Monate nach der Herstellung.
Für welche Fleischerzeugnisse darf Nitritpökelsalz verwendet werden?	Räucherschinken, Surfleisch, Kasseler Rippchen, bestimmte Wurstwaren.
Welche Pökelarten werden unterschieden?	Trockenpökeln = Einreiben mit Salz. Naßpökeln = Einlegen in Salzlake. Spritzpökeln = Pökelake wird in das Fleisch gespritzt.

Nennen Sie Erzeugnisse, die nicht mehr unter die Hackfleischverordnung fallen!	Brühwürste (z. B. Weißwurst); Schinken roh, Rohwurst (z. B. Salami); Sauerbraten, gebratene Frikadellen, unbehandeltes Filetsteak.	
Wie hoch darf der Höchstfettgehalt folgender Hackfleischsorten sein?	Für zugelassene EU-Betriebe, europaweit:	Für die direkte Abgabe frisch hergestellten Hackfleischs im Einzelhandel:
– *Rinderhackfleisch*	höchstens 20 %	höchstens 20 %
– *Schweinehackfleisch*	höchstens 30 %	höchstens 35 %
– *Mischung von Rinder- und Schweinehackfleisch*	höchstens 30 %	höchstens 30 %
– *Schabefleisch (Tatar)*	höchstens 7 %	höchstens 6 %
Wann dürfen Hackfleischerzeugnisse in Gaststätten hergestellt werden?	Vorhandensein einer eigenen Küche, Verzehrfertige Abgabe der Erzeugnisse, Gaststätten ohne Küche dürfen rohe Hackfleischerzeugnisse nicht behandeln, gekochte (durcherhitzte) Erzeugnisse dürfen abgegeben werden.	

Erklären Sie die folgenden Stempelformen!

(Zuständige Behörde) — Tauglich – Tierkörper und Nebenprodukte, bei denen kein Grund zur Beanstandung vorliegt. Stammt von gesunden Tieren und ist gesundheitlich unbedenklich.

(Deutschland ES .. EWG) — Tauglich – EWG Tauglichkeitsstempel für den Bereich der Europäischen Gemeinschaft. Dieser Stempel gilt für den Handelsverkehr innerhalb der EWG.

(Zuständige Behörde) — Tauglich – Importfleisch aus Drittländern wird nach der Einfuhruntersuchung wie nebenstehend gekennzeichnet.

Fortsetzung: *Erklären Sie die folgenden* *Stempelformen!*	Tauglich – aus Isolierschlachtbetrieben Tierkörper und Nebenprodukte, die erst nach Erfüllung bestimmter Auflagen, voll tauglich
	Untauglich – Ungenießbares, gesundheitsschädliches Fleisch, das vernichtet werden muss.

Wie wird das Speiseeisportioniergerät in Betriebsbereitschaft gehalten?	Im fließenden kalten Wasser oder in das Gefäß mit Wasser pulverisierte Zitronensäure geben.
Was wird durch die Speiseeisverordnung geregelt?	Der Verkauf und die Herstellung von Speiseeis.
Nennen Sie die einzelnen Speiseeissorten mit den entsprechenden Anforderungen.	Prozentangaben beziehen sich auf das Gewicht!
– Kremeis, Cremeeis, Eierkremeis, Eiercremeeis	Enthält mindestens 50% Milch und auf 1 Liter mindestens 270 g Vollei oder 90 g Eigelb. Es enthält kein zusätzliches Wasser.
– Fruchteis	In Fruchteis beträgt der Anteil an Frucht mindestens 20%. Bei Fruchteis aus Zitrusfrüchten, anderen sauren Früchten mit einem titrierbaren Säuregehalt im Saft von mindestens 2,5%, berechnet als Zitronensäure, beträgt der Anteil an Frucht mindestens 10%.
– Rahmeis, Sahneeis, Fürst-Pückler-Eis	Enthält mindestens 18% Milchfett aus der bei der Herstellung verwendeten Sahne (Rahm).
– Milcheis	Milcheis enthält 70% Milch.
– Eiskrem, Eiscreme	Enthält mindestens 10% der Milch entstammendes Fett.

Fortsetzung: *Nennen Sie die einzelnen Speiseeissorten mit den entsprechenden Anforderungen.*	
– *Fruchteiskrem, Fruchteiscreme*	Enthält mindestens 8% der Milch entstammendes Fett und einen deutlich wahrnehmbaren Fruchtgeschmack.
– *Einfacheiskrem, Einfacheiscreme*	Enthält mindestens 3% der Milch entstammendes Fett.
– *Eis mit Pflanzenfett*	Enthält mindestens 3% pflanzliches Fett und ggf. einen deutlich wahrnehmbaren Fruchtgeschmack.
– *„(Frucht)-Sorbet"*	Der Anteil an Frucht beträgt mindestens 25%. Bei Sorbets aus Zitrusfrüchten oder anderen sauren Früchten mit einem titrierbaren Säuregehalt im Saft von mindestens 2,5%, berechnet als Zitronensäure, beträgt der Anteil an Frucht mind. 15%. Milch oder Milchbestandteile werden nicht verwendet.
Welche Gesetze sind grundlegend für das Betreiben eines gastronomischen Betriebes?	Gewerbeordnung, Gaststättengesetz, Gaststättenverordnungen der Bundesländer, Bundesbaugesetz, Baunutzungsverordnung.
Erklären Sie folgende Begriffe:	
– *Stehendes Gewerbe*	Ein solches Gewerbe liegt vor, wenn der Betrieb in einer ortsfesten Betriebsstätte, z. B. Gebäude, Stand, betrieben wird. Von einem Gewerbe kann man sprechen, wenn die Tätigkeit auf Gewinnerzielung ausgerichtet ist und eine Fortsetzungsabsicht besteht.
– *Verzehr an Ort und Stelle*	Ein solcher Verzehr ist vor allem dann möglich, wenn Sitzgelegenheiten vorhanden sind, z. B. Stühle, Bänke, Hocker.
– *Jedermann zugänglich*	Wesentliches Merkmal eines gastgewerblichen Betriebes ist es, dass er für jedermann oder bestimmten Personenkreisen zugänglich ist. Unter „bestimmten Personenkreisen" zählt z. B., dass ein Hotel nur Frauen beherbergt.
Wie wird die Gaststättenerlaubnis noch bezeichnet?	Konzession

Wo muss die Konzession beantragt werden?	Bei der zuständigen Behörde, z. B. Landratsamt (Ordnungsamt Gewerbeamt).
An wen kann eine Konzession erteilt werden?	Sie kann natürlichen, juristischen Personen aber auch nichtrechtsfähigen Vereinen erteilt werden.
Können auch ausländische juristische Personen die Konzession erhalten?	Ja. Wenn sie von außerhalb der Europäischen Gemeinschaft kommen, ist eine Genehmigung nach § 12 Gewerbeordnung notwendig.
Eine Personengesellschaft bemüht sich um eine Konzession. Wer wird der Träger?	Als Träger kommt nicht die Gesellschaft als solche, sondern der oder die geschäftsführenden Gesellschafter in Frage.
Bei juristischen Personen und nichtrechtsfähigen Vereinen?	Diese können in ihrer Gesamtheit Erlaubnisinhaber sein.
Warum wird der Zugang zum Gastgewerbe gesetzlich kontrolliert?	Zum Schutz der Gäste gegen Ausbeutung, gegen Gefahren für Leben, Gesundheit, Sittlichkeit; der Bevölkerung vor Lärm, Werbetätigkeiten, zur Aufrechterhaltung der öffentlichen Sicherheit; des Personals gegen Gefahren für Leben, Gesundheit und Sittlichkeit.
Welche Voraussetzungen müssen erfüllt sein, damit eine Konzession erteilt werden kann? Geben Sie jeweils eine kurze Erläuterung dazu!	Der Antragsteller muss persönlich zuverlässig (Führungszeugnis), voll geschäftsfähig und wirtschaftlich gesichert sein. Die Räume müssen geeignet sein, sie müssen den feuer- und baupolizeilichen sowie hygienischen Vorschriften entsprechen. Der Bewerber hat einen Unterrichtsnachweis über lebensmittelrechtliche Kenntnisse vorzulegen (von der IHK). Die Berufsausbildung in einem gastgewerblichen Beruf gilt auch als Nachweis. Der beabsichtigte gastgewerbliche Betrieb darf nicht dem öffentlichen Interesse entgegenstehen (z. B. keine Diskothek im Wohngebiet wegen Lärmbelästigung).

Wann ist eine Person unzuverlässig?	Persönlich unzuverlässig ist v. a. jemand, der dem Trunk ergeben ist (Trunksucht); der entsprechende Vorstrafen hat, z. B. wegen verbotenem Glücksspiel, Hehlerei, Rauschgift u. ä.; der befürchten lässt, dass er Unerfahrene, Leichtsinnige und Willensschwache ausbeuten wird; bei dem Tatsachen die Annahme rechtfertigen, dass er der Unsittlichkeit Vorschub leistet; der dem Alkoholmissbrauch Vorschub leistet (Ausschank an Trunksüchtige und Betrunkene); bei dem anzunehmen ist, dass er wichtige Gesetze, z. B. Lebensmittelrecht, Jugendschutzgesetz usw. nicht einhalten wird; der Steuern und öffentliche Abgaben nicht abführt.
Welche Personalkonzessionen werden unterschieden? Geben Sie auch eine kurze Erläuterung dazu!	**Dauererlaubnis:** Sie gilt auf „unbegrenzte" Zeit, d. h. so lange die bestimmte(n) Person(en) den konzessionierten gastgewerblichen Betrieb betreiben wollen und sich personell, räumlich und was das öffentliche Interesse betrifft keine Änderungen ergeben. **Vorläufige Erlaubnis:** Sie wird auf Widerruf und i. d. R. für nicht länger als 3 Monate erteilt; für jemanden, der einen bestehenden gastgewerblichen Betrieb von einem anderen übernehmen will. Man spricht auch von „Noterlaubnis". **Gestattung:** Erlaubnis unter erleichterten Voraussetzungen, vorübergehend und auf Widerruf, z. B. Ausschank auf Volksfesten, Waldfesten u. ä. **Stellvertretungserlaubnis:** Wenn der Betrieb von einem Stellvertreter geführt wird, z. B. einem Geschäftsführer. Der Betriebsinhaber benötigt aber eine Dauererlaubnis.
Was ist eine Realkonzession?	Die Erlaubnis ist aufgrund alter Rechte mit dem Grundstück verbunden. Sie erlischt, wenn sie 3 Jahre nicht ausgeübt wurde. Neue Realkonzessionen werden nicht mehr erteilt.

Welche gastgewerblichen Betriebe bedürfen keiner Konzession?	Wer Milch und ähnliche Erzeugnisse verabreicht; wer unentgeltlich Kostproben verabreicht; wer alkoholfreie Getränke aus Automaten verabreicht; wer ohne Sitzgelegenheiten bereitzustellen, in räumlicher Verbindung mit seinem Ladengeschäft des Lebensmitteleinzelhandels (z. B. Stehcafé in einem Kaffeeladen) oder Lebensmittelhandwerks (z. B. Stehimbiss in einer Metzgerei) während der Ladenöffnungszeiten alkoholfreie Getränke und zubereitete Speisen verabreicht; Straußwirtschaften; Betriebskantinen; (Privat-)Vermieter mit 8 und weniger Betten; Autobahnbetriebe; Vereinsheime (Ausschank in vereinseigenen Räumen nur an Vereinsmitglieder).
Welche Unterlagen sind zur Erteilung der Konzession vorzulegen?	Schriftlicher Antrag mit Personalien und Angabe der beabsichtigten Betriebsart, der anzubietenden Speisen und Getränke, Führungszeugnis, Unterrichtsnachweis, Lageplan und Bauplan des Gebäudes.
Welche Behörden werden vor der Erteilung der Konzession gehört?	Die Gemeinde, die Baurechtsbehörde, das Gewerbeaufsichtsamt, das Finanzamt, das Jugendamt, evtl. die Kirchengemeinde, die IHK, evtl. der Hotel- und Gaststättenverband.
Welcher Umfang wird in der Konzession festgelegt?	Die Konzession bezieht sich auf eine bestimmte natürliche oder juristische Person. Es werden die konzessionierten Räume genau festgelegt. Die Konzession wird für eine bestimmte Betriebsart erteilt, z. B. Hotel, Restaurant. Ebenfalls wird das zulässige Speisen- und Getränkeangebot genau festgelegt.
Wann kann eine Konzession erlöschen?	Die Konzession kann erlöschen: – durch den Tod des Inhabers (der Ehegatte oder die minderjährigen Erben können den Betrieb weiterführen, müssen sich aber innerhalb von 6 Monaten eine Konzession besorgen), – durch Verzicht, z. B. bei Verkauf des Betriebes; – durch Nichtausübung (Dauererlaubnis erlischt nach 1 Jahr, Realkonzessionen nach 3 Jahren); – durch Entzug.

Welche Gründe können zum Entzug der Konzession führen?	**Rücknahme:** d.h. wenn nachträglich bekannt wird, dass bei ihrer Erteilung Versagungsgründe in der Person des Antragstellers vorlagen. **Widerruf:** wenn nachträglich Tatsachen eintreten, die die Versagung der Erlaubnis wegen persönlicher Unzuverlässigkeit rechtfertigen, z. B. illegale Beschäftigung von Ausländern, oftmalige und gravierende Sperrzeitverstöße, erteilte Auflagen werden nicht erfüllt, die Betriebsart hat sich geändert, wobei diese neue nicht genehmigt wird, der Betreiber bestitz für den Stellvertreter keine Stellvertretungserlaubnis, die Beschäftigung von nicht zuverlässigen Personen, z. B. Dirnen.
Kann die zuständige Behörde den Ausschank alkoholischer Getränke vorübergehend verbieten?	Ja, wenn dies zur Aufrechterhaltung der öffentlichen Sicherheit und Ordnung erforderlich ist, z. B. bei großen Sportveranstaltungen, Aufmärschen oder Demonstrationen.
Dürfen Spirituosen durch Automaten verkauft werden?	Nein, auch nicht vorwiegend alkoholhaltige Lebensmittel, z. B. Weinbrandpralinen.
Was hat der Wirt bei betrunkenen Gästen zu beachten?	An **sichtbar betrunkene Gäste** (dies setzt keine Voll-Trunkenheit voraus) dürfen **keine alkoholischen Getränke** mehr abgegeben werden. Dies gilt auch für Einzelhandelsbetriebe/SB-Läden u. ä. Der Gastwirt soll den Gast am Fahren hindern, z. B. Autoschlüssel wegnehmen oder Taxi rufen, notfalls die Polizei verständigen. Der Gastwirt könnte wegen Aussetzung einer hilflosen Person privat- und strafrechtlich Probleme bekommen, er macht sich strafbar. Der Gastwirt hat eine sog. „Garantenstellung", d.h. er muss sich weiter um das Wohlergehen des Gastes kümmern. Bei Großveranstaltungen, z. B. Disco, Open-Air, Bierzelt ... ist der Gastwirt aber von den o.g. Pflichten (praktisch ausnahmslos) befreit (Grund: der Gästekreis ist so groß und somit der einzelne Gast nicht zu kontrollieren).

Welche zivil- und strafrechtlichen Folgen könnten für den Wirt erwachsen, wenn dem betrunkenen Gast auf dem Nachhauseweg etwas zustößt?	Zivilrechtlich kommen die Haftung aus Vertrag oder Schadenersatz wegen unerlaubter Handlung in Betracht (Geldstrafe). Strafrechtlich kann der Wirt wegen fahrlässiger Körperverletzung, z. B. wegen Alkoholvergiftung, wegen unterlassener Hilfeleistung, Aussetzung einer hilflosen Person oder evtl. sogar wegen fahrlässiger Tötung belangt werden.
Beschreiben Sie die Regelungen über den Getränkeausschank nach dem Gaststättengesetz!	Der Ausschank von alkoholischen Getränken muss konzessioniert sein. Wer diese Getränke abgeben darf, kann (selbstverständlich) auch alkoholfreie Getränke verabreichen. Jeder Bewirtungsbetrieb ist sogar verpflichtet, auch alkoholfreie Getränke zu führen und abzugeben (mindestens zwei solcher Getränke zur Auswahl, wobei Kaffee, Tee u.ä. nicht dazu zählen). Davon ist mindestens ein alkoholfreies Getränk nicht teurer zu verabreichen als das billigste alkoholische Getränk. Der Preisvergleich erfolgt hierbei auch auf der Grundlage des hochgerechneten Preises für einen Liter der betreffenden Getränke. Erlaubt ist z. B. – die Abgabe eines bestimmten alkoholfreien Getränkes zu verweigern, das der Gastwirt nur in Verbindung mit einem alkoholischen Getränk anbietet, z. B. Cola-Rüscherl, Whisky-Soda, Longdrinks, Cocktails u.a., – einen einheitlichen Zuschlag bei Getränken bei der ersten Bestellung zu erheben (aber Angabe im Preisverzeichnis), – ein erhobenes Eintrittsgeld mit den verzehrten Speisen und Getränken zu verrechnen, wobei keine Rückerstattungspflicht besteht, wenn der Verzehr die Höhe des Eintrittsgeldes nicht erreicht.

Beschreiben Sie die rechtlichen Regelungen bezüglich der sog. Nebenleistungen im Gastgewerbe!	Im Gastgewerbe dürfen auch während der Ladenschlusszeit Zubehörwaren, z. B. Süßwaren, Salzstangen, Ansichtskarten, Tabakwaren u. a. an Gäste abgegeben und ihnen Zubehörleistungen, z. B. Außerhauslieferungen, Bereitstellung von Zeitungen und Zeitschriften, erbracht werden. Je nach Betriebszuschnitt (spezielle Betriebsart) sind aber auch zulässig: Blumen, Bücher, Kosmetika, Obst, Toilettenartikel und Andenken. Im Hotelbetrieb sind als Zubehörleistungen auch Besorgungsleistungen (Besorgung von Theater- und Konzertkarten, Haare schneiden, Schreibarbeiten und Wäschereinigung), Bereitstellung von Computern, Fax-Geräten, Internet und Telefon anerkannt. Nur der Schank- und Speisewirt darf außerhalb der Ladenöffnungszeiten zum **alsbaldigen Verzehr und Verbrauch** (d. h. in kleineren Mengen) Getränke und zubereitete Speisen, die der Betrieb verabreicht, Flaschenbier, alkoholfreie Getränke, Süßwaren und Tabakwaren über die Straße abgeben (= Straßenverkauf).
Was versteht man unter Koppelungsverbot?	Dies besagt, dass das Verabreichen alkoholfreier Getränke von der Bestellung alkoholischer Getränke abhängig zu machen, verboten ist. Ferner ist es verboten, bei Nichtbestellung alkoholischer Getränke die Preise für alkoholfreie zu erhöhen.
Erklären Sie das Trinkzwangverbot!	Im Gastgewerbe ist das Verabreichen von Speisen von der Bestellung von Getränken abhängig zu machen, verboten. Ebenso die Erhöhung der Preise bei Nichtbestellung von Getränken.
Bei welcher Stelle müssen Musikveranstaltungen gemeldet werden?	Bei der GEMA (= Gesellschaft für muskalische Aufführungs- und mechanische Vervielfältigungsrechte).
Welche Aufgabe hat die GEMA?	Die GEMA wahrt die Urheberrechte der Komponisten, Textdichter und Musikverleger. Das Urheberrecht erlischt 70 Jahre nach dem Tod des Urhebers.

Welche Musikaufführungen müssen gemeldet werden?	Alle Musikveranstaltungen, die öffentlich und zu gewerbsmäßigen Zwecken aufgeführt werden sind meldepflichtig. Dazu zählt jede Veranstaltung mit Musik, ganz egal ob dabei Musik „live" oder nur vom Band, einer Kassette, CD, Schallplatte u. ä. gespielt wird. Für die öffentliche Wiedergabe geschützter Musik vom CD-Player, vom Kassetten- oder Tonband, vom Plattenspieler, aus dem Musik- und Videoautomaten und aus Radio und Fernseher gilt dasselbe. Die Musikurheber haben ihrer GEMA die erforderliche Einwilligung für Urheberrechtswahrnehmung gegeben. Wenn demnach eine o.g. Veranstaltung nicht angemeldet wird, kann der Veranstalter schon bei Fahrlässigkeit (z. B. Vergessen) mit einem doppelten Gebührensatz in Anspruch genommen werden. Veranstaltungen von Vereinen gelten i.d.R. als öffentlich. Daneben vertritt die GEMA auch die Verwertungsrechte von Künstlern, die in der GVL zusammengeschlossen sind sowie die literarischen Rechte der VG Wort.
Wer hat die Meldung vorzunehmen?	Für die Meldung der Veranstaltung und die Zahlung der Gebühren ist der Veranstalter verantwortlich. Veranstalter kann außer dem Gastwirt auch ein Verein, Kommune, Dorfgemeinschaft u. ä., Kaufhaus u. ä., Betrieb, Partei, Gewerkschaft, Kirche usw. sein. Als jeweiliger Veranstalter gilt also derjenige, der organisatorisch und wirtschaftlich die Veranstaltung trägt. Findet die Veranstaltung in Räumen eines Gastwirtes statt, haftet der Gastwirt neben dem (konkreten) Urheberrechtsverletzer.
Was versteht man unter Sperrzeit?	Unter Sperrzeit versteht man einen Zeitraum (z. B. von 1 Uhr–7 Uhr), in dem der Gaststättenbetrieb ruhen muss (kein Ausschank und Verkauf), und sich keine Gäste in den Schankräumen aufhalten dürfen (sie müssen das „Lokal" verlassen haben).

Wer gilt als Gast?	Gast ist, wer sich mit Zustimmung des Wirtes in den Schankräumen aufhält.
Wer setzt die Sperrzeit fest?	Das Gaststättengesetz ermächtigt die jeweilige Landesregierung, die Sperrzeit allgemein festzulegen. Die einzelnen Regierungen können diese Ermächtigung (auch teilweise) auf untergeordnete Behörden, z. B. Landratsamt, Stadt/Gemeinde, übertragen. Dies geschieht vor allem dann, wenn es um spezielle Festlegungen wie Verlängerung, Verkürzung oder Aufhebung geht.
Für welche Betriebe gilt die Sperrzeitregelung?	Unter die Sperrzeitregelung fallen alle Schank- und Speisewirtschaften (z. B. Café, Gaststätte, Restaurant), Unterhaltungsbetriebe (z. B. Disco, Tanzlokal, Nachtlokal) und öffentliche Vergnügungsstätten (z. B. Festzelt) aber auch „gastgewerbliche" Betriebe, für die keine Konzession erforderlich ist (z. B. Vereinsheim, Straußwirtschaft).
Welchen Zweck verfolgt die Sperrzeitregelung?	Die Sperrzeitregelung hat allgemein eine Schutzfunktion: **Gäste** (Volksgesundheit, Bekämpfung des Alkoholmissbrauches) **Mitarbeiter** (Arbeitsschutz) **Allgemeinheit/Nachbarschaft** (Nachtruhe, Verringerung der Lärmbelästigung) **Konkurrenz** (gleiche Marktbedingungen/Öffnungszeiten)
Welche Pflichten hat der Gastwirt bei Eintritt der Sperrzeit?	Der Wirt hat seinen Gästen die Sperrzeit anzukündigen und sie zum Verlassen des Lokals aufzufordern. Er darf keine Speisen und Getränke mehr abgeben. Der Gast hat aber noch die Möglichkeit, innerhalb einer sog. Schonfrist (ca. 15 Min.) die servierten Speisen und Getränke zu verzehren. Der Wirt muß alles versuchen, die Gäste zum Verlassen des Lokals zu bewegen, z. B. Fenster öffnen. Wenn dies alles nichts hilft, muss er die Polizei benachrichtigen.

Bestimmte Betriebsarten sind von der Sperrzeitregelung ausgenommen. Nennen Sie diese!	Beherbergungsbetriebe: Ist das Hotelrestaurant öffentlich zugänglich, so gilt hierfür schon die Sperrzeit. Automatenabgabe: Die Abgabe von Speisen und Getränken zum Verzehr an Ort und Stelle in Betrieben an dort Beschäftigte. Bundeswehreinrichtungen, z. B. Offizierscasino. Gaststättenbetriebe auf Schiffen, in Flugzeugen und Zügen (Abgabe nur an Fahrgäste). Bundesautobahngaststätten: Diese Betriebe haben eine spezielle Servicefunktion und deshalb durchgehend geöffnet, geben aber von 0–7 Uhr nur Speisen und alkoholfreie Getränke ab.
Ausnahmen gibt es auch für bestimmte Personen. Für welche?	Beherbergungsgäste: Bewirtung aber nur in Räumen, die der Allgemeinheit nicht zugänglich sind, z. B. Aufenthaltsraum, Zimmer. Restaurantgäste in Gefahrensituationen, z. B. Unwetter. Es darf aber keine Bewirtung erfolgen. Personal: Bewirtung ist zulässig, z. B. nach Arbeitsschluss. Persönliche Gäste des Wirtes, z. B. Geburtstagsfeier.
Nennen und beschreiben Sie die Sonderregelungen der Sperrzeit!	Die Sperrzeit kann bei Vorliegen eines öffentlichen Bedürfnisses, z. B. Kirchweih, Stadtjubiläum, Karneval, oder besonderer örtlicher Verhältnisse, z. B. Nachtlokal, Kurort, allgemein oder für einzelne Betriebe verlängert, verkürzt oder aufgehoben werden. **Verlängerung:** Entweder durch Vorverlegung des Beginns, z. B. ab 23 Uhr, oder durch Hinausschieben des Endes, z. B. Öffnung erst ab 8 Uhr; **Verkürzung:** Hinausschieben des Beginns z. B. bei Diskotheken ab 4 Uhr, oder Vorverlegung des Endes, z. B. „Donisl"-Betrieb ab 2.30 Uhr.

Fortsetzung: *Nennen und beschreiben Sie die Sonderregelungen der Sperrzeit!*	**Aufhebung:** Keine Sperrzeit, z. B. für Rosenmontag, Ski-Race-Night, Freinacht bei Drachenstich, Mittsommernachtsfest. Verlängerungen werden von der zuständigen Behörde erlassen. Verkürzungen und Aufhebungen sind i. d. R. von Gastwirt oder dem Veranstalter bei der zuständigen Behörde (Stadt/Gemeinde) zu beantragen (Gebühr bezahlen).
Welche Folgen können Sperrzeitüberschreitungen für den Gastwirt haben?	Die Sperrzeitüberschreitung stellt eine Ordnungswidrigkeit dar, die mit einer Geldbuße geahndet wird. Dauernde Sperrzeitüberschreitungen können sogar zum Entzug der Konzession führen.
Kann auch der Gast bestraft werden?	Ja, mit einer Geldbuße, wenn er der Aufforderung des Wirtes, nach Eintritt der Sperrzeit das „Lokal" zu verlassen, nicht nachkommt. Der Gastwirt könnte ihm auch Lokalverbot erteilen (Hausfriedensbruch).
Welches ist die Rechtsgrundlage hinsichtlich der Preisangabenpflicht für Wirte?	Die Verordnung über Preisangaben.
Welche – allgemeinen – Bedeutungen hat die Preisangabeverordnung?	Der Gast/Verbraucher soll vor Täuschung und Irreführung geschützt werden; er soll auch Preisvergleiche anstellen können. Die Verordnung hat auch eine jugend- und gesundheitspolitische Zielsetzung. Außerdem dient sie der Förderung des Wettbewerbes und Preiskarten können bei Steuerprüfungen als Beleg herangezogen werden (6 Jahre Aufbewahrungspflicht).
Nennen Sie die wesentlichen Vorschriften für Bewirtungsbetriebe!	– Jeder Gastwirt hat die Preise für Speisen und/oder Getränke in Preisverzeichnissen anzugeben; – Die Preisverzeichnisse sind entweder auf den Tischen aufzulegen, oder jedem Gast vor Entgegennahme von Bestellungen und auf dessen Verlangen bei der Abrechnung vorzulegen, oder im „Lokal" gut lesbar anzubringen (z. B. über der Theke);

Fortsetzung:
Nennen Sie die wesentlichen Vorschriften für Bewirtungsbetriebe!

- Neben (d.h. vor) dem Eingang der Gaststätte ist ein Preisverzeichnis anzubringen (= Außenaushang), aus dem die Preise für die wesentlich angebotenen Speisen (z. B. Tageskarte) und Getränke (je nach bestimmter Betriebsart Auszug aus der Getränkekarte) hervorgehen;
- Es ist ein konkreter Portionspreis oder der Preis je Gewichtseinheit (z. B. je 100 g ...) anzugeben (noch erlaubt ist auch die Angabe: kleine Portion ... mit Preis, große Portion ... mit Preis), verboten wäre die Angabe „Preis nach Größe" ohne weitere Angaben;
- Der Gehalt an Zusatzstoffen (z. B. Konservierungsstoffe) welche dem Getränk/der Speise zugesetzt wurden, muss angegeben werden (z. B. als Fußnote, wenn beim Getränk/der Speise mit einer Kennziffer oder einem sonstigen Zeichen auf die Fußnote klar hingewiesen wird);
- Es ist stets der Inklusivpreis anzugeben, d.h. einschließlich MwSt, Bedienungsgeld, Musikzuschlag, Getränke- und/oder Vergnügungssteuer, Cuvert u.a.;
- Bei Getränken ist auch die genaue Warenbezeichnung mit der Volumenangabe anzugeben;
- Kann ein Telefon benutzt werden, ist der geforderte Preis je Gebühreneinheit in der Nähe des Apparates anzugeben;
- Zuschläge für Sonderwünsche des Gastes, z. B. Beilagenänderungen, sind erlaubt, müssen aber im Preisverzeichnis angegeben werden (in Euro oder in Prozent);
- Auch nebenher angebotene Waren (Zubehörwaren) müssen mit Preisen versehen sein, auch Warenautomaten;
- Das Verfahren in SB-Restaurants, in denen die Gäste das Menü u.a. selbst zusammenstellen können, den Preis erst bei der Abwaage an der Kasse zu ermitteln, ist zulässig;
- Nachtlokale u.ä. dürfen bei der Erstbestellung einen erhöhten Preis verlangen, ebenso bei Verzehr in Anwesenheit von Tischdamen (aber Angabe im Preisverzeichnis).

Welcher Zweck soll mit dem Anbringen eines Außenverzeichnisses erreicht werden?	Der Gast soll sich vor dem Betreten der Gaststätte über deren Angebot und die hierfür verlangten Preise informieren können.
Ist folgende Angabe auf einer Preiskarte zulässig?: „Schweinshaxe, Preis je nach Größe".	Nein, Speisenangebote „nach Größe" ohne konkrete Preisangabe sind unzulässig. Richtig: eine Portion Schweinshaxe 10 €, oder kleine Portion 8 €, große Portion 12 €.
Eine Speise ist mit „kalorienarm" gekennzeichnet. Was muss dabei angegeben sein?	Kilojoule oder Kilokalorien, Durchschnittsgehalt an Kohlenhydraten, Fett und Eiweiß je Portion.
Nennen Sie die wichtigsten Vorschriften für Beherbungsbetriebe!	– Preisverzeichnisse sind in jedem Gastzimmer anzubringen/auszulegen; – Aus dem Verzeichnis muss der Zimmerpreis und gegebenenfalls der Frühstückspreis ersichtlich sein (eine Aufspaltung in reinen Übernachtungspreis und Preise für Bewirtungsleistungen – z. B. Frühstück, Halb- und Vollpension – ist also erlaubt); – Verschiedene Preise z. B. für Haupt-, Vor- oder Nebensaison sind zulässig, müssen aber mit genauen Zeitangaben versehen sein; – Der Preis je Gebühreneinheit bei Telefonbenutzung ist im Zimmerpreisverzeichnis anzugeben; – Sonder-/Zusatzleistungen sind aufzuführen und mit Preisen zu versehen, z. B. für Garage, Tiere, Sauna, Solarium, TV im Zimmer; – Beim Eingang oder an der Rezeption ist an gut sichtbarer Stelle ein Verzeichnis anzubringen oder auszulegen, aus dem die Preise für die im Wesentlichen angebotenen Zimmer und (s.o.) gegebenenfalls der Frühstückspreis ersichtlich sind; – Es sind Inklusivpreise anzugeben; z. B. einschließlich MwSt, Heizkosten (die Kurtaxe gehört nicht zu diesen Zuschlägen und muss demnach nicht im Preis enthalten sein); – Die Preisangabepflicht gilt auch für die Vermieter von Ferienwohnungen, Appartements und auch für private Zimmervermieter.

Welche Behörden überwachen die Einhaltung dieser Vorschriften?	Kreisverwaltungsbehörden, Lebensmittelüberwachung und Gewerbeaufsichtsamt.
Welche Personenkreise sollen durch die Getränkeschankanlagen-Verordnung (GSchAV) geschützt werden und warum?	Das Personal des Schankwirtes, Gäste und alle Personen, die sich im Schankraum aufhalten bzw. Zugang zu den Räumen haben, in denen die angeschlossenen Getränkebehälter lagern. Der Schutz erfolgt aus sicherheitstechnischer und lebensmittelrechtlicher Sicht.
Welche Anlagen sind Getränkeschankanlagen im Sinne dieser Verordnung?	Dies sind Anlagen, durch die unter Verwendung eines dem Getränkebehälter von außen zugeführten oder durch Pumpe erzeugten Förderdrucks z. B. Kohlensäure Getränke ausgeschenkt werden; dazu zählen auch Schanktische, Spülvorrichtungen und Räume, in denen die an die Getränkeleitungen angeschlossenen Getränkebehälter z. B. Fässer lagern. Anlagen im obigen Sinne sind: Prüfvorrichtungen, Anstichvorrichtungen, Dreiweghähne, Mischaggregate, Kühlvorrichtungen, Zapfarmaturen, Druckleitungen, Druckmesser, Rückschlagsicherungen, Druckminderer, Sicherheits- und Absperrventile.
Unter welcher Voraussetzung darf eine Getränkeschankanlage betrieben werden?	Sie darf erst betrieben werden, wenn ein Sachkundiger bescheinigt hat, daß die Anlage ordnungsgemäß errichtet worden ist. Die Eintragung im Betriebsbuch ist von ihm zu bescheinigen und der zuständigen Behörde vor Inbetriebnahme anzuzeigen.
*Für die Zulassung, Prüfung und Überwachung von GschA sind **Sachverständige** und **Sachkundige** zuständig. Worin unterscheiden sie sich?*	**Sachverständiger:** Er ist von einer Behörde oder öffentlich-rechtlichen Institution (wie IHK, HWK) öffentlich bestellt und vereidigt. Er schult auch Sachkundige. Voraussetzungen: Ingenieurstudium oder eine einschlägige Meisterprüfung sowie weitere spezielle Ausbildungen.

Fortsetzung: *Für die Zulassung, Prüfung und Überwachung von GschA sind **Sachverständige** und **Sachkundige** zuständig. Worin unterscheiden sie sich?*	**Sachkundiger:** Er darf die Prüfung der GschA vor Inbetriebnahme abnehmen. Voraussetzungen: Handwerksausbildung mit Berufspraxis sowie Bestehen des Grundlehrganges bei einem anerkannten Ausbildungsinstitut. Er hat gegebenenfalls Aufbaulehrgänge zu absolvieren.
Welche wesentlichen Anforderungen werden bezüglich der Überprüfung und Überwachung einer GschA gestellt?	Die technische Überwachung und Überprüfung besteht aus – der Abnahmeprüfung vor Erteilung der Erlaubnis zum Betrieb der Anlage, – wiederkehrenden Überprüfungen nach Inbetriebnahme, – Sonderprüfungen, wenn ein Anlass hierfür besteht. Generell gilt: Wer eine GschA betreibt, hat die Anlage – in betriebssicherem Zustand zu halten, – ordnungsgemäß zu betreiben, – zu überwachen, – notwendige Instandsetzungsarbeiten unverzüglich vorzunehmen, – die den Umständen nach erforderlichen Sicherheitsmaßnahmen zu treffen. Der Betreiber muss die GschA so betreiben, dass die mit der Anlage in Berührung kommenden Getränke und Grundstoffe nicht z. B. durch Mikroorganismen, Verunreinigungen, Gerüche, Temperaturen oder Witterungseinflüsse nachteilig beeinflusst werden können.
Welche Eintragungen sind im Betriebsbuch vorzunehmen?	Bescheinigung des Sachverständigen über die ordnungsgemäße Errichtung; Durchschrift der Anzeige bei der zuständigen Behörde; Bescheinigungen über die Prüfungen der Behörde; Aufzeichnungen über die Änderungen der Anlage; Angaben über durchgeführte Reinigungen; gesundheitsgefährdende oder tödliche Unfälle infolge des Betriebs der Anlage.

Erläutern Sie die wichtigsten Hygienevorschriften für GschA!

Die GschA sind nach Bedarf, mindestens jedoch nach folgender Maßgabe zu reinigen:
- Getränke- und Grundstoffleitungen einschließlich der Zapfarmaturen sind unmittelbar vor der ersten Inbetriebnahme zu reinigen,
- Getränkeleitungen einschließlich Zapfarmaturen sind (mindestens) alle 2 Wochen zu reinigen sowie bei jedem Wechsel der Getränkeart und unmittelbar vor Unterbrechung des Betriebes von mehr als 1 Woche,
- Der abwechselnd mit Getränken und Luft in Berührung kommende Teil der Zapfarmatur ist täglich zu reinigen,
- Grundstoffleitungen sind alle 3 Monate und bei jedem Wechsel des Grundstoffes und unmittelbar vor Unterbrechung des Betriebes von mehr als 1 Woche zu reinigen,
- Der bewegliche Teil der Druckgasleitungen ist alle 12 Monate zu reinigen,
- Leitungsanschlussteile sind vor jedem Anschluss sowie unmittelbar nach dem Lösen der Getränke- und Grundstoffbehälter zu reinigen,
- Getränke- und Grundstoffbehälter sind unmittelbar vor Befüllen zu reinigen, wenn der Betreiber das Reinigen vornimmt,
- Für die Reinigung sind Reinigungsmittel zu verwenden, bei denen der Hersteller bescheinigt, dass sie den lebensmittelrechtlichen Anforderungen entsprechen,
- Die GschA unterliegen alle 2 Jahre einer wiederkehrenden Prüfung durch einen Sachkundigen.
- Die Durchführung der jeweiligen Hygienemaßnahme ist im Betriebsbuch einzutragen (Tag und Art der Reinigung sowie Bestätigung des Druchführenden).

In welchem Zeitabstand sind Getränkeleitungen mindestens zu reinigen?

Sie sind mindestens alle 14 Tage zu reinigen.

Welche 2 Arten von Schankgefäßen unterscheidet die Verordnung über Schankgefäße in Verbindung mit dem Eichgesetz? Nennen Sie je Beispiele!	Schankgefäße zum Trinken: Sie werden unmittelbar zum Trinken des eingefüllten Getränkes verwendet, z. B. Gläser. Schankgefäße zum Umfüllen: Sie dienen zum Überbringen von Getränken, die dann aus anderen Gefäßen getrunken werden, z. B. Karaffen, Krüge, Flaschen, Kannen.
Welche Gefäße versteht das Eichgesetz unter Schankgefäßen?	Schankgefäße sind Gefäße, die zum gewerbsmäßigen Ausschank von Getränken gegen Entgelt bestimmt sind und erst bei Bedarf gefüllt werden.
Wie müssen die Schankgefäße beschaffen sein?	– Es dürfen nur Schankgefäße mit gesetzlich zulässigem Nennvolumen verwendet werden. – Sie müssen mit einem mindestens 10 mm langen waagerechten Füllstrich (auch als geschlossener Kreis) versehen sein, der einen vorgeschriebenen Mindestabstand zum oberen Rand des Gefäßes haben muss. – 4 und 10 cl Gefäße dürfen einen zweiten Füllstrich zur Kennzeichnung der Hälfte des Nennvolumens haben. – Das Nennvolumen muss in unmittelbarer Nähe des Füllstriches mit dem Einheitenzeichen cl oder l angebracht sein. – Die Volumenangabe muss eine bestimmte Schriftgröße aufweisen. – Ferner muss das Herstellerzeichen am Schankgefäß ersichtlich sein. – Der Füllstrich, die Volumenangabe und das Herstellerzeichen müssen leicht erkennbar und dauerhaft sein. – Der Füllstrich und die Volumenangabe sind so anzubringen, dass sie auch leicht erkennbar sind, wenn das Schankgefäß in verkehrsüblicher Weise gefüllt ist.

Für welche Schankgefäße gelten diese Regelungen nicht?	Die rechtlichen Vorschriften sind nicht anzuwenden auf Schankgefäße – die nicht dem gewerbsmäßigen Ausschank dienen, z. B. private Verwendung; – für alkoholische Mischgetränke, die unmittelbar vor dem Ausschank aus mehr als zwei Getränken gemischt werden; – für Kaffee-, Tee-, Kakao- oder Schokoladengetränke oder auf ähnliche Art zubereitete Getränke; – für Kaltgetränke, die in Automaten durch Zusatz von Wasser hergestellt werden; – die nur zur Füllung von Schankgefäßen dienen, z. B. Dekantierkaraffe; – die z. B. bei Flaschenbestellung beigestellt werden (Beistell- oder Beisetzgläser). Schankgefäße für selbsthergestellte Getränke, z. B. Bowle, Rumtopf, Glühwein, Punsch oder Grog fallen nicht unter diese Ausnahmeregelung.
In welchem Zeitabstand sind gewerblich verwendete Waagen und Gewichte nachzueichen?	Spätestens alle 2 Jahre.
Wer ist für die Richtigkeit des Füllstriches dem Gast gegenüber verantwortlich?	Der Gastwirt.
Für welche Personenkreise gelten die Vorschriften des Jugendschutzgesetzes?	– für Kinder (0 bis unter 14 Jahre), – für Jugendliche von 14 bis unter 16 Jahre und – Jugendliche von 16 bis unter 18 Jahre.
Welchen Zweck soll dieses Gesetz erfüllen?	Das JÖSchG verpflichtet die Personensorgeberechtigten, Erziehungsberechtigte, Gewerbetreibende, Veranstalter und die zuständigen Behörden, Kinder und Jugendliche vor Gefährdungen in der Öffentlichkeit zu schützen.

Wie ist die Aushangpflicht geregelt?	Veranstalter und Gewerbetreibende haben die Vorschriften durch einen deutlich sichtbaren Aushang bekanntzugeben.
Welche Folgen können Verstöße gegen das JÖSchG haben?	Verstöße sind Ordnungswidrigkeiten, die grundsätzlich mit einer Geldbuße bis zu 15 000 Euro geahndet werden. Mit Freiheitsstrafe bis zu einem Jahr oder mit Geldstrafe wird bestraft, wer als Veranstalter oder Gewerbetreibender Ordnungswidrigkeiten aus Gewinnsucht begeht oder beharrlich wiederholt, und dadurch wenigstens leichtfertig Kinder oder Jugendliche in ihrer körperlichen, geistigen oder sittlichen Entwicklung schwer gefährdet.
Erklären Sie folgende Begriffe:	
– Personensorgeberechtigte	Personen, die nach Bürgerlichem Recht die Personensorge zusteht, z. B. Eltern, Vormund; Personensorge umfasst die Pflege, Erziehung, Aufsicht, Aufenthalt und Umgang des jungen Menschen;
– Erziehungsberechtigte	Eltern, Vormund, und jede sonstige Person über 18 Jahre mit Zustimmung des Personensorgeberechtigten (z. B. ältere Geschwister, Freund/in), sowie im Rahmen der Ausbildung (z. B. Ausbilder, Chef, Lehrer) oder Jugendhilfe (z. B. Jugendleiter, Jugendamt);
– Träger der Jugendhilfe	Dies sind Organisationen, die offiziell als solche anerkannt sind, z. B. Jugendamt, Kreisjugendring, Caritas, Kolping, Deutsches Rotes Kreuz, Gewerkschaft, Partei, Arbeiterwohlfahrt.
Beschreiben Sie die Regelungen bei den wesentlichen Gefährdungssituationen!	
– Aufenthalt in Gaststätten:	Kinder und Jugendliche unter 16 Jahren dürfen sich dort nur mit Erziehungsberechtigten aufhalten. Ausnahme: Teilnahme an jugendfördernden Veranstaltungen; auf Reisen; zur Einnahme einer Mahlzeit oder eines alkoholfreien Getränkes, solange der Aufenthalt erforderlich ist; ab 16 Jahren dürfen sie sich bis 24 Uhr aufhalten.

Fortsetzung:
Beschreiben Sie die Regelungen bei den wesentlichen Gefährdungssituationen!

- *Aufenthalt in Nachtlokalen u.ä.:*

    Personen unter 18 Jahren uneingeschränkt nicht erlaubt.

- *Abgabe und Genuss/Ausschank von Brannntwein:*

    an Personen unter 18 Jahren uneingeschränkt nicht erlaubt.

- *Abgabe und Genuss/Ausschank von anderen alkoholischen Getränken:*

    an Kinder verboten, an Jugendliche unter 16 Jahren nur in Anwesenheit eines Personensorgeberechtigten erlaubt, an Jugendliche über 16 Jahren erlaubt.

- *Aufenthalt bei öffentlichen Tanzveranstaltungen:*

    Kinder und Jugendliche müssen in Begleitung eines Erziehungsberechtigten sein, Jugendliche ab 16 Jahre dürfen bis 24 Uhr anwesend sein; Ausnahmen: wenn die Tanzveranstaltung von einem anerkannten Träger der Jugendhilfe durchgeführt wird oder der künstlerischen Betätigung oder Brauchtumspflege dient, dürfen Kinder auch ohne Begleitung bis 22 Uhr und Jugendliche unter 16 Jahren bis 24 Uhr anwesend sein.

- *Anwesenheit in Spielhallen und spielen an Geldspielautomaten:*

    Kinder und Jugendliche haben hierzu keinen Zutritt und dürfen auch an solchen Automaten nicht spielen.

- *Spielen an elektronischen Bildschirmspielgeräten:*

    Für Kinder und Jugendliche unter 16 Jahren nur erlaubt, wenn sie in Begleitung eines Erziehungsberechtigten sind; ab 16 Jahre erlaubt.

- *Aufstellen solcher Spielgeräte:*

    Nur dort, wo Kinder und Jugendliche keinen ungehinderten Zutritt haben.

Inwiefern ist der Gastwirt zu Jugendschutzkontrollen verpflichtet?

Eine generelle, uneingeschränkte Rechtspflicht zur Alterskontrolle besteht für ihn nicht. Er oder sein Personal haben aber in Zweifelsfällen (ist eng auszulegen) das Lebensalter des Gastes zu kontrollieren. Für den Gast gilt, dass dieser auf Verlangen sein Lebensalter in geeigneter Weise (z. B. Ausweis, Führerschein) zu dokumentieren hat. Kann er dies nicht, muss er mit den Konsequenzen des Gastwirtes/Personal „leben", z. B. kein Einlass.

Welche 3 allgemeinen Voraussetzungen müssen gegeben sein, damit eine unerlaubte Handlung (= Delikt) gegeben ist?	Es muss ein Schaden entstanden sein, den Gastwirt muss ein Verschulden treffen (Vorsatz, grobe oder einfache Fahrlässigkeit) und es muss Widerrechtlichkeit gegeben sein.
Wann liegt keine Widerrechtlichkeit vor?	Bei Notwehr und Notstand.
Jeder Gastwirt hat allgemeine Verkehrssicherungspflichten. Was bedeutet dies? Beispiele!	Jeder Gastwirt ist verpflichtet, alle dem Publikumsverkehr gewidmeten Anlagen und Räume so einzurichten und zu unterhalten, dass sie benutzt werden können, ohne dass sich Gefahren für die Besucher ergeben, z. B. Streu- und Räumpflicht des Parkplatzes und der Zugänge, Schutz vor Dachlawinen, gute Beleuchtung des Parkplatzes, der Wege und Zugänge, keine zu glatten Böden, rutschfeste Teppiche, einwandfreie Elektroinstallation, rutschfeste Anlauffläche bei der Kegelbahn, einwandfreie Treppen und Handläufe usw.
Eine Dame zerreißt sich am rauhen Tischbein ihre Strümpfe. Sie hatte noch nichts bestellt. Muss der Gastwirt haften?	Ja, es handelt sich zwar hier um einen vorvertraglichen Zustand, aber der Gastwirt muss bereits haften (Verkehrssicherungspflicht).
Haftet der Gastwirt auch für Verschulden seiner Mitarbeiter?	Im Rahmen vertraglicher Beziehungen haftet der Gastwirt auch für das Verschulden seiner Mitarbeiter (= Erfüllungsgehilfen). Handelt es sich beim Geschädigten nicht um einen Gast, so ist eine Haftung für Mitarbeiter (= Verrichtungsgehilfen), die im Rahmen beruflicher Tätigkeit gehandelt haben, nur dann gegeben, wenn der Gastwirt bei der Auswahl des „Gehilfen" die erforderliche Sorgfalt außer acht gelassen hat.
Was ist unter strenger Haftung zu verstehen?	Unter strenger Haftung versteht man die Haftung ohne eigenes Verschulden, also für den Zufall.

Unter welchen Voraussetzungen haftet ein Wirt auch ohne Verschulden?	Die strenge Haftung gilt nur für gewerbsmäßige Beherbergungswirte. Weitere Voraussetzungen sind, dass der Gast zur Beherbergung aufgenommen wird (Vertrag oder Vorvertrag) und dass die Sachen, für die der Wirt haften muss, eingebracht sind.
Wann gilt eine Sache des Gastes als eingebracht?	Als eingebracht gelten (egal ob der Gast Eigentümer ist oder nicht): Sachen, die sich im Hotel am üblichen Ort befinden, z. B. im Zimmer; Sachen, die sich am angewiesenen Ort befinden, z. B. Ski in einem Schuppen; Sachen, die außerhalb des Hauses vom Hotelier/Personal in Empfang genommen werden, z. B. Koffer werden vom Bahnhof abgeholt; Sachen, die in angemessener Frist vorher eintreffen oder nach der Abreise noch im Hotel verbleiben, z. B. Gepäck.
In welcher Höhe haftet der Gastwirt auch ohne Verschulden (strenge Haftung)?	Diese Haftung ist beschränkt. Der Hotelier haftet für eingebrachte Sachen nur bis zum 100fachen des reinen Beherbergungspreises für einen Tag, mindestens bis 600,— €, höchstens bis 3500,— €. Für Geld, Wertpapiere und Kostbarkeiten tritt an Stelle von 3500,— € der Betrag von 800,— €.
In welchen Fällen haftet der Hotelier unbeschränkt?	Unbeschränkt ist die Haftung, wenn der Verlust, die Zerstörung oder die Beschädigung vom Gastwirt oder seinen Mitarbeitern verschuldet ist. Ferner, wenn es sich um eingebrachte Sachen handelt, die er zur Aufbewahrung übernommen oder deren Übernahme zur Aufbewahrung er abgelehnt hat, obwohl er dazu verpflichtet gewesen wäre.
Ist der Gastwirt verpflichtet, eingebrachte Sachen zur Aufbewahrung zu übernehmen?	Der Gastwirt ist grundsätzlich verpflichtet, Sachen zur Aufbewahrung anzunehmen, es sei denn, dass die Gegenstände im Hinblick auf die Größe oder den Rang des Betriebes von übermäßigem Wert sind, z. B. kann ein Dorfgasthof die Aufbewahrung einer wertvollen Halskette ablehnen, ein Luxushotel nicht.

Welche Pflichten hat der Gast, wenn ihm eine Sache abhanden gekommen ist?	Der Gast muss dem Hotelier unverzüglich den Verlust mitteilen. Ihn trifft auch die Beweispflicht.
Wann ist die Haftung des Gastwirtes ausgeschlossen?	Der Hotelier haftet nicht bei Verschulden des Gastes, einer Begleitperson von ihm oder einer beim Gast aufgenommenen Person. Ebenfalls ist die Haftung für Fahrzeuge und Sachen, die in einem Fahrzeug belassen worden sind, ausgeschlossen. Ferner die Haftung für lebende Tiere, für Sachen, die nicht oder nicht mehr eingebracht sind, z. B. Anzug in der Reinigung; für Schäden, die durch die Beschaffenheit der Sache entstanden sind, z. B. alter Koffer; bei höherer Gewalt, z. B. Blitzschlag, sowie für die Garderobe des Passanten.
Worin liegt ein wesenlicher Unterschied in der Wirkung zwischen Vertrags- und Deliktshaftung?	Nur bei der Haftung für unerlaubte Handlung (= Deliktshaftung) ist Schmerzensgeld möglich.

Bürgerliches Gesetzbuch, Handelsgesetzbuch, Gewerbeordnung

Was sind Willenserklärungen?	Willenserklärungen sind Äußerungen, an die das Gesetz bestimmte rechtliche Folgen knüpft.
Was sind Rechtsgeschäfte?	Rechtsgeschäfte sind abgegebene Willenserklärungen, die einen gewollten Rechtserfolg nach sich ziehen (Rechte begründen, ändern oder aufheben).
Es gibt zwei Arten von Rechtsgeschäften, einseitige und zweiseitige. Bei den einseitigen Rechtsgeschäften wird wieder eine Zweiteilung vorgenommen. Welche? Geben Sie auch Beispiele an!	Nicht empfangsbedürftige Willenserklärungen: Testament. Empfangsbedürftige Willenserklärungen: Kündigung, Mahnung, Bürgschaft, Mängelrüge.

Auch bei den zweiseitigen Rechtsgeschäften gibt es eine Zweiteilung. Welche? Geben Sie auch Beispiele an!	Einseitig verpflichtende: Schenkung. Zweiseitig verpflichtende: Kauf-, Miet-, Leih-, Pacht-, Ausbildungsvertrag.
Wie kommen zweiseitige Rechtsgeschäfte zustande?	Sie kommen nur durch zwei übereinstimmende Willenserklärungen zustande.
Wie werden diese Willenserklärungen genannt?	1. WE: Antrag und 2. WE: Annahme.
Bereits abgeschlossene Rechtsgeschäfte können ihre Wirksamkeit durch Nichtigkeit oder Anfechtung verlieren. Was bedeutet Nichtigkeit, was Anfechtung?	**Nichtigkeit** bedeutet, dass die gewollte Rechtswirkung nicht eintritt. Nichtige Verträge sind von Anfang an ungültig. **Anfechtung:** Das Rechtsgeschäft wird mit rückwirkender Kraft nachträglich nichtig. Wird nicht angefochten, bleiben die Willenserklärungen wirksam.
Nennen Sie Nichtigkeitsgründe!	Mängel der vorgeschriebenen Form (z. B. keine notarielle Beurkundung und Grundbucheintragung bei Grundstückskauf), Scheingeschäfte, Verstoß gegen ein gesetzliches Verbot (z. B. Handel mit Rauschgift), sittenwidrige Willenserklärungen (z. B. Wucher), Willenserklärungen geschäftsunfähiger Personen, Mangel an der Ernsthaftigkeit der Willenserklärung (Scherzgeschäft).
Nennen Sie Anfechtungsgründe!	Irrtum bezüglich Inhalt, Beweggrund, Handlung, Übermittlung und über die wesentliche Eigenschaft; arglistige Täuschung und widerrechtliche Drohung.
Was verstehen Sie unter Rechtsfähigkeit?	Darunter versteht man die Fähigkeit, Träger von Rechten und Pflichten zu sein.
Nennen Sie solche Rechte und Pflichten!	Rechte: Recht auf Leben, Eigentum, Erbansprüche. Pflichten: Steuern bezahlen, Schulden tilgen.

Wer besitzt Rechtsfähigkeit?	Natürliche Personen (Menschen) und juristische Personen (Personenvereinigungen oder Vermögensmassen).
Nennen Sie Beispiele von juristischen Personen!	Eingetragene Vereine, GmbH, AG, Genossenschaften, Stiftungen, Gemeinde, Sozialversicherungsanstalten, Körperschaften, Zweckverbände, Staat, Religionsgemeinschaften.
Wann beginnt und wann endet die Rechtsfähigkeit?	Menschen: Geburt – Tod. Juristische Personen: Eintragung in öffentliche Register (z. B. Vereinsregister, Handelsregister) – Löschung aus diesem Register.
Kommt es auf den körperlichen oder geistigen Zustand eines Menschen an, ob er Rechtsfähigkeit besitzt oder nicht?	Nein, der körperliche und geistige Zustand berührt nicht die Rechtsfähigkeit des Menschen.
Was verstehen Sie unter Geschäftsfähigkeit?	Geschäftsfähigkeit ist die Fähigkeit, Rechtsgeschäfte (z. B. Verträge) rechtsgültig abschließen zu können.
Welche Stufen der Geschäftsfähigkeit unterscheidet das BGB (Bürgerliches Gesetzbuch) und welcher Personenkreis fällt in die jeweilige Stufe?	Geschäftsunfähigkeit: Kinder unter 7 Jahre alt. Beschränkte Geschäftsfähigkeit: Minderjährige von 7–18 Jahre alt. Volle Geschäftsfähigkeit: Alle Personen über 18 Jahre. Ebenso Minderjährige, die von ihren gesetzlichen Vertretern ermächtigt wurden, selbstständig ein Erwerbsgeschäft zu betreiben oder Arbeiten anzunehmen, für alle Geschäfte, die der Gewerbebetrieb oder das Arbeitsverhältnis mit sich bringen.
Der 6-jährige Hans kauft sich in der Metzgerei M eine Wurstsemmel für 1,— €. *Ist ein Kaufvertrag zu Stande gekommen?*	Nein. Hans ist geschäftsunfähig. Die Willenserklärungen solcher Personen sind nichtig. Rein rechtlich müsste z. B. die Mutter für ihren Sohn die Wurstsemmel kaufen.

Tante Frieda schenkt ihrer 3-jährigen Nichte Susi ein Dreirad. Ist Susi Eigentümerin des Dreirads geworden?	Nein. Die Willenserklärung, die gegenüber einem Geschäftsunfähigen abgegeben wird, wird erst wirksam, wenn sie dem gesetzlichen Vertreter zugeht. Susi wird also erst Eigentümerin des Dreirades, wenn ihre Eltern es als Geschenk annehmen.
Wann sind Verträge mit beschränkt Geschäftsfähigen gültig?	Wenn sich der Betrag im Rahmen des Taschengeldes bewegt, es ein ausschließlich rechtlicher Vorteil für den b. G. ist und innerhalb eines Dienst-/Arbeitsvertrages.
Der 12-jährige Fritz kauft sich ohne Wissen seiner Eltern beim Fahrradhändler ein Rennrad für 400,— €. Ist der Vertrag gültig?	Nein. Der Kaufpreis geht über das Taschengeld hinaus. Die Eltern müssten zustimmen. Bis zur Zustimmung ist der Vertrag schwebend unwirksam.
Bevor ein Käufer eine Bestellung aufgibt, richtet er oftmals eine Anfrage an den Verkäufer. Je nachdem, wie zielgerichtet sie ist, unterscheidet man zwei Arten. Welche? Geben Sie je ein Beispiel an.	**Allgemeine Anfrage:** „Bitte senden Sie mir Ihre Preisliste zu". **Bestimmte Anfrage:** „Was kostet die Küchenmaschine KM 45?"
Welche rechtliche Bedeutung hat die Anfrage für das Zustandekommen eines Kaufvertrages?	Die Anfrage ist rechtlich immer unverbindlich. Sie ist kein Bestandteil des Kaufvertrages. Sie dient nur der Information und der Anbahnung eines Kaufvertrages („Fragen kostet nichts").
Was verstehen Sie unter einem Antrag?	Der Antrag ist eine bestimmte, empfangsbedürftige und auf Abschluss eines Vertrages gerichtete Willenserklärung.
Welcher Vertragspartner kann einen Antrag machen?	Einen Antrag kann sowohl der Verkäufer (Angebot) als auch der Käufer (Bestellung) machen.

Beim Angebot werden zwei Arten unterschieden. Welche? Geben Sie je ein Beispiel an!	Verlangtes Angebot: Der Gastwirt bittet den Weinhändler telefonisch um ein Angebot bezüglich einer bestimmten Sorte Wein. Unverlangtes Angebot: Eine Metzgerei macht dem Wirt von sich aus ein Angebot über den Preis für seine Fleisch- und Wurstwaren.
Welche rechtliche Bedeutung hat das Angebot?	Ein Angebot ist rechtlich immer verbindlich.
Angebote können mündlich aber auch schriftlich abgegeben werden. Wie lange ist der Verkäufer an ein mündliches, wie lange an ein schriftliches Angebot gebunden?	Bindung bei mündlichem Angebot: Der Käufer müsste sofort, z. B. noch während der Unterhaltung bzw. während des Telefongesprächs, das Angebot annehmen. Später ist der Anbietende nicht mehr an sein Angebot gebunden. Bindung bei schriftlichem Angebot: Der Anbietende ist so lange an sein Angebot gebunden, bis er unter regelmäßigen Umständen eine Antwort erwarten darf.
Nennen Sie Möglichkeiten, wann der Anbietende nicht an sein Angebot gebunden ist!	Wenn das Angebot mit einer Freizeichnungsklausel versehen ist, wenn er sein Angebot rechtzeitig widerruft, wenn der Kunde zu spät bestellt, wenn der Kunde das Angebot abändert.
Welche Freizeichnungsklauseln sind Ihnen bekannt?	Solange Vorrat reicht, Preis freibleibend, völlig unverbindlich, freibleibend, ohne Gewähr, Farbabweichungen möglich.
Warum sind Anzeigen, Werbesendungen usw. keine Angebote?	Sie richten sich nicht an den Empfänger persönlich. Es handelt sich hier um Anpreisungen bzw. um eine Aufforderung an die Allgemeinheit, einen Antrag abzugeben.
Welche Vertragsinhalte sollte ein Angebot enthalten?	Preis, Menge, Art und Qualität der Ware, Lieferungsbedingungen, Zahlungsbedingungen, Erfüllungsort, Gerichtsstand.
Was legen die Lieferungsbedingungen fest?	Sie umfassen Lieferzeit, Liefermenge, Eigentumsvorbehalt, Verpackungskosten und Beförderungskosten.

Erklären Sie den Begriff Eigentumsvorbehalt!	Der Verkäufer übergibt zwar den Besitz der Ware, bleibt aber bis zur vollständigen Bezahlung Eigentümer. Eigentumsvorbehalt wird vor allem bei Ratenkäufen vereinbart. Bezahlt der Käufer seine Schuld nicht, so kann der Verkäufer die Herausgabe der Sache verlangen.
Wann erlischt der Eigentumsvorbehalt?	Er erlischt, wenn der Käufer die Ware vollständig bezahlt hat.
Wann kann der Verkäufer liefern, wenn bezüglich der Lieferzeit nichts vereinbart wurde?	Der Verkäufer kann sofort liefern und vom Käufer sofortige Zahlung verlangen. Liefert der Verkäufer nicht sofort, benötigt der Käufer aber bis zu einem bestimmten Termin die Ware, so müsste dieser die Lieferzeit im nachhinein noch mitteilen.
Meist wird im Kaufvertrag eine Lieferfrist vereinbart. Welche diesbezüglichen Vereinbarungen sind Ihnen bekannt?	Lieferung spätestens 2 Monate nach Auftragsannahme, Lieferung am 12.11.2..., Lieferung auf Abruf, Lieferung nach Mitteilung des Verkäufers, Lieferung in der 16. Kalenderwoche.
Was verstehen Sie unter einem Fixgeschäft?	Beim Fixgeschäft ist der Liefertermin genau festgelegt, z. B. 01.09.2..., 1.9.2... von 8 bis 10 Uhr.
Welche Sonderformen des Kaufvertrages kennen Sie? Geben Sie auch jeweils eine kurze Erklärung dazu.	**1. Nach der Art und Beschaffenheit der Ware.** Kauf auf Probe: Der Käufer hat hier ein Rückgaberecht bei Nichtgefallen innerhalb einer vereinbarten oder angemessenen Frist. Der Käufer erhält also die Ware zunächst probeweise. Gibt er sie innerhalb der Frist nicht zurück, so gilt sein Schweigen als Einverständnis und ein Vertrag ist zustandegekommen (abgeschlossen). Sinn: Der Käufer will die Farbe, Handhabung, Passung ... erst noch prüfen. Beispiele: Kauf eines Fernsehers, Computers, wertvollen Teppichs.

Fortsetzung:
Welche Sonderformen des Kaufvertrages kennen Sie? Geben Sie auch jeweils eine kurze Erklärung dazu.

Kauf nach Probe (nach Muster): Die gelieferte Ware muss der erhaltenen Probe oder dem Muster entsprechen.
Beispiele: Wein, Nikoläuse, Briefbogen, Tapete.

Kauf zur Probe: Der Käufer bestellt zunächst nur eine kleine Menge einer bestimmten Ware, um diese auszuprobieren, z. B. eine neue Sorte Kaffee, neues Waschmittel.
Eine Verpflichtung zum Kauf einer größeren Menge besteht nicht. Oftmals wird die Probemenge zu einem günstigen Preis abgegeben.

Spezifikationskauf (= Bestimmungskauf): Der Käufer bekommt eine bestimmte Frist eingeräumt, innerhalb dieser er die gekaufte Ware noch näher bestimmen (= spezifizieren) kann, z. B. nach Form, Farbe, Größe, Sorte.
Beispiel: Kauf eines großen Postens Wein. Der Gastwirt hat 14 Tage Zeit, die gewünschten Sorten auszuwählen.

Ramschkauf/Kauf en bloc/Kauf in Bausch und Bogen: Es werden Waren „im Block" zu einem Pauschalpreis gekauft, z. B. bei Versteigerungen, Verkauf eines gesamten Lagerbestandes, einer Geschäftseinrichtung, Auflösung eines Haushaltes/Wohnung.

Stückkauf/Spezieskauf: Kaufgegenstand ist eine „nicht vertretbare", individuell bestimmte Sache/Ware.
Beispiele: Rennpferd „Alba", Gemälde von van Gogh: Sonnenblumen, VW-Käfer (Baujahr 1970, rot ...).

Gattungskauf: Kaufgegenstand ist eine „vertretbare" Sache, die nach Maß, Zahl oder Gewicht bestimmt werden kann, z. B. Massenprodukte wie Konserven, Schweinefleisch, Fichtenbretter...

Fortsetzung:
Welche Sonderformen des Kaufvertrages kennen Sie? Geben Sie auch jeweils eine kurze Erklärung dazu.

2. Nach Lieferungs- und Zahlungsbedingungen:

Kauf auf Abruf: Der Verkäufer billigt dem Käufer zu, die gekaufte Ware innerhalb einer vereinbarten Frist im Ganzen oder in Teilmengen abzurufen. Dies kann für den Käufer Vorteile bieten, z. B. Einkauf größerer Mengen um günstigere Preise und/oder höhere Rabatte zu bekommen, Einsparung von Lagerkosten (nur kleinerer Lagerraum notwendig, kein Verderb).

Fixkauf: Hier ist ein fester („fixer") Liefertermin, z. B. 18.04.2... ab 10 Uhr, oder eine bestimmte Lieferfrist, z. B. zweite Aprilhälfte 2..., 24. Kalenderwoche 2... wesentlicher Vertragsbestandteil.

Normalkauf: Ein Normalkauf liegt vor, wenn Käufer und Verkäufer bezüglich der Lieferzeit nichts besonderes vereinbart haben. Die Lieferung ist dann zwar sofort fällig bzw. der Lieferer kann sofort liefern. Um den Lieferanten in Verzug zu setzen, muss ihn der Käufer aber mahnen und ihm eine angemessene Nachfrist setzen. Erst nach Ablauf dieser Frist, kommt der Lieferant in Lieferungsverzug.

Ratenkauf/Abzahlungskauf: Hier sieht der Vertrag vor, dass der Kaufpreis in Teilbeträgen (= Raten) zu bezahlen ist (z. B. monatlichen Raten). Oftmals wird auch eine Anzahlung verlangt und der Restbetrag in Raten beglichen.
Die Waren werden i. d. R. unter Eigentumsvorbehalt geliefert, d.h. der Käufer wird erst mit Bezahlung der letzten Rate Eigentümer der Sache.
Solche Verträge müssen schriftlich abgeschlossen werden. Außerdem sind im Vertrag der Barzahlungspreis, die Raten (Betrag und Zahl), deren Fälligkeit sowie der effektive Jahreszinssatz anzugeben. Von Ratenverträgen kann der Käufer binnen 7 Tagen (1 Woche), auch ohne Angabe von Gründen zurücktreten. Sinnvoll ist es, den Rücktritt schriftlich abzufassen.
Beispiele: Kauf eines Autos, von Möbeln, Computer, Fernseher ...

Fortsetzung:
Welche Sonderformen des Kaufvertrages kennen Sie? Geben Sie auch jeweils eine kurze Erklärung dazu.

Kommissionskauf: Der Käufer (= Kommittent) ist nur verpflichtet, die verkaufte Ware zu bezahlen. Nicht verkaufte Ware kann wieder an den Verkäufer (= Kommissionär) zurückgegeben werden. Der Vorteil für den Käufer von Kommissionsware ist, dass er kein Verkaufsrisiko trägt. Üblich ist diese Vereinbarung bei Zeitungen, Zeitschriften, Magazinen, Modekleidung, Lederkleidung ...

Barkauf: Der Käufer hat sofort nach Erhalt der Ware diese zu bezahlen, z. B. im Supermarkt, Einkaufszentrum.

Zielkauf: Hier hat der Käufer eine bestimmte Frist (= Ziel), innerhalb der er den Kaufpreis zu entrichten hat. Bezahlt er sofort oder innerhalb kurzer Frist, kann er oftmals Skonto (= Barzahlungsrabatt) in Abzug bringen.
Beispiel für eine solche Zahlungsbedingung: „Bei Zahlung innerhalb von 8 Tagen 3% Skonto, nach 30 Tagen netto Kasse."

Sofortkauf: Die Lieferung hat unverzüglich nach der Bestellung zu erfolgen, bzw. der Käufer kann die Ware sofort mitnehmen.

Kauf gegen Nachnahme: Die Ware wird dem Käufer nur dann ausgehändigt, wenn er diese sofort bezahlt. Anderenfalls geht die Ware wieder an den Verkäufer zurück. Durch die Nachnahme verhindert der Verkäufer, dass er die Ware nicht bezahlt bekommt und evtl. gerichtliche Schritte unternehmen muss. Die Nachnahme ist v.a. im Versandhandel üblich.

3. Nach der rechtlichen Stellung der Vertragspartner:

Bürgerlicher Kauf: Beide Vertragspartner handeln als Privatpersonen.
Beispiel: Der Restaurantfachmann Severin kauft von seinem Arbeitskollegen Alois dessen Auto.

Fortsetzung: *Welche Sonderformen des Kaufvertrages kennen Sie? Geben Sie auch jeweils eine kurze Erklärung dazu.*	Handelskauf: – einseitiger: Ein Vertragspartner handelt als Kaufmann, der andere als Privatperson. Beispiel: Die Familie Klug („Privatperson") isst im Restaurant „Zur Schwalbe" („Kaufmann") zu Mittag. – zweiseitiger: Beide Vertragspartner handeln als Kaufleute. Beispiel: Der Betreiber des Restaurant „Zur Schwalbe" kauft bei der Brauerei Späth 10 Hektoliter Märzenbier.
Welche Vorteile hat der Kauf auf Abruf für den Käufer?	Meist wird eine größere Menge eingekauft, so dass ein günstigerer Preis und bessere Zahlungsbedingungen ausgehandelt werden können. Des weiteren wird beim Abrufen von Teilmengen nur ein kleinerer Lagerraum benötigt, was die Lagerkosten verringert. Durch die Lieferung von Teilmengen ist die Gefahr des Verderbs und Schwundes geringer.
Welche Lieferungsbedingungen sind Ihnen bekannt?	Ab Fabrik, ab Lager, ab Werk, ab hier, ab Bahnhof hier, ab Hafen hier, unfrei, frei Waggon, frei dort, frachtfrei, frei Bahnhof, frei Haus, frei Keller, frei Lager, frei Baustelle, inklusive Fracht.
Aus welchen Kosten setzen sich die Transportkosten zusammen?	Aus Fracht, Verladekosten und Rollgeld.
Nach BGB sind Warenschulden Holschulden. Was bedeutet dies?	Holschulden bedeutet, dass der Käufer die gekaufte Ware beim Verkäufer auf eigene Kosten abzuholen hat. Lässt er sich die Ware bringen, kann der Lieferant alle Transportkosten den Käufer in Rechnung stellen.
Welche Regelung bei den Lieferbedingungen ist für den Verkäufer am kostengünstigsten?	Ab Fabrik, Lager, Werk.

Bei welcher Regelung trägt der Verkäufer alle Transportkosten bis zum Käufer?	Frei Haus, Keller, Lager, Baustelle oder inklusive Fracht.
Unterscheiden Sie Rollgeld und Fracht!	Unter Rollgeld werden die Transportkosten vom Verkäufer zur Versandstation und von der Empfangsstation bis zum Käufer verstanden.
	Fracht sind die Transportkosten von der Versandstation zur Empfangsstation.
Wie lautet die Vereinbarung im Kaufvertrag, wenn der Käufer die Versandkosten ab Bahnhof des Lieferers tragen soll?	Ab hier, unfrei, frei Waggon, ab Bahnhof hier oder ab Hafen hier.
Was bedeutet die Lieferungsbedingung „frei dort"?	Der Lieferer trägt die Beförderungskosten bis zur Empfangsstation.
Was regeln die Zahlungsbedingungen?	Sie regeln, ob es sich um einen Bar- oder Kreditkauf handelt und welche Nachlässe gewährt werden.
Nennen Sie einige Zahlungsbedingungen!	Vorauszahlung, Zahlung gegen bar, Zahlung gegen Kasse, Zahlung netto Kasse, Zahlung gegen Nachnahme, Zahlung innerhalb 30 Tagen, Zahlung innerhalb 10 Tagen bei 2% Skonto oder in 30 Tagen ohne Abzug, bei Lieferung von mindestens 100 Stück 5% Rabatt.
Welche Bedeutung hat die Zahlungsbedingung „netto Kasse"?	Der Rechnungsbetrag ist ohne Abzug zu zahlen.
Was versteht man unter Bonus?	Bonus ist ein nachträglich gewährter Rabatt, z. B. am Jahresende. Er ist eine Art Mengenrabatt oder Treueprämie bei Warenlieferungen, meist gestaffelt nach der Höhe des Umsatzes in einem Jahr.

Beschreiben Sie den Begriff Erfüllungsort!	Erfüllungsort ist der Ort, an dem die Schuldner ihre Leistungen zu bewirken und die Gläubiger sie anzunehmen haben. Dabei spielt es keine Rolle, wer die Kosten der Versendung übernommen hat.
Nennen Sie den gesetzlichen Erfüllungsort!	Gesetzlicher Erfüllungsort ist der Geschäftssitz (Wohnsitz) der Schuldner (für die Ware Ort des Verkäufers, für das Geld Ort des Käufers).
Welche Bedeutungen hat der Erfüllungsort?	Es ist der Ort der termingerechten Vertragserfüllung für beide Seiten. Des weiteren geht die „Gefahr", d. h. die Haftung, am Erfüllungsort vom Schuldner auf den Gläubiger über. Auch für den Gerichtsstand ist der Erfüllungsort von Bedeutung.
Ein Gastwirt bezieht von seinem Lieferer Ware, die unterwegs durch ein Unwetter beschädigt wird. Wer trägt den Schaden (Kaufpreis), wenn im Kaufvertrag nichts vereinbart wurde?	Der Gastwirt, denn Warenschulden sind Holschulden. Die Gefahr der Ware ging nach Verlassen des Firmengeländes des Verkäufers auf den Käufer über. Das Unwetter (höhere Gewalt) hat der Lieferer nicht zu vertreten.
Der Verkäufer ist in München, der Käufer in Stuttgart. Bezüglich des Erfüllungsortes wurde nichts vereinbart. Wann erfüllen die Vertragspartner den Vertrag?	Der Verkäufer erfüllt, wenn er rechtzeitig die Lieferung mit seinem Fahrzeug in München beginnt; der Käufer erfüllt, wenn er den Rechnungsbetrag rechtzeitig in Stuttgart – z. B. per Banküberweisung – bezahlt.
Was verstehen Sie unter Gerichtsstand?	Gerichtsstand ist der Ort, an dem der Schuldner zu verklagen ist.
Welche rechtliche Bedeutung hat die Bestellung?	Die Bestellung ist eine rechtsverbindliche Willenserklärung des Käufers.
Nennen Sie Fälle, bei denen der Verkäufer noch eine Auftragsbestätigung zu erteilen hat, damit ein Kaufvertrag zustande kommt.	Wenn der Käufer ohne vorheriges Angebot des Verkäufers bestellt, wenn bei einem mündlichen Angebot der Käufer nicht sofort annimmt, wenn der Käufer das Angebot ändert und wenn er nach Fristablauf bestellt.

Welche Pflichten haben Verkäufer und Käufer bei der Erfüllung des Kaufvertrages?	Verkäufer: – Übergabe der Sache – Übertragung des Eigentums – keine Sach- und Rechtsmängel Käufer: – Abnahme der gekauften Sache – Bezahlung des Kaufpreises.
Welche Rechte hat der Käufer, wenn der Lieferant nicht oder nicht rechtzeitig liefert?	– Er kann weiterhin die Lieferung verlangen und einen eventuellen Schaden fordern (z. B. entgangener Gewinn). Nach Ablauf einer angemessenen Nachfrist (außer beim Fixkauf) kann er – Schadenersatz fordern und auf Lieferung verzichten (z. B. bei Deckungskauf), oder – vom Vertrag zurücktreten und Schadenersatz fordern.
Wann liegt ein Sach-/Rechtsmangel vor?	Als Mängel zählen insbesondere falsche Waren, zu geringe/zu große Mengen, wenn die Sache in ihrer Beschaffenheit oder Qualität Fehler aufweist, wenn die Ware nicht der Probe/dem Muster entspricht, aber auch wenn die Sache nicht den Werbeaussagen entspricht oder mangelhafte Montageanleitungen zu Fehlern führen („IKEA"-Klausel).
Welche Rechte hat der Käufer bei Mängeln an der gekauften Sache?	– Recht auf Nacherfüllung – Rücktritt vom Vertrag – Minderung des Preises – Schadenersatz – Ersatz von Aufwendungen
Was beinhaltet der Nacherfüllungsanspruch?	Der Käufer hat das Wahlrecht auf Nachbesserung (Reparatur) der Sache oder Ersatzlieferung (Neulieferung). Die Grenze der Wahlfreiheit ist dort gegeben, wo durch eine Art der Nacherfüllung höhere Kosten entstehen.
Wann kann der Käufer vom Vertrag zurücktreten?	Die Voraussetzungen sind – Sach-/Rechtsmängel der Sache – Erfolgloser Ablauf einer angemessenen Nachfrist zur Nacherfüllung.

Wann kann der Gläubiger Schadenersatz fordern?	– Der Schuldner hat eine Pflicht bei der Kaufvertragserfüllung verletzt, – Der Schuldner hat die Pflichtverletzung zu vertreten, und – Eine angemessene Nachfrist ist abgelaufen.
Wann handelt es sich um einen Verbrauchsgüterkauf?	Darunter versteht man einen Kaufvertrag zwischen einem Unternehmer als Verkäufer und einem Verbraucher als Käufer.
Erklären Sie (nach BGB) die beiden Begriffe Unternehmer und Verbraucher!	**Unternehmer** ist jede natürliche oder juristische Person (z. B. GmbH) oder Personengesellschaft (z. B. OHG, G.d.b.R.), die einen Vertrag in Ausübung ihrer gewerblichen oder selbstständigen beruflichen Tätigkeit abschließt. **Verbraucher** ist jede natürliche Person, die einen Vertrag abschließt, der weder ihrer gewerblichen noch selbstständigen beruflichen Tätigkeit zugerechnet werden kann.
Wie lange beträgt die Gewährleistungsfrist bei einem Verbrauchsgüterkauf?	Die gesetzliche Gewährleistungsfrist beträgt 2 Jahre.
In einem Werbeprospekt steht bei einem Kühlschrank: Jahresverbrauch 290 kWh. In Wirklichkeit sind es 500 kWh. Was kann der Käufer machen?	Dem Käufer steht zunächst ein Nacherfüllungsanspruch zu. Als Nacherfüllung kann er nach seiner Wahl die Beseitigung des Mangels (z. B. Austausch von Teilen) verlangen. Falls der Kühlschrank auch dann noch nicht entsprechend energiesparend ist, kann er die Lieferung eines mangelfreien Gerätes verlangen.
Worin liegt der Unterschied von Garantie und Gewährleistung?	Garantie liegt dann vor, wenn der Verkäufer die bestehenden Mängelrechte des Käufers verstärken will.

Nennen Sie die wichtigsten Vorschriften über den Verbrauchsgüterkauf!	– Von den gesetzlichen Vorschriften darf nicht zu Lasten des Verbrauchers abgewichen werden; – Beweislastumkehr bei Gewährleistung bezüglich des Vorliegens eines Mangels zu Lasten des Unternehmers in den ersten 6 Monaten; – Verjährungsverkürzung über Gewährleistungsfristen sind beim Kauf von neuen Sachen unter 2 Jahre bzw. von gebrauchten Sachen unter 1 Jahr nicht zulässig; – Beim Versendungskauf (z. B. Lieferung durch einen Spediteur, Paketservice) trägt der Unternehmer (Verkäufer) die Gefahr des Unterganges bis zur Ablieferung der Sache beim Verbraucher (Warenschulden werden hier zu Bringschulden), unabhängig davon, wer die Transportkosten bezahlt; – Garantieerklärungen müssen für den Verbraucher einfach und verständlich sein.
Wann kann der Gläubiger vom Schuldner Schadenersatz verlangen?	Er kann dies verlangen, wenn der Schuldner schuldhaft eine Pflicht aus dem Schuldverhältnis verletzt (Nichtlieferung der Sache, fehlerhafte Lieferung, Nichtannahme der Sache, Nichtbezahlung des Kaufpreises).
Nach welchen Voraussetzungen kommt der Käufer in Annahmeverzug?	– Die Lieferung muss fällig sein, und – die Lieferung muss tatsächlich angeboten sein, und – Nichtannahme der Lieferung.
Welche Rechte hat der Lieferer beim Annahmeverzug?	– Er kann vom Vertrag zurücktreten und Ersatz der Mehraufwendungen verlangen, oder – die Ware/Sache lagern (auf Kosten und Gefahr des Käufers) und auf Abnahme klagen, oder – einen Selbsthilfeverkauf (Versteigerung) vornehmen lassen.
Wann kommt der Schuldner einer Entgeltforderung in Verzug?	Er kommt spätestens in Verzug, wenn er nicht innerhalb von 30 Tagen nach Fälligkeit und Zugang einer Rechnung leistet. Ist der Schuldner Verbraucher, so gilt diese Frist nur dann, wenn er auf den Verzug in der Rechnung besonders hingewiesen wurde, ansonsten erst nach einer Mahnung.

Die Firma Sport & Spass GmbH lieferte an ein Hotel Sportgeräte. Anbei lag die Rechnung. Als vertragliches Zahlungsziel wurde vereinbart: „... zahlbar innerhalb von 10 Tagen abzüglich 3% Skonto, 30 Tage netto Kasse." Wann tritt Zahlungsverzug ein?	Das Hotel kommt in Verzug, wenn es nicht innerhalb der 30 Tage bezahlt.
Welche Rechte hat der Gläubiger beim Zahlungsverzug?	– Er kann (weiterhin) die Zahlung verlangen, – einen Rechtsanwalt oder ein Inkassobüro einschalten, – einen Mahnbescheid erwirken, Klage erheben, – Verzugszinsen verlangen, – Ersatz von Kosten fordern.
Nennen Sie die Regelung der gesetzlichen Verzugszinsen nach BGB!	Bürgerlicher Kauf: 5% plus Basiszinssatz Einseitiger Handelskauf: 5% plus Basiszinssatz Zweiseitiger Handelskauf: 8% plus Basiszinssatz Vertraglich können in allen drei Situationen höhere Zinsen verlangt werden.
Wer legt den Basiszinssatz fest?	Er wird von der Deutschen Bundesbank jeweils zum 1.1. und 1.7. in jedem Jahr festgelegt.
Was ist Gegenstand der Verjährung?	Gegenstand ist das Recht, von einem anderen ein Tun oder Unterlassen zu verlangen (Anspruch).
Der Gastronom Fein kauft sich in einem Electronic-Laden einen Computer. Nach 7 Monaten ist das CD-Laufwerk kaputt. Kann er den PC noch zurückgeben?	Ja, Verkäufer müssen 2 Jahre für ihre Produkte „geradestehen". Bei Gebrauchtwaren beträgt die Frist 1 Jahr. Die Frist beginnt, wenn der Käufer die Sache erhält.
Wie lange beträgt die regelmäßige Verjährungsfrist?	Die regelmäßige Verjährungsfrist beträgt 3 Jahre.

Wann beginnt die regelmäßige Verjährungsfrist?	Die Frist beginnt mit dem Ablauf des Jahres (31.12...), in dem der Anspruch entstanden ist, oder der Gläubiger Kenntnis von den anspruchsbegründenden Umständen (Grund und Schuldner) erlangte.
Welche Ansprüche verjähren noch in 30 Jahren?	In 30 Jahren verjähren – Herausgabeansprüche aus Eigentum und anderen dinglichen Rechten – familien- und erbrechtliche Ansprüche (Unterhaltsansprüche aber in 3 Jahren) – Ansprüche aus rechtskräftigen Urteilen – Ansprüche aus vollstreckbaren Vergleichen oder vollstreckbaren Urkunden – Ansprüche, die durch ein Insolvenzverfahren erfolgte Feststellung vollstreckbar geworden sind.
Welche Wirkung hat die Verjährung?	Die Forderung des Gläubigers bleibt zwar bestehen, aber er kann sie nicht mehr gerichtlich durchsetzen; der Schuldner ist berechtigt, die Leistung zu verweigern.
In welchen Fällen kommt es zu einem Neubeginn der Verjährung?	Die Verjährung beginnt erneut, wenn – der Schuldner dem Gläubiger gegenüber den Anspruch durch eine Abschlags-(Teil-)Zahlung, Zinszahlung, Sicherheitsleistung oder in anderer Weise anerkennt oder – eine gerichtliche oder behördliche Vollstreckungshandlung vorgenommen oder beantragt wird.
Was verstehen Sie unter Hemmung der Verjährung?	Hemmung ist der Zeitraum, in dem das hemmende Ereignis andauert. Er wird nicht in die Verjährungsfrist eingerechnet. Der Ablauf der laufenden Verjährungsfrist wird also angehalten, bis der Hemmungsgrund entfallen ist. Dann läuft die noch nicht abgelaufene restliche Verjährungsfrist zu Ende.
Nennen Sie wesentliche Fälle, die eine Hemmung der Verjährung zur Folge haben!	– Klageerhebung – Zustellung eines Mahnbescheides im Mahnverfahren – Anmeldung des Anspruchs im Insolvenzverfahren

Fortsetzung: *Nennen Sie wesentliche Fälle, die eine Hemmung der Verjährung zur Folge haben!*	– Beginn eines schiedsrichterlichen Verfahrens (z. B. Güteverhandlung) – berechtigte Leistungsverweigerung des Gläubigers. Das kaufmännische Mahnverfahren hat keinen Einfluss auf die Verjährung.
Was ist Vertragsinhalt beim Mietvertrag?	Die zeitweise Überlassung und Gewährung des Gebrauchs einer Sache gegen Entgelt, z. B. Fahrzeug, Wohnung.
Welche Mietverträge sind schriftlich abzuschließen?	Mietverträge über ein Grundstück oder Gebäude die für länger als 1 Jahr gelten sollen.
Wer sind die Vertragspartner beim Pachtvertrag?	Verpächter und Pächter.
Wodurch zeichnet sich der Pachtvertrag aus?	Er beinhaltet allgemein die entgeltliche Überlassung einer Sache oder eines Rechtes zum Gebrauch (z. B. gastgewerblicher Betrieb) und zur Nutzung („Fruchtgenuss", hier Gewinn aus dem Betrieb) für eine bestimme Zeit.
Wer ist Vertragspartner beim Werkvertrag?	Unternehmer und Besteller.
Was ist Vertragsinhalt des Werkvertrages?	Die Herstellung eines Werkes oder die Verrichtung einer bestimmten Arbeit durch einen Dritten, z. B. Film entwickeln, Bauarbeiten durchführen.
Was ist Vertragsgegenstand beim Darlehensvertrag?	Entgeltliche oder unentgeltliche Überlassung von Sachen zum Verbrauch, später Rückgabe gleichartiger Sachen (Ware oder Geld).
Kennzeichnen Sie das Wesen des Leihvertrages!	Unentgeltliche Überlassung von Sachen zum Gebrauch, später Rückgabe derselben Sachen.
Nennen Sie Verträge, die speziell im Gastgewerbe abgeschlossen werden.	Bewirtungs-, Beherbergungs-, Bierlieferungs-, Verwahrungs- und Automatenaufstellungsvertrag; Verträge mit Kreditkarten-Clubs.

Erklären Sie, wie ein Bewirtungsvertrag zustande kommt!	Er kommt wie jeder Vertrag durch zwei übereinstimmende Willenserklärungen (= Antrag und Annahme) zustande. Beispiel: Gast: Bestellung der gewünschten Speisen und Getränke. Gastwirt/Personal: Entgegennahme der Bestellung.
Darf der Gastwirt einen Gast vom Besuch seines Restaurants zurückweisen?	Der Gastwirt kann im Allgemeinen den Kreis seiner Gäste frei bestimmen. Er kann nicht nur bestimmten Personen sondern auch gewissen Kreisen der Bevölkerung den Besuch seiner Gaststätte verweigern (z. B. nur Frauen werden als Hotelgäste aufgenommen). Dies ermöglicht ihm das Hausrecht. Die Erlaubnis (= Konzession) zum Betrieb eines gastronomischen Betriebes begründet nicht die Verpflichtung, jeden Gast in das „Lokal" zu lassen bzw. zu beherbergen (kein Kontrahierungszwang = Vertragszwang).
Welche Zurückweisungsgründe könnte ein Gastwirt haben? Was muss er dabei beachten?	Der Gast passt nicht in den Rahmen und zum Charakter der Gaststätte. Die Zurückweisung sollte also triftige Gründe haben, z. B. unpassende Kleidung, Trunkenheit. Sie darf nicht schikanös und willkürlich sein, sonst könnte der Gast evtl. Strafanzeige wegen Beleidigung stellen. Eine Zurückweisung des Gastes nur wegen seiner Rasse, Religion, Hautfarbe, Staatsangehörigkeit ist verboten (Diskriminierung, Volksverhetzung).
In welcher Form soll der Gastwirt den Gast zurückweisen?	Der Gastwirt muss den Gast höflich zurückweisen, nach Möglichkeit nicht vor Dritten. Anderenfalls könnte leicht Beleidigung vorliegen.
Nennen Sie Beispiele, wann ein Gast aufgenommen werden muss!	Aufnahmepflicht besteht beispielsweise bei Gefahr für Leib und Leben des Gastes z. B. bei einem Unwetter. Sittenwidrig könnte eine Zurückweisung bei einem Betrieb sein, der eine ausgesprochene Monopolstellung hat, z. B. Ausflugslokal in einem einsamen Gebiet.

Welche Pflichten erwachsen dem Wirt aus dem Bewirtungsvertrag?	Der Gastwirt hat die bestellten Speisen und/oder Getränke in einwandfreier Qualität und in angemessener Zeit zu servieren.
Welche Pflichten hat der Gast?	Er muss die rechtzeitig und ordnungsgemäß servierten Speisen und/oder Getränke annehmen und (sofort) bezahlen. Stundung und Preisnachlässe sind die sehr seltene Ausnahme.
Welche Rechte könnte der Gast bei Schlechterfüllung durch den Wirt in Anspruch nehmen?	Entsprechen die Speisen und/oder Getränke hinsichtlich Qualität, Menge und Servierzeit nicht den Erwartungen, welche der Gast angemessenerweise stellen darf, so hat dieser das Recht auf Herabsetzung des Preises oder Rücktritt vom Kaufvertrag (= Wandelung). Dann muss der Gastwirt die Ware zurücknehmen, und der Gast wird von der Zahlung befreit. Nachbesserungen sind nur mit Einwilligung des Gastes möglich. Zum Schadenersatz kann der Gastwirt nur verpflichtet werden, wenn er oder sein Personal schuldhaft gehandelt haben, z. B. verdorbene Speisen, Glassplitter im Essen.
Aus welchen Verträgen besteht jeder Beherbergungsvertrag?	Der Beherbergungsvertrag besteht aus einem Miet- und einem Dienstleistungsvertrag.
Welches sind die wesentlichen Inhalte dieser Verträge?	Mietvertrag: Bereitstellung des gebuchten Zimmers (Einzelzimmer, Doppelzimmer, Zimmer mit Balkon) für die Dauer des Aufenthaltes. Die Zimmer müssen die übliche Einrichtung haben, z. B. Bett, Schrank, Licht, Fenster usw. Dienstleistungsvertrag: Service, Zimmerreinigung, Aufenthaltsraum, sanitäre Einrichtungen.
Welche Pflichten ergeben sich für den Wirt aus dem Beherbergungsvertrag?	Bereitstellung und Überlassung des zugesagten Zimmers, der Aufenthaltsräume und sanitären Einrichtungen; Bewirtung gemäß Vertrag (z. B. Halb- bzw. Vollpension); nicht in Anspruch genommene Zimmer nach Möglichkeit anderweitig vergeben; bei Nichtbereitstellung des Zimmers Schadenersatz; Verschwiegenheit.

Welche Pflichten ergeben sich für den Gast?	Der Gast muss für einen Schaden, den er oder eine Begleitperson verursacht haben, haften. Ferner muss er die Hausordnung einhalten. Vor der Abreise hat er den vereinbarten Preis zu bezahlen. Sagt der Gast ab und kann der Gastwirt das Zimmer nicht anderweitig vermieten, so hat er Schadenersatz zu leisten.
Kommt es auf die Gründe der Abbestellung an?	Im Allgemeinen nicht. Die Gründe hat der Gast zu vertreten, z. B. Geldknappheit, Krankheit.
Welche möglichen Rechte kann der Gastwirt in Anspruch nehmen?	Er hat das Pfandrecht, wenn der Gast nicht bezahlt; will er nicht pfänden, kann er einen Mahnbescheid erwirken; kommt der Gast nicht, und kann er das Zimmer nicht anderweitig vermieten, so kann er Schadenersatz verlangen; in Extremfällen kann er dem Gast kündigen, z. B. Gast zündelt oder kocht im Zimmer, er hat eine ansteckende Krankheit, er benutzt es zu gewerblichen Zwecken.
Wie hoch ist der Schadenersatz, den der Gastwirt bei Nichtbelegung des Zimmers vom Gast verlangen kann (Allgemeine Rechtsprechung)?	
– bei Übernachtung mit Frühstück	bis 80 % des Übernachtungspreises
– bei Halbpension	bis 70 % des Pensionspreises
– bei Vollpension	bis 60 % des Pensionspreises
Welche Rechte hat der Gast?	Wenn er in seiner Urlaubserholung beeinträchtigt wird, kann er eine Minderung des Preises verlangen oder – im Extremfall – sogar kündigen, z. B. permanenter Flugzeuglärm, Personal stiehlt. Stellt der Wirt das Zimmer nicht bereit, kann er Schadenersatz verlangen.
Welche Motive könnten Sie dazu veranlassen, sich selbstständig zu machen?	Höheres Einkommen, Ideen verwirklichen, Unabhängigkeit, Vermeidung von Arbeitslosigkeit, günstige Gelegenheit, höheren gesellschaftlichen Status zu erlangen, Übernahme des Familienbetriebes, Schaffung von Arbeits- und Ausbildungsplätzen.

Damit Selbstständigkeit erfolgreich ist, müssen bestimmte Voraussetzungen erfüllt sein. Nennen Sie jeweils einige Beispiele:

- *Anforderungen an die Person:* Körperliche und seelische Belastbarkeit, Lernfähigkeit, Risikobereitschaft, Flexibilität, Kreativität, Führungsqualitäten, Verantwortungsbewusstsein, Kontaktfähigkeit, Menschenkenntnisse, Durchsetzungsvermögen, Eigeninitiative, Zuverlässigkeit, Entscheidungsfreudigkeit, eigene Schwächen und Mängel kennen, klare Visionen haben, Glaubwürdigkeit, Mut haben, Charakter besitzen, ethisch-moralisch-sittliche Wertvorstellungen;

- *Fachliche Anforderungen:* Ausbildung in einem gastgewerblichen Beruf, Meisterprüfung, spezielle Kurse, Branchenkenntnisse, Berufserfahrung, evtl. Partner um Schwächen auszugleichen, kaufmännische Kenntnisse, Kostenbewusstsein, unternehmerisches Denken, soziale Kompetenz, Kenntnisse in Rechnungswesen, Kostenrechnung und Controlling, EDV-Kenntnisse, Fremdsprachenkenntnisse;

- *Finanzielle Möglichkeiten:* Höhe des Eigenkapitals und anderes Vermögen, Kapitalbedarfsplan, Ausgleichsmöglichkeiten eventueller Finanzierungslücken, geplanter Umsatz und Gewinn, mögliche Förderprogramme kennen, mögliche Finanzierungsverträge (z. B. Leasing, Bierlieferungsvertrag, Franchising), Ziele nicht erreicht – was dann;

- *Marktlage:* Marktbeobachtung, Marktanalyse, Marktprognose, Zielgruppenanalyse, Standort, Infrastruktur, gesamtwirtschaftliche Lage, politische Situation.

Nennen Sie wesentliche Formalitäten beim Schritt in die Selbstständigkeit!	Geschäftsnamen/Firmennamen festlegen, geeignete Rechtsform wählen, Gewerbe bei der zuständigen Gemeinde/Stadt anmelden, eventuell Notariatsvertrag und Handelsregistereintragung, Konzession beantragen, Anmeldung beim Finanzamt, Mitgliedschaft bei der fachlich zuständigen Berufsgenossenschaft anmelden, Arbeitnehmer bei den Sozialversicherungen anmelden, Namensangabe am Eingang der Betriebsstätte und im Schriftverkehr.
Wie werden die Unternehmungen nach ihren Rechtsformen unterschieden?	Einzelunternehmen, Personengesellschaften, Kapitalgesellschaften, Genossenschaften.
Welche Vorteile bietet die Einzelunternehmung?	Der Unternehmer kann allein, frei und schnell Entscheidungen treffen; Meinungsverschiedenheiten sind ausgeschlossen; der Gewinn gehört dem Unternehmer allein, keine besonderen Gründungsvoraussetzungen.
Welche Nachteile bringt die Einzelunternehmung mit sich?	Der Unternehmer trägt das alleinige Risiko, er haftet mit seinem ganzen geschäftlichen und privaten Vermögen, seine Kapitalbeschaffungsmöglichkeiten sind begrenzt.
Welche Gründe können dafür sprechen, statt einer Einzelunternehmung eine Gesellschaftsunternehmung zu gründen?	Höheres Einkommen, Verbesserung der Kreditbasis, Risikostreuung- und begrenzung, Gewinnung von Fachleuten, Verbreiterung der fachlichen Basis, Beteiligung der Arbeitnehmer, steuerliche Gründe, Krankheit, Alter.
Welche Arten von Personengesellschaften kennen Sie?	OHG = Offene Handelsgesellschaft KG = Kommanditgesellschaft GmbH & Co. KG Stille Gesellschaft BGB-Gesellschaft = Gesellschaft des bürgerlichen Rechts (G.d.b.R.).
Welche Pflichten haben die OHG-Gesellschafter?	Kapitaleinlage, Geschäftsführung und Vertretung, Haftung, Treuepflicht, Wettbewerbsverbot.

Welche Haftungsgrundsätze gelten für die Gesellschafter einer OHG?	Sie haften alle unbeschränkt, unmittelbar und solidarisch.
Erklären Sie diese Haftungsgrundsätze:	
– unbeschränkt	Die Haftung ist an keine Höchstsumme gebunden. Jeder Gesellschafter haftet mit seiner Kapitaleinlage und mit seinem gesamten Privatvermögen.
– unmittelbar	Jeder Gesellschaftsgläubiger kann ihn unmittelbar in Anspruch nehmen.
– solidarisch	Jeder Gesellschafter haftet für die anderen mit.
Was bedeutet Wettbewerbsverbot?	Ein Gesellschafter darf ohne Einwilligung der anderen Gesellschafter kein gleichartiges Handelsgewerbe betreiben. Auch darf er nicht an einer anderen gleichartigen Handelsgesellschaft als persönlich haftender Gesellschafter beteiligt sein.
Nennen Sie die Haftung von neu eingetretenen OHG-Gesellschaftern!	Der neue Gesellschafter haftet sofort auch für die vor seinem Eintritt entstandenen Verbindlichkeiten.
Was würden Sie einem neu eintretenden OHG-Gesellschafter raten?	Er soll sich vorher genau über die wirtschaftlichen Verhältnisse der betreffenden Gesellschaft informieren.
Wie ist die Haftung für den ausscheidenden OHG-Gesellschafter geregelt?	Der ausscheidende Gesellschafter haftet noch 5 Jahre für alle vor seinem Ausscheiden begründeten Verbindlichkeiten.
Welche Rechte haben die OHG-Gesellschafter?	Geschäftsführung und Vertretung, Privatentnahmen (bis 4% des Kapitalanteils), Gewinnanteil (4% des Kapitalanteils, Rest nach Köpfen), Kündigung (6 Monate zum Geschäftsjahresende).

Welche Bedeutung hat die OHG?	Die OHG bietet sich für die Zusammenarbeit qualifizierter Fachkräfte an. Starke Verbundenheit und gegenseitiges Vertrauen der Gesellschafter sind Voraussetzungen. Da es keine Mindestkapitalvorschriften gibt, kann sie schon mit relativ geringen Kapitaleinlagen gegründet werden. Aufgrund der weitestgehenden Haftung ist sie besonders kreditwürdig.
Die KG ist gekennzeichnet durch 2 Arten von Gesellschaftern. Wie werden diese genannt?	Vollhafter = Komplementär Teilhafter = Kommanditist
Welche Rechte hat der Teilhafter?	Recht auf Information (z. B. Bilanzeinsicht), Widerspruchsrecht bei außergewöhnlichen Geschäften, Gewinnanteilsrecht (4% der Kapitaleinlage vorab, Rest in angemessenem Verhältnis), Kündigungsrecht.
Welche Pflichten hat der Teilhafter?	Kapitaleinlage, Verlustbeteiligung (in angemessenem Verhältnis), Haftung (bis zur Höhe der Kapitaleinlage).
Welche Vorteile bietet die KG gegenüber der OHG?	Es kann zusätzliches Eigenkapital aufgenommen werden oder Kapital z. B. auf Familienangehörige übertragen werden, ohne dass dem Gesellschafter Einfluss auf die Leitung der Unternehmung gewährt wird. Teilhafter sind leichter zu gewinnen als Vollhafter.
Warum bezeichnet man bestimmte Gesellschaften als Personengesellschaften?	Hier steht die Person des Gesellschafters im Vordergrund (siehe OHG), ein Gesellschafterwechsel ist nicht ohne weiteres möglich.
Welche Kapitalgesellschaften sind Ihnen bekannt?	AG = Aktiengesellschaft GmbH = Gesellschaft mit beschränkter Haftung KGaA = Kommanditgesellschaft auf Aktien

Wodurch sind Kapitalgesellschaften gekennzeichnet?	Im Vordergrund steht hier die Kapitalbeteiligung und nicht die Person des Gesellschafters. Ein Gesellschafterwechsel berührt nicht den Bestand der Gesellschaft.
Welches sind die Organe der AG?	Vorstand, Aufsichtsrat, Hauptversammlung.
Welche Rechte hat der Aktionär?	Anspruch auf Gewinnanteil (Dividende), Stimmrecht und Auskunftsrecht in der Hauptversammlung, Bezugsrecht bei der Ausgabe neuer Aktien, Recht auf Anteil bei Veräusserung des Unternehmens.
Welche Rechte hat die Hauptversammlung?	Entlastung des Vorstands und des Aufsichtsrats, Verabschiedung des Jahresabschlusses, Vornahme der Gewinnverteilung, Beschlussfassung über weitreichende Entscheidungen, z. B. Kapitalerhöhung, Wahl von Aufsichtsratsmitgliedern.
Welche Aufgaben und Pflichten hat der Aufsichtsrat?	Bestellung des Vorstandes, Überwachung der Tätigkeit des Vorstandes, Prüfung der Jahresrechnung, Berichterstattung in der Hauptversammlung, Sorgfaltspflicht, Einberufung außerordentlicher Hauptversammlungen.
Erklären Sie folgende Begriffe aus dem „Börsen-ABC":	
– Aktie	Anteilschein am Grundkapital einer AG, Wertpapier (Urkunde, mit der die Beteiligung an einer AG verbrieft wird).
– Aktionär	Inhaber der Aktie; hat als Teilhaber am Unternehmen bestimmte Rechte, z. B. Stimmrecht in der Hauptversammlung, Bezugsrecht bei der Ausgabe junger/neuer Aktien, bei Gewinnausschüttung verbrieft die Aktie einen Anspruch auf anteilsmäßige Dividende.
– Börse	Handelsort für Wertpapiere, z. B. für Aktien, Fonds; z. B. in Frankfurt (in Deutschland gibt es 8 Börsen).
– DAX	Deutscher Aktien Index (30 Aktien aus den wichtigsten Wirtschaftssparten).

Fortsetzung:
Erklären Sie folgende Begriffe aus dem „Börsen-ABC":

- *Index* — Statistischer Messwert, mit dem die (Preis-)Kursentwicklung bestimmter Aktien ausgedrückt wird. Man kann sich das als Korb vorstellen, in dem mehrere Aktien mit einem bestimmten „Gewicht" enthalten sind.

- *Emission* — Ausgabe von (jungen/neuen) Wertpapieren/Aktien an die Käufer, meist mit Hilfe einer oder mehrerer Banken.

- *Nennwert* — Betrag der auf der Aktie aufgedruckt ist. Mit diesem Anteil ist der Aktienbesitzer am Unternehmen (AG) beteiligt. Seit der Umstellung auf Euro gibt es auch nennwertlose Aktien.

- *Kurswert* — Wert zu dem die Aktie/das Wertpapier an der Börse gehandelt wird. Einflussfaktoren gibt es viele, z. B. Nachfrage und Angebot, Gewinnaussichten der AG, Umsatzerwartungen, Weltpolitik.

- *Dividende* — Gewinn(anteil) je Aktie, der an die Aktionäre ausgeschüttet wird.

- *Coupon* — Gewinn-/Dividendenschein

- *Stammaktie* — Aktie, die dem Inhaber die normalen, im Aktiengesetz festgelegten Rechte gewährt, z. B. Information, Dividendenhöhe, Kapitalerhöhung ...

- *Blue Chips* — Amerikanische Bezeichnung für „Qualitätsaktien" großer Unternehmen, z. B. IBM, Microsoft, DaimlerChrysler, VW, Telekom, BMW, Bayer, BASF ...

- *Hausse* — Eine meist länger anhaltende Phase steigender Kurse des gesamten Marktes, einer Branche oder eines einzelnen Wertpapieres.

- *Baisse* — Eine meist länger anhaltende Periode fallender Kurse (analog Hausse).

- *Neuer Markt* — Im Jahr 1997 geschaffenes Börsensegment, in dem Aktien von Zukunftsbereichen, z. B. Umwelttechnik, Biotechnologie, Telekommunikation, Informationstechnologie (IT), Multimedia, Sofware ... gehandelt werden.

Fortsetzung:
Erklären Sie folgende Begriffe aus dem „Börsen-ABC":

- *Nemax (50)* — Index für die 50 besten Werte (Wachstumswerte)/ Aktien des „Neuen Marktes" (New Economy), z. B. Bio-, Umwelttechnik, Telekommunikation, Internet, Software ...
- *Wall Street* — Straße in New York in der die größte und wichtigste amerikanische (und der Welt) Börse ihren Sitz hat.
- *Dow Jones* — Bezeichnung für den amerikanischen Börsenindex (analog dem DAX) – 50 Werte –.
- *Nasdaq* — Bezeichnung für den amerikanischen Index für Aktien von „Zukunfts"-Technologien.
- *Broker* — Vermögensberater und Finanzmakler; sie beraten ihre Kunden, private und institutionelle Geldanleger, in Sachen Wertpapiere und kaufen oder verkaufen dann für sie an der Börse.
- *Depot* — Wertpapiere werden nicht zu Hause verwahrt, sondern liegen sicher auf der Bank (im Depot).

Welches sind die Organe der GmbH?
1. Geschäftsführer, Aufsichtsrat (ab 500 Beschäftigte), 2. Gesellschafterversammlung

Nennen Sie die Gründungsmerkmale der GmbH!
Eine GmbH kann man zu jedem zulässigen Zweck gründen.
Es müssen sich – normalerweise – zwei oder mehr Personen zusammenfinden. Man kann aber auch als Einzelner eine GmbH („1-Personen-GmbH") gründen und betreiben.
Das Stammkapital beträgt mind. 25 000 €. Für die Gründung und den Betrieb sind mind. 12 500 € erforderlich (= Stammeinlage). Je Gesellschafter beträgt der Mindestanteil 250 €.
Die Einlage kann in Form von Geld und/oder Sachwerten erfolgen (z. B. Einrichtungsgegenstände, Fahrzeug).
Es ist ein notarieller Gesellschaftsvertrag notwendig und die Eintragung in das Handelsregister. Die Gesellschaft muss den Zusatz „GmbH" im Firmennamen führen, z. B. Klug GmbH, Hotel „Zum Sonnenberg" GmbH, u. ä.

Wie ist die Haftung der GmbH-Gesellschafter geregelt?	Wenn nichts anderes vereinbart wurde, haftet der einzelne Gesellschafter nur bis zur Höhe seiner Stammeinlage.
Welche Bedeutung hat Ihrer Meinung nach die GmbH?	Die GmbH vereinigt die Vorzüge einer beweglichen Unternehmensführung der OHG und die Beschränkung der Haftung einer AG. Sie dient oftmals der Zusammenfassung mehrerer Unternehmungen (Dachgesellschaft) und wird von Familiengesellschaften häufig als Rechtsform gewählt. Eine GmbH ist leichter und mit weniger Kapital zu gründen als eine AG. Diesen Vorteilen steht gegenüber, daß diese Rechtsform meist eine geringere Kapital- und Kreditbasis besitzt. Des weiteren ist eine GmbH gegenüber Personengesellschaften weniger kreditwürdig. Die Anzahl der GmbHs hat beträchtlich zugenommen.
Welche Organe hat eine Genossenschaft?	Vorstand, Aufsichtsrat, General- oder Mitgliederversammlung.
Welche Pflichten haben die Mitglieder einer Genossenschaft?	Mindesteinlage auf Geschäftsanteil, Haftpflicht, u. U. Nachschusspflicht.
Welche Rechte haben die Genossenschaftsmitglieder?	Stimmrecht nach Köpfen, Gewinnanteilsrecht, Kündigungsrecht.
Welches Ziel verfolgen die Genossenschaften?	Ziel ist die Förderung und Sicherung des Erwerbs oder der Wirtschaft ihrer Mitglieder mittels gemeinschaftlichen Geschäftsbetriebes. Die Mitglieder schließen sich also zum Zwecke der Selbsthilfe zusammen, um sich so gewisse Vorteile eines Großbetriebes, z. B. gemeinsame Absatzorganisation, zunutze zu machen.

Umweltschutzrecht

Wodurch wird die Umwelt belastet?	**Luftverschmutzung:** durch Abgase, Rauch und sonstige Emissionen; **Wasserverschmutzung:** durch nicht gereinigte oder ungenügend gereinigte Abwässer, Grundwasserschäden durch Überdüngung der Böden; **Bodenverschmutzung:** Spritzmittel (Herbizide, Pestizide) gelangen in die Nahrungskette, Strahlenbelastung durch radioaktive Stoffe.
Welche Maßnahmen können dagegen unternommen werden?	Abwasserreinigung (Industrie, Autos, Haushalte), Kläranlagenbau, Einleitungsverbote, weniger Chemie, biologische Düngung, strengere Müllkontrollen, Recycling.
Wie nennt man die Wiederverarbeitung von Papier, Glas, Altmetall?	Recycling
Wer sind die Hauptumweltverschmutzer?	Autos, Industrie, Haushalte, Kraftwerke
Welche Ämter sind für die Überwachung zuständig?	Gewerbeaufsichtsamt, Gesundheitsamt, TÜV, Umweltschutzbehörden, Messstellen u.a.
Was ist Hygiene?	Gesundheitspflege; Lehre von der Erhaltung und Förderung der Gesundheit.
Was ist bei der Anwendung von Schädlingsbekämpfungsmitteln in der Küche zu beachten?	Sie sollen nur während der Betriebsruhe (Nacht, Betriebsurlaub) angewandt werden und dürfen nicht mit Lebensmitteln in Kontakt kommen.
Wie muss hygienisch einwandfreies Trinkwasser beschaffen sein?	Niedrige Keimzahl (unter 100/ml), frei von Krankheitserregern und gesundheitsgefährdenden Stoffen, frei von fremdartigem Geruch und Geschmack, farblos, kühl und klar.
Wasser ist ein gutes Reinigungsmittel. Wie kann seine Wirkung einfach erhöht werden?	Durch Erhitzen – heißes Wasser hat eine verbesserte Reinigungswirkung, z. B. bei Fett, und insbesondere in Verbindung mit Spezial-Reinigungsmitteln.

Welche Wirkung haben Geschirrspülmittel auf das Wasser?	Sie entspannen das Wasser und erhöhen dadurch die Reinigungskraft, z. B. besseres Ablösen des Schmutzes.
Wie muss verbrauchtes Fritteusenfett nach den gesetzlichen Bestimmungen behandelt werden?	Es ist bis zur Abholung gesondert zu lagern und dann chemisch zu verarbeiten.
Nennen Sie Betriebe, in denen Fettabscheider installiert werden müssen!	Metzgereien, Schlachthöfe, Fischverarbeitungsbetriebe, Margarinefabriken.
Welche Behörde entscheidet über den Einbau von Fettabscheidern in der Gastronomie?	Je nach Bundesland und regionaler Verwaltungsorganisation ist das Landratsamt (Untere Wasserbehörde oder Umweltbehörde) oder das Kreisverwaltungsreferat zuständig.
Wohin geben Sie den Fettabscheiderinhalt?	Fettabscheiderinhalte können aufgrund ihrer Menge und Zusammensetzung nicht mit dem Hausmüll beseitigt werden. Sie müssen deshalb an die Tierkörperbeseitigungsanlagen oder an zugelassene Unternehmen der Altfettaufbereitung abgegeben werden.
Wie hat der Gastronom Speiseabfälle bis zur Abgabe zu behandeln?	Er hat sie in flüssigkeitsdichten und leicht zu reinigenden und zu desinfizierenden Behältern so aufzubewahren, dass die Gesundheit von Mensch und Tier nicht durch Erreger übertragbarer Krankheiten oder giftige Stoffe gefährdet wird, sowie Gewässer, Boden und Futtermittel durch Erreger übertragbarer Krankheiten oder giftiger Stoffe nicht verunreinigt werden.
Nennen Sie sechs Leitlinien für ein umweltorientiertes Management!	– Kontrolle der betrieblichen Verbrauchsdaten für Energie, Wasser, Reinigungsmittel, Abfallmengen etc. unter ökonomischen und ökologischen Aspekten, – Erarbeitung von bereichsbezogenen Konzepten für die Abfallvermeidung, Wasser- und Energieeinsparung sowie den Einsatz von Reinigungsmitteln, – Einbeziehung der Mitarbeiter in den aktiven Umweltschutz durch regelmäßige Bespre-

Fortsetzung:	
Nennen Sie sechs Leitlinien für ein umweltorientiertes Management!	chungen, kontinuierliche Information und Weiterbildung, – Umsetzung der Umweltkonzepte in Stellenbeschreibungen, – Benennung eines/-r Umweltbeauftragten für die Koordination und Betreuung aller Umweltschutzaktivitäten, klare Kompetenzregelung, – Information der Gäste über das Selbstverständnis des Hauses, Hinweise auf besondere Dienstleistungsangebote wie z. B. flexiblen Handtuchtausch oder Fahrradverleih ... .
Nennen Sie fünf Aktivitäten, das Abfallaufkommen durch Vermeidung so weit wie möglich zu verringern!	– Auswahl umweltverträglicher Produkte, die langlebig, reparaturfreundlich und funktional sind, – Verzicht auf besonders umweltbelastende Materialien wie PVC, Aluminium oder Verbundmaterialien für Verpackungen und Produkte, – materialsparender Einsatz und Verbrauch von Produkten, – verpackungsarmer Einkauf durch unverpackte bzw. lose Produkte und durch Mehrweg- und Großgebinde, – Bevorzugung von Lieferanten, die den verpackungsarmen Einkauf unterstützen und offen über Art und Inhaltsstoffe ihrer Produkte informieren.
Nennen Sie sechs Leitlinien zur Getrenntsammlung und Verwertung von Abfallbestandteilen!	– Rückgabe von Transportverpackungen an Zulieferer, – Getrenntsammlung von Abfallfraktionen (Wertstoffen), die sinnvoll verwertet werden können, – sortenreine Erfassung von Wertstoffen am Anfallort, – Vorrang der Eigenverwertung, z. B. von organischen Materialien im Komposter, – Getrenntsammlung von Problemabfällen wie Batterien und Leuchtstofflampen und Zuführung zu einer ordnungsgemäßen Verwertung bzw. Entsorgung, – Verringerung des Abfallvolumens durch Zerkleinerung und Verpressung z. B. von Kartonagen ... .

Nennen Sie grundsätzliche Strategien, um die Qualität des Trinkwassers zu erhalten!	– Reduzierung des Wasserverbrauchs durch sparsamen Umgang mit unbelastetem bzw. geringfügig belastetem Grundwasser, – Verringerung der Abwasserbelastung, – Verringerung der Schadstoffbelastung von Luft und Boden.
Nennen sie fünf Leitlinien, die Ihnen helfen, den Wasserverbrauch zu reduzieren!	– Kontrolle des Wasserverbrauchs in den verschiedenen Funktionsbereichen, – Einbau von Wassersparinstallationen in Handwaschbecken, Duschen, Badewannen und Toiletten, – Reduzierung des Wasserverbrauchs durch Geräteoptimierung und Veränderung der Verhaltensweisen von Mitarbeitern, – Wechsel der Handtücher und der Bettwäsche auf Wunsch des Gastes, – Information der Gäste über den Umgang mit Wassersparinstallationen (z. B. Spartaste bei der Toilettenspülung) und Verhaltensweisen bei variablem Handtuch- bzw. Bettuchwechsel.
Nennen Sie fünf Leitlinien, die Ihnen helfen, den Verbrauch von Reinigungs-, Spül- und Waschmitteln zu reduzieren!	– Kontrolle des Verbrauchs und sparsamer Einsatz, – Einsatz von Konzentraten und zentrale Verdünnung, – Auswahl der Mittel nach der Umweltverträglichkeit der Inhaltsstoffe, – Verzicht auf vermeidbare Mittel (z. B. Desinfektionsmittel) und auf unnötige Zusatzstoffe (Füllstoffe), – Einsatz von auf den Bedarf zugeschnittenen Mitteln (z. B. Baukastensysteme für das Wäschewaschen).
Nennen Sie Leitlinien, den Energieverbrauch im Hotel zu reduzieren!	– Rationeller, bedarfsorientierter Verbrauch von Energie, – regelmäßige Wartung der Heizungsanlage, – nutzungsangepaßte Regelung der Raumtemperatur, – energiesparendes Lüftungsverhalten (Stoßlüften), – zentrale Temperatur des Wasserkreislaufs ca. 60 °C, – Einbau von Einarmmischbatterien,

Fortsetzung: *Nennen Sie Leitlinien, den Energieverbrauch im Hotel zu reduzieren!*	– möglichst kein Einsatz von elektrichem Strom für die Warmwasserbereitung, – Ausnutzen von Tageslicht, – Einsatz von Energiesparlampen, – gegebenenfalls Einsatz von Bewegungsmeldern und Zeituhren, – Beurteilung von alten Elektrogeräten auch im Hinblick auf den geringeren Stromverbrauch moderner Geräte, – Überprüfen der Notwendigkeit einzelner Verbrauchsstellen (z. B. Handtuchtrockner), – Einsatz von Wärmerückgewinnungsanlagen bzw. Wärmetauschern, – Einsatz von Fotovoltaik-Anlagen.
Nennen Sie sieben Leitlinien für einen umweltschonenden Lebensmittel-Einkauf!	– Anbieten saisongemäßer Speisen, – Bevorzugung frischer Produkte, – verstärktes Anbieten vegetarischer Gerichte, – Einkauf regionaler Produkte direkt beim Erzeuger, – Verwendung von Halbfertig- und Fertigprodukten nach Möglichkeit reduzieren, – Bevorzugung vollwertiger, naturbelassener Produkte, – weitestgehender Verzicht auf Lebensmittel, die Zusatzstoffe enthalten.

Grundlagen für die Zusammenarbeit im Betrieb

Sozialverhalten des Menschen

Entwicklungsprozess und Gruppenverhalten

Nennen Sie die sechs Altersstufen in der Entwicklung des Menschen und die dazugehörigen Lebensjahre (von/bis)!	Säuglingsalter (von 0 bis 2 Jahre), Kleinkindalter (von 2 bis 5 Jahre), Groß-/Schulkindalter (von 6 bis 12 Jahre), Jugendalter (von 13 bis 18 Jahre), Erwachsenenalter (von 18 bis 65 Jahre), Ruhestandsalter (ab 65 Jahre).
Was versteht der Psychologe unter menschlicher Entwicklung?	Er versteht unter Entwicklung die Reihe relativ dauerhafter Veränderungen, die sich in Verhalten und Erleben eines Menschen im Ablauf seines Lebens zeigen.
Welche weitverbreitete Vorstellung von Entwicklung sollte der verantwortungsvolle Erzieher nicht übernehmen?	Die Vorstellung, daß Entwicklung ein Vorgang sei, der überwiegend von inneren Faktoren gesteuert wird, also von außen nur wenig zu beeinflussen sei. Vielmehr ist der Mensch in seiner Entwicklung nicht „vorprogrammiert", was die Möglichkeit und die Notwendigkeit der Erziehung ausmacht.
Nennen Sie zwei Seiten der menschlichen Entwicklung, die grundsätzlich zu beachten sind!	a) die organisch-leibliche Seite, b) die sozial-kulturelle Seite der Entwicklung.
Nennen Sie drei Kernbegriffe, die die organisch-leibliche Seite der Entwicklung betreffen.	a) Anlage (durch Vererbung), b) Wachstum (Körpergröße, Gewicht), c) Reifung (Entstehen besonderer Organe und Funktionszusammenhänge).

Nennen Sie die drei Kernbegriffe zur sozial-kulturellen Seite der Entwicklung des Menschen!	a) Umwelt (materielle Umwelt und soziale Umwelt) b) Erziehung (Sozialisationsprozess) c) Bildung (Wissenserwerb).
Welche Merkmale prägen die einzelnen Entwicklungsstufen des Menschen?	**Säuglingsalter:** Kontakt, Vertrauen, Zuwendung, Geborgenheit, Sicherheit, Pünktlichkeit (z. B. Stillzeiten). **Kleinkindalter:** Beziehung zu Eltern, Familie und Umwelt, Sprachentwicklung, Spielen und Lernen, Geschlechterrolle, erste Ansätze der Gewissensbildung. **Groß-/Schulkindalter:** Schulreife, Einübung in soziales Verhalten, Lernfähigkeit, Leistungsfähigkeit, kritische bewusste Haltung (etwa ab 10 J.), Gestaltwandel zur Schulkindform. **Jugendalter;** – Frühpubertät: Präpuberaler Wachstumsschub, Motorik-Störungen, Leistungsschwankungen, seelische Unausgeglichenheit und Labilität. – Spätpubertät: Gestalt und Verhalten werden harmonischer, Bildung eigener Vorstellungen, Suche nach Vorbildern, Lockerung der Familienbindung, Trend zur Cliquenbildung. – Adoleszens: Vollendung der Geschlechtsreife, Zuwendung zur Umwelt, Paarbeziehung entsteht, Korrektur des Sozialverhaltens, seelische Ausgeglichenheit. **Erwachsenenalter:** Abschluss der Entwicklungsvorgänge (Reife), Verhaltensentfaltung (durch Fähigkeiten, Fertigkeiten, Interessen, Triebe, Eigentümlichkeiten), Festigung des Verhaltensspielraums (durch bewussten Umgang mit Konflikten, Aggressionen, Ängsten, Antrieben), ausgeprägtes Gewissen ist geformt.
Erklären Sie den Begriff Sozialisation!	Sozialisation ist das absichtsvolle, zielgerichtete und systematische Bemühen um die Formung eines Menschen. (Formung des Erlebens und des Verhaltens = Bildungsprozess!).
Welche Aufgaben erfüllen soziale Normen?	Soziale Normen regeln die Verhaltensweisen und geben Orientierungshilfen bei sozialem Handeln der Menschen.

Was versteht der Soziologe unter Status?	Status ist die Wertschätzung, der Rang und die Bedeutung, die einer Rolle und seinem Inhaber entgegengebracht werden (Rolle verleiht Status).
Was versteht die Sozialpsychologie unter dem Begriff Rolle?	Als Rolle bezeichnet man die Erwartungen und Regeln, denen unser Verhalten aufgrund unserer bestimmten Aufgabe oder Funktion unterworfen ist. Sie beschreibt auch das von uns erwartete Denken und Handeln, wenn wir eine Aufgabe oder einen Platz im sozialen Leben gut ausfüllen wollen.
Erklären Sie den Begriff soziale Beziehungen!	Soziale Beziehungen beschreiben den Grad des wechselseitigen menschlichen Verhaltens und wie es aufeinander abgestimmt ist. Wir orientieren unser Handeln an den Erwartungen, die sich an uns richten und die wir selbst an das Verhalten anderer richten.
Was ist ein Rollenkonflikt?	Ein Rollenkonflikt ist das Zusammentreffen verschiedener Rollen eines Menschen, wobei unterschiedliche, unvereinbare, oft auch widersprüchliche Erwartungen sich treffen.
Erklären Sie den Begriff Gruppe!	Eine Gruppe ist eine überschaubare Anzahl von Personen, die miteinander in sozialer Beziehung stehen und ein gemeinsames Ziel verfolgen.
Erklären Sie den Begriff Gruppennormen!	Gruppennormen sind die in einer Gruppe gemeinsam anerkannten Überzeugungen über Vorgänge in ihrem Umfeld, sowie deren Einschätzung und Behandlung.
Nennen Sie fünf Gründe für den Zusammenschluss mehrerer Menschen zu einer Gruppe!	Das Erlangen eines gemeinsamen Vorteils, das Durchleben einer gemeinsamen Not, das Bedürfnis nach Sicherheit und Geborgenheit, das Bedürfnis nach Anerkennung und andere persönliche Beweggründe des Einzelnen.
Was ist die Interaktion in einer Gruppe?	Unter Interaktion in der Gruppe versteht man den Vorgang und die Art und Weise, wie Gruppenmitglieder untereinander Umgang haben. (Verbaler und nonverbaler Umgang).

Wie sollten Sie sich als Ausbilder einer Gruppe in Ihrem Betrieb gegenüber verhalten?	Ein Vertrauensverhältnis zur Gruppe aufzubauen versuchen, der Gruppe zeigen, daß man sie anerkennt, die Rangordnung herausfinden (wer hat welche Rolle und welchen Status?), beachten, daß die Gruppenführer auch die Meinungsmacher in der Gruppe sind!
Erklären Sie den Unterschied zwischen einer formellen und einer informellen Gruppe!	Unter einer **formellen Gruppe** verstehen wir eine Gruppe, deren Größe und Abgrenzung sich aus der Betriebsorganisation ergibt und der von dieser her klar umrissene Aufgaben zugewiesen sind. (Abteilung) **Informelle Gruppen** sind die spontanen Zusammenschlüsse der Menschen im Betrieb (z. B.: Freundschaften, gemeinsame Interessen, Sympathie, Nachbarn, Partei- oder Gewerkschaftsmitglieder etc. ...).
Welche Vorteile können informelle Gruppen für den Betrieb mit sich bringen?	Informelle Gruppen können die innerbetriebliche Zusammenarbeit verbessern und das Betriebsklima fördern. Diese Vorteile sollten genutzt werden! Gutes Betriebsklima fördert die Produktivität und senkt die Fluktuation!
Was ist eine Primärgruppe, was eine Sekundärgruppe?	Die Mitglieder einer **Primärgruppe** stehen in engem Kontakt zueinander und haben auch das Zusammengehörigkeitsgefühl (Familie). Angehörige einer **Sekundärgruppe** sind weniger aneinander gebunden (z. B. Stammtisch, Schützenverein, Tennisclub etc. ...).

Einflüsse des Betriebes auf das Sozialverhalten

Was versteht man unter Arbeitsanforderungsprofil?	Stellenbeschreibung Summe aller Eignungsmerkmale, die eine Stelle vom Stelleninhaber fordert.
Nennen Sie drei Gruppen von subjektiven Faktoren, die am Zustandekommen einer Leistung beteiligt sind!	– Intellektuelle Befähigung („Begabung"), – Geistige Haltung und Einstellung („Zuwendung und Interessen überdauernder Art, Denkstil"), – Motivierung („Leistungsantrieb, Grad der Aufmerksamkeit" etc.).
Erklären Sie Maßnahmen zur Arbeitsgestaltung!	Verbesserung der Arbeitsbedingungen, Arbeitsplätze sowie Bedienungen von Maschinen und Geräte im Einsatz zu erleichtern. Die Aufgabe der Arbeitsgestaltung ist die bestmögliche Ablauforganisation um Leistung zu steigern und Kosten zu senken.
Nennen Sie die Unterschiede zwischen Arbeitsbereicherung und Arbeitserweiterung!	**Arbeitsbereicherung:** Stärkere Motivation durch mehr eigene Verantwortung, damit können Arbeitnehmer ihre Arbeit stärker positiv beeinflussen. **Arbeitserweiterung:** Zusammenfassung einfacher Einzeltätigkeiten zu einem größeren Aufgabengebiet, dadurch ergibt sich ein stärkerer Bezug zur persönlichen Arbeitseinstellung.
Nennen Sie die menschlichen Grundbedürfnisse nach Maslow!	Physiologische Bedürfnisse Sicherheitsbedürfnisse Soziale Bedürfnisse Ich-bezogene Bedürfnisse Selbstverwirklichung
Erklären Sie den Unterschied zwischen Motiv und Motivation!	Ein Motiv ist ein isolierter Beweggrund unseres Verhaltens (z. B. Durst). Von Motivation sprechen wir dann, wenn das Verhalten aus dem Zusammenspiel verschiedener Motive entsteht.

Welche Abschnitte sollten bei der beruflichen Mitarbeiterführung berücksichtigt werden?	– Die Mitarbeiter qualifiziert ausbilden; (Qualifikation); – Die Mitarbeiter zur intensiven Mitarbeit gewinnen (Motivation); – Die Mitarbeiter in ihrer Zusammenarbeit verbessern (Kooperation); – Den Mitarbeitern Verantwortung übertragen (Delegation); – Die Lernbereitschaft der Mitarbeiter steigern (Edukation); – Die Mitarbeiter auf die Zukunft vorbereiten (Innovation).
Welche 4 Formen der Humanisierung der Arbeitswelt kennen Sie?	– Arbeitsplatzteilung – Aufgabenbereicherung – Aufgabenerweiterung – regelmäßiger interner Arbeitswechsel.
Was verstehen Sie unter Arbeitsplatzgestaltung?	Anpassung der Arbeitsplätze an die Leistungsfähigkeit des einzelnen Arbeitnehmers, wobei die Tätigkeit des Einzelnen erleichtert werden sollte.
Welche Arbeitsgestaltungspunkte kommen dabei zur Anwendung?	– Arbeitsmethode – Arbeitsverfahren – Arbeitsbedingungen
Wie nennt sich das jetzige soziale System unseres Umfeldes?	Die pluralistische Gesellschaft; eine offene, vielgestaltete Gesellschaft mit vielen Interessensverbänden und Gruppierungen.
Was ist ein Scientific-Management?	Wissenschaftliches Management (Leitung) – Leistungskontrolle vor Vertrauen – der Mitarbeiter läßt sich nur durch wirtschaftliche Anreize motivieren.
Was ist die Klassengesellschaft?	Aufteilung in Proletariat und Bourgeoisie; Beginn der Industrialisierung der Produktion.
Was ist die ständische Gesellschaft?	Die vorindustrielle Gesellschaft

Welche 6 Prinzipien müssen für eine erfolgreiche Organisationsstruktur berücksichtigt werden?	– Prinzip der Zielsetzung – Prinzip der Koordination – Prinzip der Kompetenz – Prinzip der Verantwortung – Prinzip der Spanne der Kontrolle – Prinzip der Einheit der Führung
Wie erklären Sie die Team-Organisation?	– Entlastung der Unternehmensleitung – Abbau der autoritären Leistungssysteme – Entscheidungsfindung und Verselbstständigung von Unternehmensbereichen
Nennen Sie 4 Organisationssysteme, die in der betrieblichen Organisation bekannt sind!	– das Lineare System – das Funktions-System – das Stab-Linien-System – die Team-Organisation
Nennen Sie Vor- und Nachteile des Linearen Organisationssystems!	**Vorteile:** Klare Kompetenzen Klare Anweisungen Klare Verantwortung Klare Rollenverteilung **Nachteile:** Mangelhafte Übersicht von unten nach oben Hohe Organisationsstruktur Mögliche Überbelastung des Vorgesetzten Schwerfällige Informationsübermittlung
Welche Nachteile entstehen beim Funktionssystem?	– Überschneidungen der Zuständigkeiten – Mangelnde Transparenz in der Leitung zwischen Vorgesetzten und Mitarbeitern
Welche Vorteile kennen Sie beim Stab-Linien-System?	Unterstützung der Frührungskräfte durch Spezialisten (Stab) (s. Vorteile des Linearen Systems).
Nennen Sie 3 Punkte der Arbeitsablauforganisation!	Planung – Aufgaben und Ziele erkennen und diese in entsprechenden Listen festhalten. Gestaltung – Arbeitsabläufe in der richtigen Reihenfolge ordnen und zuordnen. Steuerung – Die Durchführung der Aufgaben werden durch Aufträge und Anforderung überwacht, gesichert und veranlasst.

Erklären Sie den Begriff Delegation!	Unter Delegation versteht man das Übertragen von Aufgaben, Kompetenzen und von Verantwortung.
Was besagt das Prinzip der Delegation?	Das Prinzip der Delegation besagt, dass alles delegierbar ist, was auf einer/der nächsten unteren/betroffenen Ebene entschieden werden kann.
Was sind die Bestandteile der betrieblichen Führungsgrundsätze?	– Führungsziele – Führungspositionen – Führungsrolle – Führungseigenschaften – Führungsverhalten

Einflüsse des Meisters

Nennen Sie 2 Führungsarten!	– Autoritäre Führung – Kooperative Führung
Nennen Sie die Vorteile der autoritären Führung!	– kurzfristig hoher Wirkungsgrad; – Durchsetzung betrieblicher Ziele steht im Vordergrund; – bei guter fachlicher Qualifikation des Vorgesetzten Möglichkeit des Überspielens der mittelmäßigen oder schlechten Ausbildung der Mitarbeiter.
Welcher Führungsstil wird als befehlende Führung bezeichnet?	– imperative Führung – autoritäre Führung
Nennen Sie die Vorteile der kooperativen Führung!	– langfristig hoher Wirkungsgrad der Produktion; – Aufgaben werden mit entsprechenden Kompetenzen und Zielsetzungen übertragen; – Dialog wird mit dem Mitarbeiter gesucht, ersetzt den Monolog; – Kleinere Fluktuationsraten; – hohe Identifikation des Mitarbeiters mit seiner Aufgabe, damit bessere Zielerreichung.

Welche Grundsatzentscheidungen muss der Vorgesetzte treffen?	Nicht delegierbare Führungsaufgaben. Dazu gehören die persönliche Beachtung der Führungsgrundsätze und die lückenlose Anwendung der Führungsmittel.
Was ist die Entscheidungskompetenz des Vorgesetzten?	Das Entscheiden ist im Rahmen der Führungsverantwortung **nicht delegierbar**. Der Vorgesetzte ist im Rahmen seiner Verantwortlichkeit und seinen Aufgaben nach der Stellenbeschreibung **kompetent** und **verpflichtet** zu entscheiden. Die Entscheidung sollte in jedem Fall in kooperativer Weise durchgeführt werden.
Wie erklären Sie Erfolg und Misserfolg?	Erfolg – tritt ein bei guter, gelungener Konfliktbewältigung. Misserfolg – tritt ein bei unbefriedigender, mangelhafter Konfliktbewältigung.
Was wird unter Frustration verstanden?	Frustration ist das Erlebnis der ständigen Enttäuschung.
Was ist Führung aus betrieblicher Sicht?	Unter Führung versteht man all jene Vorgesetztenaktivitäten, – die zur Erreichung der betrieblichen Ziele durch die Mitarbeiter führen, – wobei die Zufriedenheit aller Beteiligten (Betriebliche und Außenstehende) angestrebt werden soll.
Nennen Sie die Nachteile der autoritären Führung!	– langfristig schlechter Wirkungsgrad der Produktion; – Mitarbeiter ist nur ausführendes Organ und wird somit unselbstständig; – Kein Übertragen von Verantwortung und Kompetenzen möglich; – Keine Identifikation des Mitarbeiters mit seiner Aufgabe; – Ausbildung des Mitarbeiters wird nicht gefördert und verbessert; – Ansichten und Meinungen werden nicht oder zu wenig berücksichtigt.

Was heißt Kommunikation?	Unter Kommunikation versteht man den Austausch von Informationen, z. B. in einem Betrieb. Die Botschaften gehen vom Sender zum Empfänger, wobei häufig ein Medium als Informationsträger eingesetzt wird. Häufigkeit und Umfang des Informationsaustausches beschreiben den Grad der Kommunikation.
Nennen Sie Ziele der Kommunikation!	Eine Vertrauensbasis zu schaffen und zu erhalten, Verständigung herzustellen, gelungener Informationsaustausch, Lehren und Lernen, Weisungen zu erteilen und zu empfangen.
Nennen Sie vier unterschiedliche Kommunikationsstrukturen!	a) Die Stern-Struktur, b) die Ketten-Struktur, c) die Kreis-Struktur und d) das Netz, oder die Vollstruktur.
Nennen Sie vier Hauptgruppen von Informationen, die als Objekte der Kommunikation bezeichnet werden!	a) Planungsinformationen, b) Entscheidungsinformationen, c) Durchführungsinformationen, d) Kontrollinformationen.
Welche Faktoren beeinflussen die Kommunikation negativ?	Stress, Misstrauen, Vorurteile, Lügen, Ängste, Kontaktarmut, Überforderung, mangelnde Sachkenntnis, Eile, falsche Umgebung, mangelndes Taktgefühl, mangelnde Hilfsbereitschaft.
Welche inneren Bedingungen der Beteiligten fördern die Kommunikation?	Vertrauen, Offenheit, Bereitschaft zum Zuhören, Taktgefühl, Ausschaltung von Vorurteilen, gute Sachkenntnis, Sachlichkeit, geistige Flexibilität, Kooperationsbereitschaft, hoher Motivationsgrad.
Nennen Sie fünf betriebliche Kommunikationswege nach ihrer Richtung!	Wir unterscheiden den vertikalen, horizontalen und diagonalen Kommunikationsfluss, ferner den formalen und den informalen Kommunikationsweg.
Nennen Sie vier Grundregeln der Gesprächsführung!	– Auf den Partner eingehen, ihm zuhören, – Standpunkte des Partners reflektieren, dabei Folgen der Problemlösung einbeziehen, – Partner ausreden lassen, Argumente prüfen.

Nennen Sie Voraussetzungen für eine erfolgreiche Gesprächsführung!	– Günstige Gesprächsbedingungen schaffen (äußere und innere Bedingungen), – Persönliche Eignung und Qualifikation (Sachkompetenz) der Gesprächspartner, – Gegenseitige Achtung, – Dialektische Kenntnisse, – Anwendung der richtigen Fragetechnik und einer optimalen Verhandlungsstrategie.
Erklären Sie den Begriff Führungstechniken!	Hierunter versteht man bestimmte Techniken zur Mitarbeiterführung. Zu diesen gehören: – Informieren, Unterweisen, Anerkennen und Tadeln, Kontakte zu den Mitarbeitern aufbauen, Mitarbeiterprobleme lösen helfen.
Unterscheiden Sie folgende Begriffe: – *Mitarbeiterbesprechung* – *Mitarbeitergespräch* – *Dienstbesprechung* – *Dienstgespräch.*	– Die **Mitarbeiterbesprechung** ist eine unter dem Zeichen der Gesprächsautorität stehende Diskussion zwischen einem Vorgeordneten mit Handlungs- und Entscheidungsverantwortung und einer Gruppe von Mitarbeitern mit Informations- und Beratungsverantwortung. – Das **Mitarbeitergespräch** ist eine bei gleichen Voraussetzungen geführte Aussprache zwischen einem Vorgeordneten und einem Mitarbeiter. – Die **Dienstbesprechung** ist eine unter dem Zeichen der Befehlsautorität stehende Anweisung, die von einem Vorgeordneten auf eine Gruppe von Mitarbeitern übertragen wird und mit der eine bereits getroffene Entscheidung verbindlich zur Kenntnis gegeben und die Durchführung einer beschlossenen Maßnahme veranlaßt wird. – Das **Dienstgespräch** ist eine unter dem Zeichen der Befehlsautorität stehende Anweisung, die von einem Vorgeordneten auf einen bestimmten Mitarbeiter übertragen wird und mit der eine bereits getroffene Entscheidung verbindlich zur Kenntnis gegeben wird und der Mitarbeiter darüber informiert wird, was er zur Erledigung in seinem Delegationsbereich wissen muss, um selbstständig handeln zu können.

Nennen Sie fünf moderne Führungs- und Managementtechniken!	– Management by delegation, – Management by exception, – Management by objectives, – Management by systems, – Management by's.
Was ist Management by delegation?	Führung eines Unternehmens durch Übertragung von Aufgaben und Befugnissen auf die unterste Rangstufe der betrieblichen Hierarchie, um möglichst viele Mitarbeiter im Rahmen des ihnen übertragenen Delegationsbereiches Entscheidungen treffen zu lassen und ihr Verantwortungsbewusstsein zu erhöhen. Der unmittelbare Vorgesetzte kontrolliert, greift aber nur ein, wenn sich Mängel und Fehler einstellen.
Was ist Management by exception?	Führung eines Unternehmens mittels Aufgabendelegation mit Eigenverantwortlichkeit auf die mittlere Führungsebene nach dem Ausnahmeprinzip. Die Führungstechnik beruht auf Entscheidungen in Normal- und Ausnahmefällen (exception), die klar festgelegt werden müssen. Eindeutige Richtlinien für normale Entscheidungen, die im mittleren und unteren Management völlig selbstständig erledigt werden, müssen aufgestellt, die Mitarbeiter kontrolliert und die Tatbestände festgelegt werden, bei denen das obere Management eingeschaltet werden muss.
Erklären Sie den Begriff Management by objectives!	Unternehmensführungstechnik, die wie das Management by exception Führungsaufgaben auf die mittlere Führungsebene überträgt, wobei die einzelnen Aufgabenträger aber stärker kooperieren. Dies ist die Führung durch Zielvereinbarung (objectives) auf der Basis eindeutig formulierter Unternehmensziele, aus denen klare Teilziele mit Abteilungs- und Gruppenleitern erarbeitet werden, die als Soll-Werte vorgegeben und an den Ist-Werten gemessen werden. Vorgesetzte prüfen, ob die vereinbarten Ziele erreicht wurden.

Was versteht man unter Management by systems?	Führung eines Unternehmens durch Systematisierung der Arbeitsabläufe. Die Führungstechnik basiert auf Systemsteuerung, durch die sämtliche Arbeitsabläufe in eine Verfahrensordnung eingebunden werden. Beispielsweise werden aufeinander folgende Verwaltungsarbeiten netzplanartig aufeinander abgestimmt.
Erklären Sie den Begriff Management by's!	Führung eines Unternehmens durch den Einsatz einer Vielfalt von Führungssystemen und -methoden, um die Geschäftspolitik nach den verfassten Grundsätzen zu verwirklichen und das Leistungsvermögen zu erhöhen. Insbesondere müssen die Mitarbeiter des Betriebes optimal eingesetzt und geführt werden. Die Anwendung der Führungstechniken lässt erkennen, dass ein System allein (Alleinherrschaft) weniger in Erscheinung tritt, jedoch das Prinzip einer Führungstechnik zumindest vorherrscht (Vorherrschaft). Es handelt sich demnach um sinnvolle Mischformen, die auf Grund betrieblicher Notwendigkeiten eingesetzt werden.
Erklären Sie den Begriff Mitarbeiterführung!	Unter Mitarbeiterführung versteht man eine Führungstechnik, die wesentlich zum Erfolg der Unternehmung beiträgt, mit folgenden Voraussetzungen: – Genaue Festlegung von Aufgaben und Kompetenzen der Mitarbeiter, – Zuweisung von Aufgaben, die den Fähigkeiten des Mitarbeiters entsprechen, – Schaffung von Transparenz, damit die Mitarbeiter eine Übersicht über ihren Arbeitsbereich und seine Eingliederung erhalten, – Übertragung von Verantwortung durch Erteilung von Entscheidungsbefugnissen mit genauen Abgrenzungen. Als Arbeitshilfe dient hierbei die Stellenbeschreibung. Der Vorgesetzte motiviert seine Mitarbeiter zur Leistung und Aufgabenerfüllung. Dabei setzt er bestimmte Führungstechniken bzw. Verhaltensnormen ein.

Was wird als „Harzburger Modell" bezeichnet?	Management by delegation – die Mitarbeiter erhalten ein festes Aufgabengebiet zugeteilt – innerhalb des ganzen Systems tragen sie die Verantwortung für alle Arbeitsabläufe.
Welche Nachteile zeigen sich bei der Durchführung des „Harzburger Modells"?	– sehr schlechte Identifikation des Mitarbeiters mit den gestellten Aufgaben; – das Delegieren fällt sehr unterschiedlich und willkürlich aus; – es entsteht ein gewisses Abteilungs- und Ressortdenken, kein gesamtes Betriebsverantwortungsgefühl; – es kommt zu engen bürokratischen Überorganisationen.
Nennen Sie drei Formen von Motivkonflikten und geben Sie jeweils ein Beispiel dazu an.	– Der **Appetenz-Appetenz-Konflikt:** 2 Stellenangebote: 1. Angebot in landschaftlich herrlicher Gegend, 2. Angebot interessante, ausbaufähige Stellung. – Der **Appetenz-Aversions-Konflikt:** Beispiel: Beförderung annehmen, die mit einem Umzug verbunden ist? – Der **Aversions-Aversions-Konflikt:** Beispiel: Entweder mehr arbeiten, oder die Prüfung nicht bestehen.
Motivkonflikte behindern die Mitarbeitermotivation. Was ist ein Motivkonflikt?	Ein Motivkonflikt entsteht, wenn gleichzeitig unvereinbare Motive gleicher Stärke zusammentreffen.
Nennen Sie Belohnungsformen für normgerechtes Verhalten!	Lob, Anerkennung, öffentliche Ehrung, Beliebtheit, Achtung, Ansehen, Beförderung, persönliche Wertschätzung, Vorteile aller Art.
Was versteht der Soziologe unter Sanktionen?	Sanktionen sind die Folgen von Nichteinhaltung sozialer Normen. Es gibt sie in Form von z. B.: Abkühlung des menschlichen Kontakts, Missbilligung, Tadel, Vorwürfen, Strafen, Feindseligkeiten, Aggressionen usw. ...

Was sind die Gründe für das Entstehen von Konfliktsituationen?	– gesteigertes Geltungsbewusstsein (oder Unterbewusstsein) – stark ausgeprägtes „ICH" – Verhältnis zur Arbeitspflicht und Arbeitsneigung – Bewusstseins- und Affekthascherei.
Nennen Sie drei Aufgabenschwerpunkte des Meisters zur Lösung der Führungsproblematik in und mit der Gruppe!	– Die Bildung der richtigen emotionalen Atmosphäre innerhalb der Gruppe führt zur Identifikation mit den Kameraden und dem Ausbilder. – Entfaltung gemeinsamer Aktivitäten bei der Auseinandersetzung mit Problemen der Ausbildung mittels Aussprache und Diskussion. – Aktivierung der autonomen Ordnungskräfte der Gruppe bei der Selbststeuerung oder Mitsteuerung der Arbeitsgänge.
Wie werden neue Mitarbeiter durch den Meister in den Betrieb eingeführt?	Empfangen – Begrüßung Bekanntmachen – Vorstellung Einführen – Information Einarbeiten – Instruktion
Ein Jugendlicher wird von seiner Gruppe abgelehnt. Mit welchen Folgen ist bei ihm zu rechnen?	Der Jugendliche gerät in jedem Fall bezüglich seiner sozialen Entwicklung in einen Rückstand. Der Erwerb sozialer Fertigkeiten kann nicht mehr im gleichen Umfang stattfinden.
Mit welchen Maßnahmen kann der Meister dieser Problematik entgegenwirken?	Der Meister sollte den psychologischen Hintergrund dieser Ablehnung erforschen und seine Handlungen darauf abstimmen. Dann sollte er versuchen, den Jugendlichen in die Gruppe zu integrieren, eventuell mit Hilfe derjenigen, die den Betreffenden am wenigsten ablehnen.

Fachtheoretischer Teil

Lebensmittel

Schlachtfleisch

Benennen Sie die eingezeichneten Fleischteile nach der DLG-Schnittführung!

Rind

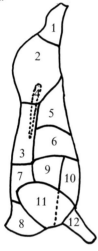

1 Hinterhesse
2 Keule
3 Roastbeef
4 Filet
5 Fleischdünnung
6 Knochendünnung
7 Fehlrippe
8 Kamm
9 Spannrippe
10 Brust
11 Bug
12 Vorderhesse

Kalb

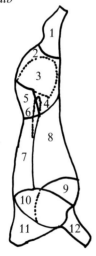

1 Hinterhaxe
2 Schwanzstück
3 Oberschale
4 Kugel
5 Blume
6 Filet
7 Kotelett
8 Bauch
9 Brust
10 Bug
11 Hals
12 Vorderhaxe

Fortsetzung von Vorseite

Schaf

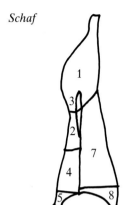

1 Keule mit Hinterhaxe
2 Lende
3 Filet
4 Kotelett
5 Kamm
6 Hals
7 Dünnung
8 Brust
9 Bug mit Vorderhaxe

Schwein

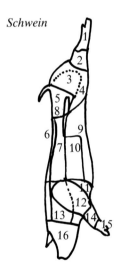

1 Spitzbein hinten
2 Eisbein hinten
3 Kernschinken
4 Nussschinken
5 Schinkenspeck
6 Rückenspeck
7 Kotelett
8 Filet
9 Wamme
10 Bauch
11 Brustspitze
12 Bug
13 Kamm
14 Eisbein vorn
15 Spitzbein vorn
16 Kopf mit Backe

Da heute noch viele Fleischteile nach alter Küchentradition und regionalen Aspekten benannt werden, ist diese DLG Bezeichnung eingeführt worden. Diese Bezeichnungen sind für den Koch meist noch nicht sehr bekannt, deshalb empfiehlt es sich die regionalen Bezeichnungen am Prüfungsort zu berücksichtigen.

Welche Bedeutung hat Fleisch als Nahrungsmittel?	Fleisch enthält viel Eiweiß. Tierisches Eiweiß ist vollwertig – essentiell.
Weshalb fehlen im Fleisch die Kohlenhydrate?	Da Kohlenhydrate sofort verarbeitet oder umgewandelt werden, enthält Fleisch keine nennenswerten Spuren von Kohlenhydraten. Deshalb ist Fleisch für die Diabetesdiät geeignet.
Welche erwünschten Veränderungen treten bei der Fleischreifung ein?	Fleischsäuerung, dadurch pH-Wert-Senkung. Aromabildung. Zartwerden des Fleisches.
Nennen Sie acht Innereien, die in der Gastronomie verwendet werden!	Leber, Nieren, Herz, Zunge, Lunge, Milz, Hirn, Bries.
Nennen Sie verschiedene Lebermerkmale!	Schweineleber hat netzartige Oberfläche. Rinderleber ist dunkel, grobporig. Kalbsleber hellrosa. Zapfen.

Verschiedene Steaks aus dem Rinderfilet geschnitten.
Filetspitzen, doppelte Filetsteaks – Chateaubriand, Filetsteaks, Tournedos und Filets Mignons

Nennen Sie Merkmale verschiedener Nieren!	Schweineniere glatt. Kalbs- und Rindernieren kammerförmig unterteilt. Kalbsniere heller.
Nennen Sie Unterschiede verschiedener Zungen!	Schweinezunge glatt, Spitze nach unten geneigt. Kalbszunge rauh, Spitze nach oben geneigt. Rinderzunge sehr groß und rauhe Oberhaut.
Erklären Sie den Begriff Bries!	Wachstumsdrüse des Kalbes. Hängt am Schlund. Nach Wässern und Blanchieren Verwendung wie Hirn.
Nennen Sie typische Merkmale der einzelnen Schlachtfleischarten, um diese schnell unterscheiden zu können!	Schweinfleisch ist hellrot, das einzelne Fleischstück ist meist mit einer ausgeprägten Fettschicht überzogen. Schweinefett ist kremig weich. Kalbfleisch ist blaßrot bis rosa, die Fettauflage ist sehr gering. Das Fett ist ebenfalls blaß und etwas fahl. Rindfleisch ist kräftig rot bis dunkelrot und grobfaseriger als alle anderen Fleischsorten. Das Fett ist kernig fest, weiß bis tranig gelb in der Farbe. Hammelfleisch ist kräftig dunkelrot und weist eine starke, talgige, gelbliche Fettschicht auf.

Kalb

Aus welchen Teilen besteht eine Kalbskeule?	Oberschale, Nussstück (große und kleine Nuss), Frikandeau, Kalbshaxe.
Welches Teil der Kalbskeule ist am wertvollsten?	Die Oberschale. Hieraus können schöne Steaks geschnitten werden.
Aus welchen Teilen besteht ein Kalbsrücken?	Koteletts (DLG-Bezeichnung: Kalbskotelett) Filets Nieren

Welche Gerichte können aus einem Kalbsrücken hergestellt werden?	Kalbssattel – im Ganzen gebraten. Rippenstück – gespalten zu Koteletts oder ausgelöst zu Kalbsrückensteaks. Filets – im Ganzen gebraten, zerlegt zu Kalbsnüsschen oder Medaillons. Nieren – im Ganzen, geschnetzelt oder am Spieß.
Wozu ist eine Kalbsschulter zu verwenden?	Als Kalbsbraten, ausgelöst als Rollbraten, zu Frikassee und Blankett.
Erklären Sie den Begriff Kalbsfrikassee!	Gekochte Kalbfleischstücke werden in Würfel geschnitten. Mit einer legierten Velouté anmachen, mit Spargel und Champignons garnieren. Oder die rohen Fleischwürfel mit Zwiebel anzuschwitzen, in Soße zu garen.
Wozu eignet sich die Kalbsbrust?	Sehr gut geeignet zum Füllen. In Tranchen geschnitten auch zum Schmoren geeignet. Gerollt mit den Bauchlappen mit Nierenfüllung als Kalbsnierenbraten.
Womit kann eine Kalbsbrust gefüllt werden?	Mit einer Fleischmasse. Meist mit einer Wiener Brotmasse.
Woraus besteht die Brotfüllung?	Eintrindete Weißbrotwürfel mit angedünsteten Zwiebelwürfeln, Kräutern, Eiern und Sahne vermischen. Mit Salz, Pfeffer und Muskat würzen, Veränderung durch Zusatz von Erbsen und Karottenwürfeln möglich.
Nennen Sie zwei Möglichkeiten einen Kalbskopf zuzubereiten!	Nach Orly – geputzten, ausgelösten Kalbskopf in Stücke schneiden, in Bierteig panieren, bakken und mit Tomatensauce servieren. Nach Wiener Art – gekochten Kalbskopf pressen, in Portionen schneiden, in Wiener Panierung panieren, backen. Mit Remouladensauce servieren.
Erklären Sie die bekannte Kalbskopfsuppe!	Mock Turtle Soup = falsche Schildkrötensuppe. Kalbskopffleisch ähnelt dem Schildkrötenfleisch, deshalb diese Bezeichnung für diese englische Suppenspezialität.

Erklären Sie den Begriff Cordon bleu!	Gefülltes, paniertes Kalbsschnitzel. Füllung Emmentaler Käse und Kochschinken.
Erklären Sie den Begriff Tendrons!	Kalbsbrustknorpelscheiben. Scheiben der Kalbsbrust werden in hellbraunem Fond gedünstet.
Erklären Sie den Begriff Osso buco!	Kalbshaxenscheiben in Tomaten-Gemüsesauce gedünstet. Italienische Spezialität.
Erklären Sie den Begriff Piccata milanaise!	Kalbslendchen in Mailänder Panierung mit Parmesan auf Tomatenspaghetti angerichtet.
Erklären Sie den Begriff Ragoût fin!	Feine Kalbfleischwürfel, gekocht. Angemacht mit weißer Sauce, Champignons und Sahne. Zur Füllung von Pastetchen oder zum Überbacken.
Erklären Sie den Begriff Kalbssteak au four!	Kalbssteak mit feinem Ragout überbacken.
Erklären Sie den Begriff Kalbsbries!	Kalbsbries ist die Wachstumsdrüse des Kalbes.
Wir wird Kalbsbries zubereitet?	Blanchieren, abziehen, in Portionen schneiden. In Eihülle braten, panieren oder als helles Ragout.
Wie wird Kalbshirn zubereitet?	Wie Kalbsbries. Zuerst wässern, abziehen, soll es etwas fester werden – zuerst blanchieren.

Rind

Nennen Sie die Hauptteile des Rindes und ihre Verarbeitung!	Roastbeef – zum Braten und Kurzbraten. Schulter und Keule – zum Braten, Schmoren. Brust, Hals und Bauch – zum Kochen und Schmoren.
Welche dieser Teile sind am hochwertigsten?	Roastbeef und Filet.
Wozu ist ein Filet zu verarbeiten?	Im Ganzen braten. Filetsteaks, Chateaubriand. Tournedos, Filet Mignon, Filetgulasch.

Erklären Sie den Begriff Chateaubriand!	Dopppeltes Filetsteak für 2 Personen. In schräge Scheiben tranchiert.
Erklären Sie den Begriff Tournedos!	Kleine Filetsteaks. Pro Portion 2 Stück zu je 90 g. Zum Braten mit grünem Speck binden.
Erklären Sie den Begriff Filet Mignon!	Kleine Filetsteaks aus der Spitze. 3 Stücke à 60 g pro Portion. Ebenfalls mit Speck binden.
Nennen Sie einen bekannten Filetgulasch!	Filetgulasch Stroganoff. Kurz und scharf angebratene Filetstücke mit Demiglace, Rahm, Steinpilzen, Gurkenstreifen und Zwiebeln.
Wozu ist das Roastbeef zu verarbeiten?	Rumpsteak – Entrecôte Doppeltes Rumpsteak –Entrecôte double für 2 Personen. Im Ganzen gebraten. Rostbraten.
Welche Spezialsteaks können aus Roastbeef und Filet hergestellt werden?	Porterhouse steak – Steak aus Filet mit Knochen und Roastbeef für 2 bis 3 Personen, bis 1 kg schwer (England). T-bone-Steak – Steak aus Filet, Roastbeef und t-förmigen Knochen, ebenfalls für 2 bis 3 Personen. Amerikanische Spezialität.
Nennen Sie eine bekannte Spezialität aus dem ganzen Rinderfilet!	Rinderfilet Wellington. Angebratenes Rinderfilet mit gehackten Champignons eingestrichen, in Blätterteighülle gebraten.
Welche aufgeschlagene Soße paßt zu diesen Grillgerichten?	Die Choron Sauce oder die Béarner Sauce.
Wozu wird die Rinderbrust verwendet?	Eignet sich bestens zum Kochen. Wird dafür gepökelt oder natur belassen.
Welche Beilagen eignen sich zur Rinderbrust?	Meerrettichsauce Bouillonkartoffeln Lauch- und Wirsinggemüse
Erklären Sie den Begriff Tafelspitz!	Der Tafelspitz wird aus der Rinderhüfte geschnitten. Gekochter Tafelspitz mit Kren (Meerrettich) ist eine österreichische Spezialität.

Nennen Sie die üblichen Garstufen für Kurzbratgerichte in deutsch, in französisch und in englisch!

Garstufen	in französisch	in englisch	Merkmale
kurz und heiß angebraten	bleu	rare	außen angebraten innen roh
blutig	saignant	medium rare	innen nicht mehr ganz roh, starke Konzentration von blutigem Saft
rosa gebraten	à point	medium	zum Kern hin zunehmende Saftkonzentration, nicht mehr blutig
durchgebraten	bien cuit	well done	innen grau, kaum noch saftig

Schwein

Wie unterscheidet sich Schweinefleisch wesentlich von Rind und Kalb?	Schweinefleisch hat einen höheren Fettgehalt. Deshalb ist es nicht so leicht verdaulich und nicht so diätgeeignet.
Wie unterscheiden sich Schweine- und Rindfleisch in der Lagerung?	Schweinefleisch schmeckt frisch am besten, während Rindfleisch seinen Geschmack bei einer längeren Lagerung entwickelt. Schweinefleisch wird leichter schmierig.
In welche Großteile kann ein Schwein zerlegt werden?	In Schinken, Schulter, Bauch, Kotelettstück, Hals.
Was ist unter Karrée zu verstehen?	Ganzes Rückenstück aus Kotelett und Sattelstück.
Welche beiden Kotelettarten lassen sich daraus schneiden?	Stielkotelett aus dem oberen Kotelett. Filetkotelett aus dem Sattelstück.
Wozu kann das Karrée verarbeitet werden?	Zu Kasseler Rippchen. Geräuchert und entfettet zu Lachsschinken. Im Ganzen gebraten, zu Koteletts und Schweinerückensteaks.

Wozu kann das Halsstück verarbeitet werden?	Entbeint zu Braten. Zu Halskotelett.
Wie wird der Hals nach DLG genannt?	Kamm
Wie wird die Schulter nach DLG genannt?	Bug, Schulter
Wozu wird die Schulter verwendet?	Zu Braten, Rollbraten. Zu Schmorgerichten, wie Gulasch.
Wozu wird das Filet verarbeitet?	Im Ganzen gebraten, portioniert als Medaillons.
In welche Teile kann der Schinken (Schlegel) zerlegt werden?	Kernschinken, Nussschinken, Schinkenspeck.
Wie wird der Kernschinken (Oberschale) verarbeitet?	Zu Schnitzel, im Ganzen gebraten.
Wie wird der Nussschinken verarbeitet?	Zu Schinken, Schweinebraten.
Wie wird die Haxe verarbeitet?	Gegrillt, gebraten, gepökelt als Surhaxe oder Eisbein.
Welche Beilage wird zur Surhaxe gereicht?	Sauerkraut und Püree. Bayerische Spezialität.
Welche Beilage wird zum Eisbein gereicht?	Erbspüree und Röstzwiebeln. Berliner Spezialität.
Worin unterscheiden sich Vorder- und Hinterschinken?	Vorderschinken aus der Schulter. Kleinere Stücke, zerfallen leichter, sind aber saftiger. Hinterschinken aus der Keule, größere Stücke.
Wie kann die Schweineleber zubereitet werden?	Geschnetzelt und sauer. Paniert und gebacken. Gebraten.
Erklären Sie den Begriff Szegediner Gulasch!	Schweinegulasch mit Sauerkraut verkocht, stark mit Paprika gewürzt.

Muscheln – Austern (von links oben)
Pfahl- oder Miesmuschel
Jakobsmuschel – Coquilles St. Jacques, mit rotem Rogen
Felsenauster – Gigas oder Portugaise
Holländische Auster – Imperial

Hammel

Worin unterscheiden sich Hammel- und Lammfleisch?	Lammfleisch stammt von Jungtieren. Es ist hellrot und zarter. Hammelfleisch stammt von mindestens 2jährigen Tieren.
Welches sind die wertvollsten Teile?	Der Rücken und die Keulen.
Wozu läßt sich die Keule verarbeiten?	Zu rosa gebratener Keule. Zu geschmorter Keule.
Wozu läßt sich der Rücken verarbeiten?	Zu Koteletts und Mutton-chops.
Welche Besonderheit haben Hammelkoteletts?	Sie sind sehr klein, deshalb müssen meist 3 Stück pro Portion gereicht werden.
Erklären Sie den Begriff Mutton-chops!	Ganze Scheiben des Hammelsattels mit Rückensteaks, Knochen und Filet. Mit Spieß durchsteckt, gegrillt.
Welche Beilagen eignen sich zu gegrilltem Hammelfleisch?	Kräuter- und Schnittlauchbutter, grüne Bohnen, in Fett gebackene Kartoffeln, Kressesalat.
Welche Gewürze sind typisch für Hammelfleischgerichte?	Knoblauch Thymian Rosmarin
Wozu werden Schulter und Bauch verwendet?	Besonders zu Eintöpfen und Ragouts.
Erklären Sie den Begriff Irish stew!	Irischer Eintopf mit Hammelfleisch, Zwiebeln, Weißkraut und Kartoffeln.

Fische

Nennen Sie Gründe, die Fisch zu einem wichtigen Nahrungsmittel machen!	Fisch enthält viele essentielle-lebensnotwendige Fettsäuren, ist reich an Eiweiß, Mineralstoffen wie Jod und Phosphor, sowie den Vitaminen A und D. Fisch enthält wenig Bindegewebe und ist deshalb leicht verdaulich und diätgeeignet.
Nennen Sie Nachteile des Lebensmittels Fisch!	Fisch verdirbt sehr leicht, wegen des fehlenden Bindegewebes. Grätenreichtum, Fischgeruch durch zersetzendes Eiweiß. Eventuell Schwermetalleinlagerungen.
An welchen Merkmalen lassen sich frische Fische erkennen?	Frischer Geruch, hellrote Kiemen, klare Augen, schwer schuppbar, Haut schwer abzuziehen, Druckstellen kommen wieder heraus.
Nach welcher Methode wird Fisch vorbereitet?	Nach dem 3-S-System. Säubern, säuern, salzen
Nach der Herkunft werden zwei Fischgruppen unterschieden!	Seewasserfische (Salzwasserfische) und Süßwasserfische.
Nach der Form werden zwei Fischgruppen unterschieden!	Rundfische, wie Forelle, Aal, Karpfen, Hering usw. Plattfische, wie Seezunge, Scholle, Steinbutt, Heilbutt usw.
Nach dem Fettgehalt werden zwei Gruppen unterschieden!	Fettfisch, wie Hering, Makrele, Lachs, Aal, Forelle usw. Magerfische, wie Hecht, Zander, Schellfisch usw.
Nach der Marktbedeutung werden zwei Gruppen unterschieden!	Konsumfische, die in großer Menge gefangen werden, wie Hering, Kabeljau, Seelachs, Forelle usw. Edelfische, die in geringerer Menge vorhanden sind und auch einen höheren Preis erzielen, wie Seezunge, Steinbutt, Heilbutt, Lachs, Zander usw.
Nennen Sie Süßwasserfische!	Forelle, Lachs oder Salm, Karpfen, Zander, Hecht, Aal, Schleie, Felchen usw.

Nennen Sie Seewasserfische!	Seelachs oder Köhler, Dorsch oder Kabeljau, Schellfisch, Makrele, Hering, Rot- oder Goldbarsch, Seezunge, Scholle, Heilbutt, Steinbutt, Thunfisch usw.
Welche Fische eignen sich zur Verwendung als Portionsfische?	Forelle, Schleie, Renke (Felchen), Makrele, Scholle, Seezunge, Saibling.
Nennen Sie Grundzubereitungsarten für Fischgerichte!	Blau Kochen für Fische mit Schleimhaut, wie Forelle Garziehen in Wurzelsud, wie Karpfen Braten in Fett, wie Portionsfische und Fischfilets Backen in Fett, wie panierte Fischfilets Grillen, wie Lachssteaks, Heilbuttsteaks Überbacken, wie gedünsteter Fisch mit Mornaysoße Dünsten, wie Filets in Weißweinsoße
Was verstehen Sie unter pochieren von Fisch?	Garziehen in gewürzter Flüssigkeit, ohne dass der Siedepunkt erreicht wird, da sonst der Fisch zerfällt.
Weshalb sollen Seewasserfische nur in Salzwasser gargezogen werden?	Der intensive Fischeigengeschmack bleibt im neutralen Salzwasser viel besser erhalten.
Wie können Sie Fischfilets am vorteilhaftesten dünsten?	Gewürzten Fisch auf in Butter gedünstete Zwiebelbrunoise setzen, mit Weißwein und wenig Fond angießen, zugedeckt pochieren. Dünstfond nach dem Garen zur Soße gießen.
Nennen Sie fünf Möglichkeiten Fischfilets zu panieren!	1. In Mehl und gewürzter Sahne wenden. 2. In einer Wiener Panierung, bestehend aus Mehl, geschlagenem Ei und Weißbrotbröseln. 3. Auf Pariser Art, gewendet in Mehl und geschlagenem Ei. 4. Auf Mailänder Art, gewendet in Mehl, geschlagenem Ei und geriebenem Parmesankäse. 5. Auf französische Art, mehliert und umhüllt mit Bierteig, im Fettbad gebacken.

Erklären Sie die Zusammensetzung und Verwendungsmöglichkeit folgender Fischgarnituren!

Nach Diplomatenart	Mit Diplomatensoße überzogener, gedünsteter Fisch, Trüffel.
Dugléré	Gedünsteten Fisch mit angeschwitzten Tomatenfleischwürfeln garnieren und mit Weißweinsoße überziehen.
Nach Florentiner Art	Pochierter Fisch auf Blattspinat, mit Mornaysoße überzogen und überbacken.
Mornay	Fischdünstfond mit Mornaysoße mischen, Fisch mit Mornaysoße überziehen und mit Käse überb.
Marguery	Gedünsteten Fisch mit gedünsteten Muscheln und Crevettenschwänzen garnieren, mit Weißweinsoße überziehen und überbacken.
Nantua	Pochierter Fisch, meist Hecht, mit Krebsschwänzen garnieren, mit Krebssoße überziehen und mit Trüffelscheiben belegen.
Murat	In Mehl gewendete Filets braten, mit gebratenen Kartoffelwürfeln, Artischocken- und Tomatenfleischstücken garnieren.
Orly	In Bierteig gebackene Fischstücke mit Tomatensoße.

Nennen Sie die Merkmale folgender Fischprodukte!

Stockfisch	Getrockneter Kabeljau (Dorsch)
Klippfisch	Gesalzener und getrockneter Kabeljau
Lachsersatz	Aus Seelachs (Köhler) hergestellt, gefärbt und geräuchert. Kennzeichnungspflicht.
Schillerlocken	Geräucherte, gerollte Bauchlappen v. Dornhai
Grüner Hering	Frischer, unbehandelter, roher Hering
Salzhering	Eingesalzener Hering
Vollhering	Fetter Hering, voll Laich oder Samenmilch
Rogener	Weiblicher Vollhering mit Laich
Milchner	Männlicher Hering mit Samenmilch
Matjes	Jungfräulicher Hering, beste Qualität Frühsommer
Bückling	Geräucherter Hering
Bismarckhering, Rollmops	Abgelaichte Heringe, die eingelegt zu Marinaden verarbeitet werden – Magerheringe
Ihlen	Bezeichnung für abgelaichte Magerheringe
Kaviar	Rogen des Fisches

Lachsforellengalantine

1 Lachsforelle vom Rücken her auslösen, Bauchhaut nicht verletzen

2 Bachforelle filetieren und mit Trüffelersatz und Wachteleiern füllen, zur Bindung etwas Fischfarce einarbeiten

3 Füllung mit dünnen Karottenscheiben abdecken, Lachsforelle zunähen

4 Zur Formerhaltung einbinden, zwischen zwei Brettern fixieren

5 Mit Weinaspik überzogene, aufgeschnittene Lachsforelle mit gekochten Eiern, Ketakaviar und Tartelettes mit Gemüsefüllung garnieren

Krustentiere – Schaltiere – Kaviar

Nennen Sie Ihnen bekannte Krustentiere!

Hummer, Languste, Flusskrebs, Garnelen, Krabben, Scampi, Riesengarnele, Königskrabbe

Bezeichnen Sie untenstehende Tierzeichnungen mit Namen und nennen Sie Verwendungsmöglichkeiten in der Gastronomie sowie Ihnen bekannte Herkunftsländer und Erkennungsmerkmale!

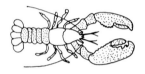

Hummer (F: homards, GB: lobsters)
Kanada, Ostküste der USA, Norwegen und Schottland.
Im Ganzen ausgelöst als Schaustück für Kalte Büffets.
Halbiert als kalte oder warme Vorspeise.
Fleisch zu Salaten, Hummermayonnaise, Cocktails und Suppen.
Erkennungsmerkmale: Zwei kräftige Scheren, glatter Panzer.
Beste Qualität bei einem Gewicht um 1 kg.

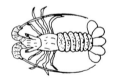

Languste (F: langoustes, GB: spiny lobsters)
Verarbeitung wie Hummer.
Languste hat im Gegensatz zum Hummer keine großen Scheren, sondern zwei lange, kräftige Fühler.
Herkunft: Europäische und afrikanische Atlantikküste.
Beste Qualität um 1 kg bei einer Länge von 30 bis 40 cm.

Flusskrebs (F: écrevisses, GB: crayfishes)
Süßwasserkrebse, die heute meist aus Osteuropa importiert werden.
Mindestgewicht 35 g und 10 cm Länge.
Solokrebse mit mehr als 80 g Stückgewicht.
Essbar sind Scheren und Schwanzfleisch.
Verwendung zu Suppen, Salaten, frisch gekocht.

Fortsetzung von Vorseite

Garnele
Zwerggarnelen (Krill) – sehr klein, aber schmackhaftes, festes Fleisch. Wird fälschlicherweise als Krabbe bezeichnet (Größe: 5–6 cm).
Verwendung zu Salaten und Cocktails.
Größere Garnelen (F: crevettes, GB: shrimps) aus dem Mittelmeer und Chinesischen Meer werden auch als Shrimps gehandelt (Größe: 5–15 cm).
Riesengarnelen (F: crevettes roses, GB: king prawns) aus tropischen Meeren werden teils mit, teils ohne Kopf angeboten. Gewicht bis 100 g. Ideal zum Grillen, Sautieren, Braten und Backen (Größe: 17–23 cm).

Kaisergranat (F: langoustines, GB: Dublin Bay prawns)
Hummerähnliche Tiere mit schlanken, langen Scheren. Verwendung findet nur das Schwanzfleisch, sehr viel Abfall. Tiere aus kalten Meeren haben einen intensiveren Geschmack: Verwendung wie Hummer oder Riesengarnelen zu Salaten, Cocktails, am Spieß, gebraten, gebacken oder sautiert.

Taschenkrebs (F: crabes, GB: crabs)
Bei diesen Tieren liefern nur die kräftigen Scheren ausreichend Fleisch. Scherenfleisch ist als Krabbenfleisch im Handel und wird meist zu Salaten und Cocktails verwendet.

Königskrabbe (F: crabes, GB: king crabs)
Tiefseekrabbe, die besonders im Beeringmeer gefangen wird. Das Fleisch der kräftigen Beine ist geschmacklich feiner und fester und wird bevorzugt. Im Handel sind ganze Königskrabben, die als Schaustücke eingesetzt werden, ganze Beine mit Schale und ausgelöstes Krabbenfleisch. Hier wird die Zusammensetzung des Fleisches angegeben, z. B. 70/30 bedeutet, dass 70% Beinfleisch und 30% minderwertigeres Körperfleisch verwendet wurden.

Wenn Sie einen lebenden Hummer kochen, wird die graubraune Panzerfarbe in eine kräftiges Rot umgewandelt. Weshalb tritt dieser Farbwechsel auf?	Die obere dunkle Panzerfarbe ist nicht hitzebeständig. Beim Kochen wird deshalb die darunterliegende rote Panzerfarbe sichtbar.
Weshalb müssen Krustentiere nach dem Abkochen oder Auftauen schnell verarbeitet werden.	Krustentiere enthalten viel Eiweiß und wenig Bindegewebe, deshalb ist die Gefahr eines schnellen Eiweißverderbes gegeben. Verdorbene Krustentiere führen bei Verzehr zu starken Lebensmittelvergiftungen.
Wann ist die natürliche Hauptsaison für Krustentiere?	In den Monaten ohne „r", also Mai bis August.
Wann ist dagegen Austernsaison?	In den Monaten mit „r", also September bis April.
Welche Schaltiere spielen für unseren Markt eine Rolle?	Austern Miesmuscheln St. Jakobsmuscheln
Schaltiere haben einen sehr hohen Eiweißgehalt, das wirkt sich auf die Lagerhaltung aus! Was ist bei der Lagerung zu beachten?	Wegen des verderblichen Eiweißes sollten Schaltiere möglichst schnell weiterverarbeitet werden. Sie müssen gut gekühlt gelagert werden. Wegen des enthaltenen Seewassers sind sie immer mit der gewölbten Schalenseite nach unten zu lagern. Lagergefäße sind gut zu verschließen und zu beschweren.
Ordnen Sie untenstehenden Austernsorten das jeweilige Ursprungsland zu! Imperial Belon Arcachon Gigas Marennes Natives Blue Point Portugaise Limfjord Sylter Royal	Holland Frankreich Frankreich Frankreich Frankreich Großbritannien USA Portugal Dänemark Deutschland

Austern werden meist roh, Muscheln gegart angeboten. Welche Getränke können Sie hierzu empfehlen?	Zu Austern Champagner, weißer, trockener Burgunder = Chablis, trockener Weißwein. Zu Muscheln spritzige Weißweine, z. B. Moselweine der Rieslingtraube.
Erklären Sie kurz die Zubereitung von Miesmuscheln!	Muscheln sehr gut waschen und abbürsten. Bart entfernen (Fäden die aus der Schale hängen) Zwiebelbrunoise in Butter anschwitzen. Mit Weißwein und Fond ablöschen. Mit Salz, weißem Pfeffer und Lorbeer würzen. Muscheln zugedeckt garen. In Terrine oder Suppenteller anrichten. Mit gebuttertem Pumpernickel servieren.
Welche Beilagen servieren Sie zu frischen Austern?	Toast Chesterbrot = Grahambrot mit Butter und Chesterkäse belegt und in Dreiecke geschnitten.
Geben Sie Größen- und Gewichtsangaben für Imperialaustern an!	Größe Gewicht 3/0 60–70 g 4/0 70–80 g 5/0 80–90 g 6/0 90–100 g super über 100 g
Geben Sie Größen- und Gewichtsangaben für Belonaustern an!	Größe Gewicht 2 um 55 g 1 um 70 g 0 um 85 g 00 um 100 g 000 um 125 g
Welche Länder sind Hauptlieferanten für Miesmuscheln?	Deutschland Dänemark Holland
Unter welchen Namen wird die Jakobsmuschel noch gehandelt?	Pilgermuschel Kamm-Muschel Coquilles St. Jacques
Was unterscheidet Jakobsmuschelfleisch von Austernfleisch?	Das Fleisch der Jakobsmuschel ist sehr fest. Das Fleisch ist von feinem Geschmack. Der rote Rogen wird als Spezialität mitserviert.

Kaviar

Welche Fischfamilie liefert den Kaviar?	Die Störe.
Wo kommen diese Fische vor?	Im Kaspischen Meer und im Schwarzen Meer.
Welche Länder sind die Hauptlieferanten?	Russland, Iran.
Erklären Sie den Ausdruck malossol!	Malossol bedeutet mild gesalzener Kaviar, bester Qualität.
Erklären Sie den Begriff Belugakaviar!	Vom Hausen (Stör). Grobkörnig, schwarzgraue Farbe. Deckel des Originalglases ist blau.
Erklären Sie den Begriff Sevrugakaviar!	Vom Sterlet (kleiner Stör). Feinkörniger, silbergraue bis braune Farbe. Deckel des Originalglases ist rot.
Erklären Sie den Begriff Presskaviar!	Stärker gesalzener, echter Kaviar minderer Qualität.
Erklären Sie den Begriff Keta Kaviar!	Kaviarersatz vom Buckellachs. Rote Farbe, ideal für Garnituren.
Erklären Sie den Begriff Deutscher Kaviar!	Kaviarersatz vom Seehasen. Künstlich schwarz gefärbt. Mit Konservierungsstoffen. Kennzeichnungspflichtig.
Welche Beilagen werden zu Kaviar gereicht?	Toast, Zitrone, Blinis.
Erklären Sie den Begriff Blinis!	Blinis sind Pfannkuchen aus Buchweizenmehl.
Welche Getränke sind zu Kaviar geeignet?	Sekt, Champagner, Wodka.

Kaviar (von oben nach unten)
Keta Lachskaviar   Sevruga malossol
Beluga malossol   Deutscher Kaviarersatz

Was ist bei der Aufbewahrung von Kaviar zu beachten?	Kaviar wird am besten bei Temperaturen um 0−3° C aufbewahrt. Angebrochene Kaviardosen sofort wieder verschließen und kühl lagern, bald verbrauchen. Haltbarkeit im Originalglas etwa 12 Monate.
Welchen Inhalt haben die Handelsgrößen der Kaviargläser?	Gläser mit 1 ounce (28,4 g) und 2 ounces, Dosen mit 50 g bis zu 1000 g Inhalt.
Von welchem Fisch wird goldgelber Kaviarersatz gewonnen?	Dieser Kaviar wird von Forellen gewonnen und auch als Forellenkaviar bezeichnet.

Hausgeflügel

In welche beiden Gruppen können Hausgeflügel nach ihrer Fleischfarbe eingeteilt werden? Nennen Sie Beispiele!	Geflügel mit hellem Fleisch Huhn, Truthahn (Brustfleisch) Geflügel mit dunklem Fleisch Ente, Gans, Truthahn (Keulen)
Weshalb ist Geflügel ein wertvolles Nahrungsmittel?	Es enthält ein günstiges Eiweiß-Fettverhältnis. Es ist leicht verdaulich und deshalb für Diät und Schonkost geeignet.
Nennen Sie in der Gastronomie übliche Geflügelbezeichnungen!	Brathähnchen Masthuhn – Poularde Masthahn – Kapaun Suppenhuhn
Für welche Grundzubereitungsarten ist helles Geflügelfleisch geeignet?	Braten, Dünsten, Kochen, Dämpfen, Grillen, Backen, Schmoren
Für welche Grundzubereitungsarten ist dunkles Geflügelfleisch geeignet?	Dunkles Fleisch ist geeignet zum Braten und Schmoren. Andere Zubereitungsarten sind nicht üblich.
Heute sind auch große Mengen vorgefertigter, ausgelöster Geflügelteile auf dem Markt. Nennen Sie Beispiele!	Hähnchenbrüste, Hähnchenkeulen, Hähnchenschnitzel paniert. Putenbrust, Putenschnitzel, Putenunter- und -oberkeulen, Putenrollbraten, Putengulasch. Enten- und Gänsebrüste, Gänsekeulen. Geräucherte Hähnchen, geräucherte Enten- und Gänsebrüste. Geflügelwurst.
Nennen Sie wichtige Geflügelgarnituren und deren Merkmale!	
Chicken à la King	Hühnerbrust in weißer Soße, Champignons, Paprika
Schmorhahn Marengo	Champignons, Krebsschwänze, Tomatenwürfel, Herzcroûtons, in Fett gebackenes Ei.
Coq au vin	Geschmorter Hahn in Wein, Speck, Pilze, Zwiebeln.
Truthahn Chipolata	Gebratene Pute umlegt mit Champignons, Perlzwiebeln, glacierten Karotten, Maronen, Cocktailwürstchen

Pasteten, Terrinen, Galantinen *(s. auch Farbtafel nach Seite 241)*

Erklären Sie den Begriff Pasteten!	Pasteten sind Gebäckstücke aus Teig, gefüllt mit feinen Zutaten. Es sind warme und kalte Pasteten zu unterscheiden. Warme Pasteten sind meist aus Blätterteig hergestellt und mit einem Ragout aus Fleisch, Geflügel und Gemüsen gefüllt. Am bekanntesten ist die Königin Pastete. Kalte Pasteten werden gerne als kalte Vorspeise eingesetzt. Hier werden feine Farcen von Wild, Schlachtfleisch, Fisch oder Geflügel in einer Teighülle gebacken. Der Hohlraum zwischen Teighülle und Farce wird nach dem Garen mit abgeschmecktem Aspik ausgegossen.
Erklären Sie den Begriff Terrinen!	Feuerfeste Geschirre werden mit grünem Speck fein ausgelegt, Fleisch- oder Geflügelfarcen eingefüllt und im Wasserbad im Ofen gegart. Fisch- oder Gemüseterrinen werden ohne Speck im Wasserbad pochiert.
Erklären Sie den Begriff Galantinen!	Um Galantinen herzustellen, werden Geflügel, Fische oder Fleischteile entbeint, ohne dass die Form ganz verloren geht. Danach wird eine feine Farce in das ausgehöhlte, entbeinte Tier gefüllt, zugenäht und im Sud pochiert. Nach dem Erkalten wird die Galantine überzogen und in Scheiben geschnitten.
Erklären Sie den Begriff Parfait!	Parfait kommt in der feinen Küche zweimal vor. Einmal steht es für ein feines Sahnehalbgefrorenes. Zum zweiten für ein feines Mousse von edelsten Zutaten. Gegarte Grundzutaten fein püriert, mit Sahne, crème fraîche und velouté aufmontiert, abgeschmeckt und mit etwas Aspik zum Absteifen gebracht.
Erklären Sie den Begriff Trüffel!	Trüffel sind Edelpilze, die gerne in Verbindung mit Pasteten, Terrinen und Galantinen verwendet werden. Für Farcen werden sie gut gebürstet und meist ungeschält zerhackt. Sollen sie für Garnituren in Scheiben geschnitten werden, sind sie zuvor dünn zu schälen.

Erklären Sie den Begriff Stopfleber!	Verwendet werden die Lebern von Ente und Gans. Qualitativ hochwertiger ist die Leber der Gänse. Die Tiere werden zwangsernährt, um eine vergrößerte, helle Fettleber zu erhalten. Diese Fütterungsmethode ist in Deutschland untersagt.
Wie sind Gänsestopflebern zu behandeln?	Sorgfältig wird der kleinere Leberteil von dem größeren Stück abgetrennt. Alle Galleflecken sind zu entfernen. Auf der Innenseite, am dikken Ende beginnend, wird ein kleiner Einschnitt gemacht und die Gallengänge und Adern herausgetrennt. Jetzt ist die dünne Haut abzuziehen. Leicht mit Cognac beträufelt wird die Leber zum weiteren Verbrauch kühl gestellt.

Schweinerückenpastete

1 Aufgeschnittenes Rückenstück mit Speck umwickelten Backpflaumen füllen

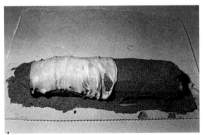

2 Angebratenes Rückenstück mit Farce einstreichen, mit Speck umhüllen und in Pastetenteig wickeln

3 Gebratene, abgekühlte Pastete mit abgeschmecktem Aspik auffüllen

4 Aufgeschnittene Pastete z. B. mit Früchten, Avocados oder Senffrüchten garnieren

Haarwild und Federwild

Welche Tiere sind unter dem Begriff Haarwild einzuordnen?	Rehwild, Rotwild – Rothirsche, Damwild, Sikawild – Sikahirsche, Schwarzwild – Wildschweine Muffel-, Stein- und Gamswild Hasen und Wildkaninchen
Welche Tiere sind unter dem Begriff Federwild einzuordnen?	Alle Wildgeflügel, die zum menschlichen Verzehr geeignet sind. Rebhühner, Fasanen, Wildtauben, Wildenten, Schnepfen, Wachteln.
Laut Bundesjagdgesetz darf Wild zu bestimmten Jagdzeiten erlegt werden. Die Zeiten schwanken innerhalb der einzelnen Bundesländer. Nennen Sie Hauptjagdzeiten!	Rotwild, Dam- und Sikawild — Juni bis Februar Schwarzwild — Juni bis Januar Rehwild — Mai bis Februar Hasen — Oktober bis Januar Wildenten — September bis Januar Fasanen — Oktober bis Januar Rebhühner — September bis Dezember
Welche Wildarten werden bei uns hauptsächlich verarbeitet?	Reh, Hirsch, Hase, Wildschwein.
Wann ist die Hauptsaison für Wild?	Herbst-/Winterhalbjahr.
Was ist unter „haut-goût" bei Wild zu verstehen?	Wildedelgeschmack, der durch Abhängen entsteht.
Warum werden Wildgerichte meistens gespickt?	Weil Wildfleisch sehr mager und trocken ist.
Welche Teile des Rehes sind besonders begehrt?	Rücken und Keulen.
Welche Gerichte können aus dem Rehrücken hergestellt werden?	Im Ganzen gebraten, warm oder kalt. Rehmedaillons
Welche Gerichte können aus der Rehkeule hergestellt werden?	Rehsteaks, im Ganzen gebraten. Rehschnitzel, Rehbraten

Welche Beigaben werden bei Reh verwendet?	Preiselbeeren, gedünstete Sauerkirschen, Pilze, würzige Gemüse wie Brokkoli, Schwarzwurzeln.
Welche Gemüsebeilagen passen am besten zu Wild?	Rosenkohl, Pilze, Edelkastanien, Rotkohl, Brokkoli, Schwarzwurzeln.
Welche Sättigungsbeilagen passen am besten zu Wild?	Knödel, Semmelknödel, Kartoffelkroketten und Ableitungen, Teigwaren.
Welche Sauce paßt zu kalten Wildgerichten?	Cumberlandsauce
Nennen Sie einige klassische Wildgarnituren!	Rehrücken Baden-Baden. Rehsteak nach Jägerart. Rehschnitzel Mirza. Rehsteak Diana.
Erklären Sie die Garnitur Baden-Baden!	Mit gefüllter Dunstbirne. Füllung aus Johannisbeergelee oder Preiselbeeren.
Erklären Sie die Garnitur nach Jägerart!	Mit Speck, Zwiebeln und Pilzen, bevorzugt Pfifferlinge.
Erklären Sie die Garnitur Mirza!	Bratapfel mit Preiselbeeren.
Erklären Sie die Garnitur Diana!	Mit Maronenpüree und Wildrahmsoße
Wieviele Portionen ergibt ein Hasenrücken?	Zwei Portionen, sowohl mit Knochen, als auch ausgelöst.
Nennen Sie typische Wildgewürze!	Wacholder, Piment, Lorbeer, Thymian, Rosmarin, Zitronenzeste.
Weshalb müssen Wildgeflügel in den Federn abhängen?	Damit sich der Wildgeschmack entwickeln kann.
Wie wird das Wildgeflügel beim Braten gegen Austrocknen geschützt?	Durch Umwickeln mit grünem Speck.
Was ist grüner Speck?	Frischer Rückenspeck vom Schwein.

Wie wird das Umwickeln genannt?	Bardieren
Welche Garnitur ist für Fasan sehr bekannt?	Fasan nach Winzerinart, mit Apfel- oder Ananaskraut und Weintrauben.
Worauf ist beim Braten zu achten?	Das Brustfleisch darf nicht ganz durchgebraten werden.
Nennen Sie Ihnen bekannte kalte Vorspeisen, die aus Wildfleisch hergestellt werden!	Wildgalantinen – z. B. Fasanengalantine, Wildentengalantine Wildpasteten – z. B. Hasenpastete, Rehpastete, Wildschweinpastete Medaillons von Reh-, Hirsch- oder Frischlingsrücken

Obst, Gemüse und Pilze

Weshalb ist Gemüse ein wichtiges Nahrungsmittel?	Wegen des hohen Gehaltes an wichtigen Mineralstoffen und Vitaminen.
Welche Bedeutung hat die Zellulose?	Die Zellulose – Gerüstsubstanz – der Gemüse ist unverdaulich und regt deshalb die Verdauung an.
Teilen Sie die Gemüse in Arten ein!	Salat- oder Blattgemüse, Frucht- oder Samengemüse, Wurzelgemüse, Kohlgemüse, Zwiebelgemüse, Fremdländische Gemüse.
Nennen Sie Salat- oder Blattgemüse!	Kopfsalat, Feldsalat, Chicorée, Spinat.
Nennen Sie Frucht- oder Samengemüse!	Tomaten, Paprika, Salatgurken, Hülsenfrüchte.
Nennen Sie Wurzelgemüse!	Karotten, Sellerie, Rettiche, Radieschen.
Nennen Sie Kohlgemüse!	Blumenkohl, Kohlrabi, Weißkohl, Rosenkohl.
Nennen Sie Zwiebelgemüse!	Lauch, Zwiebeln, Schalotten, Knoblauch.
Nennen Sie fremdländische Gemüse!	Aubergine, Artischocke, Fenchel, Zucchini.
In welche Güte- und Handelsklassen werden Gemüse eingeteilt?	Güteklasse Extra Güteklasse I Güteklasse II Güteklasse III.
Wodurch wird Sauerkraut konserviert?	Durch Milchsäurebakterien.
Wodurch werden Essiggemüse konserviert?	Durch Einlegen in Essig und Herabsetzen des pH-Wertes.

Was bewirkt das Kühlen von Gemüse?	Durch Kälte wird das Wachstum der Kleinlebewesen vermindert. Gemüse bleibt länger haltbar.
Was bewirkt das Einfrieren von Gemüse?	Entwicklung der Kleinlebewesen wird unterbrochen. Nährstoffe bleiben erhalten.
Was bewirkt das Sterilisieren von Gemüse?	Ein Erhitzen über 100 °C bewirkt das Abtöten der Kleinlebewesen. Lange Haltbarkeit, doch Nährwertverlust.
Nennen Sie Pilze, die in der Gastronomie verarbeitet werden!	Zuchtchampignons, Steinpilze, Pfifferlinge, Trüffel, Austernpilze, Steinchampignons.
Pilzeiweiß ist leicht verderblich. Worauf ist bei der Verarbeitung zu achten?	Nur möglichst frische Pilze verarbeiten. Pilzgerichte nicht lange warmhalten. Aufgetaute Pilze nicht wieder einfrieren. Pilze nicht erneut aufwärmen.
Weshalb ist Obst ein wichtiges Nahrungsmittel?	Durch den hohen Gehalt an Vitaminen, besonders Vitamin C, und den hohen Kaliumgehalt.
Welche Bedeutung hat der Fruchtzucker?	Als Einfachzucker muß er nicht mehr abgebaut werden. Er kann sofort in die Blutbahn übernommen werden.
Teilen Sie Obst in Arten ein!	Steinobst, Kernobst, Beerenobst, Schalenobst, Südfrüchte, Exotische Früchte.
Nennen Sie Steinobstsorten!	Kirsche, Pfirsich, Aprikose. Mirabelle, Zwetschge, Pflaume.
Nennen Sie Kernobstsorten!	Apfel, Birne, Quitte.
Nennen Sie Beerenobstsorten!	Erdbeere, Himbeere, Preiselbeere, Weintraube, Stachelbeere, Johannisbeere.
Nennen Sie Schalenobstsorten!	Walnuss, Haselnuss, Paranuss, Mandel, Edelkastanie, Kokosnuss.
Nennen Sie Südfrüchte!	Zitrone, Orange, Grapefruit, Banane, Mandarine, Ananas.
Nennen Sie exotische Früchte!	Kiwi, Avocado, Feige, Granatapfel, Kaki.

Geben Sie Verwendungsbeispiele für Gemüse an!	Gemüsesuppen, Gemüsebeilagen Eigenständige Hauptgerichte, z. B. überbackener Blumenkohl, Spinatauflauf, Gemüseomelett. Vorspeise kalt: Gemüseterrine, Salate, Parfaits Vorspeisen warm: Pilze auf Toast, Gemüseflan, überbackene Gemüse, Gemüseragout, Aufläufe.
Geben Sie Verwendungsbeispiele für Früchte an!	Fruchtkaltschalen Beilagen zu Fleischgerichten, z. B. Wildgarnituren, indische Gerichte mit Ananas, Fasan mit Trauben, Kalbsleber mit gedünsteten Apfelscheiben. Würzstoffe für Gemüsebeilagen, z. B. Apfelblaukraut, Ananaskraut. Cocktails und Vorspeisen, wie Melonencocktail, Orangencocktail, Melone mit Schinken. Bestandteil von Salaten, z. B. Geflügelsalat, Fleischsalate. Desserts, z. B. Fruchtsalat, Apfelbeignets, Birne Helene, Pfirsich Melba.

Kartoffeln, Teigwaren, Reis

Nach den Kocheigenschaften werden drei Kartoffelsorten unterschieden. Nennen Sie diese und ihr Verwendungsgebiet!	Festkochende Kartoffelsorten ideal für Kartoffelsalat und Pellkartoffeln. Vorwiegend festkochende Sorten, für Salzkartoffeln, tournierte Kartoffeln und in Fett gebackene Kartoffeln. Mehlig festkochende Kartoffeln, für Kartoffelmusgerichte, Kroketten, Kartoffelknödel und Kartoffelsuppen.
Zählen Sie Industrieprodukte aus Kartoffeln auf!	Kartoffelpüreepulver, Kartoffelstärke, Kartoffelknödelpulver, geformte Trockenkartoffeln, Tiefkühlprodukte, wie pommes frites.
Nennen Sie sechs Getreidesorten, die auf dem europäischen Markt von Bedeutung sind!	Weizen Roggen Gerste Hafer Reis Mais

Nennen Sie die Hauptverwendungsmöglichkeiten für obige Getreidesorten mit Beispielen!	
Weizen	Brot, Feinmehle Bier – Weizenbier Kornbrand Weizenkeimöl
Roggen	Kräftige Brote Kanadischer Whisky
Gerste	Brände/Whisky, z. B. Scotch, Irish Whiskey Gerstenmalz zur Bierherstellung
Hafer	Haferflocken
Reis	Reisgerichte Reismehl Sake – Reisbrand
Mais	Maismehl – Polenta Whiskey – Bourbon – USA Maiskeimöl

Erklären Sie folgende Getreidebegriffe!	
Schrot	Grob zerbrochene Getreidekörner mit Schale
Mehl	Feines Mahlergebnis verschiedener Getreidesorten
Dunst	Körnigeres, griffigeres Mehl
Grieß	Sandkorngroße Bruchstücke
Kleie	Ausgesonderte Schalenteile – Ballaststoffe
Stärke	Pulverisierte, ausgewaschene Kohlenhydrate
Graupen	Geschälte und geschliffene Gerstenkörner
Haferflocken	Geschälter, gedämpfter und gewalzter Hafer

Erklären Sie den Begriff Mehltype, z. B. Type 405	Die Mehltype gibt an, wieviel Mineralsalze im Mehl enthalten sind. Bei der Verbrennung von 100 g Mehl der Type 405 bleiben durchschnittlich 405 mg Mineralasche übrig.

Woraus werden Teigwaren hergestellt?	Weizenmehl, Weizengrieß

Welche beiden Qualitätsstufen werden unterschieden?	1. Eierteigwaren 2. Grießteigwaren

Erklären Sie den Begriff Grießteigwaren!	Grießteigwaren werden aus Weizengrieß, ohne Eier, hergestellt.
Erklären Sie den Begriff Teigwaren mit hohem Eigehalt!	Auf 1 kg Mehl müssen 4 Eier, oder die entsprechende Menge Eiprodukte zugesetzt werden. Normale Teigwaren $2^{1}/_{4}$ Eier/kg.
Erklären Sie den Begriff Frischeiteigwaren!	Hier dürfen nur frische Eier verwendet werden.
Wozu werden Teigwaren verwendet?	Gekocht als Suppeneinlage, als Sättigungsbeilage als selbstständiges Gericht
Nennen Sie Hauptgerichte aus Teigwaren und deren Zutaten!	Spaghetti nach Mailänder Art mit Tomatensoße Spaghetti nach Bologneser Art mit Fleischsoße Ravioli, kleine Teigtaschen mit Fleischfüllung Canneloni, mit Fleischmasse gefüllte Teigrollen
Welche beiden Reisarten werden unterschieden?	Langkornreis, festkochend, ideal als Sättigungsbeilage Rundkornreis, weichkochend, ideal zu Süßspeisen, Reisauflauf, Puddings.
Weshalb hat Reis einen hohen Sättigungswert?	Durch den hohen Anteil an Stärke.
Erklären Sie den Begriff Naturreis oder Braunreis!	Reis mit Silberhaut, ungeschält. Hoher Anteil von Mineralstoffen und Vitaminen durch die Silberhaut gewährleistet. Nachteilig ist die dunklere, unschöne Farbe.
Erklären Sie den Begriff Weißreis!	In der Gastronomie üblicher, geschälter und polierter Reis. Geringerer Mineralstoff- und Vitamingehalt.
Erklären Sie den Begriff Parboiled Reis!	Durch Dampf und Druck werden Vitamine und Mineralstoffe vor dem Schälen aus den Außenschichten nach innen verlagert, deshalb höherer Nährwert. Kochfester und körniger Reis.
Erklären Sie den Begriff Schnellkochreis!	Vorgegarter Reis, der wieder getrocknet wird. Garzeit nur 3 bis 5 Minuten.

Milch und Milcherzeugnisse

Nennen Sie die Bestandteile der Milch!	Milchfett, Eiweiß, Wasser, Milchzucker, Mineralstoffe und Vitamine.
Erklären Sie den Begriff Vorzugsmilch!	Rohmilch aus überwachten Erzeugerbetrieben.
Erklären Sie den Begriff Frischmilch!	Pasteurisiert bei 60–85 °C. Geschmack wird kaum verändert.
Erklären Sie den Begriff Sterilmilch!	Sterilisiert bei ca. 150 °C. Lange haltbar. Geschmacksveränderung. H-Milch ist ultrahocherhitzte Milch.
Erkären Sie den Begriff Kondensmilch!	Unter Vakuum eingedickte Frischmilch. In Dosen sterilisiert.
Erklären Sie den Begriff Trockenmilch!	Wasserentzug durch Zerstäubung in Trockentürmen. Regenerierung durch Wasserzugabe.
Erklären Sie den Begriff Sauermilch!	Dicklegung der Milch durch Milchsäurebakterien.
Erklären Sie den Begriff Kefir!	Durch Milchsäurebakterien und Kefirbazillen hergestelltes, schäumendes und leicht alkoholisches Milchgetränk.
Erklären Sie den Begriff Buttermilch!	Buttermilch ist ein Abfallprodukt bei der Butterherstellung, gesäuert durch Milchsäurebakterien.
Welchen Fettgehalt muß Sahne haben?	Schlagsahne mind. 30%, Saure Sahne und Kaffeesahne mind. 10% Fett, crème fraîche – Sauerrahm mit mindestens 30% Fett.
Wodurch wird die Milch bei der Käseherstellung zum Gerinnen gebracht?	1. Durch Zugabe von Labferment, ergibt Süßmilchkäse. 2. Durch Zugabe von Milchsäurebakterien, ergibt Sauermilchkäse.
Wie wird die geronnene Milch genannt?	Bruch

Woraus wird natürliches Lab gewonnen?	Aus dem Kälbermagen. Wird heute auch synthetisch hergestellt.
Nennen Sie die sieben Käsegruppen, und geben Sie je zwei passende Beispiele! Die Abbildungen auf der gegenüberliegenden Seite helfen Ihnen bei der Auswahl!	1. Hartkäse – Emmentaler, Parmesan. 2. Schnittkäse – Edamer, Tilsiter. 3. Halbfester Schnittkäse – Butterkäse, Edelpilzkäse. 4. Weichkäse – Camembert, Romadur. 5. Frischkäse – Speisequark, Rahmfrischkäse. 6. Sauermilchkäse – Harzer Roller, Handkäse. 7. Schmelzkäse – Schmelzecken, Scheibletten.
Geben Sie für untenstehende Käsesorten das Ursprungsland an!	

Käsesorte	Ursprungsland
Sauermilchkäse mit Schmierebildung	
Harzer, Mainzer, Handkäse	Deutschland
Korbkäse	Deutschland
Weichkäse mit Schmierebildung	
Limburger	Deutschland
Romadur	Deutschland
Weinkäse	Deutschland
Münster	Frankreich
Weichkäse mit Schimmelbildung	
Camembert	Frankreich
Brie	Frankreich

Käsesorten
① Hartkäse (Emmentaler)
② Schnittkäse (Gouda)
③ Halbfetter Schnittkäse (Edelpilz)
④ Weichkäse (Camembert)
⑤ Frischkäse
⑥ Sauermilchkäse (Harzer)
⑦ Schmelzkäse

Fortsetzung von Vorseite

Käsesorte	Ursprungsland
Halbfester Schnittkäse mit Innenschimmel	
Roquefort	Frankreich
Danablu	Dänemark
Gorgonzola	Italien
Stilton	Großbritannien
Bavaria blue	Deutschland
Halbfester Schnittkäse	
Bel Paese	Italien
Butterkäse	Deutschland
Weißlacker	Deutschland
Esrom	Dänemark
Schnittkäse	
Tilsiter	Deutschland
Edamer	Niederlande
Gouda	Niederlande
Danbo	Dänemark
Hartkäse	
Parmesan	Italien
Emmentaler	Schweiz
Greyerzer	Schweiz
Appenzeller	Schweiz
Comté	Frankreich
Cantal	Frankreich
Sbrinz	Schweiz
Provolone	Italien
Chester	England
Cheddar	England

Eierspeisen

Nennen Sie die beiden Hauptbestandteile des Eies!	1. Eiklar 2. Dotter
Wonach werden Eier im Handel unterschieden?	Nach Güteklassen. Nach Gewichtsklassen.
Nennen Sie die Güteklassen!	Klasse A – frisch. Luftkammer kleiner als 6 mm. Klasse B – 2. Qualität, oder haltbar gemacht. Luftkammer größer als 6 mm.
Nennen Sie die Eier-Gewichtsklassen.	XL (extra large) 73 g und größer L (large) 63 g bis 72 g M (medium) 53 g bis 62 g S (small) 52 g und kleiner
Nennen Sie Frischemerkmale für Eier in der Schale!	Schwimmprobe im Salzwasser. Frisches Ei liegt am Boden = kleine Luftkammer. Altes Ei schwimmt = große Luftkammer.
Nennen Sie Frischemerkmale am gekochten Ei!	Frisches Ei: Dotter in der Mitte. Luftkammer sehr klein. Altes Ei: Dotter verschoben. Luftkammer sehr groß.
Nennen Sie Frischemerkmale am aufgeschlagenen Ei!	Frisches Ei hat hohen, gewölbten Dotter und festes Eiweiß. Altes Ei hat flachen Dotter und flüssiges, wässriges Eiweiß.
Was macht das Ei so wertvoll?	Der hohe Anteil an essentiellen Aminosäuren.
Wodurch entsteht am Dotterrand von zu lange gekochten Eiern eine dunkle Schicht?	Durch eine Reaktion des im Ei enthaltenen Schwefelwasserstoffes mit Eisen.

Weshalb dürfen Silberteile nicht mit Eiern in Berührung kommen?	Durch Oxidation verfärben sich Silberteile und laufen an. Diese Flecken sind nur sehr schwer wieder zu entfernen.
Nennen Sie Zubereitungsmöglichkeiten für Eier!	Gekochte Eier, pochierte Eier in Essigsud, pochierte Eier im Näpfchen, Rühreier, Spiegeleier, kalte gefüllte Eier.
Erklären Sie die Zubereitung für pochierte Eier auf Béarner Art!	In Essigwasser Eier ca. 4 Minuten pochieren, auf Artischockenböden setzen und mit sauce béarnaise überziehen.
Erklären Sie die Zubereitung für pochierte Eier auf Kardinalsart!	Eier auf Weißbrotcroûtons anrichten, mit sauce Cardinal überziehen, mit Trüffelscheiben und Hummerstücken garnieren.
Erklären Sie die Zubereitung für pochierte Eier auf Florentiner Art!	Eier auf Blattspinatsockel anrichten, mit Mornaysoße überziehen und gratinieren.
Erklären Sie die Zubereitung für Eier im Näpfchen nach Lothringer Art!	In gebuttertes Förmchen angebratene Speck- und Käsewürfel füllen, etwas Sahne zugießen und ein rohes Ei hineinsetzen. Im Wasserbad zugedeckt ca. 5 Minuten pochieren.
Erklären Sie den Unterschied zwischen direktem und indirektem Pochieren!	Pochieren in Essigwasser wird direktes Pochieren genannt. Pochieren im Näpfchen dagegen indirektes Pochieren, da das Ei nur indirekt mit dem Wasser in Berührung kommt.
Erklären Sie die Zubereitung für Spiegeleier nach Bercy!	Spiegeleier mit kleinen, gebratenen Würstchen garnieren und mit Tomatensoße nappieren.
Erklären Sie die Zubereitung für Spiegeleier nach Meyerbeer!	Zu jedem Spiegelei eine halbe, gegrillte Hammelniere legen, mit etwas Trüffelsoße nappieren.
Erklären Sie die Zubereitung für ham and eggs!	Spiegeleier auf angebratene Schinkenscheibe schlagen und im Ofen braten.
Erklären Sie die Zubereitung für Spiegeleier nach Jägerart!	Spiegeleier mit gebratener Geflügelleber und feinen Champignonköpfen garnieren, leicht mit Madeirasoße nappieren.

Erklären Sie die Zubereitung für Spiegeleier nach Försterart!	Spiegeleier mit gerösteten Speckwürfeln und Pfifferlingen garnieren, mit Madeirasoße nappieren.
Erklären Sie die Zubereitung für Omelett auf andalusische Art!	Gedünstete Paprikaschoten und Tomatenfleischstücke in das Omelett mit einrollen.
Erklären Sie die Zubereitung für ein Omelett nach Bauernart!	Kartoffel-, Speck- und Zwiebelwürfel anbraten, mit zerschlagenen Eiern übergießen, stocken lassen und zu einem Omelett formen.

Gewürze und würzende Zutaten

Erklären Sie den Begriff Gewürze!	Unter „echten" Gewürzen sind Pflanzenteile zu verstehen, die einen hohen Anteil ätherischer Öle und Harze besitzen, die den Geschmack von Speisen stark verändern können.
Nach dem Pflanzenteil, aus dem die Gewürze gewonnen werden, können sie unterschieden werden. Machen Sie eine Einteilung!	Wurzelgewürze Stengelgewürze Blattgewürze Rindengewürze Blütengewürze Fruchtgewürze Samengewürze
Nennen Sie Wurzelgewürze!	Ingwerwurzel, Kurkuma
Nennen Sie Blattgewürze!	Basilikum, Beifuß Oregano, Majoran Thymian, Petersilie Rosmarin, Kerbel
Nennen Sie ein Rindengewürz!	Stangenzimt
Nennen Sie Blütengewürze!	Kapern, Nelken, Safran
Nennen Sie Fruchtgewürze!	Anis, Pfeffer Kümmel, Koriander Paprika, Cayennepfeffer Vanilleschote, Wacholderbeeren
Nennen Sie Samengewürze!	Fenchel, Muskatblüte Muskatnuß, Piment Senf
Welche Wirkung haben ätherische Gewürzöle?	Sie sind für den Duft der Gewürze verantwortlich. Sie sind in Wasser nicht lösbar, sie sind leicht flüchtig und entweichen in der Luft, deshalb Gewürze dicht verschlossen aufbewahren.

Welche Wirkung haben die Gerbstoffe, die in Gewürzen enthalten sind?	Sie haben einen stark bitteren Geschmack. Sie verleihen den Gewürzen den typisch würzenden Geschmack. Eine Überwürzung sorgt für unangenehmen Bittergeschmack der Speisen.
Welche Wirkung haben die Harze der Gewürze?	Sie schmecken besonders scharf und durchdringend. Sehr gut an einer zerdrückten Wacholderbeere zu spüren.
Durch Auspressen oder Lösen in Alkohol werden konzentrierte Würzstoffe gewonnen. Nennen Sie diese Gruppen!	Extrakte Aromen Essenzen
Nach der Herstellung müssen zwei Gruppen von Würzstoffen unterschieden werden!	1. Natürliche Würzstoffe, wie Vanilleschote, Zitronenöl, Rum, Himbeermark. 2. Künstliche Würzstoffe, wie Vanillinzucker, Zitronenaroma, Rumaroma, Himbeeraroma.
Als Ersatzstoffe für Zucker werden künstliche Süßstoffe verwendet. Nennen Sie diese!	Saccharin Cyclamate Aspartam
Wie heißen die natürlichen Zuckerersatzstoffe?	Fructose, Sorbit, Xylit.
Während natürliche Zuckerersatzstoffe etwa die gleiche Süßkraft aufweisen wie Zucker, sind künstliche Süßstoffe etwa 500mal stärker, jedoch haben sie Nachteile.	Nachteile der künstlichen Süßstoffe sind die schwierige Dosierung. Sie sind kennzeichnungspflichtig. Sie haben ein schlechtes Backverhalten. Eiweißschaum fällt, mit Süßstoff aufgeschlagen, schnell wieder zusammen.
Als Würzstoff wird auch Honig verwendet. Unterscheiden Sie die beiden Güteklassen!	Speisehonig, zum sofortigen Verzehr. Backhonig, als Zusatz zu Backwaren.
Nennen Sie typische Verwendungsmöglichkeiten für Honig!	Zu Honigkuchen, Lebkuchen, Bienenstich, Florentiner, Milchmixgetränke.

Parfaits von frischen Gemüsen, garniert mit Artischockenböden (oben)

Steinbuttmus im Lachsmantel (unten)

**Fasan nach Winzerinart
Lebercroûtons
Ananaskraut**

**Hasenfilet
mit Preiselbeeren
Speckrosenkohl
Herzoginkartoffeln**

Kalte Vorspeisen

Fischkräutermus mit Garnelenschwänzen im Nest (oben)

Gefüllte Eier mit Krebsscheren (unten)

1. Reihe oben: Majoran, Oregano, Thymian, Koriander, Dill, Petersilie
2. Reihe oben: Salbei, Pimpernelle, Selleriekraut, Fenchel

1. Reihe unten: Pfefferminze, Löffelkraut, Zitronenmelisse
2. Reihe unten: Beifuß, Estragon, Sauerampfer

Getränkearten

Wein

Was ist Wein? — Wein ist das Erzeugnis, das ausschließlich durch vollständige oder teilweise alkoholische Gärung der frischen, auch eingemaischten Trauben oder des Traubenmostes gewonnen wird.

Nennen Sie die fünf Weinarten (Weinkategorien) laut Deutschem Weingesetz!
– **Weißwein**
– **Rotwein**
– **Roséwein** (oder Weißherbst)
– **Rotling** (oder Schillerwein, oder Badisch Rotgold)
– **Perlwein**

Definieren Sie Weißwein! — Wein aus weißen Trauben, deren Maische vor der Gärung gekeltert wird.

Definieren Sie Rotwein! — Wein aus roten Trauben, wobei die roten Farbstoffe aus der Beerenhaut in der Regel durch Vergärung der Maische oder durch Maischeerhitzung gewonnen werden.

Definieren Sie Roséwein! — Wein von blass- bis hellroter Farbe, der aus weißgekelterten Rotweintrauben hergestellt wird; d. h., dass die Maische vor der Gärung abgepresst wird.

Definieren Sie Weißherbst! — Bezeichnung für Roséweine, die nur für Qualitätsweine b.A. und Qualitätsweine mit Prädikat zugelassen ist. Der Weißherbst muss aus einer einzigen Rebsorte stammen, die in gleicher Schrift, Größe und Farbe angegeben werden muss.

*Definieren Sie **Rotling**!*	Ein roséfarbener Wein, der vor der Gärung durch Vermischen von weißen und roten Trauben oder ihrer Maischen erzeugt wird, nicht aber durch Verschneiden von Mosten und Weinen.
*Definieren Sie **Schillerwein**!*	Bezeichnung für Qualitätsweine oder Qualitätsweine mit Prädikat der Kategorie Rotling, aus dem bestimmten Anbaugebiet Württemberg.
*Definieren Sie **Badisch Rotgold**!*	Bezeichnung für Qualitätswein oder Qualitätswein mit Prädikat, der in Baden aus einer Trauben- oder Maischemischung von Grauburgunder (Ruländer) und Blauem Spätburgunder erzeugt wird.
*Was ist **Perlwein**?*	Perlwein ist ein kohlensäurehaltiges Erzeugnis mit einem Überdruck von 1 bis 2,5 bar und einem vorhandenen Alkoholgehalt von mindestens 7% vol, das aus Tafel- oder Qualitätswein hergestellt wird. Der Überdruck muss auf endogenes (weineigenes) Kohlendioxyd zurück zu führen sein, auf technischem Wege hergestellte Kohlensäure darf nicht verwendet werden.
*Beschreiben Sie stichwortartig die **Weißweinbereitung**!*	Lese (weißes Lesegut), Entrappen, Mahlen, Keltern, Vorklären des Mostes und Schwefeln, event. Entsäuerung, **Vergären des Mostes**, 1. Abstich mit Klärung und Schwefelung, Lagerung mit Schönung, 2. Abstich mit Klärung, Kellerbehandlung (Verschnitt, Süßreserve), Flaschenabfüllung, Ausstattung, Versand.
*Nennen Sie die sechs am Häufigsten vorkommenden **deutschen Weißwein-Rebsorten**.*	Riesling 22 350 ha (21,4%) Müller-Thurgau 20 667 ha (19,8%) Silvaner 6 859 ha (6,6%) Kerner 6 828 ha (6,6%) Bacchus 3 282 ha (3,1%) Scheurebe 3 126 ha (3,0%) (Quelle: Statistisches Bundesamt, 1999)

*Beschreiben Sie stichwortartig die **Rotweinbereitung**!*	Lese (rotes Lesegut), Entrappen, Mahlen, Ziehenlassen in der Maischewanne/Entsaftungstank (4–12 Stunden) und Schwefeln, **Maischegärung** oder Maischeerwärmung oder Kurzhocherhitzung, Keltern, Mostklärung (event. Entsäuerung), Gärung im Faß oder im Tank, 1. Abstich mit Klärung, Lagerung mit Schönung, 2. Abstich mit Klärung, Kellerbehandlung (z. B. Süßreserve, Verschnitt), Flaschenabfüllung, Ausstattung, Versand.
*Nennen Sie die sechs wichtigsten **deutschen Rotwein-Rebsorten**.*	Spätburgunder 8 643 ha (8,3 %) Portugieser 4 878 ha (4,7 %) Dornfelder 3 765 ha (3,6 %) Trollinger 2 530 ha (2,4 %) Schwarzriesling 2 289 ha (2,2 %) Lemberger 1 118 ha (1,1 %) (Quelle: Statistisches Bundesamt, 1999)
*Wie groß ist die Gesamt-**Rebfläche Deutschlands** und wie hoch ist der Anteil der im Lande produzierten Weißweine und Rotweine?*	Die Größe der Gesamt-Rebfläche Deutschlands beträgt ca. **104 000 ha**. Das Lesegut wird zu etwa – **76 %** für die **Weißwein**-Herstellung und zu etwa – **24 %** für die **Rosé-** und **Rotwein**-Herstellung verarbeitet.
*Nennen Sie die fünf **Weinbaugebiete** mit den jeweiligen **Untergebieten** des Deutschen Tafelweins!*	**Weinbaugebiete:** **Untergebiete:** – Rhein-Mosel Rhein, Mosel – Bayern Main, Donau, Lindau – Neckar – (keine Untergebiete) – Oberrhein Römertor, Burgengau – Albrechtsburg – (keine Untergebiete)
*Nennen Sie die gesetzlichen Voraussetzungen, die ein **Deutscher Tafelwein** erfüllen muss!*	Deutscher Tafelwein muss ... – ausschließlich aus im Inland geernteten Weintrauben hergestellt sein, – ausschließlich von empfohlenen und zugelassenen Rebsorten stammen, – einen natürlichen Mindestalkohol von 5 % vol (44° Öchsle) in der Zone A aufweisen, bzw. in Baden (= Zone B) von 6 % vol (50° Öchsle) aufweisen,

Fortsetzung:
*Nennen Sie die gesetzlichen Voraussetzungen, die ein **Deutscher Tafelwein** erfüllen muss!*

– einen vorhandenen Alkoholgehalt von midestens 8,5 % vol = 67 g/l in den Zonen A und B aufweisen.
– einen in Weinsäure ausgedrückten Gesamtsäuregehalt von mindestens 4,5 g/l aufweisen.

*Welche Weine dürfen als **Deutsche Landweine** bezeichnet werden?*

Deutscher Tafelwein kann seit der Ernte 1982 unter bestimmten Voraussetzungen als Landwein bezeichnet werden. Der Begriff Tafelwein muss dann nicht mehr auf dem Etikett angegeben werden. **Landwein ist ein qualitativ gehobener Tafelwein,** ...

– dessen natürlicher Mindestalkoholgehalt mindestens 0,5 % vol höher als der des Tafelweins ist, mit gebietstypischem Charakter.
– Er muss ausschließlich von Weintrauben stammen, die in dem umschriebenen Gebiet geerntet worden sind, z. B. Ahrtaler Landwein.
– Konzentrierter Traubenmost darf nicht zugesetzt worden sein, auch Konzentrierung ist nicht erlaubt.
– Landweine müssen der Geschmacksrichtung **trocken** oder **halbtrocken** entsprechen.
– Für die Landweine sind 19 Gebietsnamen festgelegt.
– Die Herstellung von Landwein ist in allen weinbautreibenden Bundesländern zugelassen (außer in Bayern für Fränkischen Landwein). Die Länder haben weitere Produktionsbedingungen festgelegt.

*Welche 19 Gebiete wurden für **Deutsche Landweine** festgelegt?*

– Ahrtaler Landwein,
– Starkenburger Landwein,
– Rheinburgen-Landwein,
– Nahegauer Landwein,
– Rheingauer Landwein,
– Rheinischer Landwein,
– Pfälzer Landwein,
– Landwein der Mosel,
– Saarländischer Landwein der Mosel,
– Landwein der Ruwer,
– Landwein der Saar,
– Fränkischer Landwein,
– Regensburger Landwein,

Fortsetzung: *Welche 19 Gebiete wurden für **Deutsche Landweine** festgelegt?*	– Bayerischer Bodensee-Landwein, – Schwäbischer Landwein, – Badischer Landwein, – Taubertäler Landwein, – Sächsischer Landwein, – Mitteldeutscher Landwein.
*Nennen Sie **sieben Voraussetzungen**, die ein **Qualitätswein b. A.** erfüllen muss!*	Inländischer Wein darf als „Qualitätswein" oder „Qualitätswein b. A." nur gekennzeichnet werden, wenn für ihn auf Antrag eine amtliche Prüfungsnummer zugeteilt worden ist. Voraussetzung dafür ist, ... – dass die verwendeten Weintrauben ausschließlich von empfohlenen oder **zugelassenen Rebsorten** der Art „Vitis vinifera" stammen, – dass die verwendeten Weintrauben in einem **einzigen „bestimmten Anbaugebiet"** geerntet und grundsätzlich in dem betreffenden b. A. zu Qualitätswein verarbeitet worden sind, – dass der aus den verwendeten Weintrauben gewonnene Most im gärfähig befüllten Behältnis mindestens den von den weinbautreibenden Ländern für jedes „b. A." und für jede Rebsorte festgesetzten **natürlichen Mindestalkoholgehalt** aufgewiesen hat, – dass der **vorhandene Alkoholgehalt** mindestens **7% vol** = 56 g/l beträgt und der Wein einen **Mindestgesamtalkoholgehalt** von **9% vol** = 71 g/l aufweist, – dass **konzentrierter Traubenmost nicht zugesetzt** und eine Konzentrierung nicht vorgenommen worden ist, – dass der Wein in Aussehen, Geruch und Geschmack **frei von Fehlern** und für die angegebene Herkunft und bei Angabe einer Rebsorte für diese typisch ist, – dass der Wein im Übrigen den weinrechtlichen **Bestimmungen** entspricht.
*Wie lauten die **13 bestimmten Anbaugebiete** für deutsche Qualitätsweine?*	Ahr, Baden, Franken, Hessische Bergstraße, Mittelrhein, Mosel–Saar–Ruwer, Nahe, Pfalz, Rheingau, Rheinhessen, Salle-Unstrut, Sachsen, Württemberg.

*Nennen Sie die **sechs Prädikatsstufen** für deutsche „Qualitätsweine mit Prädikat"!*	Kabinett, Spätlese, Auslese, Beerenauslese, Trockenbeerenauslese, Eiswein.

*Wie lauten die Voraussetzungen für die Zuerkennung des Prädikats „**Kabinett**"?*

Voraussetzungen für die Zuerkennung sind,
– dass die verwendeten Weintrauben ausschließlich aus empfohlenen oder **zugelassenen Rebsorten** der Art „Vitis vinifera" stammen,
– dass die verwendeten Weintrauben in **einem** „**Bereich**" geerntet und in dem bestimmten Anbaugebiet zu Qualitätswein mit Prädikat verarbeitet worden sind, zu dem der Bereich gehört,
– dass der aus den verwendeten Weintrauben gewonnene Most den von den weinbautreibenden Ländern festgesetzten **natürlichen Mindestalkoholgehalt** aufgewiesen hat,
– dass der Wein einen **vorhandenen Alkoholgehalt von mindestens 7% vol** = 56 g/l hat,
– dass der Wein einen Mindestgesamtalkoholgehalt von 9% vol = 71 g/l aufweist,
– dass eine Erhöhung des Alkoholgehaltes **nicht** vorgenommen worden ist,
– dass der Wein in Aussehen, Geruch und Geschmack **frei von Fehlern** und für die angegebene Herkunft und bei Angabe einer Rebsorte für diese typisch ist,
– dass der Wein im Übrigen den weinrechtlichen **Bestimmungen** entspricht.

*Welche **zusätzlichen Voraussetzungen** müssen die anderen deutschen Prädikatsweine erfüllen?*

Für Spätlese bis Trockenbeerenauslese sowie Eiswein sind **höhere**, nach dem Prädikat abgestufte **Ausgangsmostgewichte** vorgeschrieben, außerdem müssen folgende zusätzliche Voraussetzungen erfüllt sein:
– **Spätlese:** Die Weintrauben müssen in einer späteren Lese, – d.h. nicht früher als 7 Tage nach Beginn der Hauptlese für die jeweilige Rebsorte – und in vollreifem Zustand geerntet sein.

Fortsetzung: *Welche zusätzlichen Voraussetzungen müssen die anderen deutschen Prädikatsweine erfüllen?*	– Bei der **Auslese** dürfen nur vollreife Weintrauben unter Aussonderung aller kranken und unreifen Beeren verwendet werden. – Bei der **Beerenauslese** dürfen nur edelfaule oder wenigstens überreife Beeren verwendet werden. – Bei der **Trockenbeerenauslese** dürfen nur weitgehend eingeschrumpfte edelfaule Beeren verwendet werden. Ist wegen besonderer Sorteneigenschaft oder besonderer Witterung ausnahmsweise keine Edelfäule eingetreten, genügt auch Überreife der eingeschrumpften Beeren. – Bei dem **Eiswein** müssen die verwendeten Weintrauben bei ihrer Lese und Kelterung gefroren sein. Eiswein muss mindestens dem im jeweiligen Anbaugebiet für Beerenauslese festgelegten Mindestalkoholgehalt entsprechen. – Auslesen, Beeren- und Trockenbeerenauslesen dürfen **nicht mit Maschinen** geerntet werden. Im Übrigen gelten auch für die höheren Prädikatsweine die Voraussetzungen, die die Kabinettweine mindestens erfüllen müssen. Jedoch muss der **vorhandene Alkoholgehalt** bei Beerenauslesen, Trockenbeerenauslesen und Eiswein **mindestens 5,5 % vol** betragen.
*Welche **Geschmacksangaben** dürfen auf den Flaschenweinetiketten verwendet werden und wie lauten die vorgeschriebenen **Restsüße-Bandbreiten**?*	* Die Angabe „**trocken**", wenn der Wein einen Restzuckergehalt – bis höchstens **4 g/l** aufweist, **oder** – bis höchstens **9 g/l** aufweist und der in g/l Weinsäure ausgedrückte Gesamtsäuregehalt höchstens 2 g/l niedriger ist als der Restzuckergehalt (Formel: Säure + 2 bis zur Höchstgrenze 9). * Die Angabe „**halbtrocken**" darf erfolgen, wenn der Restzuckergehalt des Weins die für „trocken" festgelegten Höchstwerte übersteigt und – höchstens **12 g/l oder** – höchstens **18 g/l** erreicht und der in g/l Weinsäure ausgedrückte Gesamtsäuregehalt höchstens 10 g/l niedriger ist als der Restzuckergehalt (Formel: Säure + 10 bis zur Höchstgrenze 18).

Fortsetzung:
*Welche **Geschmacksangaben** dürfen auf den Flaschenweinetiketten verwendet werden und wie lauten die vorgeschriebenen **Restsüße-Bandbreiten**?*

* Die Angabe „**lieblich**" darf nur verwendet werden, wenn der Wein einen Restzuckergehalt aufweist, der die für „halbtrocken" festgelegten Werte übersteigt, aber **höchstens 45 g/l** erreicht.
* Die Angabe „**süß**" kann nur gebraucht werden, wenn der Restzuckergehalt **mindestens 45 g/l** beträgt.

*Wie lauten die **vorgeschriebenen Angaben** auf den Flaschenetiketten deutscher Qualitätsweine b.A.?*

– Das bestimmte Anbaugebiet,
– die Qualitätsstufe – „Qualitätswein", „Qualitätswein b. A." oder „Qualitätswein mit Prädikat" in Verbindung mit einem Prädikat, z. B. „Kabinett",
– das Nennvolumen (Flascheninhalt),
– der Name (Firma) des Abfüllers sowie Mitgliedstaat, Gemeinde (Ortsteil) seines Hauptsitzes bzw. Angabe des tatsächlichen Abfüllungsortes,
– bei Versand in andere Mitgliedstaaten oder Export in Drittländer ist der Name des Erzeugermitgliedstaates angabepflichtig,
– die zugeteilte amtliche Prüfungsnummer,
– der vorhandene Alkoholgehalt.

*Wie lauten die **zulässigen Angaben** auf dem gleichen Etikett oder auf dem Zusatzetikett?*

– Engere geographische Herkunftsangaben,
– eine oder höchstens zwei Rebsorten und der Jahrgang,
– Weingut, Erzeugerabfüllung, Gutsabfüllung, Weinhändler, Winzer, Importeur, Burg, Domäne, Kloster, Schloss,
– Geschmacksangaben: trocken, halbtrocken, lieblich, süß,
– bestimmte Empfehlungen an den Verbraucher,
– Angaben zur Geschichte des Weines,
– Auszeichnungen bei Prämierungen, Verleihung von Gütezeichen, soweit diese ausdrücklich zugelassen sind,
– EU-Verpackungszeichen „e".

Wann ist die Angabe *„Für Diabetiker geeignet"* *(DLG-Rückenetiketten auf Weinflaschen)* erlaubt?	Diese Angabe darf nur unter Hinzufügung der Worte „Nur nach Befragen des Arztes" verwendet werden, wenn der Wein **je Liter höchstens 4 g** unvergorenen Zucker (Restzucker), **40 mg** freie schwefelige Säure, **150 mg** gesamte schwefelige Säure und **höchstens 12 %** vol vorhandenen Alkohol aufweist.
Welcher Wein darf die Bezeichnung **Riesling-Hochgewächs** führen?	Weißer Qualitätswein, wenn er ausschließlich aus Weintrauben der Rebsorte Riesling hergestellt worden ist und der zur Herstellung verwendete Most einen natürlichen Alkoholgehalt aufgewiesen hat, der mindestens 1,5 Volumenprozent über dem für das betreffende bestimmte Anbaugebiet oder dessen Teil festgelegten natürlichen Mindestalkoholgehalt liegt. Zudem muss der Wein in der amtlichen Qualitätsprüfung eine Qualitätszahl von mindestens 3,0 erreicht haben.
Was bedeutet die Angabe *„Erstes Gewächs"*, wie sie bestimmte Riesling- und Spätburgunder-Weine des Rheingaus führen dürfen?	Mit der Ernte 1999 gibt es in Deutschland, d. h. von ausschließlich **klassifizierten Lagen** des Rheingaus, erstmals Weine, die diese Bezeichnung tragen. **Strenge An- und Ausbaukriterien** sollen einen hohen Qualitätsstandard garantieren. Vorgeschrieben sind ein Anschnitt von 6 Augen/m², das **Handleseverfahren** und ein **Hektarertrag von maximal 50 hl**. Ferner unterliegen „Erste Gewächse" strengen Prüfungsverfahren und Vermarktungsregeln. **Riesling**-Trauben müssen mindestens 83° Oechsle bei der Lese aufweisen (Spätlese 90°-, Auslese 105° Oechsle). Die daraus hergestellten geschmacklich trockenen Weine dürfen bis zu 13 g/l Reststüße haben. Edelsüße Rieslingweine haben als Spätlese > 40 g/l, als Auslese > 60 g/l und als BA, TBA oder Eiswein > 100 g/l Restsüße. **Spätburgunder**-Trauben müssen mindestens 90° Oechsle bei der Lese aufweisen (Auslese 110° Oechsle). Geschmacklich trockener Spätburgunder-Wein darf maximal 6 g/l Reststüße haben.

Fortsetzung:
Was bedeutet die Angabe *„**Erstes Gewächs**", wie sie bestimmte Riesling- und Spätburgunder-Weine des Rheingaus führen dürfen?*

Edelsüße Spätburgunderweine mit dem Prädikat Auslese weisen > 60 g/l Restsüße, BA, TBA und Eiswein > 100 g/l Restzucker auf.

Zur Ausstattung der Flaschen – empfohlen ist die Rheingau-Flöte – gehört zwingend ein einheitlich gestaltetet Aufdruck als Kennzeichen: Zwischen den beiden Worten „Erstes Gewächs" zeigt es drei romanische Rundbögen auf schwarzem Balken.

Ausländische Weine

Französische Weine

Nennen Sie die zehn bedeutendsten französischen Weinanbaugebiete!

(In alphabetischer Ordnung): Armagnac, Bordeaux (le bordelais), Burgund (la bourgogne), Champagne, Cognac, Elsass (l'alsace), Languedoc-Roussillon, Loiretal (Val de Loire), Provence (Côtes de Provence), Rhônetal (Côtes du Rhône).

*Nennen Sie die **Güteklassenstufen** nach **französischenm Weinrecht**, beginnend mit der untersten Stufe!*

* **Vin de table** (entspricht unserem Tafelwein), ca. 40% der Gesamtproduktion.
* **Vin de pays** (entspricht unserem Landwein), ca. 14,5% der Gesamtproduktion.
* **VDQS, oder „Vin Délimité de Qualité Supérieure"** (entspricht unserem Q.b.A.-Wein), unter 1% der Gesamtproduktion. Diese Gruppe ist im Schwinden. Der Staat ist bemüht, die noch verbleibenden VDQS-Bereiche bald in den AC-Rang zu erheben und dafür die erfolgreichen „Vins de pays" zu fördern.
* **A.C.**, d.h. **„Appellation Contrôlée"** und **A.O.C.**, d.h. **„Appellation d'Origine Contrôlée"** (d.h. „Kontrollierte Herkunftsbezeichnung), ca. 30% der Gesamtproduktion. Die besten französischen Weine sind fast ausschließlich A.O.C.-Weine. Beide Bezeichnungen stehen auf gleicher Stufe und entsprechen unseren Qualitätsweinen mit Prädikat.

*Zählen Sie die **Bedingungen** auf, die das französische Weingesetz für **A.C.- bzw. A.O.C.-Weine** vorschreibt!*

– Die kontrollierte Herkunft des Weines
– Art und Zusammensetzung der verwendeten Traubensorten,
– Rebschnittmethode und Weinbergpflege,
– Ernte- und Ertragseinschränkungen (z.B. max. 40 hl/ha),
– Mindest- und Höchstalkoholgehalt,
– Techniken der Weinbereitung und Art der Lagerung,

Fortsetzung:
*Zählen Sie die **Bedingungen** auf, die das französische Weingesetz für **A.C.- bzw. A.O.C.- Weine** vorschreibt!*

– Kontrollen der Qualität durch chemische Analysen und durch offizielle Degustationskommissionen.

Merke: Je enger die Abgrenzung der Ursprungsregion, desto höheres Mostgewicht, desto geringerer Ertrag und strengere Vorschriften!

Bordeaux

*Welcher **Bedeutung** entspricht heute das Anbaugebiet **Bordeaux**?*	Mit über 113 000 ha Rebfläche (1997) ist Bordeaux das größte Qualitätswein-Anbaugebiet der Welt. Dort werden jährlich etwa 3 Mill. hl A.O.C.-Wein erzeugt, (2/3 Rotwein und 1/3 Weißwein).
*Das Bordeaux-Anbaugebiet gliedert sich in **13 Untergebiete** auf. Wie heißen diese?*	Médoc, Haut-Médoc, Graves, Barsac, Sauternes, Premières Côtes de Bordeaux, Entre-Deux-Mers, Graves de Vayres, St. Emilion, Pomerol, Fronsac, Côtes de Bourg, Côtes de Blaye.
*Nennen Sie die **sechs** gesetzlich zugelassenen **Rotwein-Rebsorten** des Bordeaux-Anbaugebiets!*	– Merlot (ca. 40 000 ha Rebfläche), – Cabernet Sauvignon (ca. 25 000 ha), – Cabernet-Franc (ca. 11 000 ha), – Malbec (Cot) (bis 3 000 ha), – Petit Verdot (nur einige Parzellen), – Carmenère (" " ").
*Nennen Sie die **sechs** gesetzlich zugelassenen **Weißwein-Rebsorten** des Bordelais!*	– Semillon (ca. 17 000 ha Rebfläche), – Ugni-Blanc (ca. 7 500 ha Rebfläche), – Colombard (ca. 5 000 ha Rebfläche), – Sauvignong blanc (ca. 3 000 ha Rebfläche), – Muscadelle (ca. 2 000 ha Rebfläche), – Merlot blanc.
*Wie heißen die **drei** Stufen der **kontrollierten Ursprungsbezeichnungen** in Bordeaux?*	* **Allgemeine Appellation („Appellation Générique):** – Bordeaux A.C., bzw. – Bordeaux Supérieur A.C. Etwa die Hälfte aller Bordeauxweine trägt diese generellen Ursprungsbezeichnungen.

Fortsetzung: *Wie heißen die **drei** Stufen der **kontrollierten** **Ursprungsbezeichnungen** in Bordeaux?*	* **Regionale Appellation ("Appellation Régionale"):** Umfasst die Côtes (z. B. Côtes de Bourg, Premières Côtes de Bordeaux), Médoc, Graves, die Regionen des Libournais (z. B. St. Emilion, Pomerol, Fronsac) und die Regionen für die Weißweinerzeugung (z. B. Entre-Deux-Mers, Sauternes, Barsac). * **Lokale Appellation ("Appellation Communale"):** Die kontrollierte Ursprungsbezeichnung bezieht sich auf einen Weinbauort, vielfach in Verbindung mit einem Erzeugerbetrieb (Château), z. B. in der Region Médoc die Ortsbezeichnungen Pauillac, Margaux, Listrac, St.-Julien. Bordeaux hat **keine Einzellagen**, dafür die Appellations de cru, z. B. von 1855.
*In welche Einstufungen gliedert sich die heute gültige **Klassifizierung** der **Médoc-Rotweine**?*	Sie umfasst 1 Gewächs der Graves (Château Haut-Brion) und 60 Gewächse aus dem Médoc. Sie sind wie folgt eingestuft: – **Premiers Crus** / Erste Gewächse (5) – **Seconds Crus** / Zweite Gewächse (14) – **Troisièmes Crus** / Dritte Gewächse (14) – **Quatrièmes Crus** / Vierte Gewächse (10) – **Cinquièmes Crus** / Fünfte Gewächse (18) Danach gibt es noch die Gruppe der **Crus Bourgeois**, d. h. der Bürgerlichen Gewächse (419), die ca. 50% der Gesamterzeugung des Médoc-Gebiets ausmachen. (Stand 1997, Quelle: IWO, 03/1999).
*Wieviele **Châteaux** (im Sinne eines Weinbaubetriebes) gibt es im Anbaugebiet **Bordeaux**?*	Es gibt mehr als 3 500 Châteaux in Bordeaux, von denen 171 „Crus" (Gewächse) klassifiziert sind. Diese befinden sich in den Regionen Médoc, Sauternes, Barsac, Graves und St.-Emilion.
*Nennen Sie die fünf Weine, die heute die **Premiers Crus**-Weine des **Médoc** bilden!*	– Château Lafite-Rothschild (Pauillac), – Château Latour (Pauillac), – Château Margaux (Margaux), – Château Haut-Brion (Pessac, Graves!), – Château Mouton-Rothschild (Pauillac).

Nennen Sie die Abstufungen der **St.-Emilion-Klassifizierung** von 1996!	* **Premiers Grands Crus Classés** (11 Chât.) – Premiers Grands Crus Classés A, – Premiers Grands Crus Classés B, * **Grands Crus Classés** (55 Châteaux).
Nennen Sie die beiden *„Premiers Grands Crus Classés A"*-Weine von St.-Emilion!	– Château Ausone, – Château Cheval Blanc.
Für welche Weine ist *„Sauternes"* weltbekannt?	Sauternes ist das berühmteste Anbaugebiet für **edelsüße Weißweine** Frankreichs. Es umfaßt etwa 2.000 ha Rebfläche, aufgeteilt in 5 Gemeinden. Die Erträge aus den rosinenartig eingeschrumpften, spät gelesenen Trauben belaufen sich zwischen 9 bis 25 hl pro ha.
Wie lauten die heute gültigen 3 Stufen der **Klassifizierung** der WW aus Sauternes und Barsac?	* Premier Cru Supérieur (nur 1 Château), * Premiers Crus (11 Châteaux), * Deuxièmes Crus (14 Châteaux).
Nennen Sie drei weltbekannte edelsüße **Sauternes-Weißweine!**	– Château d'Yquem (Premier Cru Supérieur), – Château Guiraud (Premier Cru), – Château De Suduiraut (Premier Cru).

Burgund

In welche sechs Bereiche wird das Anbaugebiet **Burgund** unterteilt?	Von Norden nach Süden: Chablis, Côte de Nuits, Côte de Beaune, Côte Chalonnaise, Mâconnais, Beaujolais.
Wie groß ist das Anbaugebiet *„Bourgogne"* und welchen Anteil an der franz. Qualitätsweinerzeugung hat sie?	Die Bourgogne hat eine Rebfläche von ca. **26 800 ha**, die stark zersplittert und klein parzelliert ist. Die etwa 100 kontrollierten Ursprungsbezeichnungen (A.O.C.-Weine) haben einen Anteil von etwas mehr als **4%** der franz. Qualitätsweinerzeugung.
Nennen Sie die beiden wichtigsten **Rebsorten** für **Rotweine** und für **Weißweine** der Burgund!	Für **Rotweine**: **Pinor noir** und **Gamay** (ansonsten zum Mischen: César, Tressot, Pinot Liébault). Für **Weißweine**: **Chardonnay** und **Aligoté** (ansonsten: Pinot blanc, Pinot Beurot).

*Wie heißt die Hauptrebsorte des **Chablis**-Gebiets?*	Es wird überwiegend **Chardonnay** angebaut, dort auch Beaunois genannt. Andere Rebsorten dürfen angebaut, aber nicht für „Chablis"-Weine verwendet werden.
*Wie unterscheidet sich die Weinherstellung im **Chablis**-Gebiet von der im Côte-de-Beaune-Gebiet?*	Im Chablis-Gebiet wird die Vergärung der Weine meistens in Edelstahltanks durchgeführt. Der Eichenfass-Ausbau könnte dem Chablis-Wein Frische entziehen, womit er sich nicht mehr klar von Côte-de-Beaune-Weinen unterscheiden würde.
*Nennen Sie die vier Abstufungen der **Chablis-Klassifikation** für Weißweine!*	* **Chablis Grand Cru:** 7 Lagen: Blanchot, Bougros, Les Clos, Grenouilles, Preuses, Valmur und Vaudésir. (Eine 8. Lage „honoris causa": La Moutonne wird ebenfalls als Grand Cru angesehen). * **Chablis Premier Cru:** 12 Appellationen: Beauroy, Côte de Léchet, Fourchaume, Les Fourneaux, Mélinots, Montée de Tonnerre, Montmains, Mont de Milieu, Vaillons, Vaucoupin, Vaudevey, Vosgros. * **Chablis:** ohne Lagenbezeichnung, übergreifende AOC-Bezeichnung. * **Petit Chablis:** Appellation von niederem Rang. Meist geringe, magere, leichte Weißweine, die von nicht kalkhaltigen Böden stammen.
*In welche vier **Unterbereiche** ist die „**Côte d'Or**" eingeteilt?*	– Côte de Nuits, – Hautes Côtes de Nuits, – Côte de Beaune, – Hautes Côtes de Beaune.
*Nennen Sie je **vier** bekannte **Rotweine** von a) der **Côte de Nuits**, b) der **Côte de Beaune**!*	a) Chambertin, Clos De Vougeot, Echézeaux, Morey-St.-Denis, Romanée-Conti, ... b) Aloxe-Corton, Pommard, Savigny-Lès-Beaune, Monthélie, Volnay, Santenay.
*Nennen Sie vier weltbekannte **Weißweine** der „**Côte d'or**"!*	Corton-Charlemagne, Montrachet, Puligny-Montrachet, Chassagne-Montrachet, Meursault.

Belegen Sie die vier Stufen der kontrollierten Ursprungsbezeichnung (A.C.) mit je zwei Weinbeispielen aus der Burgund!	* **Climat** (Einzellagen): – **Grand Cru**, z.B.: Chambertin, Corton, Musigny, …, – **Premier Cru**, z.B.: Meursault-Charmes, Chambolle-Musigny, …, * **Appellation Communale**, z.B.: Pommard, Vosne-Romanée, …, * **Appellation Regionale**, z.B.: Beaujolais, Côte de Beaune, Côte de Nuits, …, * **Appellation Générique:** Bourgogne, Bourgogne Grand Ordinaire, …
Nennen Sie die sechs Appellationen der Côte Chalonnaise!	Von Norden nach Süden: Bouzeron, Rully, Mercurey, Givry, Montagny und Bourgogne Côte Chalonnaise.
*Welche **Reben** werden überwiegend in dem Bereich **Mâconnais** angebaut?*	2/3 der Rebfläche sind mit Weißweinreben bestockt (Chardonnay, Aligoté, Pinot gris und Pinot blanc), dann folgen Gamay (25%) und Pinot noir (7%).
*Nennen Sie **drei** bekannte **Weißweine** aus dem **Mâconnais**!*	– Mâcon-Villages, auch Mâcon-Fuissé, – Pouilly-Fuissé, – Saint-Véran.
*Was ist ein **Bourgogne Passe-Tout-Grains**?*	Dies ist ein Rotwein (auch Roséwein) aus der Burgund, der aus einem Verschnitt von 2/3 Gamay und 1/3 Pinot noir entsteht.
*Welche Beaujolais-Qualitäten sieht die **Beaujolais-Klassifizierung** vor?*	* **Beaujolais Primeur oder -Nouveau:** Jüngster Beaujolais, der am 3. Mittwoch im November jährlich zum Verkauf freigegeben wird. (Crus Beaujolais dürfen nicht vor dem 15. Dezember jährlich „en primeur" verkauft werden). * **Beaujolais A.C.:** Unterste Qualitätsstufe, 9% vol. Alk., Ertrag 50 hl/ha. * **Beaujolais Supérieur:** 10% vol. Alk., Ertrag 40 hl/ha. * **Beaujolais Villages:** 10% vol. Alk., Ertrag 40 hl/ha, aus 39 Dörfern, 10 davon mit eigener „Cru Beaujolais".

Zählen Sie die zehn Cru Beaujolais-Bezeichnungen (Ortsnamen) auf!	In alphabetischer Reihenfolge: Brouilly, Chénas, Chiroubles, Côte de Brouilly, Fleurie, Juliénas, Morgon, Moulin-A-Vent, Régnié, St.-Amour.
*Was sollten Sie beim Servieren von **Beaujolais-Primeur-** oder **-Nouveau-Weinen** beachten?*	Diese Rotweine sollten gekühlt, bei etwa 12 °C serviert werden. Sie sollten jung, d. h. möglichst in den ersten 6 Monaten getrunken werden. (Lagerdauer: max. 1 Jahr).

Côtes-du-Rhône

*Nennen Sie die **13 Crus** des „A.O.C.-Côtes-du-Rhône"-Anbaugebiets!*	**Nördliche Côtes-du-Rhône:** Château Grillet, Condrieu, Cornas, Côte Rôtie, Crozes-Hermitage, Hermitage, St.-Joseph, St.-Péray. **Südliche Côtes-du-Rhône:** Châteauneuf-du-Pape, Gigondas, Lirac, Tavel, Vacqueyras.
*Wodurch unterscheiden sich im **Weinbau** die Nördliche- und die Südliche **Côte-du-Rhône**?*	Im **nördlichen Teil** (Vienne bis Valence) werden die meisten Weine ganz oder überwiegend aus einer **einzigen Rebsorte** hergestellt. Im **südlichen Teil** (Montélimar bis Avignon) stehen **Verschnittweine** im Vordergrund, mit einer Auswahl von bis zu 23 Traubensorten.
*Wie heißen die **vier** bekanntesten **roten und weißen Rebsorten** der Côtes-du-Rhône?*	rote: Syrah, Grenache, Mourvèdre, Cinsaut, weiße: Roussanne, Marsanne, Viognier, Muscat.
*Nennen Sie jeweils **zwei** bekannte Weißweine, Rotweine, Roséweine und Schaumweine der **Côtes-du-Rhône**!*	Weißweine: Condrieu, Château Grillet, Chante-Alouette, Rotweine: Côte Rôtie, Hermitage, Cornas, Châteauneuf-du-Pape, Gigondas, Roséweine: Lirac, Tavel, Côtes du Lubéron Schaumwein: Clairette-de-Die, St.-Péray.
*Welche **Weinart** wird im Anbaugebiet „**Côtes de Provence**" überwiegend erzeugt?*	Dort werden zu ca. 60 % Roséweine, zu 30 % Rotweine und etwa 10 % Weißweine erzeugt.

*Nennen Sie **drei** bekannte **AOC-Weine** aus den „Côtes de Provence"!*	Bandol, Bellet, Cassis, Coteaux d'Aix-en-Provence, Côtes de Provence, Palette, Coteaux Varois, Coteaux Des Beaux.
*Nennen Sie die **vier** **Bereiche**, in die das Anbaugebiet „**Val de Loire**" unterteilt wird!*	* Pays Nantais, * Anjou-Saumur, * Touraine, * Östliche Loire.
*Nennen Sie aus jedem **Val de Loire-Bereich** einen bekannten Wein mit seiner Weinart!*	**Pays Nantais:** Muscadet de Sèvre et Maine (weiß). **Anjou-Saumur:** Anjou (rosé und rot). **Touraine:** Chinon, Bourgueil (beide rot), Vouvray (weiß, auch Schaumwein). **Östliche Loire:** Pouilly Fumé (weiß), Sancerre (weiß, rosé und rot), Reuilly (weiß, rosé, rot).
*Welche **Besonderheit** gilt für die **Weine** des „**Alsace**" (Elsass) im Vergleich zum übrigen Frankreich?*	Das Elsass ist die einzige klassische Weinbauregion Frankreichs, die ihren Ruhm auf **sortenreine Weine** gründet. Etwa 95% der Produktion sind trockene Weißweine aus franz. oder deutschen Rebsorten.
*Welche **Besonderheit** in Bezug auf die **Appellation** gilt für die Weine des Elsass?*	Alle Weine des Elsass gehören zur Appellation Alsace und sind entsprechend etikettiert. Wenn der Weinberg als „Grand Cru" klassifiziert ist, wird dies bei der Appellation angegeben.
*Welche **vier Rebsorten** sind für die Herstellung von sortenreinen **Alsace Grand Cru** Weinen zugelassen?*	– Muscat, – Riesling, – Gewürztraminer, – Tokay d'Alsace (= Pinot gris, Ruländer oder Grauburgunder)
*Welche Besonderheit der **Namensgebung** haben die Elsässer Weine?*	Sie sind oftmals nicht – wie die meisten anderen französischen Weine – unter dem Namen ihres Ortes bekannt, sondern werden durch den **Namen ihres Winzers** und ihrer **Rebsorte** bezeichnet. (Z. B.: Trimbach Gewürztraminer Grande Réserve, oder: Riesling – Grand Cru – Hugel).
*Was bedeutet „**Vendage Tardive**" auf einem elsässer Weinetikett?*	Es handelt sich um einen Spätlese-Wein, der füllig, kraftvoll und manchmal süß schmecken wird.

Was bedeutet „*Sélection de Grains Nobles*" auf einem elsässer Weinetikett?	Es handelt sich um einen relativ seltenen Wein von intensiver Süße, dessen Trauben von Edelfäulnis befallen waren. Ist mit einer deutschen Beerenauslese vergleichbar.

Italienischer Wein

Welche **Bedeutung** hat *Italien* als *Weinbauland* international?	Italien ist das größte Weinbauland der Welt. Dort werden im Durchschnitt pro Jahr 75 Mio. hl erzeugt, das sind ca. 30% der europäischen und ca. 23% der weltweiten Weinerzeugung.
Wie heißen die *20 Weinbaugebiete Italiens?*	Von Norden nach Süden: – Trentino-Alto Adige (Trentino und Südtirol) – Valle d'Aosta (Aosta-Tal), – Piemonte (Piemont), – Lombardia (Lombardei), – Friuli-Venezia Giulia (Friaul-Julisch Venetien), – Veneto (Venetien), – Emilia-Romagna (Emilia-Romagna) – Liguria (Ligurien), – Toscana (Toskana), – Marche (Marken), – Umbria (Umbrien), – Lazio (Latium), – Abruzzo (Abruzzen), – Molise (Molise), – Puglia (Apulien), – Campania (Kampanien), – Basilicata (Basilikata), – Calabria (Kalabrien), – Sicilia (Sizilien), – Sardegna (Sardinien).
Was bedeuten folgende *Geschmacksangaben* auf italienischen Weinetiketten: – *Dolce,* – *Amabile,* – *Abboccato,* – *Pastoso,* – *Semi-secco,* – *Secco,* – *Asciutto,* – *Amaro?*	– Dolce: Sehr süß. – Amabile: Süß (süßer als Abboccato). – Abboccato: Leicht süß. – Pastoso: Halbsüß. – Semi-secco: Halbtrocken. – Secco: Trocken. – Asciutto: Knochentrocken. – Amaro: Bitter, oder sehr trocken.

Erklären Sie folgende Ausdrücke auf italienischen Weinetiketten: *– Superiore, – Riserva oder Riserva speciale,* *– Classico?*	– **Superiore:** Wein mit längerer Fassreife sowie mit 0,5 bis 1% mehr Alkohol als normaler D.O.C.-Wein. – **Riserva:** D.O.C.-Weine, die eine gesetzlich vorgeschriebene längere Zeit im Fass gelagert wurden. Der **Riserva speciale** ist älter. – **Classico:** Wein aus einem begrenzten, innerhalb einer D.O.C. gelegenen Bereich. Oft der beste Wein dieser Gegend. Bei Schaumweinen bedeutet es „Champagner-Verfahren".
Nennen Sie die vier Stufen der italienischen Güteklassen-Pyramide.	Von der obersten Stufe zur untersten: * **D.O.C.G.** (Denominazione di Origine Controllata e Garantita): Kontrollierte und garantierte Herkunftsbezeichnung. Einzellagenangaben (vigna) sind erlaubt, zugunsten niedrigerer Hektarerträge. Das neue Gesetz ermöglicht auch hervorragenden individuellen Markenweinen, eine eigene D.O.C.G. zu erhalten. * **D.O.C.** (Denominazione di Origine Controllata): Einzellagenangaben sind erlaubt. Das neue Gesetz ermöglicht bei fünf Jahre langer Bewährung den Aufstieg in die oberste Gruppe, es kann aber auch einen Abstieg bei Nichtbewährung bewirken. * **I.G.T.** (Indicazione Geografica Tipica): Diese Weine entsprechen unserem Landwein. Sie dürfen einen geographischen Namen und den Namen der Traubensorte – in dieser Reihenfolge – tragen. * **Vino Da Tavola:** Tafelwein. Die unterste Klasse für die einfachsten Weine, aber auch für Weine, die aus örtlich nicht zugelassenen Trauben erzeugt wurden. Einige der führenden und teuersten dieser Weine (z. B. Tignanello) haben Cabernet Sauvignon als Hauptrebsorte. Ist diese Sorte in der lokalen D.O.C.-Klasse nicht zugelassen, wird der Wein automatisch ein Vino Da Tavola.

*Nennen Sie je zwei **bekannte** Weine aus den folgenden Anbaugebieten:*
- *Piemont,*
- *Ligurien,*
- *Trentino–Alto Adige,*
- *Lombardei,*
- *Venetien,*
- *Friaul–Julisch Venetien,*
- *Emilia-Romagna,*
- *Toskana,*
- *Umbrien,*
- *Marken,*
- *Latium,*
- *Abrizzen,*
- *Kampanien,*
- *Apulien,*
- *Sizilien,*
- *Sardinien.*

- **Piemont:** Barolo, Barbera, Barbaresco, Dolcetto, Nebbiolo, Gavi di Gavi, Roero Arneis
- **Ligurien:** Cinqueterre, Rossese di Dolceacqua
- **Trentino–Alto Adige:** Teraldego Rotaliano, Caldano, Santa Maddalena
- **Lombardei:** Valtellina, Franciacorta
- **Venetien:** Soave, Valpolicella, Recioto, Torcolato, Garda
- **Friaul–Julisch Venetien:** Grave del Friuli, Collio Goriziano, Collio Orientali
- **Emilia-Romagna:** Albana di Romagna, Lambrusco
- **Toskana:** Chianti, Brunello di Montalcino, Sassicaia, Tignanello, Vino Nobile de Montepulciano
- **Umbrien:** Orvieto, Rubesco Torgiano
- **Maken:** Rosso Piceno, Rosso Cònero, Verdicchio dei Castelli di Jesi
- **Latium:** Est Est Est di Montefiascone, Frascati, Colli Albani
- **Abruzzen:** Montepulciano d' Abruzzo, Trebbiano d' Abruzzo
- **Kampanien:** Greco di Tufo, Fiano di Avellino, Lacrima Christi del Vesuvio
- **Apulien:** Castel del Monte, Locorotondo, Salice Salentino
- **Sizilien:** Corvo, Etna, Marsala, Moscato di Siracusa
- **Sardinien:** Cannonau, Vernaccia di Oristano, Fermentino di Gallura

Likörweine

*Aus welchem spanischen Weinanbaugebiet kommt **Sherry**? Nennen Sie die drei Zentren!*

Sherry kommt aus dem Anbaugebiet Andalusien (Südwest-Spanien). Die drei Zentren sind die Städte: Jerez de la Frontera, Sanlúcar de Barrameda, Puerto de Santa María.

*Wie heißen die beiden wichtigsten **Sherry-Rebsorten**?*

Die weitaus wichtigste Sherryrebsorte ist die weiße **„Palomino"**, gefolgt von **„Pedro Ximénez"** (P. X.-Rebe). Außerdem werden für den Verschnitt mit süßen Sherries auch kleinere Mengen gelber Muskateller (Moscatel) angebaut.

*Erklären Sie das Prinzip des **„Solera-Verfahrens"**!*

Nach einer bis zu 3 Jahren langen Lagerung und Reifung wird der gespritete Wein in die Soleras umgefüllt. Die Fässer sind in übereinander liegenden Stapeln geordnet, die jeweils den gleichen Wein, aber von zunehmend jüngerem Alter enthalten. Der älteste Sherry lagert ganz unten. Von Zeit zu Zeit wird Wein aus der untersten Reihe teilweise entnommen und in Flaschen abgefüllt. Diese Fässer werden mit Sherry der 2. Reihe aufgefüllt, diese dann wiederum mit Sherry aus der 3. Reihe usw.

*Warum gibt es bei **Sherry** keine Jahrgangsbezeichnungen?*

Weil beim Solera-Verfahren eine ständige Vermischung unterschiedlichster Jahrgangsanteile erfolgt, um eine gleichbleibende Markenqualität zu erzielen.

*Wie heißen die **fünf** Angebotsformen des **Sherry** und wie schmecken diese?*

* **Manzanilla:** Ein blasser, frischer, sehr trockener Sherry mit Salzton aus Sanlúcar de Barrameda, der aus einer Solera kommt, die bis zu 14 Fassreihen umfasst.
* **Fino:** Ein leichter, sehr trockener, heller Sherry mit 15–18 % vol Alkohol und feinem Mandelaroma.
* **Amontillado:** ein bernsteingelber, nicht ganz so trockener Sherry wie der Fino, aus dem er abgeleitet wird, mit feinem Nussaroma. 16,5–18 % vol Alkohol.
* **Oloroso:** Der dunkelste, körperreichste und würzigste der Sherrytypen mit bis zu 24 % vol Alkohol. Er reift ohne Flor und ist im natürlichen Zustand vollkommen trocken. Um ihn

Fortsetzung: *Wie heißen die **fünf** **Angebotsformen des** **Sherry** und wie schmecken diese?*	zu einem süßen Dessert-Sherry zu machen, wird er mit süßem Pedro-Ximénez-Wein verschnitten. * **Cream:** Dieser süße, körperreiche, dunkle, mahagonifarbene Sherry wird durch Süßen eines Oloroso mit zuckerreichem Most aus der P.X.-Traube (u.a.) hergestellt.
*Welche **Sherry-Arten** eignen sich als **Apéritif** und welche als **Digestif**?*	Als **Apéritif** eignen sich vorwiegend die trockenen Sherries, d.h.: Manzanillas, Finos, Amontillados (u. event. trockene Olorosos). Als **Digestif** sollten Sie die süßen Olorosos und Cream-Sherries anbieten.
*Mit welchen **Ausschanktemperaturen** werden **Sherries** serviert?*	Trockene Sherries werden gekühlt mit 12 °C serviert, süße Sherries mit 16–18 °C.
*Wie heißt das typische spanische **Sherryglas** und die **Ausschankmenge** für 1 Glas Sherry?*	Das spanische Sherryglas heißt „**Copita**", die internationale übliche Ausschankmenge beträgt **5 cl**, wie für alle anderen Likörweine auch.
*Nennen Sie bekannte **Sherry-Markennamen** und ihre **Geschmacksrichtung**!*	**Manzanilla:** „La Guita" (Pérez Marín), „Bajo de Guia" und „Sanluquena" (C.A.Y.D.). **Fino:** „Tio Pepe" (Fa. Gonzalez Byass), „La Ina" (Fa. Pedro Domecq), „Sandeman Apitiv" (Fa. Sandeman). **Amontillado:** „Dry Sack" (Williams & Humbert), „Croft Particular" (Croft Jerez S.A.), „Don Zoilo Amontillado" (Don Zoilo). **Oloroso:** „Bailen Olorolso" (Fa. Osborne), „Río Viejo" (Fa. Pedro Domecq), „Oloroso Solera Victoria Regina" (Fa. Díez-Merito). **Cream:** „Harvey's Bristol Cream" (Fa. Harvey), „Double Century" (Fa. Perdro Domecq) „Osborne Cream" (Fa. Osborne).
*Woher stammt der **Portwein**?*	Portwein stammt aus dem Dourotal, Portugal, etwa 100 km östlich der Stadt Porto (Oporto).
*Welche **Rebsorten** werden im Dourotal angebaut?*	Im Dourotal werden angebaut: Verdelho, Cao, Francisca, Mourisca, Tourigo und Bastardo.

Wie wird Portwein erzeugt?	Der angegorene Most aus den überwiegend blauen Trauben wird mit hochprozentigem Weindestillat der Region 5:1 vermischt. Dadurch wird die Gärung gestoppt und die gewünschte Restsüße bleibt erhalten. Die Portweine reifen dann zentral in Holzfässern unter Staatsaufsicht, in den Bodegas von Vila Nova de Gaia mindestens 2 Jahre, aber auch bis zu 50 Jahre (Jahrgangsportweine werden in Flaschen gelagert). Der fertige Portwein ist meistens ein Verschnitt aus verschiedenen Lagen und hat etwa 20% vol Alkohol.
*Nennen Sie **fünf Portwein-Arten**!*	White Port, Ruby Port, Tawny Port, Late-Bottled Vintage Port, Vintage Port.
*Was ist ein „**White Port**"?*	Der aus weißen Trauben hergestellte goldfarbene Portwein schmeckt im Vergleich zu den roten Portweinen trocken. Er wird gekühlt als Apéritif gereicht.
*Was ist ein „**Ruby-Port**?*	Der rubinfarbene Standard-Portwein ist der jüngste aller auf dem Markt befindlichen Portweine, ca. 3 Jahre alt. Er schmeckt fruchtig, süßlich und strenger und wurde mit mehr Farbstoffausbeute vinifiziert.
*Was ist ein „**Tawny-Port**"?*	Dieser hellere, rötlich-orange bis gelbliche Portwein ist die gängigste Portwein-Art. Billiger Tawny ist aus rotem und weißem Port gemischt. Älterer Tawny nimmt durch die lange Lagerung in Eichenholzfässern eine bräunliche Farbe an. Viele Spitzen-Tawnies sind „20 Years Old".
*Was ist ein „**Late-Bottled Vintage Port**"?*	Dieser Portwein eines Jahrgangs wurde länger als Jahrgangsport (etwa + 5 Jahre) in Holzfässern gelagert. Er ähnelt zwar dem Vintage Port, ist aber etwas heller und altert rascher.

Was ist ein ,,Vintage-Port"?	Die besten Portweine in einem großen Jahr werden als Jahrgangs-Portwein nach nur 2-jähriger Fasslagerung auf Flaschen abgefüllt, wo dieser dann viele Jahre heranreift. Bevor er in den Handel kommt, ist er mindestens 10 Jahre alt, oft jedoch 20 Jahre und älter. Seine Geschmacksintensität macht ihn zur hochbezahlten Rarität. Vintage Ports bilden starke Ablagerungen und werden deshalb dekantiert.
*Was bedeuten die folgenden **Portwein-Lagerdauer-Angaben**:* *– Pale white, – Straw coloured white, – Golden white, – Vintage?*	– **Pale white:** Weißer Portwein mit etwa 3-jähriger Fasslagerung. – **Straw coloured white:** Weißer Portwein mit 3–5-jähriger Fasslagerung. – **Golden white:** Weißer Port mit 6–12-jähriger Fasslagerung. – **Vintage Port:** Über 10 Jahre gelagerter Portwein.
*Mit welchen **Ausschanktemperaturen** werden **Portweine** serviert?*	Weiße Portweine werden gekühlt mit 12 °C serviert, rote Portweine bei 16–18 °C.
*Welche **Gläser** mit welcher **Ausschankmenge** werden für **Portweine** verwendet?*	Portweine werden in Likörweingläsern, oft mit bauchiger Form ausgeschenkt. Die Ausschankmenge ist 5 cl wie bei allen Likörweinen.

Schaumwein

Was ist Schaumwein?

Schaumwein ist ein alkoholhaltiges Getränk, das aus Wein gewonnen wird und dessen Kohlensäuredruck – durch alkoholische Gärung erzeugt – bei 20 °C gemessen, mindestens **3 bar** beträgt. Deutscher Schaumwein muss mindestens **9,5 % vol** Alkohol aufweisen, zu 100 % deutscher Herkunft sein und darf nur in Flaschen abgefüllt werden.

Welche Schaumweinarten unterscheidet die deutsche Schaumwein-VO?

* **Schaumwein:** ist als Unterbegriff gleichzeitig die niedrigste Qualitätsstufe in Deutschland.
* **Qualitätsschaumwein:** auch Sekt genannt.
* **Qualitätsschaumwein b. A.:** auch Sekt b. A. genannt.

Welchen Anforderungen muss ein Sekt entsprechen?

Die Bezeichnung Sekt für inländische Qualitätsschaumweine ist nur erlaubt, wenn:
– er aus **Wein** hergestellt wurde,
– seine Kohlensäure ausschließlich in **2. Gärung** entstanden ist und der Überdruck mindestens **3,5 bar** bei 20 °C beträgt,
– er mindestens **10 % vol Alkohol** aufweist,
– ihm eine amtliche **Prüfungsnummer** erteilt wurde,
– wenn er bestimmte Auflagen zur **Herstellzeit** und **Lagerzeit** auf der Hefe erfüllt.

Welchen Anforderungen muss ein Sekt b. A. entsprechen?

Die Bezeichnung Sekt b. A. (bzw. Qualitätsschaumwein b. A.) ist nur erlaubt, wenn:
– ihm eine amtliche Prüfungsnummer zugeteilt wurde,
– die Grundweine (Cuvée) zu 100 % aus einem der 13 deutschen bestimmten Anbaugebiete stammen.
– Eine Jahrgangs- und Rebsortenangabe ist nur erlaubt, wenn diese zu 85 % zutrifft und diese Weine die Art des Getränks bestimmen (Füll- und Versanddosage ausgenommen).

Wann ist die Bezeichnung „Deutscher Sekt" erlaubt?

Diese Bezeichnung ist nur erlaubt, wenn der Sekt nur aus deutschen Grundweinen und in Deutschland hergestellt wurde.

Wann ist die Bezeichnung „Winzersekt" erlaubt?	Diese Bezeichnung ist nur erlaubt, wenn der Sekt ausschließlich aus Grundweinen des Weinbaubetriebes bzw. der Genossenschaft gewonnen wurde. Flaschengärung ist vorgeschrieben.
Nennen Sie die drei Methoden der Schaumwein-Herstellung!	a) Großraumgärverfahren (Tankgärverfahren) b) Flaschengärverfahren („La méthode champenoise" oder Champagnerverfahren), c) Transvasionsverfahren.
Nennen Sie stichwortartig die Sektherstellung beim Großraumgärverfahren!	– Verschnitt verschiedener Weine (= Cuvée) – Zugabe von in Wein gelöstem Kristallzucker und Reinzuchthefe, – 2. Gärung im drucksicheren Edelstahltank, – Lagern mit regelmäßigem Umrühren der Hefe im Tank, – Klärung im Schichtenfilter, – Zugabe der Versanddosage, – Abfüllung, Verkorken, Ausstatten, – Lagern, Versand.
Erklären Sie den Begriff Versanddosage!	Dem fertigen Schaumwein wird vor dem Abfüllen eine Lösung aus Zucker und Wein zur Erreichung des gewünschten Süßegrades (Dosagestufen) beigesetzt.

Nennen Sie die sechs Dosage-Stufen nach EG-Recht, mit ihren *– deutschen,* *– französischen,* *– englischen und* *– italienischen* *Begriffen und den Restsüße-Bandbreiten in g/l.*	**Dosage-Stufen:** „extra herb", „brut nature" oder „extra brut": „herb" oder „brut": „extra trocken" oder „extra dry": „trocken", „sec", „dry" oder „asciutto": „halbtrocken", „demisec", „medium dry", „aboccato": „mild", „doux", „sweet", „dolce":	**Zuckergehalt:** von 0 bis 6 g/l weniger als 15 g/l von 12 bis 20 g/l von 17 bis 35 g/l 33 bis 50 g/l höher als 50 g/l
*Mit welcher **Ausschanktemperatur** sollte Schaumwein serviert werden?*	Mit **6 bis 8 °C**. Roter Schaumwein sollte eher bei 6 °C geöffnet werden, da er zu schnellem Überschäumen neigt.	

*Aus welchen anderen EU-Mitgliedsländern kommen **Qualitätsschaumweine** und unter welchen Namen werden sie vermarktet?*	England: Sparkling Wine Frankreich: Champagne, Crémant, Vin mousseux Italien: Spumante Österreich: Qualitätsschaumwein Portugal: Espumante Spanien: Cava
*Nennen Sie sieben Punkte, die in den **Vorschriften für Champagner-Erzeugung** geregelt sind!*	– Die Abgrenzung des Champagner-Anbaugebiets, – die zugelassenen Rebsorten, – der Rebschnitt, – der Traubenhöchstertrag pro ha, – der Mosthöchstertrag beim Keltern, – die „méthode champenoise", – das Reifen in der Flasche.
*Nennen Sie die drei gesetzlich vorgeschriebenen **Champagner-Rebsorten!***	– Chardonnay (weiße Traube), – Pinot noir (rote Traube), – Pinot meunier (rote Traube).
*In welche **fünf Weinbauzonen** ist die Champagne unterteilt und welche **Rebsorten** werden dort jeweils angebaut?*	Die „Zone délimitée" der Champagne ist seit 1927 per Gesetz geregelt. Zur Zeit sind etwa 30.000 ha (der Gesamtfläche von ca. 36.000 ha) mit Reben bepflanzt. Die fünf Weinbauzonen sind: * **Montagne de Reims** (Die Reimser Berge): 28% der Zone-délimitée, bepflanzt mit Pinot noir und Pinot meunier. * **Vallée de la Marne** (Das Marnetal): 35%, Anbau: Pinot noir und Pinot meunier. * **Côte des Blancs** (Weißer Hang): 12%, Anbau: Chardonnay. * **Côte de Sézanne** (Sézannais): 25% mit dem Bereich Aube. Anbau: Chardonnay und Pinot noir. * **L'Aube** (Bereich Aube): Pinot noir.
*Was bedeutet „**nach Champagnerart gekeltert**"?*	Aus 160 kg Trauben dürfen laut Gesetz maximal 102 Liter Most gepresst werden. In eine Presse kommen 4000 kg Trauben (= 1 Marc). Daraus werden genau 2550 Liter Most gekeltert, d. h. im 1. Pressvorgang die „Cuvée" von 2050 l, im 2. Pressvorgang die „Taille" (Schnitt) von 500 l.

Was bedeutet „méthode champenoise"?	Dabei handelt es sich um das klassische Flaschengärverfahren, das in der Champagne vorgeschrieben ist. Bis zu 70 verschiedene Grundweine werden zur Cuvée verschnitten, mit der Fülldosage versehen und auf Flaschen gefüllt, wo die 2. Gärung stattfindet. In Rüttelpulten werden die Hefepartikel nach und nach zum Flaschenhals hin befördert, dann in einem Solebad eingefroren und beim Öffnen durch den Innendruck nach außen befördert. Der entstandene Volumenverlust in der Flasche wird mit der Versanddosage ausgeglichen, die auch den Dosagewert bestimmt. Es folgen Verkorkung, Ausstattung, Lagerung, Versand.
Was besagen die Worte „Millésimé" oder „Vintage" auf dem Champagner-Etikett?	Der verwendete Grundweinverschnitt (Cuvée) besteht ausschließlich aus Weinen **eines**, nämlich des genannten **Jahrgangs**. Dies wird nur bei besonders guten Jahrgängen (z. B. 1995) durchgeführt. Außerdem ist eine mindestens 3-jährige Lagerzeit (oftmals bis zu 5-jährige Lagerzeit) auf der Hefe vorgeschrieben.
Ein Champagner trägt die Bezeichnung „Blanc de blancs". Was besagt dies?	Der Blanc de blancs (Weißer von weißen) wird nur aus der weißen Chardonnay-Traube hergestellt.
Was bedeutet die Bezeichnung „Blanc de noirs" auf dem Champagner-Etikett?	Der „Blanc de noirs-Champagner" (Weißer von schwarzen) wird nur aus roten Trauben hergestellt, ist jedoch kein roter Champagner.
Was bedeutet das Wort „Crémant" auf dem Champagner-Etikett?	Der Crémant ist ein Champagner, dem bei der 2. Gärung weniger Zucker und Hefe zugegeben werden. Er ist deshalb nur feinperlend und lässt die Grundweine ausgeprägt zur Geltung kommen.
Was ist ein „Crémant de Cramant"?	Dies ist ein Crémant-Champagner (siehe letzte Frage), der aus der Weinbaugemeinde Cramant aus der Champagne stammt.
Was ist ein „Vin mousseux-Crémant"?	Hierbei handelt es sich um einen französischen Schaumwein, der nicht aus der Champagne stammt, jedoch in der feinperlenden Art eines Crémant hergestellt ist.

*Erklären Sie die zwei Methoden der **Rosé-Champagner-Herstellung**!*	a) Der Rosé-Champagner wird nur aus roten Trauben hergestellt, deren Maische kurze Zeit angegoren wird, um den gewünschten Farbton zu erreichen. b) Der Rosé-Champagner wird aus allen 3 Rebsorten hergestellt, wobei bei der Cuvée-Bereitung dem Weißwein entsprechend Rotwein beigegeben wird, um die gewünschte Farbgebung zu erreichen.
*Die Champagner-**Etiketten** sind mit einer **Code-Nummer** aus 2 Buchstaben und Ziffern versehen. Erklären Sie die Bedeutung folgender Kürzel:* *– NM, – RM, — CM,* *– MA, – RC, – SR,* *– ND, –R!*	– NM: = Négociant Manipulant (Champ.Haus) – RM: = Récoltant Manipulant (Ch.-Winzer) – CM: = Coopérative de Manipulation (Hersteller Genossenschaft) – MA: = Marque d'Acheteur (Nebenmarke oder Spezialabfüllung eines Champagnerhauses) – RC: = Récoltant Coopérateur (Winzergenossenschaft) – SR: = Societé de Récoltants (Champagne Winzer-Gesellschaft) – ND: = Négociant Distributeur (Großhändler) – R: = Récoltant (Winzer).
*Nennen Sie 10 bekannte **Champagner-Markennamen**!*	Ayala, Bollinger, Bricout, De Castellane, Charles Heidsieck, Deutz, Heidsieck Monopole, Henriot, Krug, Lanson, Laurent-Perrier, Louis Roederer, Maxim's, Mercier, Moët et Chandon, Mumm, Perrier-Jouet, Philipponnat, Piper Heidsieck, Pommery, Pol Roger, Ruinart, Taittinger, De Venoge.
*Nennen Sie die verschiedenen **Champagner-Flaschengrößen** mit ihrem Inhalt in l!*	Pikkolo (Baby Cham, Quart) 0,2 l, Halbe Flasche (Demi bouteille) 0,375 l, 1/1 Flasche (Bouteille) 0,75 l, Magnum 1,5 l, Doppelmagnum (Jéroboam) 3,0 l, Réhoboam 4,5 l, Methusalem 6,0 l, Salmanazar 9,0 l, Balthazar 12,0 l, Nebukadnezar 15,0 l.

*Nennen Sie **fünf** Beispiele für französische Vins **mousseux**!*	Franz. Schaumweine, die nicht aus der Champagne stammen, tragen den Namen „Vin mousseux". Dazu zählen: Anjou Mousseux, Blanquette de Limoux, Clairette de Die Mousseux, Saumur Mousseux, Veuve du Vernay, Vouvray Mousseux, ….
*Woher genau stammen die **Cava**-Schaumweine?*	Die Cavas stammen aus dem spanischen Anbaugebiet Penedés (Katalonien, SW von Barcelona).
*Nennen Sie fünf bekannte **Cava**-Markennamen!*	z. B.: Codorníu, Castellblanch, Freixenet, Rondel, Raimat, Segura Viudas …
*Wie wird der italienische **Asti Spumante** hergestellt und wie schmeckt er?*	Er wird aus der Muscat-Rebe in Drucktanks mit nur einer Gärung erzeugt. Bei einem Alkoholgehalt von 8 bis 9 % vol wird die Gärung abgebrochen, seine typische Restsüße bleibt erhalten.
*Nennen Sie bekannte **Markennamen** für **Asti Spumante**!*	Bekannte Markennamen sind z. B.: Cinzano Asti, Martini Asti, Gancia Asti und Cora Asti.
*Was ist **Spumante secco**?*	Dies ist ein trockener ital. Naturschaumwein, den es nur als „secco" oder „brut" gibt. Seine bekanntesten Vertreter sind der „Prosecco" aus Venetien u. d. „Verdicchio di Matelica" aus Marken. Als roter Naturschaumwein ist der „Recioto" bekannt.
*Woher stammt der **Krimsekt** und wie wird er erzeugt?*	Krimsekt stammt von der gleichnamigen russischen/ukrainischen Halbinsel und wird im Flaschengärverfahren, mit dreijähriger Lagerzeit in der Flasche hergestellt. Die verwendeten Rebsorten sind u. a. Chardonnay, Pinot noir, Riesling, Aligoté und Cabernet. Er wird in fünf Geschmacksrichtungen, von brut bis süß, sowie in einer halbsüßen roten Version angeboten.

Bierherstellung

*Was ist **Bier**?*	Bier ist ein gehopft vergorener Malzextrakt, der sich in stiller Nachgärung befindet.
*Welche **Bierrohstoffe** sind nach dem deutschen **Reinheitsgebot** von 1516 zugelassen?*	– Malz (aus Gerste, Weizen oder Roggen), – Wasser, – Hopfen, – Hefe.

*Welche **anderen Stoffe** werden bei manchen **ausländischen Bieren** verwendet?*	Bei manchen ausländischen Bieren, die nicht nach dem Reinheitsgebot gebraut wurden, werden Mais, Reis, Zucker verwendet, auch ist die Zugabe von Konservierungsstoffen teilweise erlaubt.
*Was geschieht in der **Mälzerei** mit der Braugerste?*	Das rohe Gerstenkorn ist nicht zum Brauen geeignet. Um die Inhaltsstoffe „aufzuschließen", wird es zunächst vermälzt. Dazu werden die Gerstenkörner in großen Bottichen 2 Tage eingeweicht, damit sie quellen und zu keimen beginnen. Die Körner nehmen Wasser auf und bei geeigneten Temperaturen und viel Sauerstoff kommt es zur Keimung. Dann wird die Gerste 5 Tage in Keimkästen ausgebreitet. Unter reichlicher Luftzufuhr wird sie zu Grünmalz.
*Wie wird aus dem Grünmalz das **Darrmalz** hergestellt?*	Das fertige Grünmalz wird zum Stoppen der Keimung in heißer Luft getrocknet, bzw. gedarrt. Feuchtigkeit, Temperatur und Verweildauer auf der „Darre" bestimmen, ob helles oder dunkles Malz und damit der Rohstoff für helle oder dunkle Biersorten bereitet wird und legen das typische Malzaroma fest.
*Was geschieht mit dem fertigen **Braumalz**?*	Das fertige Braumalz enthält nur noch 3–4% Feuchtigkeit und ist jetzt lagerfest. In der Malzputzerei wird es von den Malzkeimen befreit, entstaubt und poliert. Das Braumalz kann nun zum Brauen in die Brauerei geliefert werden.
*Wie entsteht die **Bier-Würze**?*	Das geschrotete Braumalz wird im Maischbottich mit Wasser vermischt. Dann wird die so gewonnene Maische auf verschiedene Temperaturstufen erhitzt. Dabei verflüssigen sich die sonst schwer löslichen Bestandteile des Malzschrots. Durch Mälzen und Maischen wird die unlösliche Stärke des Gerstenkorns freigelegt und durch die Enzyme in vergärbaren Malzzucker umgewandelt. Im Läuterbottich werden Treber und Bierwürze getrennt.
*Was geschieht mit den **Trebern**?*	Die unlöslichen Getreide-Bestandteile, Treber genannt, werden als Viehfutter an Landwirte verkauft.

*Was passiert mit der Bierwürze in der **Sudpfanne**?*	Aus dem Läuterbottich läuft die Bierwürze in die Sudpfanne und wird dort unter Beigabe von Hopfen gekocht. Durch die Wasserverdampfung erhält die Würze die gewünschte Konzentration, den Stammwürzegehalt.
Was geschieht im Whirlpool mit der Würze?	Im Whirlpool, einem stehenden zylindrischen Tank, werden die beim Kochen ausgefällten Eiweißteilchen und die Hopfenrückstände ausgeschieden. Die heiße, geläuterte Würze wird nun heruntergekühlt, bevor sie vergoren wird.
*Welche drei Aufgaben erfüllt der **Hopfen** im Bier?*	Der Hopfen gibt dem Bier den typischen herben, auch bitteren Geschmack, erhöht die Lagerfähigkeit/Haltbarkeit und verbessert die Schaumstabilität der „Blume".
*Erklären Sie den Begriff **Stammwürzegehalt**!*	Darunter versteht man den Gehalt an gelösten, aus dem Malz stammenden Stoffen (Malzzucker, Eiweißstoffe, Vitamine und Aromastoffe), in der Würze, vor der Vergärung.
*Erklären Sie den Vorgang der **alkoholischen Gärung** beim Bier!*	Die Hefe zerlegt mit Hilfe des Ferments Zymase den Zucker der Würze in Alkohol und Kohlendioxid. Der Alkoholgehalt beträgt etwa 1/3 bis 1/4 des ursprünglichen Stammwürzegehalts.
*Welche **zwei Bierarten** unterscheidet man nach den beiden Hefetypen?*	Die Bierarten „**Obergärige Biere**", die mit Hilfe obergäriger Hefen hergestellt werden, sowie die „**Untergärigen Biere**", die mit untergärigen Hefen produziert werden. Die Hefetypen werden so bezeichnet, da sie während der Gärung nach oben steigen, oder nach unten sinken.
*Was ist **Jungbier**?*	Nach etwa 8-tägigem Gären kommt das unfertige „Jungbier" von den Gärtanks in drucksichere Lagertanks, wo es mehrere Wochen nachgärt und heranreift. Dabei reichert es sich mit Kohlensäure an.
*Was versteht man unter **Verschönerung** des Biers?*	Bevor das fertiggereifte Bier in Fässer oder auf Flaschen gefüllt wird, durchläuft es noch einen Schichtenfilter, der alle Trübstoffe entfernt und das Bier kristallklar werden lässt.

Wie heißen die vier Biergattungen und wie lauten die jeweiligen Stammwürze-Bandbreiten?	* **Bier mit niedrigem Stammwürzegehalt:** unter 7% STWG., * **Schankbier:** von 7% bis 11% STWG., * **Vollbier:** von 11% bis 16% STWG., * **Starkbier:** über 16% STWG.
Was versteht man unter dem Begriff Biersorten?	Das sind die Handelsbezeichnungen der Biere, z. B.: Pils, Alt, Hell, Weizen ...
Nennen Sie je 2 obergärige Schankbiere, Vollbiere und Starkbiere!	**Schankbier:** Berliner Weiße, Leichte Weiße **Vollbier:** Weizenbier, Kölsch, Altbier **Starkbier:** Weizenbock, Weizendoppelbock
Nennen Sie je 2 untergärige Vollbiere und Starkbiere!	Vollbier: Pils, Export, Dunkel, Hell, Lager, Märzen, Diät, Rauchbier Starkbier: Bockbier, Doppelbockbier.
Was kennzeichnet die Doppelbockbiere?	Doppelbock ist ein extrastarkes Bier mit einem Stammwürzegehalt von über 18%. Der Name dieser Biere hat häufig die Endung „...ator", z. B.: Salvator.
Was kennzeichnet die Hefeweißbiere?	Es sind kohlensäurereiche Biere mit typischem Hefegeschmack, die es gefiltert, aber auch ungefiltert noch mit Hefe gibt.
Was kennzeichnet die Berliner Weiße mit Schuß?	Sie hat einen typischen Milchsäuregeschmack, der von der Gärung mit Milchsäurebakterien herrührt. Sie ist nur schwach gehopft und wird mit einem Schuss Waldmeister- oder Himbeersirup getrunken.
Was ist Altbier?	Altbier ist ein niederrheinisches dunkles Vollbier, das nach „alter", d. h. obergäriger Art, gebraut wird.
Was ist Kölsch?	Kölsch ist ein obergäriges Vollbier, das nur in Köln und Umgebung gebraut werden darf.
Was ist Malzbier?	Malzbier ist ein obergärig gebrautes, braunschwarzes Bier, bei dem die 7%-ige Malzwürze durch Zucker, der karamelisiert sein kann, auf einen Extraktgehalt von 12 bis 13% gebracht wird. Darf in **Bayern und in Baden-Württemberg** nur als „**Malztrunk**" bezeichnet werden.

*Was ist **Märzenbier**?*	Märzen ist ein untergäriges Vollbier, das früher, als nur im Winter gebraut werden konnte, im März stärker eingebraut wurde, um es durch höheren Alkoholgehalt länger gegen Verderb zu schützen. Nach den heißen Sommermonaten wurde und wird es noch heute bei Bierfesten (z. B. Oktoberfest) ausgeschenkt.
*Was ist **Pils/Pilsner**?*	Pils ist eine Sortenbezeichnung für ein helles Vollbier, mit typisch bitterem Hopfengeschmack. In Pilsen (Böhmen, CZ) wurde dieser berühmteste Biertyp der Welt geboren (Pilsner Urquell).
Welche Merkmale kennzeichnet alkoholfreies Bier?	Es darf höchstens einen Alkoholgehalt von 0,5 % aufweisen. Es ist kein Diätbier.
*Nennen Sie **bekannte Markenbiere/Brauereien** aus europäischen Nachbarländern und den USA.*	– **Belgien:** Stella Artois, Timmermans, Chimay – **Dänemark:** Carlsberg, Tuborg, Ceres – **England:** Bass, Courage, Watneys Whitbread – **Frankreich:** Kanterbräu, Kronenbourg, Mutzig, Pelforth – **Irland:** Guinness, Harp, Kilkenny, Murphy – **Luxemburg:** Bofferding, Diekirch – **Niederlande:** Amstel, Heineken, Grolsch – **Österreich:** Gösser, Kaiser, Puntigam, Zipfer – **Polen:** Elbrewery, Hevelius, Okocim, Warszawski – **Schweiz:** Feldschlösschen, Hürlimann – **Tschechien:** Budweiser Budvar, Gambrinus, Pilsner Urquell, Radegast, Staropramen – **USA:** Budweiser, Coors, Miller, Pabst
*Nennen Sie 10 **Bestimmungen** aus der Getränkeschankanlagen-VO, die den **Bierkeller** betreffen!*	– Der Fußboden des Bierkellers muss trittfest und wasserundurchlässig sein. – Es muss ein Wasseranschluss und ein Wasserablauf vorhanden sein. – Der Bierkeller muss vor Staub, Wärme und fremden Gerüchen geschützt sein. Die ideale Temperatur liegt zwischen 6 °C und 9 °C. Auch im Sommer darf die Temperatur niemals über 18 °C steigen.

Fortsetzung: *Nennen Sie 10 Bestimmungen aus der Getränkeschankanlagen-VO, die den Bierkeller betreffen!*	– Im Bierkeller dürfen nur Getränke gelagert werden. Die Aufbewahrung offener Lebensmittel ist verboten. Auch Leergut sollte dort nicht gelagert werden. – Bierfässer sind immer so einzulagern, dass die ältesten als Erste verbraucht werden können. – Für jede Biersorte sollte eine gesonderte und stets die gleiche Leitung zur Verfügung stehen. – Alle Bierleitungen dürfen nur ansteigend verlegt werden. Auch kürzere Leitungsstücke dürfen nicht durchhängen. – Kohlensäureflaschen dürfen nur stehend gelagert werden und müssen gegen Umfallen gesichert sein. Sie sollen keinen Wärmequellen ausgesetzt sein. – Bierleitungen müssen mindestens alle 14 Tage gereinigt werden. Alle Reinigungen müssen im Schankbuch eingetragen werden. Für die Sauberkeit der gesamten Anlage haftet der Gastwirt.
Welche Teile der Bierschankanlage sind täglich zu reinigen?	Alle Teile, die mit Bier und Sauerstoff in Verbindung kommen, sind täglich zu reinigen (z. B.: Zapfhähne, Abtropfgitter, Überschankablauf, Fasskühlung in der Theke, Überlaufauffangwanne, Gläserspülbecken).
Welche Zapfstörungsursachen könnten vorliegen, wenn das Bier nicht läuft?	– Das Fass ist leer. – Der Bierleitungshahn ist nicht geöffnet. – Die Bierleitung ist nicht angeschlossen. – Die Kohlensäureflasche ist leer. – Die Kohlensäure-Zuleitung ist nicht angeschlossen oder nicht geöffnet, oder der Druck ist nicht richtig eingestellt. – Die Bierleitung ist gequetscht, geknickt oder verstopft (Gummibällchen). – Sieb am Anstichrohr fehlt und das Rohr steht direkt auf dem Fassboden.
Welche Zapfstörungsursachen könnten vorliegen, wenn das Bier trüb läuft?	– Im Schanksystem sind Unsauberkeiten. – Der Kohlensäuredruck ist zu hoch. – Die Temperatur des Biers ist zu niedrig (Kältetrübung von 0° bis +3 °C). – Das Bier ist zulange gelagert worden.

*Welche Zapfstörungsursachen könnten vorliegen, wenn das **Bier** zu stark schäumt?*	– Der Kohlensäuredruck ist zu hoch eingestellt, oder das Druckminderventil an der Zapfsäule wurde verdreht. – Das Bier wurde zu warm gelagert. – Die Bierleitung ist geknickt oder hängt durch. – Das Fass wurde zuvor heftig bewegt oder geschüttelt, z. B. gerade erst geliefert.
*Welche Zapfstörungsursachen könnten vorliegen, wenn das **Bier** zu wenig schäumt?*	– Der Kohlensäuredruck ist zu niedrig. – Das Bier ist zu kalt gelagert. – Das Bierleitungssystem bzw. die Armaturen sind undicht. – Die Gläserpflege erfolgte mit schaumzerstörenden Reinigungsmitteln. – In den Gläsern sind noch Fettrückstände (z. B. Lippenstiftreste, Küchendünste).
*Nennen Sie die **Bierausschanktemperaturbandbreiten** für Sommer und Winter!*	Im Sommer: von 7 °C bis 9 °C, im Winter: von 9 °C bis 11 °C. (Die Lagertemperatur im Bierkeller wird dementsprechend um 2 °C niedriger eingestellt.)
*Von welchen Faktoren ist die richtige **Kohlensäuredruck-Einstellung** zum Bierzapfen abhängig?*	– Die Druckeinstellung ist von der **Temperatur im Bier** abhängig. Je kälter die Lagertemperatur, desto weniger Druck. – Die je nach Biersorte im Bier abgebundene **eigene Kohlensäuremenge**, die sich im Fass nicht abbauen können darf (z. B. hat Premium-Pils mit 1,0 bar mehr CO_2 als Helles mit 0,6 bar), muss durch den gleichen Gegendruck gehalten werden. – Die **Steighöhe** (Höhendifferenz zwischen dem Fassbierkeller und dem Zapfhahn) beeinflusst die erforderliche Druckeinstellung. Pro Meter Steighöhe sind noch 0,1 bar Druck zusätzlich erforderlich.

Spirituosenherstellung

Definieren Sie Spirituosen!
Als Spirituosen gelten die alkoholhaltigen Flüssigkeiten,
* die zum menschlichen Genuß bestimmt sind,
* die einen **Mindestalkoholgehalt von 15% vol** aufweisen (Ausnahme: Eierlikör 14% vol),
* die besondere organoleptische, vor allem geschmackliche Eigenschaften aufweisen (ohne Fremdgeschmack).

*Welche alkoholhaltigen Getränke gelten **nicht** als Spirituosen, im Sinne des EU-Gesetzes?*
Nicht als Spirituosen gelten die Getränke: Bier, Wein, aromatisierter Wein, Obstwein (Fruchtwein) und unverarbeiteter Agraralkohol (Ethanol).

Nach welchen beiden Verfahren müssen Spirituosen gewonnen werden?
Die Spirituose muß gewonnen werden ...
* im wesentlichen durch **Destillieren**, mit oder ohne Zusatz von Aromastoffen aus natürlichen, vergorenen Erzeugnissen
* oder durch **Mischung** einer Spirituose mit ...
  – einer oder mehreren Spirituosen,
  – Ethanol (Alkohol) landwirtschaftlichen Ursprungs (Mindestalkoholgehalt 96% vol), Destillaten landwirtschaftlichen Ursprungs oder Brand,
  – einem oder mehreren alkoholischen Getränken,
  – einem oder mehreren Getränken.

*Auf welchem Prinzip beruht die **Destillation**?*
Sie beruht auf den verschiedenen Verdampfungstemperaturen von Alkohol und Wasser. Da Alkohol schon bei 78,3 °C kocht, Wasser aber erst bei 100 °C, können beide Stoffe durch Erhitzen gut getrennt werden.

*Nennen Sie die **4 Gruppen**, in die Spirituosen nach EU-Recht eingeteilt werden!'*
Das EU-Recht unterscheidet:
* **Brände** (z. B.: Weinbrand, Obstbrand, Whisky, Rum ...),
* **Geiste** (Nur bei Obst! Aus zuckerarmen Beerenfrüchten, z. B. Himbeeren, werden erst mazeriert, dann destilliert),

Fortsetzung: *Nennen Sie die **4 Gruppen**, in die Spirituosen nach EU-Recht eingeteilt werden!*	* **Aromatisierte Spirituosen** (auf der Grundlage von Neutralalkohol, unter Zugabe eines aromagebenden Stoffes, z. B.: Wacholder, Kümmel …). * **Liköre** (i. A. mit mindestens 100 g/l Zuckergehalt).
*Welche **Rohstoffe** werden am meisten für die Spirituosen-Herstellung verwendet?*	Die bei der Herstellung am meisten verwendeten Rohstoffe sind: Trauben, Obst, Getreide, Kartoffeln, Zuckerrohr und Reis.
Welche Spirituosen dürfen nach EU-Recht (Stand 1998) die Bezeichnung „Branntwein" tragen?	Nur solche Spirituosen, die ausschließlich auf der Grundlage von Wein hergestellt wurden. (Nicht mehr zulässig sind Bezeichnungen wie: Obstbranntwein, Kornbranntwein, Hefebranntwein …)
Erklären Sie Herstellungsverfahren und geben Sie Beispiele für Branntwein!	Der alkoholhaltige Wein wird durch Destillation zu Branntwein. Bekannte Beispiele sind deutscher Weinbrand, französischer Cognac und Armagnac.
Erklären Sie die Begriffe Raubrand und Feinbrand!	Der erste Brennvorgang – Raubrand enthält noch Methanol. Der Feinbrand ist der zweite Brennvorgang mit dem Mittellauf, dem sog. Herzstück. Hier werden die Destillate mit dem typischen Eigengeschmack gewonnen, z. B.: Obstler, Weinbrand, Whisky.
*Definieren Sie **Likör**!*	Likör ist eine Spirituose, … * die einen **Mindestzuckergehalt**, ausgedrückt als Invertzucker, von 100 g/l aufweist, * die durch Aromatisieren von Ethanol oder eines Destillats landwirtschaftlichen Ursprungs oder einer Mischung der genannten gesüßten Erzeugnisse besteht, * der gegebenenfalls Erzeugnisse landwirtschaftlichen Ursprungs wie Rahm, Milch, oder Milcherzeugnisse, Obst, Wein sowie aromatisierter Wein beigegeben werden.

In welche Gruppen werden **Liköre** eingeteilt?	Liköre werden eingeteilt in: * **Fruchtliköre** (Fruchtsaftliköre und Fruchtaromaliköre), * **Kräuter-, Gewürz-, Bitterliköre** („Klosterliköre"), * **Kaffee-, Tee-, Kakaoliköre,** * **Emulsionsliköre** (z. B.: Eierlikör, Bailey's Irish Cream …), * **Sonstige Liköre** (z. B.: Vanille-, Honig-, Whisky-Liköre).
Nennen Sie die vier Herstellungsmethoden für Liköre!	– Infusions- oder Destillationsmethode – Perkolations- oder Filtriermethode – Emulsionsmethode – Kompositionsmethode
Erklären Sie die **Infusions- oder Destillations-Methode**.	Früchte, Blätter oder Kräuter werden mit Alkohol getränkt, bis er die Aromastoffe vollkommen aufgenommen hat. Danach wird der aromatisierte Alkohol nochmals destilliert, damit Duft und Geschmack noch intensiver werden.
Erklären Sie die **Perkolations-** oder **Filtriermethode**.	Diese Methode ähnelt dem Filtern von Kaffee. Die aufsteigenden Alkoholdämpfe dringen von unten durch den Filter, auf dem die zerkleinerten Früchte, Blätter und Kräuter liegen und nehmen dabei das Aroma und die Geschmacksstoffe auf. Danach wird der Alkoholdampf kondensiert, und er tropft wieder in den unteren Teil des Filters.
Erklären Sie die **Emulsionsmethode**.	Die Ingredienzen werden homogenisiert. Grundbestandteil der Emulsionsliköre ist in der Regel Milch, Sahne, Ei oder Schokolade.
Erklären Sie die **Kompositionsmethode**.	Ethylalkohol wird mit künstlichen Essenzen oder Kompositionen versetzt.

*Nennen Sie das Herkunfts-
land und die Rohstoffe der
jeweiligen Spirituose!*

1. Aus alkoholhaltiger Flüssigkeit

Weinbrand	Deutschland	Wein
Cognac	Frankreich	Wein
Armagnac	Frankreich	Wein
Metaxa	Griechenland	Wein
Brandy	Spanien, Italien	Wein

2. Aus zuckerhaltigen Rohstoffen

Obstler	Deutschland	verschiedenes Obst
Himbeergeist	Deutschland	Himbeeren
Kirschwasser	Deutschland	Kirschen
Calvados	Frankreich	Apfelweindestillat
Grappa	Italien	Traubentrester
Arrak	Java, Sri Lanka	Zuckerrohr, Reis
Rum	Jamaika, Kuba	Zuckerrohr
Williams	Schweiz	Birnen

3. Aus stärkehaltigen Rohstoffen

Korn	Deutschland	Weizen und Roggen
Bourbon Whiskey	USA	Mais, Getreide
Irish Whiskey	Irland	Gerste, Getreide
Canadian Whisky	Kanada	Roggen, Getreide
Scotch Whisky	Schottland	Gerste, Getreide

4. Aromatisierte Spirituosen

Wacholder	Deutschland	Wacholder, Getreide
Steinhäger	Deutschland	Wacholderdestillat
Gin	England	Wacholder, Getreide
Genever	Niederlande	Wacholder, Getreide
Enzian	Deutschland	Enzianwurzeln
Aquavit	Dänemark	Korn, Kümmel

5. Liköre

Cointreau	Frankreich	Bitterorangen
Curaçao	Insel Curaçao	Pomeranzen
Maraschino	Italien	Kirschen
Cassis	Frankreich	Schwarze Johannisbeeren
Sambuca	Italien	Holunderbeeren
Tia Maria	Jamaica	Kaffee, Rum
Underberg	Deutschland	Kräuter

Aufgussgetränke

Nennen Sie Aufgussgetränke!	Kaffee, Tee und Kakao.
Nennen Sie die wichtigsten Kaffee-Anbauländer.	Kolumbien, Brasilien, Indonesien, Elfenbeinküste, Mexiko, Guatemala.
Was ist Kaffee?	Kaffee ist ein Aufgussgetränk aus gerösteten und gemahlenen Kaffeebohnen, die mit heißem Wasser überbrüht werden.
Nennen Sie die Arbeitsschritte bei der Kaffeegewinnung!	Reinigung der Kaffeekirsche, Entfernen des Fruchtfleisches, Gärung: Auflösen des restlichen Fruchtfleisches, Waschen, Trocknen und Haltbarmachen, Entfernen der Silberhaut und Pergamenthülle, Versand, Röstung im Verbraucherland.
Welche Wirkung hat Coffein?	Anregung des Zentralnervensystems, Erhöhung der Herztätigkeit, Ansteigen des Blutdruckes.
Nennen Sie die Coffeininhalte des Kaffees!	Normaler Kaffee: ca. 1,5%, Koffeinarmer Kaffee: 0,2%, Entkoffeinierter Kaffe: 0,08%.
Was sind Kaffee-Extrakte?	Lösliche Kaffeepulver, die durch Gefriertrocknung oder Sprühtrocknung hergestellt werden.
Aus welchen Rohstoffen werden Kaffee-Ersatzstoffe hergestellt?	Aus Roggen, Gerstenmalz und Zichorie.
Nennen Sie Dosierungsrichtlinien/-mengen für Kaffee, Espresso und Mokka.	Eine Tasse Kaffee: 6–8 g Kaffeemehl, pro Liter 50–60 g Eine Portion Kaffee: 12–16 g Ein Espresso: 6–7 g Eine Tasse Mokka: 6–8 g Eine Portion Mokka: 12–16 g.
Von welchen Faktoren ist der Geschmack abhängig?	Vom weichen Wasser. Von der Frische des Kaffees. Vom Mahlungsgrad. Vom Aufgussverfahren. Von der Wahl der Zutaten.

Erklären Sie die Herstellung der Kaffeespezialitäten!	
Mokka	Sehr starker, doppelter Kaffee, der in kleinen Mokkatassen serviert wird.
Espresso	Feinstes Kaffeepulver wird in Spezialkaffeemaschinen mit hohem Druck in kleine Tassen gepresst. Sehr starker Kafee, der schwarz getrunken wird.
Cappuccino	Starker Kaffee mit Haube aus aufgeschäumter Milch, mit Kakaopulver bestreut.
Pharisäer	Kaffee mit Rum und Sahnehaube
Irish Coffee	Braunen Zucker in ein Spezialglas geben, mit 4 cl Irish Whiskey flambieren, mit starkem Kaffee ablöschen und mit halbsteif geschlagener Sahne bedecken. Sahne über Löffelrücken vorsichtig ins Glas geben.
Nennen Sie Teeanbauländer!	Indien, Sri Lanka (Ceylon), China, Japan, Indonesien, Kenia.
Nennen Sie 2 bedeutende Anbaugebiete in Indien!	Darjeeling, Assam.
Nennen Sie die Arbeitsschritte bei der Teegewinnung!	Pflücken der Teeblätter, Welken, Rollen und Brechen, Fermentieren, Trocknen.
Erklären Sie den Begriff Grüner Tee!	Teeblätter werden nicht fermentiert, deshalb grüne Farbe.
Nennen Sie drei Qualitätsbezeichnungen!	Flowery Orange Pekoe, Orange Pekoe, Pekoe.
Welche Wirkstoffe enthält Tee?	Tein (entspricht Coffein), Tannin – Gerbstoff.
Wie wirkt das Coffein (Tein)?	Nach 2–3 Minuten anregend.
Wie wirkt das Tannin?	Nach 4–5 Minuten beruhigend.
Welcher Wirkstoff ist in Kakao enthalten?	Theobromin

Mineralwasser und Fruchtsäfte

Nennen Sie alkoholfreie Erfrischungsgetränke!	Mineralwasser, Fruchtsaft, Fruchtnektar, Fruchtsaftgetränke, Limonade, Brause.
Welche Bestimmungen müssen Mineralwässer erfüllen?	1 l Wasser muss mindestens 1000 mg gelöste Salze oder mehr als 250 mg freies Kohlendioxid enthalten.
*Definieren Sie **Säuerling** oder **Sauerbrunnen**.*	Dies sind natürliche Mineralwässer, die mehr als 250 mg Kohlendioxid pro Liter enthalten.
Bei welchen Temperaturen werden Heilwässer am Büfett gelagert?	Ungekühlt bei Zimmertemperatur, da sie dann ihre Wirkung im Magen besser entfalten und von Magenempfindlichen besser vertragen werden.
Woraus werden Tafelwässer hergestellt?	Aus Trinkwasser mit Zusatz von Kohlendioxid, Mineralstoffen wie Natron und Kochsalz.
Nennen Sie die gesetzlich vorgeschriebenen Saftanteile für Fruchtsäfte!	Fruchtsaft – 100% Saftanteil.
	Fruchtnektar – zwischen 25 und 50% Fruchtsaft – muss auf dem Etikett genannt sein.
	Fruchtsaftgetränk – mindestens 30% Saftanteil bei Kernobst, 6% bei Zitrusfrüchten, 10% bei anderen Früchten.
Darf Fruchtsaft Wasser zugesetzt werden?	Nur bei einer Rückgewinnung aus Fruchtsaftkonzentrat darf Wasser zugesetzt werden. Kennzeichnungspflicht.
Wodurch werden Fruchtsäfte haltbar gemacht?	Durch schonendes Erhitzen – Pasteurisieren. Konservierungsstoffe sind nicht erlaubt.
Nennen Sie die wichtigen Unterschiede zwischen Brausen und Limonaden!	Brausen: Enthalten künstliche Süß- und Farbstoffe sowie künstliche Essenzen. Kennzeichnungspflicht „mit künstlichem Süßstoff" oder „mit künstlichem Farbstoff".
	Limonaden: Enthalten natürliche Essenzen, natürliche Farbstoffe und Fruchtsaft. Cola enthält Coffein – Kennzeichnungspflicht.

Mixtechniken und Mixgetränke

Erklären Sie in Stichworten die Herstellung eines Cocktails im Shaker!	Einige Stücke Roheis in den Shaker geben, sofort die bereitgestellten Zutaten abgemessen dazugeben. Dabei zuerst die festen Zutaten, wie Zucker oder Eier, dann Würzstoffe und zuletzt Alkohol zugeben. Shaker schließen, mit einer Serviette aufnehmen und in Schulterhöhe kurz und kräftig schütteln. Das Eis soll keine Gelegenheit haben zu zerlaufen. In bereitgestelltes Glas seihen, sofort servieren.
Welche drei Arbeitstechniken werden bei der Herstellung von Cocktails unterschieden?	1. Schütteln im Shaker; für schwer mischbare Zutaten. 2. Rühren im Mixglas; für leicht mischbare Zutaten. 3. Bauen oder aufbauen; direkt im Glas. Für Spezialdrinks, wie Pousse-cafés oder Cobblers.
Erklären Sie kurz die Merkmale folgender Mixgetränkeoberbegriffe!	
Cobblers	Alkoholarme, erfrischende Longdrinks. Auf Eisschicht frische Früchte schön anrichten, mit gewünschtem Alkohol aufgießen.
Coolers	Longdrink und durstlöschender Sommerdrink. Geshakter Drink, in Highballglas, mit Säften, Wasser, Limonade, Gingerale usw. aufgefüllt.
Crustas	Sind Longdrinks. Der Glasrand wird mit Zitronenschale abgerieben und in Zucker getaucht. So entsteht ein feiner Zuckerrand. Mit Zitronen- oder Orangenschale garnieren.
Daisies	Leichte, erfrischende Longdrinks, im Shaker zubereitet und in Sekt- oder Cocktailschale serviert.
Egg-Noggs	Werden kalt oder heiß getrunken, aber immer mit Eiern hergestellt.
Fizzes	Erfrischender Longdrink. Im Shaker hergestellt, meist mit Zitronensaft, Zucker und Alkohol (Gin).
Flips	Werden immer mit Eigelb, Zuckersirup oder Likör im Shaker mit Eis geschüttelt und in Flip- oder Champagnergläsern serviert.

Erklären Sie weiter die Merkmale der nachfolg. Mixgetränkeoberbegriffe!

Fancy Drinks	Phantasievolle Drinks, die schwer einzuordnen sind, z. B. Nikolaschka, Prairieoyster.
High Balls	Longdrinks, die im Shaker oder Rührglas zubereitet werden. Im großen Tumbler oder Highballglas, mit Soda oder Limonade aufgefüllt, servieren.
Juleps	Frische Minzeblätter werden mit Zuckersirup im Glas zerdrückt, mit zerstoßenem Eis und Alkohol aufgefüllt.
Pousse-Cafés	Schaugetränk, das aus verschiendenen Spirituosen zusammengestellt wird. Verschiedenfarbige Spirituosen werden nach ihrem spezifischen Gewicht in hohe Gläser eingeschichtet, dabei werden sie über einen Löffel vorsichtig eingegossen. So ergeben sich Drinks mit drei oder vier übereinanderliegenden Farbschichten.
Sours	Säuerlich schmeckende Longdrinks, mit wenig Zucker im Shaker hergestellt, mit Soda aufgefüllt.
Erklären Sie den Begriff **Shaker?**	Schüttelbecher zum Mixen von Getränken, besonders schwer mischbarer Zutaten.
Erklären Sie den Begriff **Mischglas!**	Wird auch Rührglas genannt, da hier leicht mischbare Zutaten zusammengerührt werden.
Erklären Sie den Begriff **Strainer!**	Spiralsieb zum Abseihen von Mischgetränken.
Erklären Sie den Begriff **Jigger!**	Messbecher aus Metall oder Glas mit 2 cl und 4 cl, um Spirituosen genau abzumessen.
Erklären Sie den Begriff **Barlöffel!**	Langstieliger Löffel zum Rühren und Abmessen.
Erklären Sie den Begriff **crushed ice!**	Fein zerkleinertes Eis.
Erklären Sie den Begriff **Muddler.**	Ein Muddler ist ein Holzstößel zum Zerdrücken von Limetten, z. B. bei Caipirinha.

Nennen Sie Zutaten und Zubereitung eines Americano!	3 cl Campari, 3 cl roter Vermouth, halbe Zitronenscheibe, mischen und eventuell mit Sodawasser auffüllen. Im Tumbler servieren.
Nennen Sie Zutaten und Zubereitung eines Alexander!	2 cl flüssige Sahne, 2 cl Cognac, 2 cl Crème de cacao braun, mit Eis im Shaker schütteln. In der Cocktailschale servieren.
Nennen Sie Zutaten und Zubereitung einer Apotheke!	3 cl Fernet Branca, 3 cl Pfefferminzlikör mit je einem Spritzer Angostura und Gin rühren.
Nennen Sie Zutaten und Zubereitung einer Bloody Mary!	2 cl Zitronensaft mit 4 cl Wodka, 5 cl Tomatensaft, etwas Worcester und Tabasco mit Eis rühren, in einem Tumbler anrichten und mit Salz und Pfeffer bestreuen.
Nennen Sie Zutaten und Zubereitung eines Cuba Libre!	4 cl weißer Rum mit Eis und Zitronensaft in ein hohes Glas füllen, mit Cola aufgießen, mit Zitronenscheibe garnieren.
Nennen Sie Zutaten und Zubereitung eines Gin Fizz!	4 cl Dry Gin mit 2 Barlöffeln Läuterzucker, 2 cl Zitronensaft und Eis shaken, mittleren Tumbler mit Soda aufgießen.
Nennen Sie Zutaten und Zubereitung eines Grasshoppers!	Je 2 cl Pfefferminzlikör grün, Crème de cacao weiß und flüssige Sahne mit Eis shaken, in der Cocktailschale servieren.
Nennen sie Zutaten und Zubereitung eines Manhattan!	4 cl Kanadischen Whisky mit 2 cl rotem Vermouth und einem Spritzer Angostura im Rührglas mit Eis rühren. Garnitur: Cocktailkirsche. In der Cocktailschale servieren.
Nennen Sie Zutaten und Zubereitung eines Martini dry!	4 cl Dry Gin, 2 cl Martini dry mit Eis rühren, mit Olive in der Cocktailschale servieren.
Nennen Sie Zutaten und Zubereitung eines Planter's Punch!	3 cl Myers's Rum, 3 cl weißer Rum mit 2 BL Zitronensaft, 2 cl Grenadinesirup mit Eis im Shaker schütteln. Tumblerglas, Garnitur: Orangenscheibe, Kirsche. Mit 0,1 l Orangensaft und 2 cl Ananassaft auffüllen.

Nennen Sie Zutaten und Zubereitung einer Prairie Oyster!	1 Löffel Öl und 2 Esslöffel Ketchup in eine Cocktailschale geben, darauf 1 Eigelb setzen, mit 2 cl Zitronensaft, Pfeffer und Tabasco würzen.
Nennen Sie Zutaten und Zubereitung eines Screwdriver!	4 cl Wodka mit 0,1 l Orangensaft und Eis im Tumbler anrichten.
Nennen Sie Zutaten und Zubereitung eines Sektcocktails!	In eine Sektschale einen Würfelzucker mit zwei Tropfen Angostura legen, mit Sekt aufgießen, Zitronenzeste über dem Drink ausdrücken.
Nennen Sie Zutaten und Zubereitung eines Side car!	2 cl Cointreau, 2 cl Cognac, 2 cl Zitronensaft mit Eis shaken und in der Cocktailschale servieren.
Nennen Sie Zutaten und Zubereitung eines Tom Collins!	4 cl Dry Gin mit 2 BL Läuterzucker und 2 cl Zitronensaft sowie Eis rühren, im Tumbler servieren. Mit Soda aufgießen, mit Zitronenscheibe und Kirsche garnieren.
Nennen Sie Zutaten und Zubereitung eines White Lady!	2 cl Gin, 2 cl Cointreau, 2 cl Zitronensaft und Eis shaken, in der Cocktailschale servieren.
Nennen Sie Zutaten und Zubereitung eines Whiskey Sour!	4 cl Bourbon Whiskey mit 2 cl Zitronensaft, 1–2 cl Läuterzucker und Eis shaken. In Tumbler anrichten, mit Orangenscheibe und 1 Cocktailkirsche garnieren, auf Wunsch mit Soda aufspritzen.
Nennen Sie Zutaten und Zubereitung eines **Caipirinha**.	5 cl Cachaça, 2 BL Rohrzucker und 1–2 geachtelte Limonen im Whiskytumbler ausdrücken und hineingeben. Mit einem Muddler nochmals ausquetschen, mit Crushed ice auffüllen. Cachaça und Zucker dazu geben, mit dem Barlöffel gut verrühren und mit 2 kurzen Trinkhalmen servieren.
Nennen Sie Zutaten und Zubereitung eines **Florida**.	12 cl Ananassaft, 8 cl Orangensaft, 1 cl Zitronensaft und 1 cl Grenadinesirup im Shaker mit 3–4 Eiswürfeln schütteln und mit dem Eis in großen Tumbler seihen, mit Ananas und Cocktailkirsche garnieren.

Ein alter Rotwein wird dekantiert und aus der Karaffe eingeschenkt

Fünfgang-Menüs, festlich eingedeckt

Steinbuttgalantine

1 Frischen Steinbutt zum Füllen vorbereiten

2 Mittelgräte von der dunklen Hautseite auslösen

3 Auf der Mittelgräte entlangfahren bis kurz vor den Flossensaum

4 Ausgelösten Fisch mit Salz, Zitronensaft und weißem Pfeffer würzen

5 Helle Fischfarce mit Kräutern und Lauch-Karottenjulienne herstellen

6 Farce gleichmäßig in den geöffneten Steinbutt füllen

Nennen Sie Zutaten und Zubereitung eines **Golden Ginger**.

2 cl Ananassaft, 2 cl Grapefruitsaft und 2 cl Orangensaft im Shaker mit 3–4 Eiswürfeln schütteln und mit dem Eis in großen Tumbler geben. Mit Ginger Ale auffüllen, mit Orangenscheibe und Cocktailkirsche garnieren.

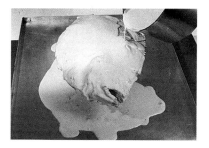

7 Steinbutt mit feinem Faden zunähen. Fisch in Salzwasser vorsichtig pochieren

8 Fisch anfrosten, auf Konservendose stellen, mit weißer Chaudfroidsoße überziehen

SPEISEN UND SPEISENFOLGEN

Speisenangebote unter Berücksichtigung der Jahreszeiten sowie arbeitstechnischer und wirtschaftlicher Gesichtspunkte

Warenanforderung für eine vorgegebene Speisenfolge und Personenzahl

Was verstehen Sie unter einer Wareneinsatzberechnung?	Wareneinsatzberechnung = Materialanforderung Erfassen der einzelnen Grundzutaten in g / Stck / l oder ml. Die Materialanforderung ist Voraussetzung für die Festlegung der Materialkosten, diese wiederum ist die Basis für eine Kalkulation.
Was verstehen Sie unter einer Materialkostenberechnung?	Die Festlegung der entsprechenden Materialmengen sowie der entsprechenden Einkaufs- und Materialpreise für eine bestimmte Portionenanzahl.

Materialkostenberechnung am Beispiel einer Tomatensuppe für 10 Portionen.

Materialanforderung für 2 Liter Suppe, mit entsprechenden Einkaufs- und Materialpreisen:

Menge	Material	Einkaufspreis	Materialpreis
200 g	Speckabschnitte	€ 3,15 pro kg	€ 0,63
100 g	Fett/Öl	€ 1,55 pro kg	€ 0,16
100 g	Zwiebeln	€ 0,57 pro kg	€ 0,06
80 g	Karotten	€ 1,40 pro kg	€ 0,11
60 g	Sellerie	€ 1,50 pro kg	€ 0,09
80 g	Lauch	€ 1,75 pro kg	€ 0,14
80 g	Mehl	€ 0,47 pro kg	€ 0,04
100 g	Tomatenmark	€ 1,00 pro kg	€ 0,10
600 g	Tomaten frisch	€ 1,40 pro kg	€ 0,84
2,5 l	Fleischbrühe	€ 0,55 pro l	€ 1,38
60 g	Butter (montieren)	€ 4,90 pro kg	€ 0,29
	Gewürze: Salz, Pfeffer, Knoblauch, Zucker, Oregano, Essig, Basilikum, Kerbel.		€ 0,08
		Gesamt Materialpreis	€ 3,92
		für 1 Person	€ 0,39

Wareneinsatzberechnung: **Rezeptnummer:** ....
Name des Gerichtes: Geschmorte Rinderrouladen
Anzahl der Portionen: 5 Portionen   **Anrichteweise:** Tafelteller
Materialpreis: ......EUR   **Kalkulationsfaktor:** ....   **Verkaufspreis:** ....EUR

Material/Zutaten	Benötigte Menge	Einkaufspreis netto, in €	Materialpreis	Portionsmaterialpreis	Hinweise
Rindfleisch/Oberschale	900 g	kg à 9,25	8,33	1,67	
Senf	50 g	kg à 4,75	0,24	0,05	
Zwiebeljulienne	250 g	kg à 0,55	0,14	0,03	
Butter	40 g	kg à 4,00	0,16	0,03	
Speck, geräuchert	200 g	kg à 4,75	0,95	0,19	
Essiggurken	150 g	kg à 3,50	0,53	0,11	
Fett/Öl	100 g	kg à 0,75	0,08	0,02	
Mirepoix	300 g	kg à 1,75	0,53	0,11	
Tomatenmark	60 g	kg à 3,15	0,19	0,04	
Mehl	40 g	kg à 0,47	0,02	0,01	
Rotwein	0,2 l	l à 2,75	0,55	0,11	
Grandjus/braune Brühe	0,7 l	l à 0,75	0,53	0,11	
Gewürze			0,10	0,02	
			12,35	2,47	

Materialpreis für eine Portion = EUR 2,47

Erstellen Sie für nachstehendes 4-Gang-Menü für 10 Personen eine Materialanforderung (Wareneinsatzberechnung)! Benutzen Sie dafür ein extra Blatt!

Kremsuppe von frischen Artischockenböden
* * *

Salpikon von Krustentieren im Tartelette überbacken
* * *

Rosa gebratene Rehkeule gefüllt mit Kräutermus Wildpfefferrahmsoße Mandelbrokkoli Kartoffelkrapfen
* * *

Zimtparfait mit warmer Schokoladensoße
*

Beispiel einer Materialanforderung für nebenstehendes Menü!
Eine Materialanforderung soll auf das einzelne Gericht ausgelegt sein; sie soll übersichtlich alle Zutaten mengenmäßig erfassen!

Kremsuppe von frischen Artischockenböden

Menge	Material
10 Stck.	Artischocken (ganz)
2 ¼ l	Kalbsbrühe
100 g	Butter
60 g	Mehl
0,3 l	Sahne
3 Stck.	Eigelb
2 EL	Kerbel
	Gewürze: Salz, weißer Pfeffer, Zitronensaft, Weißwein

Salpikon von Krustentieren

Menge	Material
200 g	Hummerfleisch
200 g	Riesengarnelenschwänze, ohne Schale, Langostinos, ohne Schale
50 g	Hummerbutter
150 g	Gemüsebrunoise (Karotten, Sellerie, Lauch)
0,4 l	Crème fraîche
0,1 l	Weißwein
2 cl	Cognac
50 g	Butter zum Montieren
	Gewürze: Salz, Pfeffer, Zitronensaft, Dill

Fortsetzung von Vorseite

Choronsoße zum Überbacken

Menge	Material
3 Stck.	Eigelbe
250 g	Butter geklärt
50 g	Tomatenpüree
	Reduktion: Weißwein
	Gewürze: Pfefferkörner, Kerbel, Schalotten, Estragonessig

Tartelette

Menge	Material
250 g	Mehl
150 g	Butter
1 Stck.	Ei
	Gewürze: Salz

Gefüllte Rehkeule mit Kräutermus, Wildpfefferrahmsoße

Menge	Material
1800 g	Rehkeule, ohne Knochen
200 g	Wildfarce
0,1 l	Sahne
1 Stck.	Ei
100 g	frische Kräuter gemischt (Kerbel, Rosmarin, Thymian, Estragon)
50 g	Fett
150 g	Speckabfälle
1500 g	Wildknochen
250 g	Mirepoix
50 g	Mehl
0,25 l	Rotwein
2 l	Wildfond
0,25 l	Sahne oder Crème fraîche
100 g	Preiselbeeren
	Gewürze: Salz, Pfeffer, Wacholder, Lorbeer, Piment, Zitronenschale, Thymian

Fortsetzung von Vorseite

Mandelbrokkoli

Menge	Material
1500 g	Brokkoli geputzt
150 g	Butter
100 g	Mandelblättchen
	Gewürze: Salz, Muskat

Kartoffelkrapfen

Menge	Material
1500 g	Kartoffeln ohne Schale
	Brandteig
¼ l	Wasser
150 g	Mehl
70 g	Butter
3–4 Stck.	Eier
	Gewürze: Salz, Muskat

Zimtparfait

Menge	Material
3 Stck.	Eier
3 Stck.	Eigelb
200 g	Zucker
0,6 l	Sahne
1 EL	Zimtpulver
2 cl	Cointreau

Schokoladensoße

Menge	Material
400 g	Kuvertüre 60/40
0,4 l	Sahne
60 g	Bienenhonig

Erstellen Sie für nachstehendes 4-Gang-Menü für 10 Portionen eine Materialanforderung (Wareneinsatzberechnung)! Benutzen Sie dafür ein extra Blatt!

Kraftbrühe von frischen Tomaten mit Quarkklößchen
* * *

Pochierte Lachsscheibe mit Zandermus, Limonensoße, bunte Gemüsestreifen, Salzkartoffeln
* * *

Schweinefilet mit Gemüsefüllung im Strudelteig gebacken, Marksoße, glasierte Möhren, Macairekartoffeln
* * *

Frankfurter Brotpuddig mit Bischofsoße, marinierte Früchte (als Garnitur)

Beispiel einer Materialanforderung für nebenstehendes Menü!
Eine Materialanforderung soll auf das einzelne Gericht ausgelegt sein; sie soll übersichtlich alle Zutaten mengenmäßig erfassen!

Kraftbrühe von frischen Tomaten mit Quarkklößchen

Menge	Material
2,5 l	Bouillon
400 g	Rinderwade, geschrotet
80 g	Karotten
80 g	Lauch
60 g	Sellerie
40 g	Petersilienwurzel
1500 g	Tomaten, frisch
7 Stck.	Eiweiß
0,2 l	Eis oder Wasser
	Gewürze: Pfefferkörner, Kräutersträußchen, Salz, Piment
200 g	Quark
40 g	Butter
2 Stck.	Eier/Eigelb
60 g	Mie de pain/Grieß
10 g	Mehl
	Gewürze: Salz, Pfeffer, Muskat

Fortsetzung von Vorseite

Pochierte Lachsscheibe mit Zandermus, Limonensoße

Menge	Material
1000 g	Lachsfilet, ohne Haut
500 g	Zanderfarce
0,2 l	Sahne
3 Stck.	Eiweiß
150 g	Mangold – oder Spinatblätter
60 g	Butter ⎫
60 g	Zwiebelbrunoise ⎬ zum Pochieren
0,5 l	Fischfond ⎬
0,3 l	Weißwein ⎭
	Gewürze: Salz, Pfeffer, Zitronensaft
0,7 l	Fischfond (Pochierfond)
0,3 l	Sahne
4 cl	Noilly Prat
100 g	Mehlbutter
40 g	Butter zum Montieren

Gemüsestreifen – Salzkartoffeln

Menge	Material
200 g	Karotten
200 g	Lauch
200 g	Sellerie
50 g	Butter
0,1 l	Kalbsfond
	Gewürze: Salz, Pfeffer
1000 g	Kartoffeln, geschält
	Gewürze: Salz

Schweinefilet mit Gemüsefüllung im Strudelteig gebacken

Menge	Material
1500 g	Schweinefilet
200 g	Kalbsfarce
200 g	Gemüsebrunoise, blanchiert
0,1 l	Sahne
2 Stck.	Eier
	Gewürze: Salz, Kräuter, Pfeffer

Fortsetzung von Vorseite

oder mit Duxelles

Menge	Material
40 g	Butter
70 g	Zwiebelbrunoise
200 g	Champignons
200 g	Gemüsebrunoise, blanchiert
0,1 l	Kalbsfond
30 g	Mehlbutter
	Gewürze: Salz, Pfeffer, Kräuter
200 g	Mehl
1 EL	Öl
1 Stck.	Ei
0,1 l	lauwarmes Wasser
	Gewürze: Salz
1 Stck.	Ei zum Bestreichen

Marksoße

Menge	Material
1000 g	Kalbs- und Schweineknochen
60 g	Fett
250 g	Mirepoix
30 g	Tomatenmark
1,5 l	braune Grundbrühe
0,1 l	Weißwein
	Gewürze: Salz, Pfefferkörner, Piment, Lorbeer, Thymian, Basilikum
30 g	Butter
40 g	Zwiebelbrunoise
0,2 l	Rotwein
150 g	Rindermark
40 g	Butter zum Montieren

Glasierte Möhren

Menge	Material
1500 g	Möhren
80 g	Butter
0,2 l	Kalbsfond
	Gewürze: Salz, Zucker

Fortsetzung von Vorseite

Macaire Kartoffeln

Menge	Material
2000 g	Kartoffeln, geschält, oder Pellkartoffeln
80 g	magerer Speck
80 g	Zweigelbrunoise
3 Stck.	Eigelb
30 g	Stärkemehl
	Gewürze: Salz, Muskat, gehackte Petersilie
70 g	Fett zum Braten

Frankfurter Brotpudding, Bischofsoße, Früchtegarnitur

Menge	Material
150 g	Schwarzbrotbrösel, gerieben
100 g	Haselnüsse, gerieben
100 g	Butter
150 g	Zucker
5 Stck.	Eigelb
5 Stck.	Eiweiß
20 g	Mehl
	Gewürze: Kakao, Nelken gemahlen, Zimt, Zitronenschale
0,3 l	Rotwein
0,3 l	Wasser
80 g	Zucker
20 g	Stärke
60 g	Rosinen
50 g	Mandelblättchen
100 g	Johannisbeergelee
	Gewürze: Zimtstange, Nelken
600 g	Früchte (Orangenfilets, frische Feigen, Mango), Grand Marnier, verschiedene Liköre, Puderzucker zum Bestäuben

Erstellen Sie für nachstehendes 4-Gang-Menü für 10 Portionen eine Materialanforderung (Wareneinsatzberechnung)! Benutzen Sie dafür ein extra Blatt!

*Terrine von Wildenten
Cumberlandsoße
Sellerie-Apfelsalat*

* * *

*Kraftbrühe von Forellen
mit Kräuterklößchen*

* * *

*Medaillons von Kalbsrücken
mit Pilzmus überbacken
Portweinsoße
glacierte Möhrchen,
Brokkoli mit Mandeln
Herzoginkartoffeln*

* * *

*Savarin mit marinierten
Früchten*

Beispiel einer Materialanforderung für nebenstehendes Menü!
Eine Materialanforderung soll auf das einzelne Gericht ausgelegt sein; sie soll übersichtlich alle Zutaten mengenmäßig erfassen!

**Vorspeise:
Terrine von Wildenten:**

Menge	Material
1000 g	Wildentenfleisch, ohne Knochen
300 g	Brustfilets (Einlage)
0,3 l	Sahne
3 Stck.	Eier
400 g	unbehandelter Speck
4 cl	Cognac
evtl. ca. 100 g	Einlage: Pistazien, Schinkenwürfel, gebratene Geflügelleber
	Gewürze: Salz, Pfeffer, gemahlene Piment und Nelken

Cumberlandsoße:

Menge	Material
0,4 l	Rotwein
0,2 l	Orangensaft
150 g	Johannisbeergelee
150 g	Zeste von Orangen und Zitronen
20 g	englischer Senf
	Gewürze: Cayennepfeffer

Sellerie-Apfelsalat: (evtl. Rohkost oder leicht gebunden)

Menge	Material
400 g	säuerliche Äpfel
400 g	Knollensellerie
1	Zitrone
80 g	Walnüsse
	evtl. Crème fraîche oder Sauerrahm

Garnitur: Orangenfilets, Salatbukett, Früchte

Suppe: Kraftbrühe von Forellen:

Menge	Material
2,5 l	Forellenfond
300 g	Fischfilet/Forellenfleisch
4 Stck.	Eiweiß
80 g	weißes vom Lauch
60 g	Sellerie
150 g	Champignonscheiben
3 Stck.	Eiweiß
0,1 l	Eis/Wasser
	Petersilienstängel
	Gewürze: Salz, Pfeffer, Piment, Kräutersträußchen, Lorbeer

Kräuterklößchen:

Menge	Material
300 g	Zanderfarce
300 g	Lachsfarce
0,2 l	Sahne
4 Stck.	Eiweiß
6 EL	Kräuter (Kerbel, Dill, Petersilie)
	Gewürze: Salz, Pfeffer, Zitrone

Hauptgericht: Kalbsmedaillons, mit Pilzmus überbacken

Menge	Material
1400 g	Kalbsrücken, ausgelöst
90 g	Fett zum Anbraten
100 g	Butter zum Nachbraten
	Gewürze: Salz, Pfeffer
600 g	Steinchampignons
60 g	Butter
80 g	Zwiebeln
0,3 l	Sahne
80 g	Leberpastete
50 g	Beurre manié
50 g	Kräuter
	Gewürze: Salz, Pfeffer, Zitrone, Muskat

Holländische Soße:

Menge	Material
3 Stck.	Eigelb
250 g	Butter
	Gewürze: Salz, Pfeffer, Zitrone, Weißwein, Cayennepfeffer

Portweinsoße:

Menge	Material
1000 g	Kalbsknochen
100 g	Fett
300 g	Röstgemüse (Mirepoix)
40 g	Tomatenmark
0,2 l	Weißwein
1,5 l	brauner Fond
	Gewürze: Salz, Pfefferkörner, Thymian, Piment, Knoblauch, Lorbeer
80 g	Butter
100 g	Zwiebelbrunoise
0,3 l	Portwein
0,7 l	braune Grundsoße (siehe oben)
evtl. 50 g	Mehlbutter
	Gewürze: Salz, Pfeffer, Senf

Möhrchen, glasiert:

Menge	Material
800 g	Möhren, tourniert
60 g	Butter
0,2 l	Kalbsfond
	Gewürze: Salz, Zucker

Brokkoli mit Mandeln:

Menge	Material
800 g	Brokkoliröschen, geputzt
50 g	Butter
80 g	Zwiebelbrunoise
0,2 l	Gemüsebrühe
	Gewürze: Salz, Pfeffer, Muskat
100 g	Mandelblättchen
30 g	Butter

Herzoginkartoffeln:

Menge	Material
2000 g	Kartoffeln, mit Schale
3 Stck.	Eigelb
30 g	Stärke
20 g	Butter
	Gewürze: Salz, Muskat
1	Eigelb zum Bestreichen

Dessert: Savarin mit marinierten Früchten

Menge	Material
250 g	Mehl
20 g	Hefe
1/8 l	Milch
3 Stck.	Eier
100 g	Butter
30 g	Zucker
	Zitronenschale, Vanillemark
0,3 l	Läuterzucker
300 g	Salpikon von Früchten
4 cl	Maraschino
0,2 l	geschlagene Sahne zum Garnieren

Nennen Sie die durchschnittlichen Portionsmengen für à-la-carte Gerichte!

Voraussetzungen für eine genaue Wareneinsatzberechnung ist die Festlegung der einzelnen Portionsmengen (pro Person).

Durchschnittliche Portionsmengen:

Suppe in der Tasse	200 ml
Suppe im Teller	250 ml
Soße als Bestandteil eines Gerichtes	100 ml
zerlassene Butter	50 ml
Holländische Soße	70 ml
Fischfilet	180 g
Fischtranchen	200 g
Portionsfische	250–300 g
Filetsteak	160–180 g
Rumpsteak	180–200 g
Chateaubriand (für 2 Pers.)	350–400 g
Entrecôte double (für 2 Pers.)	400 g
Kotelett	180 g
Schnitzel, natur	160 g
Schnitzel, paniert	120 g
Medaillons (2 Stck.)	160 g
Tournedos (2 Stck.)	160 g
Braten ohne Knochen	180–200 g
Wildsteaks	160 g
Medaillons vom Rücken	150 g
Hasenrücken	350–400 g
Rehrücken	300–350 g
Hähnchen, bratfertig	400–450 g
Fasan, bratfertig	350–400 g
Rebhuhn, bratfertig	1 Stck.
Ente, bratfertig	400 g
Kartoffeln, roh (ohne Schale)	200–250 g
Teigwaren, als Beilage	70–80 g
Reis als Beilage	60–70 g
Gemüse, geputzt, als Einzelbeilage	150–200 g
Gemüse als Tiefkühlkost	120–150 g
Aufschnittwurst	160–180 g
Schinkenaufschnitt	150–170 g
Belag für belegte Brote	70–90 g
Käseaufschnitt	180–220 g
Käse als Dessert	100–150 g

Vergleichsbeispiele

Kartoffeln:

Kartoffeln, roh, mit Schale	320 g
Kartoffeln, roh, ohne Schale	250 g
Kartoffeln, roh, tourniert	210 g

Kartoffelmenge für 1 Portion

Kartoffeln, roh, geschält	150 g
Kartoffeln, roh, geschnitten	150 g
Kartoffeln, gebacken	60 g

Reis – Teigwaren

1 Portion Reis
Reis, roh 70 g
Reis, gekocht 180 g

1 Portion Spaghetti
Spaghetti, roh 80 g
Spaghetti, gekocht 210 g

Wurzelgemüse

Zwiebel mit Schale, groß	110 g
Zwiebel mit Schale, klein	50 g
Zwiebel ohne Schale, groß	90 g
Zwiebel ohne Schale, klein	40 g
Schale mit Zwiebelbrunoise	130 g
Mirepoix, ungeschält	230 g
Mirepoix, geschält	150 g
Mirepoix, geschnitten	150 g

Gemüse

Beispiele für Gemüseportionen:

Karotten, tourniert	125 g
Blattspinat, geputzt und blanchiert	125 g
Brokkoli, geputzt	125 g
Rosenkohl, geputzt	125 g
Bohnen, geputzt und blanchiert	125 g
Erbsen, geschält	125 g

Kleinmengen am Beispiel von Eßlöffeln (von rechts nach links)

Tomatenmark	20 g	Mehl	10 g
Senf	20 g	Marmelade	30 g
Kapern	10 g	Butter	15 g
Zucker	15 g	Zwiebelbrunoise	10 g
Salz	10 g	Pfeffer	6 g

Regionale und nationale Gerichte, Internationale Küche

Was verstehen Sie unter Regionalgerichten?	Gerichte bäuerlichen Ursprungs, die in einem bestimmten Gebiet (Region) bekannt waren. Zu diesen Gerichten werden Rohstoffe verwendet, die dort bodenständig sind.
Was verstehen Sie unter Nationalgerichten?	Gerichte, die in ihrer Zusammensetzung, den Rohstoffen und der Zubereitung Besonderheiten einer bestimmten Nation sind.
Nennen Sie norddeutsche Regionalgerichte!	Hamburger Aalsuppe, Hamburger Suppentopf, Labskaus, Bremer Küchenragout, Hamburger National, Mecklenburger Rippenbraten, Steinhuder Aal in Dillsoße, Wilhelmshavener Fischgulasch, Schwarzsauer mit Kartoffelklößen, Heidschnuckenbraten, Kochwurst mit Grünkohl, Grüne Bohnen mit Birnen und Backpflaumen.
Nennen Sie in Stichworten die Zutaten und die Zubereitung für die Hamburger Aalsuppe!	– Schinkenbrühe aus Knochen und Schwarten ansetzen; – frischen Aal putzen, abziehen, filetieren und in kleine Stücke schneiden; – Gemüsestreifen, Aalstücke, geschälte Birnenscheiben und eingeweichte Backpflaumen in der Schinkenbrühe garziehen lassen, mit Dill, Petersilie, Thymian und Majoran verfeinern; – Einlage: Schwemmklößchen.
Nennen Sie in Stichworten die Zutaten und die Arbeitsweise zur Herstellung von Labskaus	– Gepökelte Rinderbrust kochen; – Fett abschöpfen und Zwiebelbrunoise darin braun anschwitzen; – Fleisch feinhacken und zugeben, mit Pökelbrühe auffüllen, Gewürze: Lorbeer, Pfefferkörner; – gekochte, zerstampfte Kartoffeln beifügen; – Einlage: kleingeschnittene, gekochte rote Rüben, kleingeschnittene Essiggurken und Heringsfilets; Garnitur: Spiegelei.

Nennen Sie die Zutaten für das Gericht Hamburger National!	– Schweinekamm kochen; – Kohlrüben und Kartoffeln in Würfel schneiden und langsam garen; – mit einer hellen Roux binden; – Fleisch in Scheiben schneiden und auf dem gebundenen Gemüse anrichten; – mit Kräutern bestreuen.
Nennen Sie die Zutaten für ein Bremer Kükenragout!	Herstellung wie Hühnerfrikassee nur aus Stubenküken. – Garnitur: mit gefüllten Krebsnasen (geputzte Krebskörper mit Brandteig gefüllt, in Salzwasser pochiert), Krebsschwänzen, Spargel, Fleurons, Geflügelrahmsoße (Sauce Suprême) mit Krebsbutter.
Nennen Sie die Zubereitung von Schwarzsauer!	– Frischer Schweinebauch mit Gemüsebündel, gespickter Zwiebel in Essigsud kochen; – Sud mit brauner Mehlschwitze binden, Gewürze: Majoran, Nelken, Pfeffer, Salz; – mit frischem Schweineblut verfeinern; – Fleisch in Scheiben schneiden und mit Soße überziehen; – Beilagen: Kartoffelklöße oder Buchweizenklöße.
Nennen Sie Regionalgerichte aus Hessen, Westfalen und dem Saarland!	Westfälischer Pfefferpothast, Himmel und Erde, Pfälzer Lummelbraten; Saarländer Dibbelabes; Pfälzer Pilzragout, Bergischer Heringstipp, Münsterländer Bohnentopf; Rheinischer Sauerbraten mit Klößen, Rübstiel und Stielmus.
Wie stellen Sie das Gericht Westfälischer Pfefferpothast her?	– Rindfleisch in grobe Würfel schneiden und mit Zwiebelstreifen in Wasser kochen, abschäumen, Gewürzbeutel (Pfefferkörner, Piment, Lorbeer, Nelken) zugeben; – wenn das Fleisch weich ist, Flüssigkeit mit geriebenem Weißbrot binden, um eine sämige Soße zu erhalten; – Garnitur: Essiggurkenfächer, Eischeiben mit Kapern, frisch gemahlener Pfeffer, Petersilie.

Woraus besteht das westfälische Regionalgericht Himmel und Erde?	Kartoffelpüree mit gedünsteten oder gebratenen Apfelspalten, gebratene Bratwurst und gebrühte Rotwurst.
Was verstehen Sie unter dem Begriff Rheinisches Apfelkraut?	Obstkraut aus eingedicktem Apfelsaft und ungeschälten Äpfeln mit säuerlichem Geschmack; Verwendung: Rheinischer Sauerbraten, Apfelrotkohl.
Was verstehen Sie unter Pfälzer Lummelbraten?	Rinderfilet mit Räucherspeck gespickt, gebraten mit Rahmsoße; Beilagen: Kartoffelnudeln.
Nennen Sie die Zubereitung des Saarländer Dibbelabes!	– Geräucherter Speck, Zwiebeln, Lauch, 2 Teile rohe Kartoffeln und 1 Teil gekochte Kartoffeln, Schinken in Würfel schneiden und vermengen; – mit Salz, Pfeffer, Majoran würzen und in gut gefettete Formen füllen; – mit wenig flüssiger Sahne begießen und im Ofen garen; – stürzen und mit Salat servieren.
Nennen Sie einige typische Regionalgerichte aus der Berliner Region!	Graupensuppe mit Backpflaumen, Löffelerbsen, mit Schweineohr und Schnauze, Schlesisches Himmelreich, Teltower Rübchen, Aal grün mit Gurkensalat, Karpfen in Braunbier, Krebse in Dillsoße, Berliner Eisbein, Gänseklein mit Petersiliensoße, Berliner Hühnerfrikassee, Bollenfleisch (Zwiebelfleisch), Königsberger Klopse mit Kaperntunke, Lungenhaschee mit Setzei.
Erklären Sie in Stichworten die Herstellung des Regionalgerichts Schlesisches Himmelreich!	– Eingeweichtes, gemischtes Backobst weichkochen und mit Bröseln leicht binden; – geräucherten Speck kochen; – kleine gekochte Kartoffelklöße oder Hefeteigkartoffelklöße herstellen; – Zum Anrichten: In Scheiben geschnittener Speck, gebundenes Backobst, gekochte Klöße mit Butterbröseln bestreuen.

Wie erklären Sie das Gericht Aal grün?	Abgezogener, gekochter Aal in einer legierten, leicht säuerlichen grünen Soße (Petersilie, Dill, Zitronensaft).
Erklären Sie in Stichworten die Zutaten für ein Berliner Hühnerfrikassee!	Suppenhuhn, Kalbsbries (Kalbsmilch), Kalbszunge, Kuheuter, Champignons, Morcheln, Spargelspitzen, Krebsschwänze, Grießklößchen mit Griesmasse oder Brandteig, gefüllte Krebsnasen, Geflügelrahmsoße (Sauce Suprême). Garnitur: Blätterteighalbmonde (Fleurons), Kapern, etwas Krebsbutter, Petersilie.
Nennen Sie Regionalgerichte aus dem Süddeutschen Raum!	Gaisburger Marsch, Maultaschen (als Suppe oder in Butter gebraten), Schupfnudeln, Riebelesuppe, Pichelsteiner Eintopf, Hirnpavesen, gekochter Ochsenkron mit Kapernsoße, Allgäuer Käsespätzle, Linsen mit geschmälzten Spätzle, gefüllte Kalbsvögerl, Fränkischer Krautbraten, Milzsuppe, eingemachtes Kalbfleisch, Fingernudeln.

Eintöpfe mit Rindfleisch und Markknochen sind Spezialitäten deutscher Regionalküchen

Welche Zutaten benötigen Sie für die Herstellung des Schwäbischen Regionalgerichts Gaisburger Marsch?	Gekochtes Rindfleisch, Fleischbrühe, Spätzle, Gemüsewürfel, Kartoffelwürfel, in Butter gebräunte Zwiebeln, frische Kräuter.
Nennen Sie die Grundzutaten für den Pichelsteiner Eintopf!	In Würfel geschnittenes Schweine-, Kalb- und Rindfleisch; Wirsing (Weißkraut), Karotten, Zwiebeln, Sellerie, Kartoffeln, Rindermark, frische Kräuter.
Nennen Sie den Unterschied zwischen Schupfnudeln und Fingernudeln!	**Schupfnudeln:** Nudeln aus Kartoffelteig; abdrehen, in Salzwasser abkochen, in Butter anbraten; **Fingernudeln:** Nudeln aus Kartoffelteig; abdrehen, in der Pfanne in heißem Butterschmalz goldgelb backen.
Nennen Sie für folgende Nationalgerichte das Herkunftsland und erklären Sie in Stichworten die Herstellung!	
a) Bisque d'écrevisses	Frankreich / Krebssuppe Krebse in kochendem Wasser töten und in Butter mit Mirepoix sautieren, mit Cognac abbrennen, mit Weißwein ablöschen und etwas Fleischbrühe auffüllen; die gegarten Krebse ausbrechen, den Fond mit Reismehl binden, die Körper im Mörser zerstoßen, in die Suppe geben, passieren, legieren und die Krebsschwänze als Einlage verwenden.
b) Petite marmite	Frankreich / Kleiner Suppentopf Eintopfartiger Suppentopf, bestehend aus Suppenfleisch, Hühnerfleisch, Markknochen, Gemüse (Karotten, weiße Rüben, Lauch, Zwiebeln, Weißkraut); Beilage: dünne geröstete Stangenbrotscheiben.

Fortsetzung von Vorseite

c) Croûte-au-pot
Frankreich / Suppentopf mit Krüstchen
Gegartes Fleisch und Gemüse in gleichmäßige Scheibchen schneiden, Weißkraut blättrig schneiden und in Bouillon extra geben, abgeschmeckte Bouillon über die Einlage geben, mit Kerbel bestreuen;
Garnitur: ausgehöltes, halbiertes Stangenbrot in Stücke schneiden und in Butter rösten.

d) Soupe à l'oignon
Frankreich / Zwiebelsuppe
Zwiebeln andünsten, mit Weißwein ablöschen und Fleischbrühe auffüllen; mit gerösteten Weißbrotschnitten und Käse kurz überbacken.

e) Bouillabaisse
Frankreich / Marseiller Fischgericht
Zwiebel- und Lauchstreifen in Öl anschwitzen, Tomaten beifügen, gereinigten, in Stücke geschnittenen festen Fisch sowie zerteilte Krustentiere dazugeben, mit Wasser aufgießen und würzen (Salz, Pfeffer, Safran, Fenchelkraut, Knoblauch, Lorbeer), weicheren Fisch beifügen und garen; Fische und Krustentiere auf einer Platte anrichten, Brühe passieren und in einer Suppenterrine mit gerösteten Weißbrotscheiben servieren; beide Teile werden zur gleichen Zeit gereicht.
Verwendung finden bei Bouillabaisse folgende Fische/Krustentiere: Seeteufel, Knurrhahn, Drachenkopf, Meeraal, Weißling, Rotbarben, Meerbarben, Langusten, Hummer.

f) Quenelles de brochet à la lyonnaise
Frankreich / Hechtklößchen in Krebssoße mit Krebsschwänzen
Hechtfarce herstellen, Nocken abstechen und im Fischfond pochieren, mit Krebssoße überziehen und Krebsschwänzen garnieren.

g) Coquilles-Saint-Jacques à la parisienne
Frankreich / Pilger- oder Jakobsmuscheln auf Pariser Art
Muschelfleisch-, Champignons- und Trüffelscheiben mit Mornaysoße binden, in Muschelschalen füllen, mit Parmesan bestreuen und gratinieren.

Fortsetzung von Vorseite

h) Navarin	Frankreich / Hammelragout Geschmortes braunes Hammelragout mit tournierten, glasierten, weißen Rüben, Karotten, Zwiebeln und Kartoffeln; mit Kräutern bestreuen.
i) Bœuf à la mode	Frankreich / Rindfleisch auf modische Art Rindfleisch mit grünen Speckstreifen durchziehen (lardieren), mit Weißwein schmoren; beim Schmorvorgang gespaltenen, entbeinten Kalbsfuß, Speckschwarten und Kräuterbündel beigeben; kleine Zwiebeln, tournierte Karotten und den in Stücke geschnittenen Kalbsfuß in der Soße fertigschmoren, diese Zugaben als Garnitur um das in Scheiben geschnittene Rindfleisch anrichten.
j) Vol-au-vent	Frankreich / Große Blätterteigpastete oder Pastetenhaus Große Blätterteigpastete kann mit allen Füllungen oder Ragouts gefüllt werden; besonders geeignet ist das Ragout à la Toulouse, bestehend aus Kalbfleisch, Kalbsmilch (Bries), Hühnerfleisch, Champignons, Kalbfleischklößchen, Trüffeln, weißer Soße.
k) Tendrons de veau à la paysanne	Frankreich / Kalbsbrustschnitten auf Bauernart Kalbsbrustscheiben mit Karotten und Zwiebeln in Jus dünsten; blättrig geschnittene Karotten, weiße Rüben, Sellerie und Zwiebeln glasieren und die gegarten Kalbsbrustscheiben mit dem Gemüse anrichten und mit Jus überziehen.
l) Trippes à la mode	Frankreich / Kutteln mit Gemüse im Topf Blanchierte Kutteln in gleichmäßige Vierecke schneiden, mit Karotten, Zwiebeln, Lauch und einem Kräuterbündel in einem feuerfesten Steintopf mit Weiß- oder Apfelwein zugedeckt in der Röhre garen; vor dem Servieren mit Calvados oder Cognac verfeinern.

Fortsetzung von Vorseite

m) Ratatouille niçoise Frankreich / Gemüseragout aus Tomaten, Eierfrüchten und Paprikaschoten
Zwiebelscheiben in Öl anschwitzen, gehackte Tomaten (tomates concassées), Eierfruchtscheiben und Paprikascheiben beifügen; Knoblauch Salz, Pfeffer und Kräuterbündel zugeben, dünsten bis Flüssigkeit verdampft ist; mit frischen Kräutern bestreuen.

n) Quiche lorraine Frankreich / Lothringer Specktorte
Mürbteigboden mit dünnen gebratenen Speckscheiben belegen, kleingeschnittenen Käse darüberstreuen und mit gewürzter Eier/Sahnemasse (Royale) begießen; im Ofen backen.

Nennen Sie für folgende Nationalgerichte das Herkunftsland und erklären Sie in Stichworten die Herstellung!

a) Clear Oxtail Soup England / Klare Ochsenschwanzsuppe
Klare entfettete Suppe aus Ochsenschwänzen, mit Arrowroot oder Stärke leicht binden; mit Sherry verfeinern.

b) Mutton-broth England / Hammelsuppe mit Graupen, Gemüse und Hammelfleisch
Hammelbrühe mit Graupen binden, als Einlage Gemüse (Lauch, Karotten, Sellerie) und Hammelfleisch.

c) Chicken-broth England / Hühnersuppe
Klare, kräftige Hühnersuppe mit Reis, feinen Gemüsestreifen und Hühnerfleisch.

d) Cock-a-leeky Schottland / Schottische Hühnersuppe mit Lauch
Klare, kräftige Hühnersuppe mit weißen Lauchstücken und Hühnerfleisch servieren, evtl. mit getrockneten, gekochten, entsteinten Pflaumen servieren.

Fortsetzung von Vorseite

e) Beef-tea England / Rindfleischessenz
Weiches, zartes, kleingeschnittenes Rindfleisch, z. B. Filet, in einem verschlossenen Töpfchen mit wenig Flüssigkeit im Wasserbad erhitzen und dabei auslaugen.

f) Pie England / Schüsselpasteten
Ovale oder runde feuerfeste Porzellanschüsseln, die ausgebuttert, mit verschiedenen Füllungen versehen und mit einem Teigdeckel verschlossen werden.

g) Beefsteak and Kidney pie England / Rindfleisch- und Nierenpastete

h) Chicken pie England / Hühnerpastete

i) Veal and ham pie England / Kalbfleisch- und Schinkenpastete

j) Apple pie England / Apfelpastete

k) Blueberry pie England / Heidelbeerpastete

l) Pumpkin pie England / Kürbispastete

m) Irish-stew Irland / Irisches Hammelfleischgericht
Hammelfleischwürfel mit Kartoffel- und Zwiebelscheiben schichtweise in eine feuerfeste Kasserolle einfüllen; salzen, stark pfeffern mit Wasser aufgießen, zugedeckt garen.

n) Mutton chops England / Hammelchops (Hammelsattelscheiben) Hammelsattel mit Filets quer schneiden, Lappen nach innen klappen und mit einem Spieß zusammenhalten.

o) Angels on horseback England / Engel zu Pferde
Blanchierte Austern mit magerem Speck umhüllen, auf einen Spieß stecken und grillieren; auf gebuttertem Röstbrot anrichten.

Fortsetzung von Vorseite

p) Welsh rarebit England / Waliser Käsebrötchen (überbackener Käsetoast)
a) Röstbrot mit Chesterkäse belegen, mit Senf bestreichen, Cayennepfeffer bestreuen und gratinieren.
b) Röstbrot mit Käsemasse bestreichen und gratinieren.

q) Yorkshire pudding England / Yorkshire Pudding
Typische Beilage zu Roastbeef und englischem Braten;
enthäutetes, grob gehacktes Rindernierenfett mit Mehl vermischen und mit Milch, Eiern, Salz und Muskat zu einem Teig vermischen und in Förmchen oder Pfanne backen.

r) Apple sauce England / Apfelsoße
Warmes, schwach gesüßtes, mit Zimt versetztes Apfelmus;
Verwendung: zu fettem Fleisch und fettem Geflügel.

s) Bread sauce England / Brotsoße
Heiße Milch und gespickte Zwiebel mit geriebenem, entrindetem Weißbrot binden, würzen und mit Sahne montieren.
Verwendung: zu gebratenem Geflügel und Wildgeflügel.

t) Horse-radish sauce England / Meerrettichsoße
Milch mit gespickter Zwiebel kochen, passieren, mit geriebenem, entrindetem Weißbrot binden, Meerrettich, Essig, Zucker, Sahne und Senfpulver zugeben.

u) Cumberland sauce England / Cumberlandsoße
Streifen von Orangen- und Zitronenschalen blanchieren, Senf- und Ingwerpulver mit Zitronen- und Orangensaft verrühren, mit Johannisbeergelee binden, mit Portwein abschmecken und die Julienne als Einlage beifügen.

Fortsetzung von Vorseite

v) *Mint-sauce*
England / Minzsoße
Frisch gehackte Pfefferminze mit heißem Läuterzucker und Essig übergießen, zugedeckt ziehen lassen, kalt servieren zu Hammel- oder Lammbraten.

w) *Plum pudding*
(Christmas pudding)
England / Weihnachtspudding
Ein im Wasserbad pochierter Pudding, bestehend aus: Rindernierenfett, Weißbrotbröseln, Mehl, Rosinen, Korinthen, Backpflaumen, Zitronat, Orangeat, Äpfeln, Gewürzen, Cognac und Sherry; Masse 2 Tage kühlen, in gebutterte Förmchen füllen und im Wasserbad pochieren; Pudding kann mit einer Brandy- oder Aprikosensoße serviert werden.

Nennen Sie für folgende Nationalgerichte das Herkunftsland und beschreiben Sie in Stichworten die Herstellung!

a) *Zuppa pavese*
Italien / Bouillon mit Ei
Bouillon mit Ei, Weißbrotcroûtons und Parmesan; evtl. überbacken.

b) *Mille-fanti*
Italien / Brotsuppe
Grob geriebenes Weißbrot, Parmesan und Eier vermischen und in kochende Bouillon einrühren.

c) *Minestrone*
Italien / Gemüsesuppe
Speck und Zwiebeln anschwitzen, mit Bouillon auffüllen, in Scheiben geschnittenes Gemüse (Kohl, Karotten, Sellerie, Lauch, weiße Rüben) langsam mitkochen, Reis, Spaghetti, Tomaten, Knoblauch, weiße Bohnen zugeben und mit Parmesan bestreuen.

Fortsetzung von Vorseite

d) Osso buco alla milanese   Italien / Geschmorte Kalbshaxenscheiben auf Mailänder Art
Kalbshaxenscheiben anbraten, mit Weißwein ablöschen, blättrig geschnittenes Gemüse beigeben, Tomatenmark; dann schmoren; mit gehackter Zitronenschale, Petersilie und Knoblauch bestreuen;
Beilage: Risotto oder Tomatenspaghetti.

e) Piccata alla milanese   Italien / Mailänder Schnitzelchen
Kleine Schnitzelchen aus der Kalbslende, natur oder mit Mailänder Panade (Ei-Käseteig oder Mie-de-pain und Parmesan) braten, auf Spaghetti anrichten, mit brauner Butter übergießen; evtl. Tomatensoße extra.

f) Zampone   Italien / Gefüllter Schweinefuß
Wird als kalte Vorspeise, aber auch als warmes Gericht serviert;
entbeinten Schweinefuß mit einer feinen Schweinefarce füllen; als Einlage der Farce: Schinkenwürfel, Pistazien, Trüffel, Gänseleber; zunähen, den gefüllten Schweinefuß vorsichtig braten.

g) Saltimbocca alla romana   Italien / Kalbsschnitzel mit rohem Schinken und Salbei
Zwischen 2 kleine Kalbsschnitzel eine Scheibe rohen Schinken legen, und mit einem frischen Salbeiblatt garnieren; würzen, in Mehl wenden, in heißem Öl anbraten; den Bratensatz mit Weißwein ablöschen, reduzieren und mit Butter montieren, über das Fleisch gießen;
Beilage: Risotto.

h) Cannelloni   Italien / Gefüllte Teigrolle
Nudelteig dünn ausrollen, in Rechtecke schneiden, mit einer Farce von Fleisch, Schinken, Pilzen, Gemüse füllen; zusammenrollen; in eine gebutterte Backform legen, mit Béchamelsoße begießen, mit Parmesan bestreuen, im Ofen gratinieren.

Fortsetzung von Vorseite

i) Ravioli   Italien / Gefüllte Mundtaschen
Taschen aus Nudelteig, mit Fleischfarce oder Spinat füllen, in Salzwasser pochieren, mit zerlassener Butter übergießen und mit Parmesan bestreuen.

j) Fritto misto   Italien / Gemischtes Gebackenes
Verwendung finden dafür Kalbsbries, Kalbshirn, Lammbries, Auberginen, Artischockenböden, Blumenkohl, Sellerie, Gurken; in passende Stücke schneiden, mit Zitronensaft marinieren und mit Backteig umhüllen, in einer Fritüre backen, garnieren mit gebackener Petersilie und Zitronenspalten.

k) Gnocchi alla romana   Italien / Römische Nocken (überbackene Griesnocken)
Milch und Gries kochen, mit Eigelb legieren, geriebenen Parmesankäse unterheben, auf ein Blech ausstreichen, erkalten lassen und Halbmonde abstechen, mit Parmesan bestreuen und zerlassener Butter begießen, gratinieren.

l) Polenta   Italien / Maisbrei
Maisgrieß in Salzwasser kochen, auf ein Blech streichen, erkalten lassen, in Stücke schneiden und in Butter braten.

m) Risotto   Italien / Reisbeilage oder Reisgericht mit Parmesan
Für Risotto eignet sich am besten italienischer Reis oder Rundkornreis; sobald der Reis gar ist, werden Butterstückchen und geriebener Parmesan mit der Gabel untergehoben.

n) Cassata   Italien / Italienische Eisspeise (Eisbomben)
Werden ähnlich wie Eisbomben hergestellt; der Kern besteht aus kandierten Früchten, Mandeln, Nüssen, Biskuit und Likör.

Fortsetzung von Vorseite

o) Zabaione
Italien / Marsalaschaumcreme
Eigelb und Marsala mit Zucker schaumig schlagen, mit Gelatine binden, kaltschlagen und geschlagene Sahne unterheben, sofort portionieren.

p) Spoganda (Spoom)
Italien / Schaumeispunsch (Eisgetränk)
Ein Sorbet von Weißweinen oder Schaumweinen, das während des Gefrierens mit einer Meringuemasse vermengt wird.

q) Gramolata (Granités)
Italien / Gekörntes Eis (Eisgetränk)
Fruchtsorbet mit niedrigem Zuckergehalt wird körnig gefroren.

Nennen Sie für folgende Nationalgerichte das Herkunftsland und beschreiben Sie in Stichworten die Herstellung!

a) Raclette
Schweiz / Geschmolzener Käse
Käse wird mit der Schnittfläche erhitzt, bis er schmilzt, mit dem Messerrücken abgeschabt und auf den Teller gestrichen;
typische Beilagen: Pellkartoffeln, Mixed pickles und kleine Gürkchen.

b) Ramequins de fromage
Schweiz / Käsekrapfen
I. Brandteig mit geriebenem Schweizer Käse herstellen, kleine Windbeutelchen spritzen, mit Eigelb bestreichen und mit Käsescheiben oder kleinen Würfeln bedecken, im Ofen backen und warm servieren;
II. Käsetörtchen
Feuerfeste Form ausbuttern, mit Weißbrotscheiben und Emmentalerscheiben abwechselnd belegen und mit gewürztem Royal begießen, im Ofen bräunen.

Fortsetzung von Vorseite

c) *Brochettes à la suissesse* Schweiz / Spießchen nach Schweizer Art
Kleine dünne Scheibchen von rohem Schinken in Butter anschwitzen, mit kleinen Scheiben von Schweizer Käse abwechselnd auf ein Spießchen reihen, zweimal panieren und in einer Fritüre backen, sofort servieren.

d) *Eglifilet* Schweiz / Flußbarschfilet
Mittelgroße Flußbarsche werden filetiert und auf Müllerinart zubereitet.

e) *Fondue à la neuchâteloise* Schweiz / Käsefondue
Steingeschirr mit Knoblauch ausreiben, grob geraspelten Schweizer Käse (Greyerzer oder Emmentaler) mit Weißwein (Neuenburger Weißwein) erhitzen und zu einer kremigen und rahmigen Masse verrühren, Kirschwasser zufügen, evtl. mit etwas Kartoffelmehl binden, mit Weißbrotwürfeln servieren.

f) *Fondue bourguignonne* Schweiz / Fleischfondue (Fritüre bourguignonne)
Rohe Rinderfiletwürfel werden in heißem Öl vom Gast selbst am Tisch gegart; dazu verschiedene Soßen, z. B. Mayonnaisen-, Curry-Remoulade-, Ketchup-, Vinaigrette-, Senfsoße; Beilagen: Perlzwiebeln, Cornichons, Senffrüchte, Gemüse auf griechische Art.

g) *Berner Platte* Schweiz / Berner Platte
Garniertes Sauerkraut nach Berner Art; Sauerkraut in Weißwein kochen, Bohnen als Sockel, Ochsenfleisch, geräucherte Rippli, Schinken oder Speck, Schweinekopf, diverse Kochwurstsorten.

h) *Fontina* Schweiz / Walliser Käsefondue
Kleingeschnittenen Käse mit Milch erhitzen und etwas Mehl binden; mit Salz, Pfeffer, Muskat und Kümmel abschmecken, im feuerfesten Steintopf servieren;
Beilage: grobe Weißbrotwürfel.

Fortsetzung von Vorseite

i) Züricher Leberspießli	Schweiz / Leberspießchen nach Züricher Art Kalbsleberstücke mit Salbeiblättern auf Spieße reihen, mit einem Schweinenetz umhüllen, langsam in Butter braten; aus dem Bratensatz mit Weißwein und Kalbsfond Soße herstellen und über die Spieße gießen.
Was sind Blinis?	Buchweizenpfannkuchen Aus Buchweizenmehl, Weizenmehl, Hefe, Milch, Eigelben, Eischnee und Butter kleine Pfannkuchen herstellen. Wird speziell mit saurer Sahne als Beilage zu Kaviar serviert.
Welche Zutaten enthält eine Borschtsch?	Russische eintopfartige Gemüsesuppe Grobe Streifen von Lauch, Sellerie, Weißkraut, Zwiebeln, rote Rüben und Petersilienwurzeln in Bouillonfett andünsten, mit Brühe auffüllen, Rinderbrust und Räucherspeck zufügen, alles langsam weichkochen, Fleisch in kleine Stücke schneiden und die Suppe mit dem Saft der roten Rüben verfeinern, mit saurem Rahm (Smetana) servieren.
Was verstehen Sie unter Chicken à la king, und nennen Sie das Herkunftsland!	Amerika / Huhn à la King Ausgelöste Hühnerbrust in Butter anbraten, mit Sherry ablöschen; rote und grüne Paprikastreifen, Champignonscheiben beigeben, mit Sahne auffüllen, weich dünsten; Hühnerbrust herausnehmen, Soße reduzieren und mit Eigelb, Sherry und Sahne legieren, über die in Scheiben geschnittene Brust geben.
Was verstehen Sie unter einer Gazpacho, und nennen Sie das Herkunftsland!	Kalte spanische Gemüsesuppe Abgezogene, entkernte Tomaten und Knoblauch pürieren, mit Salz, Pfeffer, Essig und Öl anmachen, mit kaltem Wasser aufgießen, kleine Würfel von Tomatenfleisch, entkernten Gurken, Paprikaschoten beifügen und durchziehen lassen, eiskalt servieren. Herkunftsland: Spanien

Wie wird Lobster american hergestellt?	Hummer auf amerikanische Art Lebenden Hummer töten, Scheren abdrehen und aufschlagen, Hummerschwanz in Stücke teilen, in Butter und Öl sautieren, Zwiebelwürfel und Knoblauch zugeben, mit Cognac flambieren und mit Weißwein ablöschen; Tomatenwürfel beifügen, würzen mit Salz, Pfeffer und Cayennepfeffer, dünsten, die Hummerstücke herausnehmen und Soße mit Fleischglace, gehackter Petersilie, Estragon und Hummermark (Corail) vervollständigen, nicht passieren – über die Hummerstücke gießen.
Erklären Sie den Begriff Paella und nennen Sie das Herkunftsland!	Spanische Reispfanne Ein Risottogericht mit Hühnerfleisch, Krustentieren, Schaltieren, Chipolatas (kleine Bratwürstchen), Artischockenböden, Zwiebeln, Tomaten, grünen Erbsen, roten Paprikaschoten, Knoblauch, Safran und frischen gehackten Kräutern. Das Gericht wird in einer großen, tiefen Pfanne zubereitet und serviert. Herkunftsland: Spanien
Was ist eine Tortilla?	Flaches spanisches Omelette Wird von beiden Seiten gebacken und mit verschiedensten Zutaten gefüllt.
Erklären Sie die Zubereitung eines Backhendels und nennen Sie das Herkunftsland!	Backhuhn Rohes Hähnchen vierteln, Knochen auslösen würzen, panieren mit Mehl, Ei, Semmelbröseln und in heißem Fett backen. Leber und Magen panieren und backen. Garnitur: Zitronenscheiben, gebackene Petersilie. Herkunftsland: Österreich.
Was sind Topfenpalatschinken?	Kleine Pfannkuchen mit Quarkfüllung Kleine, dünne Pfannkuchen backen, füllen mit einer Käsekremmasse, bestehend aus: Quark, Butter, Zucker, Eigelben, Zitronenschalen, saurer Sahne, Rosinen und Eischnee; rollen und in eine gebutterte Form setzen, mit süßem Eierstich übergießen und im Ofen backen.

Was sind Salzburger Nockerl?	**Gebackene Schaumnocken** Eiweiß zu steifem Schnee schlagen, vorsichtig Zucker, Eigelb und gesiebtes Mehl unterheben, große Nocken abstechen und in eine gebutterte, feuerfeste Form einsetzen, backen und bräunen, mit Vanillezucker bestreuen.
Was ist ein Kalbsbeuschel?	**Kalbsbeuschel** Kalbslunge mit Gewürzgurken kochen, in feine Streifen schneiden, in Essigwasser marinieren, braune Roux mit der Marinade auffüllen, gehackte Zwiebeln, Petersilie, Sardellen, Kapern, Zitronenschale und Knoblauch zufügen, geschnittene Kalbslunge beifügen und durchkochen, evtl. mit Rahm verfeinern. Beilage: Semmelknödel.

Spezialgedeck für Schnecken als Vorspeise. Schneckengabel, Schneckenzange, Suppenlöffel

Gerichte der „Neuen Küche" *(s. auch Farbtafel nach Seite 355)*

Was verstehen Sie unter nouvelle cuisine und grande cuisine?	nouvelle cuisine = neue leichte Küche grande cuisine = große, schwere Küche
Was hebt die neue Küche im Gegensatz zur Traditionsküche hervor?	– Verwendung nur frischer Produkte; – schonende Zubereitung; – kürzere Garzeiten; – höherer Nährstoffgehalt; – natürlicheres Aussehen; – leichtere Soßen und Suppen; – Herabsetzung der Kalorien innerhalb der zubereiteten Gerichte; – kleinere Portionen durch veränderte Essgewohnheiten; – konzentrierte, kleine Tageskarten; selten eine große Standardkarte, die zu einer großen Bevorratung zwingt, die jedoch mit frischen Produkten nicht zu bewerkstelligen ist; – täglich wechselnde Menüs, speziell auf die Jahreszeiten und dem damit verbundenen frischen und günstigen Einkauf.
Wodurch unterscheiden sich Soßen und Suppen der „Neuen Küche" von der „althergebrachten Küche"?	Soßen und Suppen unterscheiden sich durch: – Verringerung von Fett und Sahne; – Verringerung von Mehl als Bindung; – Herabsetzung des Eianteils innerhalb der Produkte (z. B. Legierung); – Soßen sollten mehr Sud und Saft sein; – Soßen werden meist à la minute aus dem entsprechenden Saft des Produktes hergestellt.

Gefüllter Rehrücken, moderne Art

Erstellen Sie ein 4-Gang-Menü der Neuen Küche!	Beispiel einer 4-Gang-Speisenfolge nach den Grundsätzen der „Neuen Küche": Austernsalat mit Böhnchen, Radicchio und Champignons ✳ ✳ ✳ Linsenessenz mit Krebsklößchen ✳ ✳ ✳ Wildentenbrust, gebraten mit getrüffeltem Bratensaft Rosenkohlmus gebratene Kartoffelkugeln ✳ ✳ ✳ Mangokrem mit weißem Mokka-Eis ✳
Erklären Sie die vorstehende kalte Vorspeise Austernsalat!	– Austern waschen und öffnen; – Böhnchen in Salzwasser kochen; – Champignons putzen und in Scheiben schneiden, mit Zitronensaft und Öl marinieren; – Radicchiosalat in Streifen schneiden; – Staudensellerie in Streifen schneiden; – alles bunt auf einem Teller häufen und mit einer Schalotten-Vinaigrette überziehen; – darauf die ausgebrochenen Austern geben und mit ger. alten Chesterkäse bestreuen.
Erklären Sie die vorstehende Suppe Linsenessenz mit Krebsklößchen!	– Gewaschene Linsen mit Gemüse und Bouillon kalt ansetzen und weichkochen; – Kläransatz herstellen und mit der kalten, passierten Linsenbrühe auffüllen und klären; – Krebsfleisch mit Eiweiß pürieren, mit Sahne und Gewürzen abschmecken und in Salzwasser pochieren.

Modernes Dessert, Kiwimus mit Mango und Erdbeeren

Erklären Sie den vorstehenden Hauptgang Wildente mit Rosenkohlmus und gebratenen Kartoffelkugeln!

- Wildente stark rosa braten;
- Brüste und Keulen ablösen;
- Knochen auspressen, den blutigen Fleischsaft auffangen;
- aus den zerhackten Knochen und etwas Mirepoix eine Rotweinsoße herstellen, passieren und mit dem Fleischsaft verfeinern;
- gekochte Rosenkohlröschen pürieren und mit Sahne und Butter eine glatte Krem herstellen;
- Gebratene Kartoffelkugeln (Herstellung wie Nußkartoffeln).

Erklären Sie die vorstehende Nachspeise Mangokrem mit weißem Mokka-Eis!

- Geschälte Mangofrüchte im Mixer pürieren, mit erhitzter Gelatine und geschlagener Sahne vermengen;
- Kremeis herstellen, mit fein zerstoßenen Kaffeebohnen und einer Vanilleschote;
- Mangokrem auf den kalten Teller gießen, das Eis portioniert darauf anrichten, mit Hippenblättern garnieren.

Hummersalpikon mit frischen Champignons in Sahnesoße, in einem Blätterteigpastetchen überbacken.

Hummerragout mit Gemüsestreifen und Steinchampignons (Egerlinge), Reistimbale.

Patisseriewaren – *Erzeugnisse der Küchenkonditorei*

Nennen Sie einige Teige, die in der Küche verarbeitet werden!	– Blätterteig – Mürbteig – Hefeteig – Backteig – Brandteig (Brandmasse) – Nudelteig (Strudelteig, Pastetenteig) – Briocheteig
Nennen Sie einige Massen, die in der Küche verarbeitet werden!	– Biskuitmasse – Schaummasse – Eismasse – Hippenmasse – Genueser Masse

Wie unterscheiden sich Teige von Massen?

Teige:

Hauptbestandteil	– Mehl
Arbeitstechnik	– Kneten
Lockerung	– biologisch (Hefe) – physikalisch (Wasserdampf)
Bindung mit Stabilität	– Mehleiweiß (Kleber)

Massen:

Hauptbestandteil	– Eier, Zucker, evtl. Fett
Arbeitstechnik	– schlagen, rühren, blasen
Lockerung	– physikalisch (Luft und Wasserdampf)
Bindung und Stabilität	– Hühnereiweiß

Was sind chemische Lockerungsmittel?

Kohlensaure Salze wie:

Backpulver
Natron
Soda
Hirschhornsalz
Pottasche

Welche Teiglockerungsart bewirkt das Lockerungsmittel Hefe?	Biologische Lockerungsart
Welches Lockerungsgas wird durch biologische und chemische Lockerungsmittel frei?	Kohlendioxid oder auch Kohlensäure
Welche 3 Blätterteigarten kennen Sie, und nennen Sie Unterscheidungsmerkmale!	1. Deutscher Blätterteig – Mehlteig außen, Fett innen 2. Französischer Blätterteig – Fett außen, Mehlteig innen 3. Holländischer- oder Blitzblätterteig – Fett wird unter den Mehlteig gearbeitet
Wodurch werden beim Backen von Blätterteig die lockeren, angehobenen Teigschichten erreicht?	Physikalische Lockerung durch Wasserdampf. Durch das Einziehen von Fett werden die Schichten voneinander isoliert. Darum kann der während des Backens entstehende Wasserdampf nicht entweichen und hebt durch den Druck die einzelnen Schichten an.
Erklären Sie den Ausdruck tourieren!	Tourieren ist das Einschlagen des Teiges. Es wird zwischen der einfachen und der doppelten Tour unterschieden. Die einfache Tour hat 3 Lagen! Die doppelte Tour hat 4 Lagen!
Was können Sie aus Blätterteig herstellen?	Käsegebäck, Fleurons/Blätterteighalbmonde, Pasteten, Pastetenhäuser (vol au vent), Süßspeisengebäck, Apfelstrudel, Filet „Wellington" usw.
Was ist ein Mürbteig?	Ein kurzgekneteter, fettreicher Teig, der nur leicht aufgeht.
Nennen Sie ein Grundrezept für Mürbteig!	Grundrezept: 1 : 2 : 3 1 Teil Zucker 2 Teile Fett 3 Teile Mehl Eier Aromaten: Zitrone, Vanille, Salz

Nennen Sie die Eigenarten des Mürbteiges!	Der hohe Fettanteil macht den Teig mürbe; durch den hohen Zuckeranteil wird der Teig beim Backen knusprig.
Was kann aus ungesüßtem Mürbteig hergestellt werden?	Tartelettes (Törtchen), Quiches (Eierstichtorten), Barquettes (Schiffchen), Krustaden (tiefe Teigtörtchen) Normaler Mürbteig, ohne Zucker, höherer Anteil an Salz und Eiern.
Was ist „blind backen"?	Eine mit Mürb- oder Blätterteig ausgefütterte Form, die mit getrockneten Hülsenfrüchten gefüllt ist und gebacken wird, danach die Hülsenfrüchte wieder entfernen, Teig bleibt hell, nimmt keine Farbe an und geht nicht auf.
Was ist eine Genueser Masse?	Eine schwere Biskuitmasse, geeignet für Kuchen, Torten und Petits fours.
Was ist eine Schaummasse?	Meringuemasse oder Baisermasse Steifgeschlagens Eiweiß mit Puderzucker. Die Masse wird auf dem Papier gespritzt und langsam im Ofen getrocknet.
Wodurch wird beim Krem die Bindung erreicht?	Bindemittel sind Eigelbe oder Ei, Gelatine oder Stärke.
Welche Grundarten von Krem kennen Sie?	Bayerische Krem (Abgezogene Krem), Englische Krem (Eier/Milchmasse), Patisserie Krem oder Füllkrem (mit Stärke gebunden).
Was verstehen Sie unter „Aufschlagen bis zur Rose"?	Natürliche Bindung der Milch durch den Eianteil! Die Masse wird erhitzt mit einem Holzlöffel umgerührt; wenn die Flüssigkeit den Löffel überzieht, spricht man vom Aufschlagen (Abziehen) „bis zur Rose", erhitzt man weiter gerinnt die Krem.
Was sind pochierte Krems?	Erhitzte Milch mit Eiern und Zucker verrühren, passieren und in gebutterten feuerfesten Förmchen füllen, im Wasserbad pochieren, erst nach dem Erkalten stürzen.

Welche Arten von pochierten Krems kennen Sie?	Kaffeekrem, Karamelkrem, Königliche Krem, Wiener Krem.
Warum darf eine Wiener Krem beim Pochieren nicht kochen?	Das Wasser darf beim Pochieren nicht kochen, da sonst die Eibestandteile gerinnen, die Krem treibt auf und es würden Löcher und Bläschen entstehen.
Welche Puddingarten sind Ihnen bekannt?	Auflaufpudding, Frankfurter Pudding, Plum-Pudding, Diplomatenpudding, Sächsischer Auflaufpudding, Kirschpudding, Schaumpudding, Brotpudding.
Welche Grundarbeitsweisen sind Ihnen bei der Herstellung von Puddings bekannt?	1. Puddings, die mit einer Milch/Eiermasse (englischer Krem) hergestellt werden, z. B. Kabinett- oder Diplomatenpudding, Brotpudding. 2. Puddings, die mit einer brandteigähnlichen Masse hergestellt werden, z. B. Sächsischer Pudding. 3. Puddings, die mit einer schaumig gerührten Butter/Zucker/Eigelbmasse hergestellt werden, z.B. Frankfurter Pudding, Kirschpudding. 4. Puddings die mit einer gekochten Milch/Stärkemasse hergestellt werden, z. B. Auflaufpudding mit Ableitungen. 5. Puddings, die aus schweren, mit Fett versetzten Teigen hergestellt werden, z. B. Plum-Pudding
Wie werden Puddings gegart?	Pudding werden in gebutterte Portionsförmchen oder Formen gefüllt und im Wasserbad pochiert oder gekocht.
Erklären Sie die Herstellung von Aufläufen!	Aufläufe – Soufflés 1. Butter, Zucker und Mehl vermengen und in die kochende Milch geben, abrühren wie beim Brandteig; 2. Masse abkühlen lassen, Eigelbe und Geschmackszutaten unterrühren (Die Masse kann vorrätig gehalten werden); 3. Bei Bedarf zieht man das steifgeschlagene Eiweiß unter die Masse; 4. Masse in gebutterte, gezuckerte Förmchen füllen und im Ofen backen.

Welche Geschmacksbereicherungen können bei warmen oder kalten Puddings angeboten werden?	Kalte oder warme Süßspeisensoßen, gebundene Fruchtsäfte, Früchtepüree oder Früchtemus Früchtekompott, Fruchtsoßen.
Was ist bei der Herstellung von Mürbteig zu beachten?	Alle Zutaten müssen kalt sein; Eier und Zucker vermengen und das Fett unter die Ei-Zuckermasse kneten, zum Schluss das Mehl unterheben, nicht mehr kneten, sofort kalt stellen und ruhen lassen.
Welche Fehler können bei der Mürbteigherstellung auftreten?	**Brandiger Mürbteig:** Die notwendige Bindung kommt nicht zustande. Der Teig reißt beim Ausrollen, das Gebäck zerfällt. Fehler: Zu warme Zutaten, zu langes Kneten Fehlerbeseitigung: Mürbteig kaltstellen, in kleine Stücke zerteilen danach kurz und schnell mit Eiweiß durcharbeiten. **Zäher Mürbteig:** Der Mürbteig hat durch zugeführte Flüssigkeit und schlecht verarbeitetes Fett eine gewisse Spannung erhalten. Der Teig zieht sich beim Backen zusammen! Fehler: Das eingearbeitete Fett verteilt sich nicht in der erforderlichen Feinheit. Fehlerbeseitigung: Mürbteig kaltstellen und kleine Fettstücke unterarbeiten.
Welche Hefeteigarten unterscheiden Sie?	**Leichter Hefeteig** (wenig Zutaten) z. B. Blechkuchen, Krapfen, Hefeknödel, Flechtgebäck, Semmeln, Fettgebackenes, Brioche. **Mittlerer Hefeteig** (gerührter Hefeteig, Plunderteig) z. B. Savarin, Baba, Hörnchen, Gebäckstücke, Schnitten. **Schwerer Hefeteig** (viele Zutaten) z. B. Stollen.
Welches Lockerungsmittel bewirkt die Lockerung beim Hefeteig?	Biologisches Lockerungsmittel Hefe

Welche Auswirkungen haben Fett und Eier auf das Backergebnis beim Hefeteig?	Durch Fett wird das Gebäck saftiger; in größerer Menge hemmt es aber die Triebwirkung der Hefe. Durch höheren Eigelbanteil wird das Gebäck schmackhafter und saftiger.
Was verstehen Sie unter direkter oder indirekter Teigführung beim Hefeteig?	**Direkte Teigführung:** ohne Vorteig alle Zutaten werden gleichzeitig verarbeitet, schnellere Arbeitsweise, aber höherer Hefezusatz. **Indirekte Teigführung:** mit Vorteig zuerst einen Vorteig ansetzen, dann die restlichen Zutaten zu einem Teig verarbeiten, die Hefezellen können sich im Vorteig bereits vermehren, daher geringer Hefezusatz.
Welche Fehlerquellen können bei der Herstellung von Hefeteig durch die entsprechende Flüssigkeit auftreten?	**Flüssigkeit zu heiß** Hefe verbrüht, Gerinnung der Enzyme und Absterben der Hefezellen ab 42 °C. **Flüssigkeit zu kalt** zu lange Gardauer Wirksamkeit der Hefezellen wird herabgesetzt.
Welche Fehlerquelle tritt bei zu langem Gären von Hefeteig auf?	Der gebackene Hefeteig ist trocken und strohig schmeckend, sein Äußeres hat eine blasse Farbe.
Was verstehen Sie unter Savarin?	Savarin sind kleine, ringförmige Hefekuchen, die nach dem Backen mit Läuterzucker getränkt und aprikotiert werden, mit Früchten und Sahne servieren.
Erklären Sie in Stichworten die Arbeitsweise zur Herstellung von Plunderteig!	Plunderteig ist Hefeteig mit eingeschlagenem Fett, ähnlich beim Blätterteig. Kühlgestellten Hefeteig rechteckig ausrollen, Fett (Butter oder Ziehmargarine) mit Mehl verkneten und auf eine Hälfte des Teiges legen, die andere Hälfte darüberschlagen und dem Teig zwei einfache Touren geben, ruhen lassen – entsprechend weiterverarbeiten; z. B. Hörnchen, Taschen, Schnecken, Gebäckstücke.

Erklären Sie den Unterschied zwischen „Baba au rhum" und „Savarin"!	**Baba au rhum** Timbaleförmchen werden mit einem gerührten Hefeteig (mit Rosinen und Korinthen) gefüllt und gebacken, noch heiß in Läuterzucker mit Rum getränkt und warm serviert. **Savarin** Ringformen mit gerührtem Hefeteig füllen, backen, noch heiß in Läuterzucker mit verschiedenen Geschmackszutaten tränken; nach dem Abkühlen aprikotieren, mit Früchten und Sahne garnieren, kalt servieren.
Was können Sie aus Brandteig herstellen?	Profiteroles (Kleine Windbeutelchen als Suppeneinlage), Windbeutel, Eclairs, Strauben (Spritzkuchen), Auflaufkrapfen, Dauphinekartoffeln (Kartoffelkrapfen), Brandteig zur Bindung verschiedener Nocken.
Warum sollte das Mehl für die Herstellung von Brandteig kleberreich sein?	Beim Abbrennen der Brandmasse verkleistert die Stärke und der Kleber gerinnt. Die Brandmasse wird dadurch besonders gasdicht und erzielt mit den Eiern eine besondere Triebkraft.
Was verstehen Sie unter dem Begriff „Eclairs au café"?	Brandteig wird aus einem Spritzbeutel mit Lochtülle in ca. 10 cm lange Stangen gespritzt, nach dem Backen der Länge nach aufgeschnitten und mit einer Konditoreikrem, die mit löslichem Kaffeepulver abgeschmeckt ist, gefüllt. Mit Kaffeefondant glasieren. Man bezeichnet Eclairs auch als Liebesknochen.

Welche Unterscheidungsmerkmale sind Ihnen bei den Massen bekannt?	**Herstellung**
	Warme Masse – Wiener Masse
	                       Biskuitmasse
	                       Brandmasse
	Kalte Masse – Biskuitmasse
	                        Löffelbiskuit
	                        Genueser Masse
	                        Schaummasse
	
	Beschaffenheit
	Leichte Masse – Biskuitmasse
	                        – Wiener Masse
	                          Löffelbiskuit
	Schwere Masse – Schaummasse
	                          Genueser Masse
	                          Sandmasse
	                          Brandmasse

Welches Lockerungsmittel ist bei der Herstellung einer Biskuitmasse von entscheidender Wichtigkeit?	Physikalisches Lockerungsmittel wie eingeschlagene Luft, die sich in der Ofenhitze weiter ausdehnt und so die Lockerung bewirkt. Die beim Backen geronnenen Eier bilden das Gerüst.
Welche Punkte müssen bei der Herstellung von Massen beachtet werden?	– Kessel und Schneebesen müssen absolut fettfrei sein, – Mehl und Stärke müssen vor der Verarbeitung gut gemischt und gesiebt werden, – Fertige Biskuitmasse muss sofort gebacken werden, damit die eingearbeitete Luft nicht entweichen kann und die Triebwirkung nicht verloren geht.
Wie unterscheidet sich die Wiener Masse von der kalten Biskuitmasse?	Bei der **Wiener Masse** werden Eier und Zucker warm aufgeschlagen, kaltgeschlagen und Weizenmehl und Weizenpuder untergehoben, anschließend wird lauwarme flüßige Butter eingearbeitet und sofort gebacken. Bei der **kalten Biskuitmasse** werden Eigelbe und die Hälfte der Zuckermenge schaumig geschlagen, Eiweiß mit dem restlichen Zucker zu steifem Schnee schlagen und unter die Eigelbmasse heben, anschließend mit Weizenmehl und Weizenpuder melieren, sofort backen.

Nennen Sie einige kalte und warme Soßen für Süßspeisen!	**Kalte Süßspeisensoßen** Aprikosensoße, Englische Soße, Erdbeersoße, Himbeersoße, Krokantsoße, Schaumsoße Orangensoße, Weinschaumsoße. **Warme Süßspeisensoßen** Brandysoße, Bischofsoße, Schokoladensoße, Karamelsoße, Vanillesoße, Whiskysoße, Rumsoße, Weinschaumsoße.
Was ist eine Bischofsoße?	Rotwein, Wasser, Zucker, Nelken, Zimtstangen und Zitronenschalen kochen, mit Stärkemehl leicht binden; Einlage: Rosinen und abgezogene Mandelstifte. Verwendung: Frankfurter Pudding, Brotpudding.
Was sind Flammeris?	Flammeris sind kalte, gestärzte Süßspeisen. Die Bindung erhalten sie durch Stärke, Grieß, Sago, Reis, Gelatine; mit Eigelb legieren und mit geschlagenem Eiweiß oder Sahne lockern.
Erklären Sie die Herstellung von Grießflammeri!	Milch mit Vanille und Zucker aufkochen. Grieß einlaufen lassen und langsam kochen; unter den heißen Brei eine Mischung aus Eigelb und Sahne rühren, steifgeschlagenen Eischnee unterheben und mit kaltem Wasser ausgespülte Förmchen füllen und erkalten lassen.
Was ist eine Zuckerwaage?	Zuckerwaage ist eine Senkwaage – es wird die Dichte (Zuckergehalt) einer Flüssigkeit angezeigt. Einteilung in Arâometer-Skala-Baumé-Grade. Ab ca. 39–40° Baumé wird die Zuckerlösung zu dick, man kann sie nicht mehr ablesen.
Nennen Sie 3 Zuckerlösungsarten!	Ungesättigte Zuckerlösung: (Sirup) 1–28° Baumé Gesättigte Zuckerlösung: (Läuterzucker) 29–30° Baumé Übersättigte Zuckerlösung: (nach dem Erkalten wird die Lösung fest und kristallisiert).

Nennen Sie die Grade der Phasen, die beim Zuckerkochen erreicht werden!	Kleiner Faden	(ca. 105 °C)
	Starker Faden	(ca. 107 °C)
	Schwacher Flug	(ca. 111,5 °C)
	Starker Flug	(ca. 113 °C)
	Kleiner Ballen	(ca. 115 °C)
	Großer Ballen	(ca. 121 °C)
	Kleiner Bruch	(ca. 125 °C)
	Großer Bruch	(ca. 144 °C)
	Karamel	(ca. 162,5 °C)

Wird Karamel weiter gekocht, verändert sich die Farbe von goldgelb bis tiefschwarz. Das Endprodukt ist dann Couleur-Zucker.

Was ist eine Fondantmasse? Eine zähweiche, leicht zergehende Masse aus Zucker und Stärkesirup, die beim Erkalten der gekochten Lösung kräftig durchgearbeitet wird. Fondant wird für Zuckerwaren, Glasuren und Füllungen verwendet.

Besonders aufwendig hergestellte Petits fours mit hohem Marzipananteil. In der Mitte eine Puppe aus Marzipan.

Marzipantiere, gedacht als „Kleine Naschereien"

Nennen Sie die einzelnen Speiseeissorten mit den entsprechenden Anforderungen!

– *Kremeis, Cremeeis, Eierkremeis, Eiercremeeis*

Prozentangaben beziehen sich auf das Gewicht!
Kremeis, Cremeeis, Eierkremeis, Eiercremeeis enthält mindestens 50 Prozent Milch und auf einen Liter mindestens 270 g Vollei oder 90 g Eigelb. Es enthält kein zusätzliches Wasser.

– *Fruchteis*

In Fruchteis beträgt der Anteil an Frucht mindestens 20 Prozent.
Bei Fruchteis aus Zitrusfrüchten, anderen sauren Früchten mit einem titrierbaren Säuregehalt im Saft von mindestens 2,5 Prozent, berechnet als Zitronensäure, beträgt der Anteil an Frucht mindestens 10 Prozent.

– *Rahmeis, Sahneeis, Fürst Pückler Eis*

Rahmeis, Sahneeis, Fürst Pückler Eis enthält mindestens 18 Prozent Milchfett aus der bei der Herstellung verwendeten Sahne (Rahm).

– *Milcheis*

Milcheis enthält 70 Prozent Milch.

– *Eiskrem, Eiscreme*

Eiskrem, Eiscreme enthält mindestens 10 Prozent der Milch entstammendes Fett.

– *Fruchteiskrem, Fruchteiscreme*

Fruchteiskrem, Fruchteiscreme enthält mindestens 8 Prozent der Milch entstammendes Fett und einen deutlich wahrnehmbaren Fruchtgeschmack.

– *Einfacheiskrem, Einfacheiscreme*

Einfacheiskrem, Einfacheiscreme enthält mindestens 3 Prozent der Milch entstammendes Fett.

– *Eis mit Pflanzenfett*

Eis mit Pflanzenfett enthält mindestens 3 Prozent pflanzliches Fett und ggf. einen deutlich wahrnehmbaren Fruchtgeschmack.

– *,,(Frucht)-Sorbet"*

In ,,(Frucht)-Sorbet" beträgt der Anteil an Frucht mindestens 25 Prozent.
Bei Sorbets aus Zitrusfrüchten oder anderen sauren Früchten mit einem titrierbaren Säuregehalt im Saft von mindestens 2,5 Prozent, berechnet als Zitronensäure, beträgt der Anteil an Frucht mindestens 15 Prozent.
Milch oder Milchbestandteile werden nicht verwendet.

Welche Hygienevorschriften müssen bei der Herstellung von Speiseeis beachtet werden?	Da Speiseeis ein idealer Nährboden für Bakterien ist, müssen folgende Punkte genau beachtet werden: – Das zur Herstellung verwendete Wasser muss Trinkwasser sein. – Die verwendete Milch oder Milcherzeugnisse müssen pasteurisiert, sterilisiert oder abgekocht werden. – Alle Geräte und Maschinen, die zur Eisherstellung verwendet werden, müssen sauber und nach der Verwendung sofort gereinigt werden. – An- oder aufgetaute Eismassen dürfen nicht wieder eingefroren werden. – Bei der Herstellung erhitzte Eismassen möglichst schnell abkühlen. – Personen, die Speiseeis herstellen, müssen besonders nach dem Bundesseuchengesetz untersucht werden (regional unterschiedlich). – Speiseeis darf nicht mit den Händen berührt werden.
Was ist eine Cassata?	Italienische Eisspezialität Kandierte Früchte, geröstete Mandelsplitter, Nougat- und Makronenstücke in Maraschino marinieren. Gekühlte Form mit Eis ausmanteln, fest werden lassen, Füllung mit geschlagener Sahne vermengen, in die Mitte einfüllen und gefrieren.
Erklären Sie die Arbeitsweise für die Herstellung von Kremeis und Eierkremeis!	Milch aufkochen und vorsichtig unter die aufgeschlagene Zucker/Eigelbmasse geben, abziehen bis zur „Rose", durch ein Haarsieb passieren, schnell abkühlen und in der Eismaschine gefrieren.

Erklären Sie die Arbeitsweise für die Herstellung von Eisbomben!	Die Eisbombe besteht aus einer Umhüllung der Füllung. Gutgekühlte Formen mit Vanille- oder Fruchteis ausmanteln. Sahneeismasse herstellen (über dem Wasserdampf aufgeschlagene Eigelbe mit Läuterzukker und Geschmacksträgern kalt schlagen und geschlagene Sahne unterheben). Die Bombenform auffüllen und einfrieren.
Erklären Sie die Arbeitsweise zur Herstellung von Soufflé glace!	Soufflé glacé – Eisauflauf Herstellung einer Sahneeismasse; mit entsprechenden Geschmacksträgern versetzen; Kokotten oder Förmchen mit Papierstreifen umkleben, so daß die Streifen den Rand ca. 2 cm überragen; Masse bis zum Papierrand einfüllen, gefrieren; vor dem Servieren Papierrand abziehen und mit geriebener Schokolade bestreuen.
Was verstehen Sie unter Sorbet?	Sorbet – Geeistes Getränk In der klassischen Speisenfolge hat das Sorbet nach dem Zwischengericht vor dem Bratengang seinen Platz. Heute serviert man Sorbets als kleine Süßspeisen zum Dessert oder als anregende Erfrischung bei Büfetts. Läuterzucker (von ca. 22°) mit Fruchtsäften, Wein oder Likör vermischen, um einen Zuckergehalt von ca. 15° zu erhalten; in der Eismaschine gefrieren, mit einer Meringuemasse vermischen, in hohe Kelche einfüllen und mit Schaumwein, Wein oder Likör auffüllen.
Was sind Granités?	Granités – Gefrorene Getränke Geeistes Getränk aus dünnem Fruchtsirup von ca. 12–14° Baumé, Meringuemasse zufügen und körnig frieren.
Was beeinträchtigt die Gefrierwirkung von Speiseeis?	Ein zu hoher Zuckeranteil in der Eismasse.

Speisenfolgen, Angebote für Buffetkarten, Außer-Haus-Küche und Spezialitätenwoche

Wieviel Gänge hat die klassische Speisenfolge?	14 verschiedene Gänge

Nennen Sie die 14 Gänge der klassischen Speisenfolge in französischer und deutscher Sprache!	Hors d'œuvre froid	– Kalte Vorspeise
	Potage	– Suppe
	Hors d'œuvre chaud	– Warme Vorspeise
	Poisson	– Fischgang
	Grosse pièce	– Hauptplatte
	Entrée chaude	– Warmes Zwischengericht
	Entrée froide	– Kaltes Zwischengericht
	Sorbet	– Geeistes Getränk
	Rôt	– Bratengang
	Entremets de légumes	– Gemüsegang
	Entremets de douceur chauds	– Warme Süßspeise
	Entremets de douceur froids	– Kalte Süßspeise
	Entremets de fromages	– Käsegang
	Dessert	– Nachspeise

Wieviel Gänge hat die moderne Speisenfolge?	maximal 6 verschiedene Gänge, aufbauend nach der klassischen Speisenfolge.

Nennen Sie die 6 Gänge der modernen Speisenfolge in französischer und deutscher Sprache!	Hors d'œuvre froid	– Kalte Vorspeise
	Potage	– Suppe
	Hors d'œuvre chaud	– Warme Vorspeise
	Poisson	– Fischgang
	Grosse pièce, Légumes, Salade	– Hauptplatte, Gemüse, Salat
	Dessert	– Süß- oder Nachspeise

Wie erklären Sie das Wort Entrée aus der klassischen Speisenfolge?	Eingangsgericht Unter Entrée versteht man kalte oder warme kleine Speisen, die nach der Hauptplatte, aber vor dem Sorbet und dem Bratengang serviert werden.
Was verstehen Sie unter Entremets in der klassischen Speisenfolge?	Entremets sind Zwischengerichte, die nach dem Bratengang aufgetragen werden.

Welches Land gilt als Quelle der feinen Tafelkunst?	Frankreich unter Ludwig XV. (im 18. Jahrhundert) vollzog sich die Verfeinerung der Esssitten und die Einteilung der klassischen Speisenfolge.
Zwischen welchen Gängen steht das Sorbet?	Zwischem dem Entrée (kaltes Zwischengericht) und dem Bratengang.
Was ist ein Sorbet?	Geeistes Getränk, bestehend aus Fruchteis, mit Champagner aufgefüllt.
Wer hat die klassische Speisenfolge modernisiert?	Auguste Escoffier (1846–1935) Er veränderte die Anrichteweise der Speisen, erfand neue Gerichte, die sich zum Einzelservice eigneten und führte den Restaurant-à-la-carte-Service ein.
Welche Angebotsformen für Menükarten kennen Sie?	– Familienfeiern (Festmenü für Hochzeiten) – Festtage im Jahr (Weihnachtsmenü) – Betriebsfeste (Betriebsausflüge) – Arbeitsessen (Tagungsmenü) – Jagdessen – Vegetarisches Essen (Fleischloses Menü) – Diätetisches Essen (Schonkost Menü) – Pensionsmenü (3–4 Gang Menü) – Touristen-Tagesmenü (3-Gang Menü)
Nennen Sie einige typische Merkmale, die ein Herren- oder Jagdessen aufweisen sollte!	**Herrenessen:** herzhafte, deftige Gerichte, Speisen mit pikanter, scharfer Würzung, meist dunkles Fleisch; **Jagdessen:** Wild- oder Wildgeflügel, kann sich in den einzelnen Menügängen wiederholen, im Gegensatz zum normalen Menü.

Welche fachlichen Gesichtspunkte und Regeln sollten bei der Gestaltung von Menükarten beachtet werden?	– die äußere Form – die innere Form – die Graphik – Aufbau und Gliederung – Klare Formulierungen (keine Phantasienamen) – Papierart und Farbe – Orthographie und Grammatik – keine Abkürzungen – kein Sprachgemisch – Verunstaltungen vermeiden
Wie gliedert sich ein 4-Gang Menü?	I. Kalte Vorspeise, Suppe, Hauptgang, Dessert. II. Suppe, Fischgang, Hauptgang, Dessert. III. Suppe, warmes Zwischengericht, Hauptgang, Dessert.
Wie gliedert sich ein 5-Gang Menü?	I. Kalte Vorspeise, Suppe, Fischgang, Hauptgang, Dessert II. Kalte Vorspeise, Suppe, Warmes Zwischengericht, Hauptgang, Dessert. III. Suppe, Warmes Zwischengericht, Fischgang, Hauptgang, Dessert.
Welche Regeln sind für die Zusammenstellung von Speisenfolgen zu beachten?	Personenzahl, Gästekreis, Jahreszeit, Anlass, Preisrahmen, betriebliche Möglichkeiten beachten, Abwechselung bieten, Wiederholungen vermeiden, Ernährungsgrundsätze, Sprachgemisch vermeiden.
Warum sollten in einer Speisenfolge die jahreszeitlichen Einflüsse beachtet werden?	Nahrungsmittel der jeweiligen Saison sollten besonders berücksichtigt werden, da fast alle Produkte eine Zeit im Jahr haben, in der sie besonders gut schmecken. **z. B.** Spargel – Mai, Juni Erdbeeren – Mai, Juni, Juli Krustentiere – Monate ohne „r" Austern – Monate mit „r" Wild – Herbst, Winter Salate u. Frühjahrsgemüse – Frühjahr Kohlgemüse – Herbst, Winter

Was sollte bei der Speisenzusammenstellung für ältere Menschen beachtet werden?	– Verringerung der Kalorienzufuhr – Ausreichende Versorgung mit Vitaminen und Mineralstoffen – Eiweißreiche Kost mit vollwertigem Eiweiß – Kalziumreiche Kost (Knochengewebeschwund wird aufgehalten) – Fetteinschränkung – Mehrere kleine Mahlzeiten – Durch Frischkost wird die Verdauung angeregt
Was ist unter leichter Kost zu verstehen?	Ist eine verträgliche Kost, ohne blähenden und fetten Nahrungsmitteln. Anwendung meist bei älteren Menschen und in Krankenhäusern und Sanatorien.
Wie sollten in einem Menü die Ernährungsgrundsätze beachtet werden?	– Das Menü sollte vollwertig aufgebaut sein; – Die Nähr- und Ballaststoffe sollten ausgewogen sein; – Der Gesamtenergiewert sollte nicht überschritten werden.
Welche technischen Gegebenheiten eines Betriebes spielen bei der Gestaltung eines Menüs eine Rolle?	– Entsprechen die **räumlichen Verhältnisse** eines Betriebes den Anforderungen? – Entsprechen die **Einrichtungen** von Küche und Restaurant der Durchführung des Menüs? – Ist genügend **Fachpersonal** (Küche und Service) vorhanden?
Was besagt bei der Gestaltung einer Speisen- oder Menükarte der sogenannte „AIDA"-Effekt?	„A" = die Karte muss Aufmerksamkeit erzielen (ATTENTION) „I" = die Karte muss Interesse wecken (INTEREST) „D" = die Karte muss Wünsche wachrufen (DESIRE) „A" = die Karte muss zur Handlung führen (ACTION)

Warum sollte bei der Gestaltung einer Speisen- oder Menükarte auf Phantasiebezeichnungen verzichtet werden?	Nichtssagende Phantasiebezeichnungen sind für den Gast nur verständlich, wenn bei einer Benutzung dieser Ausdrücke diese Bezeichnungen immer erklärt werden **Falsch:** Filetsteak nach Art des Chefs **Richtig:** Filetsteak nach Art des Chefs Filetsteak auf Toast, mit Pilzen in Kräutersahne
Was muss bei der Aufstellung und Gestaltung einer Getränkekarte beachtet werden?	– die Kategorie des Restaurants – der zu erwartende Gästekreis – das Speise- und Menüangebot – Einkaufsmöglichkeiten von Getränken – Lagermöglichkeiten von Getränken – Einkaufs- und kalkulierte Verkaufspreise – die Umschlagsgeschwindigkeit der Getränke – die Gestaltung der Getränkekarte
Welche Hauptgetränkegruppen sollten auf einer Getränkekarte aufgeführt sein?	– Apéritifs – Biere – Mineralwasser – Alkoholfreie Getränke – Fruchtsäfte – Heiße Getränke – Spirituosen – Liköre – offene Weine – Flaschenweine – Schaumweine – Champagner
Welche Aufgaben hat eine spezielle Weinkarte?	Die Weinkarte muss: – einen Überblick über das gesamte Weinangebot des Betriebes geben; – die angebotenen Weine erklären; – zum Kauf und Verzehr anregen; – auf das Betriebsniveau ausgelegt sein und dieses in der Karte widerspiegeln.

*Üben Sie Kritik an
nebenstehendem Menü!*

                Geflügelpastete mit Waldorfsalat
                Cumberlandsoße, Butter und Toast
                              ✶ ✶ ✶
                Consommé mit Brantteigkrapfen
                              ✶ ✶ ✶
                Blätterteigpastetchen mit
                    Toulouser Ragout
                              ✶ ✶ ✶
            Schweinefilet im Blätterteigmantel gebacken,
            Sc. Veloute, Schlosskartoffeln, Gemüsegarnitur
                              ✶ ✶ ✶
                Apfelbeignets mit Kirschsahne
                                  ✶

Korrekturvorschlag des nebenstehenden Menüs!

Geflügel**pastete**[1] mit Waldorfsalat
Cumberlandsoße, Butter und **Toast**[2]

✳ ✳ ✳

Consommé[3] mit **Brantteigkrapfen**[4][1]

✳ ✳ ✳

[14] **Blätterteigpastetchen**[1] **mit**[5]
Toulouser Ragout[6]

✳ ✳ ✳

Schweinefilet im **Blätterteigmantel**[7][1] gebacken

Sc.[8] **Veloute,**[3] **Schlosskartoffeln,**[9] **Gemüsegarnitur**[10]

✳ ✳ ✳

Apfelbeignets[11][1] mit **Kirschsahne**[13][12]

✳

[1] = Jeder Gang des Menüs beinhaltet Teig und ist gebacken.
[2] = Toastbrot zur gebackenen Pastete ist ungewöhnlich.
[3] = Sprachgemisch.
[4] = Orthographie (Rechtschreibung).
[5] = Auseinanderriss.
[6] = zu grobes Ragout für ein Pastetchen.
[7] = Rohstoffwiederholung (2× der gleiche Teig).
[8] = Abkürzungen.
[9] = Reihenfolge der Auflistung.
[10] = Genaue Erklärung der Gemüsesorten und der Zubereitung (z. B. glasierte Karotten).
[11] = Dessert dem Menü nicht angepasst.
[12] = Wortverstümmelung (Kirschwassersahne).
[13] = ungeeignete Garnitur.
[14] = Anordnung der Form (links-, mittel-, rechtsbündig).

Überarbeitete Speisenfolge nach vorstehendem fehlerhaften Menü!

Geflügelpastete, mit Waldorfsalat garniert
Cumberlandsoße
✳ ✳ ✳
Rinderkraftbrühe mit Briesklößchen
✳ ✳ ✳
Ragout von Meeresfrüchten im Safranreisring
✳ ✳ ✳
Medaillons vom Schweinefilet in Sherrysahne
mit Morcheln, glasierte Karotten
Blattspinatauflauf, Kartoffelplätzchen
✳ ✳ ✳
Salat von Kakifrüchten und Ananas
mit Cassislikör
✳

Beispiel eines meisterlichen Menus

Apéritifs zur Wahl

✳

2000   Oberbergener Bassgeige
Müller-Thurgau, trocken
Qualitätswein b.A.
Erz.-Abf. Franz Keller
Schwarzer Adler
Vogtsburg-Oberbergen/Kaiserstuhl
BADEN

Kalbsbriesterrine
im Salatbett mit frischen Kräutern

✳

Rinderkraftbrühe mit Safran
Kräutereierstich und Tomatenwürfel

✳

1999   Ried Steinwandl
St. Laurent, Kabinett
Qualitätswein, trocken
Erz.-Abf. Weingut Josef Jamek
Joching
WACHAU/ÖSTERREICH

Medaillons vom Hirschkalbsrücken
Wildpfefferrahmsoße
Römische Pastetchen, gefüllt mit Sauerkirschen
winterliche Gemüse
(glasierte Maronen, Brüsseler Sprossenkohl)
Kartoffelstrauben

✳

Casteller Herrenberg
Flaschengärung, herb
Fürstlich Castell'sches Domänenamt
Castell
FRANKEN

Blutorangen-Halbgefrorenes
auf Mandelsoße

✳

Digestifs: Cognac Grande »Fine Champagne«
Premier Cru du Cognac
V.S.O.P.
Pierre Seguinot & Fils

Mokka

D.O.M. Bénédictine
La Grande Liqueur Française

Filetieren eines Steinbutts

1 Steinbutt mit weißer Seite zum Gast anrichten

2 An Kiemen und auf Mittelgräte einschneiden

3 Äußeren Grätensaum entfernen

4 Portionen markieren

5 Portionen abheben

6 Backen herausheben, Gräte entfernen, Unterseite portionieren

Gerichte in moderner Anrichteweise

**Gefüllte Seezungenrollen
Safransoße
glasierte Zucchini
Reistimbale**

**Gefüllter
Frischlingsrücken
glasierte Möhrchen
Spätzle**

**Lammfilet im Teighorn
Kidneybohnen
gefüllte Tomate**

**Kalbsvögerl mit Gemüsemosaik
glasierte Gemüse
gebackene Kartoffeln**

Butterfiguren – Eisskulpturen

Erstellung von Speisefolgen zu verschiedenen Anlässen

Erstellen Sie ein typisches 6-Gang-Menü für ein Jagdessen! Benutzen Sie dafür ein extra Blatt!

Terrine von Fasan mit Gänseleber
auf herbstlichen Salaten
* * *
Kremsuppe von Austernpilzen
mit Kalbsbriesröschen
* * *
Gedünstetes Lachsmittelstück
auf Kräuterschaum
wilder Reis
* * *
Frischlingsrücken mit Orangensoße
gedämpfter Sellerie, Weißkohlköpfchen
kleine Maisküchlein, Endivienauflauf
* * *
Kleine Käsenaschereien
* * *
Mandeltörtchen mit frischen Waldfrüchten
und Portweinsabayon

Erarbeiten Sie ein 6-Gang-Silvestermenü für 150 Gäste in einem Stadthotel. Wareneinsatz ca. €18,- pro Person! Benutzen Sie dafür ein extra Blatt!

Kalbsbriesterrine im Salatbett
mit Tomaten-Estragonsoße
* * *
Kraftbrühe von Wildkaninchen
mit kleinen gefüllten Brandteigkrapfen
* * *
Gedämpftes Steinbuttfilet
auf rotem Paprikamus
* * *
Sorbet von Passionsfrüchten
* * *
Tournedos vom Rinderfilet
mit rotem Pfeffermus
Kräutersahnesoße
glasierte Rübchen und Möhren
Kartoffelküchlein
* * *
Geeister Walnußkrokant
in der Hippenmuschel
*

Erstellen Sie ein typisches 5-Gang-Menü für ein Winteressen! Benützen Sie dafür ein extra Blatt!

Menübeispiel für ein Winteressen:

Getrüffelte Hasenpastete
mit Quittengelee
und eingelegten Senffrüchten
* * *
Kraftbrühe mit kleinen gefüllten
Windbeutelchen
* * *
Kalbfleischnocken auf Blattspinat
mit Käsesoße überbacken
* * *
Rehfilet in Wacholdersoße
Apfel-Preiselbeerflan
Brokkoli mit Mandeln
Kartoffelkräuterküchlein
* * *
Gedünstete Feigen in Portwein
mit Zimteis
Feines Gebäck
*

Spezialgedeck für Krebse im Sud als Vorspeise. Krebsgabel, Krebsmesser, Spezialtasse für Krebssud

Erstellen Sie ein typisches 4-Gang-Menü für ein Essen im Herbst! Benutzen Sie dafür ein extra Blatt!

Menübeispiel für ein Herbstessen:

Gebeizter und geräucherter Lachs
mit marinierten Riesengarnelen
auf bunten Herbstsalaten
Dill-Sauerrahmsoße
* * *
Klare Rinderkraftbrühe
mit Briesröschen, Gemüseperlen
und Pistaziennocken
* * *
Medaillons vom Kalbsrücken
in Butter gebraten
mit Pilzmus überbacken
Portweinsoße
Brokkoli mit Mandelblättchen
Herzoginkartoffeln
* * *
Komposition von Äpfeln
Quitten und Schokolade
mit Holundersoße
feines Gebäck

Erstellen Sie ein typisches 5-Gang-Ostermenü (Frühjahrsmenü) für ein gehobenes Restaurant! Benutzen Sie dafür ein extra Blatt!

Menübeispiel für ein Ostermenü:

Kaninchenterrine
mit Brunnenkressesoße
auf Frühlingssalaten
* * *
Kalbsschwanzsuppe
mit Briesflocken
* * *
Gedünstetes Lachsschnitzel
mit einem Ragout
von frischem Stangenspargel
* * *
Lammnüßchen, rosa gebraten
auf dunkler Portweinsoße
mit jungen Möhren
und Kartoffelstrudel
* * *
Erdbeerkrem im Hippenblatt
auf Rhabarbersoße

Speisenkarten

Wie nennt sich das Verkaufsangebot in einem Restaurant?	Die Speisenkarte **Standardkarte:** über längere Zeit gleichbleibendes Angebot; **Tageskarte:** – täglich wechselndes Angebot, – saisonbedingte Gerichte, – wirtschaftlich besser einsetzbare Gerichte.
Nach welchen Grundsätzen sollte eine Speisenkarte aufgebaut sein?	a) übersichtlich angeordnet Die einzelnen Speisengruppen werden nach der klassischen Reihenfolge des Menüs gegliedert. b) gut lesbar Die Karte sollte deutlich geschrieben sein, möglicherweise mit der Schreibmaschine; Fachausdrücke, Speisenbenennungen sowie der Wortlaut orthographisch und grammatikalisch richtig. c) einheitlich in der Sprache Das Vermischen von Sprachbrocken aus mehreren Sprachen sollte vermieden werden. d) verständlich Ausdruckslose Phantasienamen sowie unverständliche Ausdrücke sollten keine Verwendung finden, evtl. können solche Gerichte mit kurzen Erklärungen ergänzt werden. e) wahr Das Angebot der Speisenkarte sollte mit dem verkauften Gericht in seinen Grundstoffen, der Zubereitung und der entsprechenden Garnitur identisch sein.
Was verstehen Sie unter einer Damenkarte?	Speisenkarte ohne Preiseindruck
Wie sollte eine Speisenkarte als Werbemittel gestaltet sein?	Die Karte sollte **prägnant** und verständlich für den Gast gestaltet sein.

Warum sollte eine Speisenkarte in ihrem Angebot nicht zu groß sein?	a) damit die Übersichtlichkeit der Karte gewahrt bleibt; b) damit dem Gast die Auswahl nicht unnötig erschwert wird; d) damit die Küche ohne zeitlichen Druck arbeiten und alle Gerichte ordnungsgemäß und sorgfältig herstellen kann; d) damit die betriebliche Wirtschaftlichkeit nicht in Frage gestellt wird (hohe Bereitstellungskosten – geringer Warenumschlag).
Was sind Spezialkarten?	Spezialkarten sind Speisenangebote mit saisonbedingten Speisen oder Angeboten, die besonders interessant von ihrer Zubereitung oder Gestaltung sind. z. B.: Spargelkarten; Erdbeerkarten; Karten von Fisch, Schal- und Krustentieren; Spezialitätenkarten mit internationalen Gerichten; Gerichte nach alten Kochbüchern; regional betonte Gerichte.
Welche gesetzlichen Bestimmungen müssen bei der Erstellung der Speisenkarten beachtet werden?	– Preisauszeichnungspflicht (Inklusivpreise). – Karte an der Außenfront. – Kennzeichnungspflicht. – Aufbewahrungsfrist. – Name und Sitz des Inhabers. – Die Speisenkarte ist ein festes Angebot (Streichpflicht). – Tafeln oder Schilder dürfen nur bei Imbiss o.ä. sein. – Gewichtsangaben müssen eingehalten werden. – Diät auf der Karte nur bei diätetisch geschulten Köchen. – Die Karte muß auf Verlangen beim Bezahlen noch einmal gereicht werden.

Nennen Sie die wesentlichen Punkte der äußeren Form, die bei der Gestaltung von Speisenkarten beachtet werden müssen!	– Format der Karte. – Ansprechende Aufmachung. – Graphik – Wahl der Schrifttypen. – Papierart. – Werbung (Außen- und Innenwerbung). – Gliederung nach Warengruppen. – Anzahl der Karten. – Wirtschaftlichkeit (Erstellungskosten – Lebensdauer). – Verunstaltungen vermeiden.
Was verstehen Sie unter einem „stummen Dialog" zwischen Karte und Gast?	Der Gast sucht sich sein Gericht selbst aus der Karte, ohne Beratung oder Verkaufsgespräch durch das Servicepersonal. Daher sollte die Karte prägnant und verständlich gestaltet werden.

Vor- und Zubereitung von Speisen

Grundlagen der Ernährungslehre unter Berücksichtigung besonderer Kostformen

Die Lebensmittel können nach ihren Inhaltsstoffen in zwei Gruppen unterteilt werden, nennen Sie diese!	1. Nahrungsmittel – Mehl, Butter, Eier, Milch 2. Genußmittel – Tabak, Tee, Kaffee, Alkohol
Worin liegt der wesentliche Unterschied dieser beiden Gruppen?	Nahrungsmittel liefern wichtige Nährstoffe und Energie. Genußmittel sind für die Körperfunktion nicht unbedingt erforderlich.
Für den menschlichen Körper sind sechs Nährstoffe von Bedeutung. Nennen Sie diese!	1. Eiweiß 2. Kohlenhydrate 3. Fett 4. Wasser 5. Mineralstoffe 6. Vitamine
Welche der aufgeführten Nährstoffe liefern in Kilojoule messbare Energie?	Eiweiß 1 g – 17 Kilojoule Kohlenhydrate 1 g – 17 Kilojoule Fett 1 g – 39 Kilojoule
Aus welchen chemischen Elementen setzen sich die energieliefernden Nährstoffe zusammen?	1. Sauerstoff 2. Wasserstoff 3. Kohlenstoff Eiweiß enthält zusätzlich noch Stickstoff, Phosphor und Schwefel.
Welche Nährstoffe zählen zu den Körperbaustoffen?	Eiweiß Mineralstoffe Wasser
Welche Nährstoffe sind die Hauptenergielieferanten des Körpers?	Fett Kohlenhydrate
Welche Nährstoffe sind Schutz- und Reglerstoffe?	Vitamine Mineralstoffe Wasser

Verdauung und Stoffwechsel

Erklären Sie in Stichworten die Verdauung von Nahrungsmitteln im menschlichen Körper, nennen Sie dabei die Aufgaben der einzelnen Verdauungsorgane!

Durch Kauen wird die Nahrung im Mund zerkleinert und mit Speichel vermischt. Speichel enthält bereits Amylase, die Stärke in Dextrine und Malzzucker zerkleinert.
Durch die Speiseröhre gelangt der Speisebrei in den Magen, dort beginnt durch Lipase bereits der Fettabbau und durch Salzsäure die Denaturierung der Eiweißstoffe.
Im Zwölffinger- und nachfolgenden Dünndarm geschieht die vollständige Zerlegung. Doppelwerden in Einfachzucker zerlegt, Fette durch Gallensaft emulgiert und durch Lipase gespalten, Eiweißstoffe durch Endo- und Exopeptidasen von Peptiden zu Aminosäuren zerkleinert.
Die so zerkleinerten Nährstoffe gehen über die Dünndarmwand und die Dünndarmzotten in Lymphe und Blut über.

Von welchen Faktoren ist der Energiebedarf abhängig?

Alter, Geschlecht, Körperbau, Außenklima und Arbeitsleistung

Was ist unter dem Grundumsatz des Körpers zu verstehen?

Der Grundumsatz ist die Energiemenge, die ein Mensch bei völliger Körperruhe zur Erhaltung der Organfunktionen benötigt.

Was ist unter dem Begriff Leistungsumsatz zu verstehen?

Der Leistungsumsatz, ist die Energiemenge, die ein Mensch für alle zusätzlichen Arbeitsleistungen benötigt.

Welche Grundregeln sind für eine vollwertige Ernährung zu beachten?

Die Energiezufuhr muss sich nach dem Energiebedarf richten.
Wichtig ist die Zufuhr aller Nährstoffe in der jeweils richtigen Menge.
Die Nahrung soll gut verdaulich und sättigend sein. Auf schonende Zubereitung ist zu achten.
Auf ausreichende Zufuhr von Vitaminen und Mineralstoffen ist zu achten.
Der Körper braucht genügend Ballaststoffe, deshalb auch ballaststoffreiche Nahrung zu sich nehmen. Die Lebensmittel müssen frei von Schadstoffen und Rückständen sein.

Zuckerstoffe – Kohlenhydrate

Erklären Sie die Entstehung von Kohlenhydraten in der Pflanze!	Die Pflanze baut mit Hilfe von Kohlendioxid (CO_2) aus der Luft und Wasser (H_2O) aus der Erde mit Hilfe von Sonnenenergie und Blattgrün (Chlorophyll) Kohlenhydrate auf. Bei diesem Vorgang wird Sauerstoff (O_2) abgegeben.
Stellen Sie eine chemische Formel für den Aufbau von Einfachzucker-Kohlenhydraten dar!	$6\,CO_2 \;+\; 6\,H_2O \;=\; C_6H_{12}O_6 \;+\; 6\,O_2$ Kohlendioxid $\times$ Wasser = Einfachzucker + Sauerstoff
Nennen Sie die drei Hauptgruppen der Kohlenhydrate!	– Einfachzucker – Monosaccharide – Doppelzucker – Disaccharide – Mehrfachzucker – Polysaccharide
Nennen Sie die Einfachzucker und ihr Vorkommen!	– Traubenzucker – Obst, Honig – Fruchtzucker – Obst, Honig – Schleimzucker – Milch
Nennen Sie die Doppelzucker und ihr Vorkommen!	– Rohr-Rübenzucker – Zuckerrohr, -rübe – Malzzucker – Bier, keimendes Getreide – Milchzucker – Milch und Milchprodukte
Nennen Sie die Mehrfachzucker und ihr Vorkommen!	– Stärke – in Getreide, Kartoffeln, Hülsenfrüchten – Dextrin – in Röstprodukten der Stärke, Brotkruste – Glykogen – in der Leber und in Muskeln – Pektin – in Schalen und Kerngehäusen von Früchten – Zellulose – als Gerüstsubstanz der Pflanzen
Nennen Sie Eigenschaften und Verwendungsmöglichkeiten der Kohlenhydrate!	
Traubenzucker	Leicht verdaulich, sofort resorbierbar. Konservierungsmittel, z. B. bei der Marmeladenherstellung.
Fruchtzucker	Sehr süß, sofort resorbierbar. Leicht vergärbar, deshalb Bedeutung bei der Herstellung alkoholischer Getränke – Spirituosen.

Fortsetzung von Vorseite

Malzzucker	Wasserlöslich, weniger süß. Bedeutend für die Bierherstellung – Geschmacksträger.
Rohr- oder Rübenzucker	Sehr süß, wasseranziehend, deshalb wasserlöslich. Farbbildung durch Karamelisieren – Zuckercouleur. Erhöht das Bräunungsvermögen von Gebäck. Konservierungs- und Färbemittel.
Stärke	Geschmacklos, in kaltem Wasser unlöslich. Quillt in warmem Wasser und verkleistert ab 70 °C. Deshalb stärkehaltige Soßen und Suppen gut auskochen, um den Stärkegeschmack zu entfernen. Als Mehl und Stärkemehl zur Herstellung von Backwaren und Süßspeisen.
Dextrin	Röstprodukt der Stärke. Bildung von Gerüstsubstanz und Kruste des Backwerkes. Beeinflußt die Bräunung des Backwerkes.
Zellulose	Wasserunlösliche und unverdauliche Gerüstsubstanz der Pflanzen, die wir bei der Verdauung als Ballaststoff benötigen.
Glykogen	Kohlenhydratreservestoff, der in der Leber gespeichert wird. Spuren auch in der Muskulatur.
Pektin	Geschmackloser Gelierstoff. Starkes Gelieren bei Kochen mit Zucker und Fruchtsaft. Erhöht die Gelierfähigkeit von Marmeladen und Gelees. Bestandteil in Tortenguss.

Fette

Nennen Sie die Bausteine des Fettes!	Fett besteht aus einem Teil Glycerin und drei Teilen Fettsäure.
Wie entstehen aus diesen Bausteinen Fette?	Wenn sich 1 Glycerinmolekül mit 3 Fettsäuremolekülen verbindet, entsteht Fett. Dabei werden 3 Moleküle Wasser frei.
Wie entsteht Fett in der Pflanze?	Sie wandelt bei der Photosynthese entstandene Kohlenhydrate teilw. in Fette um und speichert sie in Keimen, Fruchtfleisch oder Samen.

Wie entsteht Fett im menschlichen Körper?	Das mit der Nahrung aufgenommene überschüssige Fett wird in körpereigenes Fett umgewandelt. Überschüssige Kohlenhydrate wandelt der Körper in Fett um und speichert diese als Depotfett im Unterhautgewebe.
Was ist unter dem Begriff essentielle Fettsäuren zu verstehen?	Zweifach oder mehrfach ungesättigte Fettsäuren kann der Körper nicht selbst aufbauen, sie werden deshalb als essentiell = lebensnotwendig bezeichnet.
Nennen Sie drei gesättigte Fettsäuren!	Palmitinsäure, Buttersäure, Stearinsäure.
Nennen Sie drei ungesättigte Fettsäuren!	Ölsäure, Linolsäure, Linolensäure.
Welchen Einfluss haben die Fettsäuren auf die Haltbarkeit?	Fette mit hohem Gehalt an gesättigten Fettsäuren sind härter und lange haltbar. Fette mit vielen ungesättigten Fettsäuren sind weicher oder flüssig und nur kurz haltbar.
Welchen Einfluss haben die Fettsäuren auf die Verdaulichkeit?	Fette mit einem hohen Gehalt an gesättigten Fettsäuren sind schlecht verdaulich, Fette mit ungesättigten Fettsäuren dagegen sind gut verdaulich.
Der Schmelzpunkt wird von der Fettsäurenzusammensetzung beeinflußt. Welche Regel gilt hier?	Fette mit viel gesättigten Fettsäuren haben einen hohen Schmelzpunkt. Fette mit vielen ungesättigten Fettsäuren haben dagegen einen niedrigen Schmelzpunkt.
Für die Verwendung von Fetten in der Küche ist auch der Rauchpunkt des Fettes ausschlaggebend. Nennen Sie Fette, die geeignet sind für...	
Fritieren	Öle, Pflanzenfette, Fritierfette
Kurzbraten	Gehärtete Fette, Öle
Dünsten	Margarine, Butter
Backen	Butter, Margarine, Öle
Schmoren	Gehärtetes Pflanzenfett, Öl, Schweineschmalz

Nennen Sie Eiweißarten und deren Hauptvorkommen!	Albumine – Fleisch, Fisch, Milch, Ei, Kartoffeln, Getreide, Gemüse Globuline – Fleisch, Fisch, Ei, Milch, Getreide, in Hülsenfrüchten als Legumin Kollagen – als Leimeiweiß in Bindegewebe, Knorpeln, Knochen, Gelatine Kleber – als Gliadin und Glutenin in Getreide Kasein – in Milch und Milchprodukten, Käse Hämoglobin – im Blut als roter Farbstoff Myoglobin – im Fleisch, als roter Farbstoff
Eiweißstoffe sind wasserlöslich. Was ist deshalb bei der Vor- und Zubereitung eiweißhaltiger Lebensmittel zu beachten?	Lebensmittel nicht oder nur kurz wässern. Unzerkleinert waschen. Schonende Garmethoden anwenden.
Weshalb werden Fleischbrühen kalt angesetzt?	Das kalte Wasser löst geschmacksgebende Eiweißstoffe leichter heraus, da heißes Wasser Eiweiß zum Gerinnen bringt und die Poren geschlossen werden.
Erklären Sie die Vorgänge bei der Klärung einer Fleischbrühe mit Klärfleisch!	Das Klärfleisch muss der kalten Brühe zugesetzt werden, damit das Fleischeiweiß ausgelaugt wird. Bei langsamem Erhitzen schließt das gerinnende Eiweiß Schmutzteilchen ein, die sich nach dem Festwerden des Eiweißes leicht herauspassieren lassen. Trübstoffe steigen mit dem Eiweißschaum nach oben und können abgeschöpft werden.
Weshalb muss bei der Brätherstellung oder der Herstellung einer feinen Farce Eis dem Kutter zugesetzt werden?	Durch die Reibungswärme des Kutterns durch die Messer würde Eiweiß gerinnen und eine spätere Bindung der Masse nicht mehr möglich sein. Deshalb sollte auch bei Verwendung des Fleischwolfes das Fleisch gut vorgekühlt sein.
Wann bildet sich Klebereiweiß, und welche Bedeutung hat es beim Backvorgang?	Bei der Teigherstellung nehmen Gliadin und Glutenin Wasser auf und quellen. Durch das Kneten verbinden sie sich zu Klebereiweiß. Da Klebereiweiß gasdicht ist, hält es die Treibgase, die durch Hefe oder Backpulver entstehen, im Teiggerüst zurück, so entsteht die Porung. Bei 70 °C gerinnt das Klebereiweiß.

Durch die Fetthärtung kann ungeeignetes, weiches Fett in härteres Fett umgewandelt werden. Härtung kann erfolgen durch…	
Hydrieren	chemischer Eingriff
Umgruppieren der Fettsäuren	Umestern
Mechanische Trennung von flüssigem und festem Fett	Fraktionieren
Welche beiden Ursachen können zu einem Verderb des Fettes führen?	– Mikroben oder Enzyme spalten Fettsäuren ab. Dadurch treten freie Fettsäuren auf. Das Fett wird sauer. – Sauerstoff zersetzt freie Fettsäuren, und das Fett wird ranzig.
Wie wird eine dauerhafte Vermischung von Fett und Wasser genannt, und wie entsteht diese?	Emulsion Sie wird ermöglicht durch Emulgatoren, wie z.B. das Lecithin, das Margarine zugesetzt wird.
Nennen Sie einige Fettemulsionen!	Milch, Sahne, Butter, Margarine, Mayonnaise, Holländische Soße.

Eiweiß

Aus welchen chemischen Elementen setzt sich Eiweiß zusammen?	C – Kohlenstoff N – Stickstoff O – Sauerstoff S – Schwefel H – Wasserstoff P – Phosphor
Weshalb kann Eiweiß von den anderen Nährstoffen nicht ersetzt werden?	Eiweiß enthält als einziger Nährstoff Stickstoff, deshalb ist es nicht zu ersetzen.
Welches sind die kleinsten Eiweißbausteine?	Die Aminosäuren. Im Körper sind 20 Aminosäuren enthalten, davon sind 8 essentiell.
Wie nennt sich *– die Eiweißzwischenstufe?*	Peptid – Verbindung von Aminosäuren.
– ein einfacher Eiweißstoff?	Protein – zusammengesetzt aus Peptiden.
– ein zusammengesetzter Eiweißstoff?	Proteid – aus Proteinen und Nichteiweißstoffen.

Wasser

Welche hygienischen Anforderungen sind an Trinkwasser zu stellen?	Da es sich hier um ein Lebensmittel handelt, muss es frei von Krankheitserregern sein. Es muss keimarm sein – höchstens 100 unschädliche Keime auf 1 ml Wasser. Es muss klar-, farb-, geruchs- und geschmacklos und frei von schädlichen Beimengungen sein.
Der Wassergehalt eines Lebensmittels beeinflusst dessen Haltbarkeit. Treffen Sie hierzu eine Aussage!	Je höher der Gehalt an freiem, aktivem Wasser, desto geringer die Haltbarkeit.
Erklären Sie den Begriff a_w Wert des Wassers!	a_w Wert bedeutet Wasseraktivität. Hoher a_w Wert bedeutet eine geringe Haltbarkeit des Lebensmittels, da es viel aktives Wasser besitzt. Ein geringer a_w Wert dagegen deutet auf eine längere Haltbarkeit hin. So hat Kochschinken z. B. einen hohen a_w Wert von 0,98, getrocknete Hülsenfrüchte dagegen einen geringen a_w Wert von 0,46.
Welche Aufgabe hat das Wasser im menschlichen Körper?	Da der Körper zu ca. ⅔ aus Wasser besteht, ist Wasser natürlich Baustoff, aber auch Transport- und Regelstoff.
Was versteht man unter dem Begriff Wasserhärte?	Mit Wasserhärte bezeichnet man den Gehalt des Wassers an Erdalkali-Ionen (Calcium- und Magnesium-Ionen). Dabei wird zwischen der Karbonathärte und der Nichtkarbonathärte unterschieden. Die Summe der beiden ergibt die in Millimol je Liter (mmol/l) ausgedrückte Gesamthärte des Wassers.
Welche beiden Arten von Wasserhärte werden unterschieden?	Karbonathärte – vorübergehende Härte. Sie wird hervorgerufen durch gelöste Kalksalze der Kohlensäure, die sich als Kesselstein niederschlagen. Sulfathärte – bleibende Härte. Sie wird durch im Wasser gelösten Gips hervorgerufen. Dieser fällt beim Kochen nicht aus. Hier ist nur eine chemische Enthärtung möglich.

Wodurch kann die Temperatur des Wassers über den Siedepunkt gebracht werden und welche Bedeutung hat dies für die Praxis?	Durch Dampfdrucktöpfe oder Hochleistungsdämpfer sowie Autoklaven in der Konservenindustrie kann die Temperatur auf 120–150 °C erhöht werden. Hierdurch wird die Garzeit erheblich verringert, Vitamine geschont, aber Keime abgetötet.
Wann ist die lösende und auslaugende Wirkung des Wassers erwünscht?	Beim Klären und Ansetzen von Fleischbrühen. Bei der Tee- und Kaffeezubereitung.
Wann ist die lösende und auslaugende Wirkung des Wassers unerwünscht?	Bei der Nahrungszubereitung, da Vitamine, Mineralstoffe und Geschmacksstoffe ausgelaugt werden. Des weiteren kommt es durch Auswaschung zu Eiweißverlust.

Mineralstoffe

Weshalb muss der Mensch regelmäßig Mineralstoffe mit seiner Nahrung aufnehmen?	Da Mineralstoffe essentielle Bestandteile der Nahrung sind, die einem ständigen Stoffwechsel unterliegen, müssen sie regelmäßig wieder mit der Nahrung aufgenommen werden.
Welche drei Aufgaben haben die Mineralstoffe im Körper?	Baustoff – Zähne, Knochen Reglerstoff – Aufrechterhaltung der Körperflüssigkeiten Schutzstoff – vor Mangelkrankheiten
Nach ihrem Bedarf werden zwei Gruppen von Mineralstoffen unterschieden. Nennen Sie Beispiele!	– Mengenelemente – Calcium, Kalium, Natrium, Phosphor, Chlor, Magnesium – Spurenelemente – Eisen, Jod, Fluor, Zink, Kupfer
Aus welchen beiden Stoffen besteht Speisesalz?	Natrium und Chlor = Natriumchlorid (NaCl)
Welche beiden wichtigen Aufgaben kommen dem Speisesalz in der menschlichen Ernährung zu?	– Speisesalz ist Würzstoff für alle Nahrungsmittel. – Speisesalz dient dem Körper als Nährsalz. Es dient der Regulierung des Wasserhaushaltes. Es beeinflusst durch seine wasseranziehende Wirkung – hygroskopisch – die Osmose im Körper. Es ist für die Bildung der Magen- und Magensalzsäure von großer Bedeutung.

Was ist beim Würzen mit Salz zu beachten?	Lebensmittel enthalten bereits Eigensalze, die durch Kochsalz nicht überdeckt werden sollen, deshalb sparsam salzen. Salz erzeugt Bluthochdruck, deshalb bewusst salzen. Wegen der Schilddrüsenfunktion in jodarmen Gegenden jodiertes Speisesalz verwenden.
Nach der Gewinnung können drei Speisesalzsorten unterschieden werden!	Meersalz – durch Verdunstung von Meerwasser Steinsalz – durch bergmännischen Abbau Siedesalz – durch Verdampfen salzhaltiger Solequellen. Das Salz wird mit Wasser aus dem Berg geschwemmt.

Vitamine

Welche Aufgaben haben die Vitamine im menschlichen Körper?	Sie sind Schutzstoffe, die vor bestimmten Krankheiten schützen. Fehlen Vitamine, kommt es zu Avitaminosen = Vitaminmangelerscheinungen. Sie sind Reglerstoffe, die als Bestandteile von Enzymen eine Vielzahl von Stoffwechselvorgängen beeinflussen.
Weshalb muss der Mensch Vitamine regelmäßig mit seiner Nahrung aufnehmen?	Da Vitamine essentielle – lebensnotwendige – Stoffe sind, die der Körper nicht selbst aufbauen und nur in sehr geringen Mengen speichern kann.
Nach ihren Löslichkeitseigenschaften werden zwei Vitamingruppen unterschieden!	– Fettlösliche Vitamine – A, D, E, K – Wasserlösliche Vitamine – C, B_1, B_2, B_6, B_{12}, H.
Vitamine können bei der Lagerung und Nahrungszubereitung leicht zerstört werden. Wie sind diese Zerstörungen zu vermeiden?	Möglichst frische Ware kaufen. Da Vitamine hitze- und lichtempfindlich sind, immer kühl und dunkel lagern (Lichtschutzflaschen). Da Vitamine z. T. wasserlöslich sind, Lebensmittel unzerkleinert waschen. Wässern vermeiden. Geeignete Garverfahren anwenden. Beim Dämpfen und Dünsten wird nur wenig Wasser verwendet, bzw. die Lebensmittel kommen nur mit wenig Wasser in Berührung. Garzeit wird bei Hochdruckdämpfen reduziert. Das Kochwasser möglichst weiterverwenden, z. B. für Soßen und Suppen. Langes Warmhalten der Speisen vermeiden, lieber ein zweites Mal erhitzen.

Enzyme

Was ist unter dem Begriff „Enzyme" zu verstehen?	Enzyme sind in allen tierischen und pflanzlichen Lebensmitteln enthalten. Mikroben geben Enzyme zum Nährstoffabbau auf Lebensmittel ab. Enzyme bauen im Verdauungstrakt Nährstoffe ab, sind maßgeblich an Stoffwechselvorgängen im Körper beteiligt, steuern viele biochemische Vorgänge beim Auf- und Abbau von Lebensmitteln.
Woraus sind Enzyme aufgebaut?	Enzyme bauen sich aus Eiweißstoffen auf, die an der Oberfläche eine Wirkstoffgruppe haben. Diese Wirkstoffgruppe kann z. B. aus einem Vitamin oder Spurenelement bestehen.
Wie wirken Enzyme auf die Nahrungsmittel ein?	Sie wirken wie Katalysatoren. Sie beschleunigen oder ermöglichen chemische Vorgänge, ohne sich dabei selbst zu verbrauchen. Jedoch kann ein Enzym immer nur einen bestimmten Nährstoff abbauen.
Von welchen Bedingungen ist die Wirksamkeit der Enzyme abhängig?	Enzymatische Vorgänge sind abhängig von der Temperatur, verfügbarem Wasser und dem idealen pH-Wert.
Bei der Herstellung bestimmter Lebensmittel benutzt der Mensch die Enzymtätigkeit. Geben Sie Beispiele!	Reifung von Käse – Lochbildung. – Herstellung von Hefegebäck – Enzyme spalten Zucker in CO_2 und Alkohol, so entsteht die Gerüstsubstanz. Herstellung von alkoholischen Getränken, wie Wein. Hefeenzym spaltet Zucker in Alkohol und CO_2. Enzymwirkung bei der Keimung der Braugerste – Bierherstellung.
Nennen Sie erwünschte Lebensmittelveränderungen durch Enzymwirkung!	Fleischreifung – Mürbewerden des Fleisches Käsereifung – Entwicklung von Geschmacksstoffen Obstreifung – z. B. Nachreifen von Bananen
Nennen Sie unerwünschte Lebensmittelveränderungen durch Enzymwirkung!	Ranzigwerden von Fetten Braunwerden von Obst, z. B. Bananen, Äpfel Verderb durch Nährstoffabbau
Wodurch lässt sich deren Wirksamkeit hemmen?	Trocknen, Erhitzen, Kühlen, Tiefgefrieren

Festlich eingedecktes 4-Gang-Menü mit kalter Vorspeise, Suppe, Hauptgang und Dessert. Korrespondierende Getränke: Weißwein, Rotwein und Schaumwein.

Technologie der Vorbereitung von Lebensmitteln

Welche Vorbereitungsarbeiten kennen Sie bei der Zubereitung von Gemüse?	Putzen, Waschen, Schneiden oder Zerkleinern, Blanchieren.

Welche Punkte müssen bei der Vor- und Zubereitung von Gemüse beachtet werden?	Gemüse muss sachgemäß vorbereitet und schonend zubereitet werden! Dabei ist zu beachten, daß Gemüse: – frisch verwendet wird; – vor dem Zerkleinern (schneiden oder hakken) gewaschen wird; – nicht im Wasser liegen bleibt, denn dadurch würde ein großer Nährstoffverlust auftreten; – kühl gelagert wird; bereits vorbereitetes Gemüse muss flach gelagert sein und feucht abgedeckt werden.

Was ist Blanchieren?	Abbrühen, überbrühen oder kurz vorgaren (anzuwenden bei Gemüse, Fleisch und Früchten).

Was wird durch das Blanchieren von Gemüse erreicht?	Blanchieren: – beseitigt Bitterstoffe, – verringert das Volumen (z. B. Spinat, Kohl), – verbessert die Geschmeidigkeit und das farbliche Aussehen (z. B. Erbsen, Rosenkohl, Bohnen), – von Gemüse muss vor dem Einfrieren erfolgen.

Welche Zerkleinerungs- oder Schnittarten kennen Sie bei Gemüse?	Brunoise Julienne Mirepoix Paysanne Chiffonade

Erklären Sie den Begriff Brunoise und die Verwendung!	Brunoise sind feine Gemüsewürfel aus Zwiebeln, Sellerie, Lauch, Karotten. Verwendung finden Sie bei Garnituren zum Ansetzen von Soßen und Suppen.

Erklären Sie den Begriff Julienne und die Verwendung!	Julienne sind feinste Gemüsestreifen aus Zwiebeln, Karotten, Sellerie, Lauch. Verwendung finden sie bei Garnituren, als Bestandteile von Soßen und Suppen sowie bei Salaten.
Was ist Mirepoix und wozu wird es verwendet?	Mirepoix ist grobwürfliges Röstgemüse. Es besteht aus Zwiebeln, Karotten, Sellerie, Petersilienwurzeln und Lauch. Der Zwiebelanteil sollte 2 Teile betragen, der Rest 1 Teil. Verwendung findet Mirepoix bei Schmorgerichten, zum Ansetzen von dunklen Soßen und Suppen. Durch das Rösten des Wurzelgemüses erreicht man bessere Farb- und Geschmacksstoffe.
Erklären Sie den Begriff Paysanne und die Verwendung!	Paysanne ist feinblättriges Gemüse, bestehend aus Karotten, Sellerie, Lauch, Zwiebeln und Kohl. Es können auch Kartoffeln in dieser Schnittart geschnitten werden. Verwendung findet Paysanne bei Suppen, Eintöpfen und Garnituren.
Erklären Sie den Begriff Chiffonade und die Verwendung?	Chiffonade sind feine Salatstreifen aus Blattsalaten. Verwendung finden sie als Garnituren, Suppeneinlagen und Salatbeilagen.
Was ist eine Salatzentrifuge?	Einen Salatzentrifuge ist eine Schleuder, die gewaschenen Salat bei max. 600 Umdrehungen trocknet – nur bei größeren Mengen rentabel –.
Erklären Sie die Arbeitsweise einer Salat- und Gemüsewaschmaschine!	Die spezielle Maschine dient zur Entfernung von Ungeziefer, Schmutz und Erdresten. In einer Wanne mit eingebauten Wasserdüsen wird das Gemüse oder der Salat abgespritzt, das Schmutzwasser wird in einer Auffangwanne gesammelt.
Erklären Sie die Arbeitsweise einer Kartoffelschälmaschine!	Kartoffeln oder Knollengemüse wird durch Schälscheiben bei ständigem Wasserdurchfluss gereinigt und geschält. Schmutz- und Schälrückstände werden im Auffangbehälter gesammelt.

Was sind Planeten-, Rühr- und Schlagmaschinen?	Maschinentypen zum Rühren und Schlagen von schaumigen Massen, Eischnee und Sahne, sowie zum Kneten von leichten und schweren Teigen. Durch das Planetenrührwerk werden die einzelnen Produkte im Kessel optimal erfasst, verteilt und vermischt.
Erklären Sie die Arbeitsweise eines Küchenkutters!	Die schnelldrehenden Schneidemesser ziehen sich das Schneidegut automatisch an und verhindern somit Verstopfungen der Messer. Der Strömungsleitmischkanal in der Haube verhindert Quetschungen, Stauungen und Reibungswärme der Produkte. Verwendung: Herstellung von Farcen, Teigen, Buttermischungen, Zerkleinerungen von allen knochenfreien Materialien.
Mit welcher Technik arbeitet ein Fleischwolf?	Fleischwölfe werden mit Hand- oder Motorleistung angetrieben. Die Transportschnecke im Gehäuse drückt die Materialien zur Zerkleinerung gegen die routierenden Messer und die Lochscheibe. Je nach Größe der gewünschten Zerkleinerung können die Messer und Lochscheiben ausgetauscht werden.
Was ist ein Fleischmürber?	Fleischmürber – Fleischsteaker Der Fleischmürber ist eine Maschine die Sehnen und Fasern des Fleisches durch eine Vielzahl von Mürbewalzmessern durchtrennt. Die Durchtrennung der Fleischstruktur macht zwar das Fleisch leicht kaubar, nimmt aber die typische Eigenart des Fleisches.
Was bewirkt das Garen von Nahrungsmitteln?	– Abtöten gesundheitsschädlicher Keime, – Bildung von Geschmacks- und Duftstoffen, – bessere Verdaulichkeit, – Aufspaltung von Nährstoffen, die nur durch die Einwirkung von Hitze verdaubar werden, – Veränderung der Oberflächenstruktur und der Farbe.

Was sind wärmeübertragende Medien beim Garverfahren? Nennen Sie dazu passende Garbeispiele!	– Fett – Flüssigkeit – Trockene Hitze Garverfahren durch Fett: kurzbraten fritieren durch Fett und trockene Hitze: grillen braten durch Flüssigkeit und feuchte Hitze: blanchieren pochieren kochen dämpfen durch Fett und Flüssigkeit: dünsten schmoren glasieren durch trockene Hitze: backen überbacken rösten
Welches Garverfahren findet durch das Mikrowellengerät statt?	Kochen, sieden, dünsten; Auftauen und Erhitzen von gekühlten oder tiefgefrorenen Speisen.
Wie arbeitet ein Mikrowellengerät?	Die Wassermoleküle der Nahrungsmittel werden im Mikrowellengerät durch Hochfrequenzstrahlung oder Mikrowellen in kürzester Zeit erwärmt.
Welche 3 Arten der Wärmeübertragung kennen Sie?	– Kontaktwärme – Strahlenwärme – Übertragungswärme

Zubereitung und Nachbereitung von Speisen

Nennen Sie die Gartechnik und Anwendungsbeispiele für das Garverfahren Blanchieren!

A. Gartechnik
In heißem Wasser abbrühen oder im Fett vorbacken.

B. Anwendung
Gemüse, Fleisch, Kartoffeln, Knochen

Nennen Sie die Gartechnik und Anwendungsbeispiele für das Garverfahren Pochieren!

A. Gartechnik
Vorsichtig unter dem Siedepunkt in wenig Flüssigkeit (Fond, Wein, Wasser) oder im Wasserbad garen.

B. Anwendung
Fische, Klößchen, Innereien, Eier, Früchte.
in Formen: Eier, Gemüse, Kartoffeln, Füllmassen, Süßspeisen.

Nennen Sie die Gartechnik und Anwendungsbeispiele für das Garverfahren Kochen und Garziehen (Sieden)!

A. Gartechnik Kochen
am Siedepunkt (100°C) sprudelnd kochen lassen.

B. Anwendung
Hülsenfrüchte, Reis, Teigwaren, Kartoffeln, Gemüse.

A. Gartechnik Garziehen (Sieden)
knapp unter dem Siedepunkt (95°C) ziehen lassen, verhindert Trübung der Flüssigkeit.

B. Anwendung
Brühe, Fleisch, Geflügel.

Nennen Sie die Gartechnik und Anwendungsbeispiele für das Garverfahren Dämpfen!	A. Gartechnik Garen durch aufsteigenden Dampf (100 °C). Gargut darf nicht mit dem Dämpfwasser in Berührung kommen. B. Anwendung Gemüse, Kartoffeln, Reis, Fisch
Nennen Sie die Gartechnik und Anwendungsbeispiele für das Garverfahren Dünsten!	A. Gartechnik Garen in wenig Flüssigkeit oder eigenem Saft unter Zugabe von etwas Fett. B. Anwendung Fleisch, Fisch, Geflügel, Gemüse (schonendste Garmethode).
Nennen Sie die Gartechnik und Anwendungsbeispiele für das Garverfahren Poelieren!	A. Gartechnik Gargut leicht anbraten mit wenig Flüssigkeit zugedeckt garen mit reduzierter Flüssigkeit glacieren. B. Anwendung Helles Geflügel, Wildgeflügel.
Nennen Sie die Gartechnik und Anwendungsbeispiele für das Garverfahren Schmoren!	A. Gartechnik Scharf angebratenes Fleisch ablöschen, auffüllen und zugedeckt im Rohr garen. B. Anwendung Dunkles Schlachtfleisch.
Nennen Sie die Gartechnik und Anwendungsbeispiele für das Garverfahren Schmoren von Gemüse!	A. Gartechnik Gemüse zuerst blanchieren oder andünsten, auf Speck und Zwiebeln legen und mit Flüssigkeit übergießen; zugedeckt im Rohr garen. B. Anwendung Kohl, Fenchel, Lattich, Karotten, Rübchen, gefülltes Gemüse.

Nennen Sie die Gartechnik und Anwendungsbeispiele für das Garverfahren Glasieren!

A. Gartechnik bei Fleisch
Fleisch in der Röhre anbraten, ablöschen, ständig mit dem Bratenfond begießen bis der Garpunkt erreicht ist.

B. Anwendung
Helles Schlachtfleisch, Geflügel.

A. Gartechnik bei Gemüse
Garen von zuckerhaltigem Gemüse in wenig Flüssigkeit unter Zugabe von etwas Fett, Fond sirupartig einkochen lassen und das Gemüse damit überglänzen.

B. Anwendung
Karotten, Rübchen, Zwiebeln, Maronen.

Nennen Sie die Gartechnik und Anwendungsbeispiele für das Garverfahren Grillen!

A. Gartechnik
Garen durch Strahlungshitze, zuerst mit starker Hitze (250°C) anbraten, dann mit schwächerer Hitze (200°C) fertigbraten.

B. Anwendung
Kleinere bis mittlere Schlachtfleischstücke, Portionsfische, Fischtranchen, Geflügelteile, Kartoffeln, Gemüse.

Nennen Sie die Gartechnik und Anwendungsbeispiele für das Garverfahren Braten!

A. Gartechnik
Scharfes, heißes Anbraten bei 250°C in einem Rôtissoir in der Röhre, bei abnehmender Hitze 150–200°C unter mehrmaligem Begießen mit Fett, fertigbraten.

B. Anwendung
Mittlere bis große Schlachtfleischstücke, Fisch, Geflügel, Wild.

Nennen Sie die Gartechnik und Anwendungsbeispiele für das Garverfahren Fritieren!

A. Gartechnik
Garen in reichlich heißem Fett (160–180°C schwimmend backen.

B. Anwendung
Schlachtfleischteile, Geflügelteile, Fischfilets, Gemüse, Kartoffeln, Süßspeisen, Krapfen.

Nennen Sie die Gartechnik und Anwendungsbeispiele für das Garverfahren Kurzbraten/Sautieren!	A. Gartechnik Garen in der Pfanne mit wenig heißem Fett bei mittlerer bis starker Hitze (160–250 °C). B. Anwendung Kleine Schlachtfleischstücke oder Tranchen, Geflügelteile, Portionsfische, Fischtranchen, Kartoffeln.
Nennen Sie die Gartechnik und Anwendungsbeispiele für das Garverfahren Backen!	A. Gartechnik Garen im Ofen bei ansteigender, konstanter oder abfallender, trockener Hitze 150–250 °C. B. Anwendung Gebäck, Kuchen, Torten, Aufläufe, Süßspeisen, Kleingebäck, Teigwaren, Kartoffeln.
Nennen Sie die Gartechnik und Anwendungsbeispiele für das Garverfahren Gratinieren!	A. Gartechnik Mit starker Oberhitze (250–300 °C) im Salamander überbacken oder überkrusten. B. Anwendung Überwiegend werden nur gegarte Speisen überbacken, z. B. Fischgerichte, Fleischgerichte, Geflügelgerichte, Gemüse, Teigwaren, Kartoffeln, Toasts, Süßspeisen.
Nennen Sie die Bratgrade für Kurzbratfleisch in deutsch, englisch und französisch	deutsch — englisch — französisch blau — rare — bleu blutig — medium rare — saignant rosa — medium — à point durch — welldone — bien cuit
Welche Fleischkerntemperatur trifft bei nebenstehenden Garstufen zu?	Rindfleisch, stark blutig — ca. 40–45 °C Rindfleisch, blutig — ca. 50–55 °C Rindfleisch, rosa — ca. 60 °C Kalbfleisch, durchgebraten — ca. 75–80 °C Schweinefleisch, durchgebraten — ca. 80–85 °C

Nennen Sie für nebenstehende Fleischarten den Gewichtsverlust, der bei den verschiedenen Garmethoden entsteht!	Mageres Rindfleisch, gekocht	ca. 30–35%
	Mageres Rindfleisch, geschmort	ca. 34–38%
	Rindfleisch in Portionsstücken, geschmort	ca. 26–29%
	Rindfleisch, blutig gebraten	ca. 16–20%
	Filet- oder Rumpsteak, blutig gebraten	ca. 11–18%
	Kalbsschulter, gekocht	ca. 30–34%
	Kalbsschulter, geschmort	ca. 30–34%
	Kalbsschulter, gebraten	ca. 26–30%
	Kalbfleisch als Portionsstück, gebraten	ca. 20–25%
	Kalbfleisch als Portionsstück, paniert und gebacken	ca. 6–10%
	Mageres Schweinefleisch, gekocht	ca. 26–30%
	Mageres Schweinefleisch, geschmort	ca. 28–30%
	Mageres Schweinefleisch, gebraten	ca. 34–36%
	Schweinefleisch als Portionsstück, gebraten	ca. 23–28%
	Schweinefleisch als Portionsstück, paniert und gebacken	ca. 5–8%
	Hammelkeule, gekocht	ca. 28–32%
	Lammkeule, rosa gebraten	ca. 15–20%
	Hammelragout, geschmort	ca. 30–33%

Nennen Sie für nebenstehende Fleischteile die durchschnittlichen Garzeiten bei verschiedenen Garmethoden!	Roastbeef, blutig gebraten,	2 kg	30–40 Min.
	Rinderfilet, rosa gebraten,	2 kg	25–30 Min.
	Lammkeule, rosa gebraten,	2,5 kg	46–60 Min.
	Schweinerücken, durchgebraten	2 kg	50–60 Min.
	Rumsteak, rosa gebraten,	200 g	6–8 Min.
	Entrecote double, rosa gebraten,	400 g	12–16 Min.
	Filetsteak, rosa gebraten	180 g	6–8 Min.
	Schweinekotelett, durchgebraten	180 g	8–10 Min.

Fonds, Suppen, Soßen

Suppen lassen sich in drei Hauptgruppen einteilen. Nennen Sie diese mit einschlägigen Beispielen!

1. Klare Suppen – consommés, wie die Kraftbrühen – consommés, doppelte Kraftbrühen – consommés doubles
2. Gebundene Suppen, wie die Gemüsesuppen – potages aux légumes, gebundene, helle Suppen – potages liés und die gebundenen braunen Suppen – potages brun liés
3. Sondergruppen, bestehend aus Regionalsuppen, Nationalsuppen, Spezialsuppen und Kaltschalen

Erklären Sie in Stichworten die Herstellung einer Kraftbrühe – consommé!

In eine kalte Fleischbrühe – bouillon werden grob durchgedrehtes Klärfleisch vom Rind, Gemüsewürfel und etwas Hühnereiweiß gerührt, langsam unter Umrühren erhitzt. Nach einer guten Stunde vorsichtigen Siedens wird die Kraftbrühe durch ein Tuch geseiht.

Wieviel Klärfleisch sollte für die Herstellung von 10 Liter Kraftbrühe verwendet werden?

Die Menge von 3 kg Klärfleisch ist für 10 Liter Kraftbrühe erforderlich. Soll eine doppelte Kraftbrühe hergestellt werden, müssen für die gleiche Menge Fleischbrühe 6 kg Klärfleisch verwendet werden.

Nennen Sie weitere Arten von Kraftbrühen und deren Grundgeschmacksrichtungen!

Geflügelbrühe – fond de volaille mit Klärfleischzugabe ergibt Geflügelkraftbrühe – consommé de volaille, Fischbrühe – fond de poisson – mit Klärfleisch von Fischen ergibt Fischkraftbrühe – consommé de poisson, Wildbrühe – fond de gibier – mit Klärfleisch von Wild ergibt Wildkraftbrühe – consommé de gibier.

Nennen Sie zu untenstehenden Kraftbrühen die jeweiligen Garniturbestandteile der Namensgebung!

Kraftbrühe Carmen	Julienne von Paprika u. Tomaten, Reis, Kerbel
Kraftbrühe Dubarry	Blumenkohlröschen, Eierstich
Kraftbrühe Royal	Eierstich
Kraftbrühe Celestine	mit feinen Kräuterpfannkuchenstreifen
Venezianische Kraftbrühe	Butternocken, Reis, Estragon und Kerbel

Fortsetzung von Vorseite: *Geflügelkraftbrühe nach Königinart* *Wildkraftbrühe nach Jägerart* *Russische Fischkraftbrühe* *Kraftbrühe mit Brandteigklößchen*	Hühnerbruststreifen und Eierstich Wildklößchen, Champignons, Madeirawein Fischklößchen, Gurkenwürfel, Dill Brandteigklößchen – profiteroles, consommé aux profiteroles
Erklären Sie in Stichworten die Herstellung einer Gemüsesuppe!	Speck- und Zwiebelbrunoise anschwitzen, entsprechende Gemüsebrunoise mitschwitzen, mit Brühe aufgießen, garen, würzen und mit Kräutern verfeinern.
Erklären Sie in Stichworten die Herstellung einer gebundenen, hellen Suppe, am Beispiel einer Blumenkohlkremsuppe – crème Dubarry.	Zwiebelbrunoise und zerkleinerten Blumenkohlstrunk in Butter hell anschwitzen, mit entsprechender Menge Mehl stäuben. Inzwischen Blumenkohlröschen in wenig Wasser kochen. Mehlschwitze – roux – mit Blumenkohl- und Fleischfond aufgießen, glattrühren, 20 Minuten kochen. Mit Salz, weißem Pfeffer, Zitronensaft und Weißwein würzen. Mit Eigelb und Sahne legieren, passieren. Dazu Blumenkohlröschen.
Nennen Sie bekannte helle Kremsuppen, deren typische Einlagen und französische Namen!	Geflügelkrem – crème de vollaille, Geflügelbrustjulienne Spargelkrem – crème d'asperges, Spargelspitzen Muschelkrem – crème aux moules, gedünstete Muscheln
Erklären Sie die Herstellung einer braunen Suppe am Beispiel einer gebundenen Ochsenschwanzsuppe!	Ochsenschwanzstücke mit Röstgemüse – mirepoix – anbraten, mit Tomatenmark glasieren, mit Mehl stäuben, mit Rotwein ablöschen, mit braunem Fond auffüllen. Suppe würzen und das Fleisch weichkochen. Fleisch ausstechen, in kleine Stücke schneiden. Suppe passieren, Fleisch zufügen und mit Madeira oder Sherry verfeinern.
Nennen Sie braune, gebundene Suppen und deren Merkmale!	Windsorsuppe – Kalbssuppe mit Madeira und Makkaroni St. Hubertus Suppe – Wildsuppe mit Sahne, Madeira, Wildfleischwürfeln und Champignonscheiben

Nennen Sie exotische, bzw. Spezialsuppen und deren Merkmale!	Schildkrötensuppe mit Fleisch von Meeresschildkröten (gezüchtet) Trepangsuppe mit Fleisch einer Seegurkenart (Westindien) Schwalbennestersuppe mit Seetangnestern Haifischflossensuppe mit Haifischfleisch Känguruschwanzsuppe mit Kängurufleisch
Nennen Sie Nationalsuppen, die den jeweiligen Landescharakter tragen, sowie das Herkunftsland und die geschmacksgebenden Einlagen oder Kennzeichen!	Minestrone – Italien – Gemüsesuppe mit Teigwaren, Tomaten, Parmesan Clear Oxtail Soup – Großbritannien – Klare Ochsenschwanzsuppe mit Sherry Zwiebelsuppe – Frankreich – meist mit Käsetoast Gazpacho andaluz – Spanien – kalte andalusische Gemüsesuppe. Püriertes, frisches Gemüse im Mixer zerkleinern, mit Knoblauch, Tomatenmark, Essig, Öl, Salz und Pfeffer würzen, mit Weißbrot servieren. Gulaschsuppe – Ungarn – braune Rindfleischsuppe mit Zwiebeln und Paprika Borschtsch – Russland – Gemüsesuppe mit roten Rüben und Sauerrahm Bouillabaisse – Frankreich – südfranzösische Fischsuppe aus Marseille Schöberlsuppe – Österreich – salzige Biskuitstücke mit Schinken, Käse- oder Kräutereinlage
Erklären Sie den Begriff Regionalsuppe!	Suppe, die aus einem bestimmten Gebiet-Region eines Landes kommt.
Nennen Sie Beispiele für deutsche Regionalsuppen!	Aalsuppe – Hamburg Kartoffelsuppe – Rheinland Löffelerbsen mit Speck – Berlin Grünkernsuppe – Baden Flädlesuppe – Schwaben – Pfannkuchenstreifen Leberknödelsuppe – Bayern

Soßen

Nennen Sie die sechs Grundsoßen, in deutsch und französisch!	Braune Kraftsoße – Demiglace Braune Wildsoße – sauce gibier Weiße Samtsoße – sauce velouté Weiße Milchsoße – sauce Béchamel Aufgeschlagene Grundsoße – sauce hollandaise Kalte Grundsoße – sauce mayonnaise
Erklären Sie in Stichworten den Grundsatz der Demiglace!	Schweine- oder Kalbsknochen mit Mirepoix anrösten, mit Tomatenmark glacieren, mit Mehl stäuben, mit Weißwein ablöschen, glacieren und mit Grand-jus auffüllen. Mindestens drei Stunden auskochen. Gewürze: Paprika, Salz, Pfefferkörner, Piment, Knoblauch, Thymian, Lorbeer und Majoran.

Ableitungen der Demiglace und deren Merkmale:

Soßenbezeichnung	ergänzende Zutaten	Verwendung
Bordeauxer Soße *sauce bordelaise*	Schalottenbrunoise, zerdrückte Pfefferkörner, Bordeaux-Rotwein, blanchierte Rindermarkscheiben	Pfannengerichte, Steaks
Burgunder Soße *sauce bourguignonne*	Zwiebel oder Schalottenbrunoise, Burgunder-Rotweinreduktion, Champignonscheiben als Einlage	geschmortes Rindfleisch, Rinderzunge, Kochschinken
Madeirasoße *sauce madère*	Demiglace mit Madeirawein verkocht	Rinderzunge, gebratener Schinken, Geflügelleber
Pikante Soße *sauce piquante*	Zwiebelbrunoise, Pfefferkörner, Essig, Gewürzgurkenwürfel	Schweinefleisch vom Grill, Rinder- und Kalbszunge
Robertsoße *sauce Robert*	Zwiebelbrunoise mit Weißwein reduzieren, Senf unterrühren	Schweinekotelett und Schweinesteaks vom Grill

Soßenbezeichnung	ergänzende Zutaten	Verwendung
Provenzalische Soße *sauce provençale*	Knoblauch, Zwiebeln, Tomatenwürfel, Champignons, Kräuter	Steaks, Grillgerichte Fischgerichte
Teufelssoße *sauce diable*	Schalotten- oder Zwiebelbrunoise Pfefferkörner, Cayenne	Geflügel und Schlachtfleisch vom Grill
Trüffelsoße *sauce Périgueux*	Trüffelfond, gehackte Trüffel, Madeirawein	Rinderfilet, Tournedos, gebratenes Geflügel

Ableitungen der Wildsoße und deren Merkmale:

Rehsoße *sauce chevreuil*	Schalotten, Pfefferkörner, Rotwein, Wacholder	Rehsteaks, Rehbraten
Wildpfeffersoße *sauce poivrade*	Speck, Schalottenwürfel, Pfefferkörner, Wein	Wildgerichte aller Art Steaks, Rehschnitzel
Wildrahmsoße *sauce venaison*	Johannisbeergelee, Rahm, Wacholder, Zitronensaft	Wildgerichte aller Art Wildschmorbraten

Ableitungen der Velouté und deren Merkmale:

Deutsche Soße *sauce allemande*	Kalbsvelouté mit Eigelb und Sahnelegierung	Grundsoße für helle Fleischgerichte
Geflügelrahmsoße *sauce suprême*	Geflügelvelouté mit Sahne und eventuell Eigelb	Grundsoße für helle Geflügelgerichte
Weißweinsoße für Fisch *sauce au vin blanc*	Fischvelouté mit Sahne und Eigelblegierung	Grundsoße für helle, gekochte und gedünstete Fischgerichte
Kräutersoße *sauce aux fines herbes*	deutsche Soße mit gehackten Kräutern – Petersilie, Kerbel und Schnittlauch	zu gekochtem Fleisch, Kalbszunge
Senfsoße *sauce moutarde*	deutsche Soße mit Senf und Butterflocken	pochierte Eier

Soßenbezeichnung	ergänzende Zutaten	Verwendung
Dillsoße *sauce à l'aneth*	Fischvelouté mit frischem Dill	gedünsteter Fisch, Kochfisch
Hummersoße *sauce homard*	Hummerbutter und geschlagene Sahne in Fischvelouté	gedünsteter Fisch, Kochfisch
Diplomatensoße *sauce diplomate*	Hummerbutter, Trüffel- und Hummerfleischstücke in Fischvelouté	gedünsteter Fisch, Krustentiere, Kochfisch

Ableitungen der Béchamelsoße – sauce Béchamel und deren Merkmale:

Kardinalsoße *sauce Cardinal*	Hummerbutter, Sahne	gedünsteter und gekochter Fisch, Eierspeisen
Mornaysoße *sauce Mornay*	Eigelb und Sahnelegierung, geriebener Parmesankäse	pochierte Eier, gedünsteter Fisch, überbacken von hellen Fleisch- und Geflügelgerichten
Weiße Zwiebelsoße *sauce Soubise*	Zwiebelmus und Sahne	zu gekochtem und gebratenem Hammelfleisch

Ableitungen der holländischen Soße – sauce hollandaise und deren Merkmale:

Béarner Soße *sauce béarnaise*	Weißweinreduktion, Kerbel, Estragon	gegrilltes Fleisch Fischsteaks
Choronsoße *sauce Choron*	Weißwein-Estragonreduktion, Tomatenmark	Rinderfilet, Tournedos, Fischsteaks
Malteser Soße *sauce maltaise*	Blutorangensaft, Julienne von Orangenschale	Stangenspargel
Schaumsoße *sauce mousseline*	Zitronensaft, geschlagene Sahne	gekochter Fisch, helle Gemüsegerichte

Ableitungen der Mayonnaise – sauce mayonnaise und deren Merkmale

Soßenbezeichnung	ergänzende Zutaten	Verwendung
Chantillysoße / *sauce Chantilly*	geschlagene Sahne, Zitronensaft, Cayennepfeffer	zu Spargel und Artischocken
Remouladensoße / *sauce rémoulade*	Gewürzgurkenstücke, Kapern, Sardellen, Kräuter, Zwiebeln	gebackener, panierter Fisch, kaltes Roastbeef, Eier
Tatarensoße / *sauce tartare*	gekochte, gehackte Eier, Schnittlauch	zu kaltem Braten, Eiern, gebackenem Fisch
Tiroler Soße / *sauce tyrolienne*	Chilisoße, Kräuter, Schalotten, Tomatenfleischwürfel	zu kaltem Braten, Eiern, Fisch und Krustentieren

Erklären Sie in Stichworten den Grundansatz der Béchamelsoße!	Zwiebelbrunoise in Butter anschwitzen, mit Mehl stäuben, mit Milch aufgießen, glattrühren, kochen. Würzen mit Salz, weißem Pfeffer, Weißwein.
Erklären Sie in Stichworten den Grundansatz einer holländischen Soße!	6 Eigelbe mit 6 Esslöffeln Reduktion von Schalotten, Essig, Weißwein und Pfefferkörnern über Wasserdampf aufschlagen. Vom Feuer nehmen und 500 g geklärte Butter einrühren.
Erklären Sie in Stichworten den Grundansatz der Mayonnaise!	5 Eigelbe mit Salz, Essig, Senf verrühren, langsam 1 Liter temperiertes Öl einrühren. Mit Zitronensaft und weißem Pfeffer abschmecken.

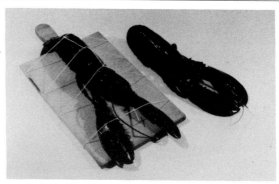

Lebende Hummer werden bei Verwendung zu Schaustücken auf ein Brett gebunden, damit sich der Schwanz beim Kochen nicht einrollt.

Zubereitung von warmen Vorspeisen, Suppen, Zwischengerichten, Hauptgerichten, Soßen, warmen und kalten Desserts.

Erstellen Sie für nebenstehendes Gericht eine Materialanforderung, sowie eine entsprechende Arbeitsanweisung!

Bouillon
(Fleisch- und Knochenbrühe)

Materialanforderung für 10 Portionen (= 2 Liter Brühe)

Menge	Material
4 l	Wasser
1200 g	Rinderknochen
600 g	Rindfleisch (Brust, Beinscheibe)
150 g	Karotten
150 g	Lauch
100 g	Sellerie
100 g	Petersilienwurzeln
200 g	ungeschälte Zwiebeln
	Gewürze: Salz, Pfefferkörner, Piment, Muskat, Lorbeerblatt.

Arbeitsweise
1 Gehackte Rinderknochen blanchieren.
2 Abgewaschenes Fleisch und Rinderknochen kalt aufsetzen.
3 Aufkochen und abschäumen.
4 Langsam weiterkochen (ca. 4–5 Std.), mehrmals entfetten (degraissieren).
5 1 Stunde vor Kochende das Gemüsebündel (Bouquet garni) und Salz beigeben.
6 Fleisch- und Gemüsebündel ausstechen, Bouillon durch ein Tuch (Etamin) mit den Gewürzen passieren.

Erstellen Sie für nebenstehendes Gericht eine Materialanforderung, sowie eine entsprechende Arbeitsanweisung!

Consommé (Rinderkraftbrühe)

Materialanforderung für 10 Portionen (= 2 Liter Kraftbrühe)

Menge	Material
2,5 l	Fleisch- und Knochenbrühe
500 g	Rinderwade
0,25 l	Wasser (Eiswürfel)
3 Stück	Eiweiß
80 g	Karotten
100 g	Lauch
70 g	Knollensellerie
20 g	Petersilienwurzeln
	Gewürze: Salz, Muskat, Kerbel, Petersiliensträußchen.

Arbeitsweise
1 Hühnereiweiß mit kaltem Wasser (Eiswürfel) verrühren.
2 Grob geschrotete Rinderwade mit Wurzelgemüsewürfel dazugeben und vermengen.
3 Entfettete, kalte Fleisch- und Knochenbrühe (Bouillon) dazugießen, gut verrühren.
4 Unter ständigem Rühren, aufkochen.
5 1 Stunde ziehen lassen, mehrmals entfetten.
6 Gewürze und Kräuter ins Passiertuch (Etamin) legen, Kraftbrühe passieren.
7 Nochmals aufkochen, entfetten und endgültig abschmecken.

Erstellen Sie für nebenstehende Gerichte eine Materialanforderung, sowie entsprechende Arbeitsanweisung!

Suppeneinlagen
Grießnockerl

Materialanforderung für 10 Portionen

Menge	Material
1 Stück	Ei (50 g)
50 g	Butter
100 g	Grieß
	Gewürze: Salz, Muskat, gehackte Petersilie.

Arbeitsweise
1. Butter schaumig rühren.
2. Ei und Grieß dazugeben, würzen.
3. Mit Kaffeelöffel Nockerl in siedendes Salzwasser abstechen.
4. 10 Minuten ohne Deckel kochen lassen.
5. Mit kaltem Wasser abschrecken und zugedeckt 10 Minuten, ohne Wärmezufuhr, ziehen lassen.
6. In Bouillon servieren.

Schinkenschöberl (Schinkenbiskuit)

Materialanforderung für 10 Portionen

Menge	Material
5	Eigelb
5	Eiweiß
100 g	Mehl
60 g	Gekochter Schinken
	Gewürze: Salz, Muskat.

Arbeitsweise
1. Eigelb mit Salz und Muskat schaumig schlagen.
2. Eiweiß zu Schnee schlagen.
3. Gesiebtes Mehl und Eiweiß abwechselnd unter die Eigelbmasse heben.
4. Feingeschnittene Schinkenwürfel unterziehen.
5. Sofort auf gefettetes Pergamentpapier streichen und bei 200°C ca. 10 Minuten goldbraun backen.
6. Pergamentpapier abziehen, nach dem Erkalten in Rauten oder Würfel schneiden.

Erstellen Sie für nebenstehende Gerichte eine Materialanforderung, sowie entsprechende Arbeitsanweisungen!

Profiteroles (Brandteigkrapfen)

Materialanforderung für 10 Portionen

Menge	Material
0,125 l	Wasser
30 g	Butter
75 g	Mehl
2	Eier
	Gewürze: Salz.

Arbeitsweise
1. Wasser, Butter und Salz aufkochen.
2. Gesiebtes Mehl im Sturz in die Flüssigkeit geben.
3. Mit einer Holzspachtel abbrennen, bis sich die Masse vom Geschirr löst.
4. In kaltes Geschirr umfüllen.
5. Eier einzeln unterarbeiten.
6. Brandteig in Erbsenform auf ein feuchtes Blech spritzen.
7. Bei 220°C ca. 10 Minuten goldbraun backen.

Célestine - Feine Pfannkuchenstreifen

Materialanforderung für 10 Portionen

Menge	Material
50 g	Mehl
0,125 l	Milch
2	Eier
	Gewürze: Salz, Muskat, gehackte Petersilie.

Arbeitsweise
1. Gesiebtes Mehl mit Milch glattrühren.
2. Aufgeschlagene Eier und Gewürze unterarbeiten.
3. Mit wenig Fett dünne Pfannkuchen backen.
4. Ausgekühlte Pfannkuchen in dünne Streifen schneiden.

Erstellen Sie für nebenstehendes Gericht eine Materialanforderung, sowie eine entsprechende Arbeitsanweisung!

Tomatensuppe

Materialanforderung für 10 Portionen (= 2 Liter Brühe)

Menge	Material
100 g	Fett
200 g	Speck, geräuchert (Speckschwarten)
100 g	Zwiebeln
80 g	Lauch
60 g	Sellerie
80 g	Karotten
80 g	Mehl
600 g	Tomaten
100 g	Tomatenmark
2,5 l	Brühe

Gewürze: Salz, weiße Pfefferkörner, Zucker, Knoblauch, Oregano, Basilikum, Kerbel, Essig.

Arbeitsweise

1 Speck im Fett mit dem Wurzelgemüse farblos anschwitzen.
2 Mit Mehl bestäuben und anschwitzen (Roux).
3 Tomaten und Tomatenmark dazugeben, mitschwitzen.
4 Mit kalter Brühe aufgießen, aufkochen, abschäumen und Gewürze zugeben.
5 Suppe durch ein Haarsieb (Chinois) passieren.
6 Suppe abschmecken, mit Butterflocken montieren, mit Croûtons bestreuen.

Erstellen Sie für nebenstehendes Gericht eine Materialanforderung, sowie eine entsprechende Arbeitsanweisung!

Bürgerliche Kartoffelsuppe

Materialanforderung für 10 Portionen (= 2 Liter Suppe)

Menge	Material
500 g	Kartoffeln ohne Schale
150 g	Speck, geräuchert
150 g	Zwiebeln
50 g	Butter
100 g	Karotten
80 g	Knollensellerie
100 g	Lauch
2,25 l	Rinderbrühe (Bouillon)
3 Scheiben	Weißbrot ⎫ Croûtons
40 g	Butter ⎭
	Gewürze: Salz, weißer Pfeffer, Muskat, Majoran, Thymian, Knoblauch, Petersilie, Gewürzbeutel (Piment, Lorbeer, Pfefferkörner).

Arbeitsweise

1 Speck und Zwiebelwürfel in Butter anschwitzen.
2 Kartoffelwürfel zufügen und anschwitzen.
3 Feine Gemüsewürfel beifügen und mit Bouillon auffüllen, würzen (Gewürzbeutel).
4 15–20 Minuten leicht kochen lassen, Suppe *nicht* passieren, Gewürzbeutel entnehmen.

Erstellen Sie für nebenstehendes Gericht eine Materialanforderung, sowie eine entsprechende Arbeitsanweisung!

Pürierte Linsensuppe

Materialanforderung für 10 Portionen (= 2 Liter)

Menge	Material
200 g	Linsen, getrocknet
60 g	Butter
100 g	Speck
je 60 g	Karotten, Lauch, Sellerie
30 g	Tomatenmark
300 g	Kartoffeln, ohne Schale
2,5 l	Fleischbrühe (Einweichwasser)
2	Scheiben Weißbrot
30 g	Butter
100 g	Gemüse brunoise
	Gewürze: Salz, Pfeffer, Lorbeer, Majoran, Essig, Piment, Zucker.

Arbeitsweise

1 Getrocknete Linsen mindestens 2 Stunden in kaltem Wasser einweichen.

2 Speck und Gemüsewürfel in Butter anschwitzen, abgeschüttete Linsen zugeben und mit den Kartoffelwürfeln anschwitzen.

3 Mit Tomatenmark kurz glacieren, auffüllen, würzen und weichkochen.

4 Suppe passieren, gedünstete Gemüsewürfel als Einlage zugeben und mit gerösteten Weißbrotwürfeln bestreuen.

Erstellen Sie für nebenstehendes Gericht eine Materialanforderung, sowie eine entsprechende Arbeitsanweisung!

Minestrone
(Italienische Gemüsesuppe)

Materialanforderung für 10 Portionen (= 2 Liter)

Menge	Material
80 g	Zwiebeln
120 g	Karotten
120 g	Lauch
100 g	Sellerie
200 g	Wirsing
60 g	Speck
100 g	Butter
20 g	Tomatenmark
2,5 l	Fleischbrühe
20 g	Rundkornreis
40 g	Makkaroni/Spaghetti
100 g	Tomatenwürfel
60 g	Parmesan
	Gewürze: Salz, weißer Pfeffer, Knoblauch, Petersilie, Basilikum, Lorbeerblatt.

Arbeitsweise

1 Gemüse putzen und waschen, in Rauten (Blättchen) schneiden.
2 Speck- und Zwiebelwürfel in Butter anschwitzen, Gemüse zugeben.
3 Mit Tomatenmark glacieren und der Fleischbrühe auffüllen.
4 Gewürze zugeben.
5 Kurz vor Garende werden der Reis und die in Stücke gebrochenen Teigwaren zugegeben.
6 Gehackter Knoblauch und Petersilie sowie die abgezogenen entkernten Tomatenfleischwürfel zugeben, abschmecken.
7 Geriebenen Parmesan extra servieren.

Erstellen Sie für nebenstehendes Gericht eine Materialanforderung, sowie eine entsprechende Arbeitsanweisung!

Sauce Demiglace
(Braune Kraftsoße)

Materialanforderung für 10 Portionen (= 1 Liter)

Menge	Material
1200 g	Kalbs- und Schweineknochen, Parüren
200 g	Speckscharten
120 g	Fett
300 g	Mirepoix
50 g	Tomatenmark
80 g	Mehl
0,2 l	Weißwein
1,6 l	braune Brühe
	Gewürze: Salz, Pfefferkörner, Paprika, Knoblauch, Thymian, Lorbeer, Piment.

Arbeitsweise
1 Kleingehackte Knochen, Parüren und Speck in heißem Fett anrösten.
2 Mirepoix zugeben und ebenfalls rösten.
3 Tomatenmark beifügen und glacieren.
4 Mit Mehl bestäuben, rösten und mit Paprika bestreuen.
5 Auffüllen mit Weißwein und kalter brauner Brühe.
6 Langsam kochen, abschäumen und abfetten, Gewürze zugeben.
7 Grundsoße passieren und weiterverarbeiten.

Nennen Sie Ableitungen der Sauce Demiglace!

Ableitungen der Sauce Demiglace

**Sauce Robert
(Robertsoße)**

Arbeitsweise: Zwiebelbrunoise in Butter anschwitzen, Senf zugeben und sofort mit Weißwein ablöschen, mit Demiglace auffüllen, langsam kochen lassen, abschmecken.

**Sauce piquante
(Pikante Soße)**

Arbeitsweise: Zwiebelbrunoise in Butter anschwitzen, mit Essig ablöschen, mit Demiglace auffüllen, langsam kochen lassen, Essiggurkenwürfel und gehackte Petersilie zugeben, mit Butter montieren.

**Sauce diable
(Teufelsoße)**

Arbeitsweise: Zwiebelbrunoise in Butter anschwitzen, zerdrückte Pfefferkörner zugeben, mit Weißwein ablöschen, Demiglace auffüllen, langsam kochen lassen, reduzieren, mit Butter montieren.

**Sauce madère
(Madeirasoße)**

Arbeitsweise: Zwiebelbrunoise in Butter anschwitzen, mit Madeirawein ablöschen, Demiglace auffüllen, reduzieren, passieren, mit Butter montieren.

Erstellen Sie für nebenstehendes Gericht eine Materialanforderung, sowie eine entsprechende Arbeitsanweisung!

**Veloutés
(Weiße Grundsoßen)**

Materialanforderung für 10 Portionen (= 1 Liter)

Menge	Material
80 g	Butter
50 g	Zwiebeln
80 g	Mehl
1,2 l	entsprechend heller Fond *Gewürze:* Salz, weißer Pfeffer, Zitronensaft.

Arbeitsweise

1 Zwiebelbrunoise in Butter farblos andünsten, mit Mehl bestäuben, Mehlschwitze (Roux) herstellen.
2 Kalte Roux mit heißer entsprechender Flüssigkeit auffüllen, Gewürze zugeben, ca. 20 Minuten langsam kochen lassen, passieren.

Nennen Sie Ableitungen der weißen Grundsoßen!

Ableitungen

Velouté de veau (Kalbsgrundsoße)
Mit Sahne und Eigelb legieren;
= Sauce allemande (Deutsche Soße).

Velouté de volaille (Geflügelgrundsoße)
Mit Sahne und Butterflocken montieren;
= Sauce suprême (Geflügelrahmsoße).

Velouté de poisson (Fischgrundsoße)
Mit Eigelb und Sahne legieren, mit Weißwein verfeinern;
= Sauce au vin blanc (Weißweinsoße)

Erstellen Sie für nebenstehendes Gericht eine Materialanforderung, sowie eine entsprechende Arbeitsanweisung!

Sauce Béchamel
(weiße Milchgrundsoße)

Materialanforderung für 10 Portionen (= 1 Liter)

Menge	Material
100 g	Butter
50 g	Zwiebeln
100 g	Mehl
0,6 l	Milch
0,6 l	heller Fond
	Gewürze: Salz, weißer Pfeffer, Zitronensaft.

Arbeitsweise
1 Zwiebeljulienne in Butter andünsten, mit Mehl bestäuben, Mehlschwitze (Roux) herstellen.
2 Kalte Roux mit heißer Flüssigkeit auffüllen, Gewürze hinzugeben, ca. 20 Minuten langsam kochen lassen, passieren.
3 Grundsoße mit Butterflocken bestreuen, warmstellen und weiterverarbeiten.

Nennen Sie Ableitungen der Sauce Béchamel!

Ableitungen

Sauce Mornay
(Mornaysoße)
Arbeitsweise: Fertige Sauce Béchamel aufkochen, Legierung aus Eigelb und Sahne unterziehen und geriebenen Parmesankäse sowie Butterflocken einarbeiten.

Sauce raifort
(Meerrettichsoße)
Arbeitsweise: Fertige Milchgrundsoße mit Fleischbrühe verkochen, frisch geriebenen Meerrettich sowie Essig, Zucker, Salz, Pfeffer unterziehen, mit Sahne und Butter montieren.

Sauce à la crème
(Rahmsoße)
Arbeitsweise: Fertige Sauce Béchamel mit Sahne aufkochen und Butter montieren. Besonders geeignet zum Binden von Gemüsen und Teigwaren.

Erstellen Sie für nebenstehendes Gericht eine Materialanforderung, sowie eine entsprechende Arbeitsanweisung!

**Sauce hollandaise
(Holländische Soße)**

Materialanforderung für 10 Portionen

Menge	Material
6	Eigelb
500 g	Butter
	Gewürze: Salz, Zitronensaft, Cayennepfeffer.
Reduktion	
0,2 l	Wasser oder Weißwein
60 g	Zwiebeln
	Pfefferkörner, Essig, Lorbeer.

Arbeitsweise

1 Butter bei mäßiger Hitze zerlassen, bis die Molkereste auf den Boden sinken und die Butter klar ist, abkühlen lassen.
2 Reduktion aus den angegebenen Zutaten herstellen und einkochen.
3 Eigelb mit der passierten, abgekühlten Reduktion verrühren und auf heißem Wasserbad (70 °C) mit einem Schneebesen aufschlagen, bis sich eine kremige Masse bildet.
4 Die lauwarme, geklärte Butter tropfenweise unter die Eigelbmasse rühren, abschmecken.

Nennen Sie Ableitungen der Sauce hollandaise!

Ableitungen

**Sauce béarnaise
(Bearner Soße)**
Arbeitsweise: Fertige holländische Soße mit gehacktem Kerbel und Estragon sowie Estragonessig, Pfeffer und Zitronensaft abschmecken.

**Sauce mousseline
(Schaumsoße)**
Arbeitsweise: Fertige holländische Soße mit geschlagener Sahne und Zitronensaft verfeinern.

**Sauce Choron
(Choronsoße)**
Arbeitsweise: Fertige holländische Soße mit erhitztem Tomatenmark vermengen, mit Estragonessig und Pfeffer abschmecken, als Einlage abgezogene, entkernte Tomatenfleischwürfel verwenden.

Erstellen Sie für nebenstehendes Gericht eine Materialanforderung, sowie eine entsprechende Arbeitsanweisung!

Mayonnaise

Materialanforderung für 10 Portionen

Menge	Material
6	Eigelb
1 l	Öl
2 EL	Essig oder Zitronensaft
2 EL	Wasser
	Gewürze: Salz, weißer Pfeffer.

Arbeitsweise
1 Eigelb mit Salz und Pfeffer schaumig schlagen.
2 Öl am Anfang tropfenweise unterrühren.
3 Später kann die Ölmenge erhöht werden.
4 Die Festigkeit der Mayonnaise mit lauwarmen Wasser regulieren.
5 Mit Zitronensaft oder Essig abschmecken.

Nennen Sie Ableitungen der Mayonnaise!

Ableitungen

Sauce rémoulade (Remouladensoße)
Arbeitsweise: Fertige Mayonnaise mit gehackten Kapern, Essiggurken und Sardellen vermengen; mit Kerbel, Estragon, Petersilie (evtl. klein geschnittene Zwiebelwürfel) abschmecken.

Sauce tartare (Tatarensoße)
Arbeitsweise: Fertige Mayonnaise pikant abschmecken, gekochte, gehackte Eier und fein geschnittenen Schnittlauch unterheben.

Sauce Chantilly (Chantillysoße)
Arbeitsweise: Fertige Mayonnaise mit geschlagener Sahne, Zitronensaft und Cayennepfeffer verfeinern.

Erstellen Sie typische Salatsaucen (Dressings)! Benützen Sie dafür ein extra Blatt.

Beispiele verschiedener Dressings:
Dressings – Salatsaucen

Sauce vinaigrette – Essig-Öl-Kräutermarinade

1/8 l	Wasser
2 EL	Estragonessig
4 EL	Olivenöl
3 EL	Zwiebelbrunoise (feine Zwiebelwürfel)
1 Stck.	gekochtes, gehacktes Ei
3 EL	gehackte Küchenkräuter (z. B. Petersilie, Dill, Kerbel)
2 EL	abgezogene Tomatenwürfel
	Salz, geschroteter Pfeffer, Knoblauch, Zucker

Sahne-Kräuterdressing

1/8 l	Süßrahm
1 EL	Zitronensaft
2 EL	Küchenkräuter, gehackt (Petersilie, Dill, Kerbel, Schnittlauch, Estragon)
	Salz, weißer Pfeffer, Zucker

Joghurt-Kräuterdressing

200 g	Naturjoghurt
50 g	Süßrahm
1 EL	Zitronensaft
2 EL	gehackte Küchenkräuter (siehe oben)
	Salz, weißer Pfeffer, Zucker

Fortsetzung von Vorseite **Sauerrahm-Kräuterdressing**

200 g	Sauerrahm
50 g	Süßrahm
1 EL	Zitronensaft
2 EL	gehackte Küchenkräuter (siehe oben)
	Salz, weißer Pfeffer, Zucker

French-Dressing – Französischer Dressing

50 g	Französischer Senf
1 Stck.	Eigelb
2 EL	Essig
6 EL	Öl
1 EL	gehackte Kräuter
	Salz, weißer Pfeffer, Knoblauch, Zucker

Thousand Islands Dressing – (Tausend Inseln Soße)

100 g	Mayonnaise
20 g	Chilisoße
2 EL	kleingehackte Paprikawürfel
1 EL	gehackte Kräuter
	Salz, weißer Pfeffer, Zucker

Roquefort-Dressing

100 g	Roquefort Käse
1/8 l	Süßrahm
1 EL	gehackte Kräuter
	Salz, weißer Pfeffer, wenig Essig

Nennen Sie einige typische Buttermischungen!

Beispiele verschiedener Buttermischungen:

Varianten

Kräuterbutter: Schaumig geschlagene Butter mit Estragon, Petersilie, Schnittlauch, Kerbel sowie fein geschnittenen Schalotten vermengen. Mit Salz, Pfeffer und Zitronensaft abschmecken.

Verwendung: Gebratene, gegrillte und gebackene Fleisch- und Fischgerichte. Zum Montieren von Soßen und Suppen.

Colbertbutter: Schaumig geschlagene Butter mit Fleischextrakt und Petersilie vermengen. Mit Salz, Pfeffer und Zitronensaft abschmecken.

Verwendung: Seezunge Colbert, gebratene, gegrillte und gebackene Fleisch- und Fischgerichte.

Sardellenbutter: Schaumig geschlagene Butter mit gewaschenen, entgräteten und zerdrückten Sardellenfilets und evtl. zerhackten Scharlotten vermengen. Mit Salz und Pfeffer abschmecken.

Verwendung: Garnitur Mirabeau
Gebratene Fischgerichte, zum Bestreichen von Schnittchen.

Pfefferbutter: Schaumig geschlagene Butter mit zerdrückten farbigen Pfefferkörnern vermengen.

Verwendung: Gebratene, gegrillte Fleisch- und Fischgerichte, zum Montieren von Soßen.

Was verstehen Sie unter der 3-S-Regel? Erklären Sie in kurzen Stichworten!

Die 3-S-Regel bezeichnet die Begriffe säubern – säuern – salzen, bei der Vor- und Zubereitung von Fischen.

Säubern
Ganze Fische werden geschuppt, ausgenommen und gewaschen, Fischfilets werden nur gewaschen.
Geschuppt werden Fische nur, wenn die Haut mitgegessen wird. Bei den Fischen, die „blau" gekocht werden, darf keinesfalls geschuppt werden, weil dann auch der Schleim auf der Fischhaut entfernt wird, der beim Übergießen mit heißem Essigwasser oder beim Sieden in Wasser mit Essig das Blauwerden bewirkt.
Das Schuppen muss stets vor dem Ausnehmen erfolgen. Geschuppt wird am besten, indem man den Fisch unter Wasser hält, damit die Schuppen nicht herumfliegen und zwar mit dem Messerrücken oder mit einem stumpfen Messer, vom Schwanzende zum Kopf hin.
Das Ausnehmen geschieht durch einen scharfen Schnitt, der am Ausgang des Darmes angesetzt und in Kopfrichtung geführt wird.
Gewaschen werden Fische und Fischfilets unter fließendem Wasser. Sie sollen nicht im Wasser liegen.
Fische, vor allem Süßwasserfische zum Blaukochen, müssen besonders vorsichtig gewaschen werden, damit der Schleim haften bleibt.

Säuern
Fische oder Fischfilets werden mit Essig oder Zitronensaft beträufelt. Die Säure dient der Geschmacksverbesserung und macht das Fischfleisch fester. Außerdem wird der Fischgeruch vermindert.
Bei tiefgefrorenen Fischfilets dient das Säuern nicht der Geruchsbindung, denn Tiefkühlfisch ist nahezu geruchslos. Die Säure dient lediglich der Festigung des Fleisches und der Geschmacksabrundung.

Salzen
Gesalzen wird der Fisch erst kurz vor der Zubereitung, damit dem lockeren Fischgewebe nicht unnötig Flüssigkeit entzogen wird.

Nennen Sie typische Grundzubereitungsarten für Fische! Erklären Sie in Stichworten die Zubereitung!

Beispiele für Fischgrundzubereitungen:

Pochieren/Dünsten
Verwendung: Haut- und grätenlose Fischfilets aller Fische, kleine Portionsfische,
Fischscheiben (Tranchen) mit Gräten.
Arbeitstechnik: Kochgeschirr mit Zwiebelbrunoise bestreuen,
andünsten, den vorbereiteten Fisch würzen, einsetzen,
mit Wein oder Fischfond begießen, mit Deckel oder Folie abdecken,
unter dem Siedepunkt garen.

Braten
Verwendung: Filets aller Fische mit festem Fleisch,
kleine Platt- und Portionsfische,
Fischscheiben (Tranchen).
Arbeitstechnik: Vorbereitete Fische würzen und in Mehl wenden,
in der Pfanne mit heißem Fett langsam braten,
Temperatur regulieren, in Butter nachbraten.

Fritieren
Verwendung: Filets von Fischen mit festem Fleisch, ohne Gräten,
kleine Platt- und Portionsfische.
Arbeitstechnik: Vorbereitete Fische würzen, mit der entsprechenden Umhüllung versehen,
Fischfilets bei 170 °C ausbacken,
bei größeren Fischstücken Temperatur auf 150 °C bis 160 ° einstellen,
abtropfen, sofort servieren.

Fortsetzung von Vorseite

Grillen
Verwendung: Kleine Portionsfische mit festem Fleisch, Fleischscheiben (Tranchen) mit festem Fleisch.
Arbeitstechnik: Vorbereitete Fische würzen, mit Öl bestreichen, auf heißen Rost/Grill legen, dabei sofortige Eiweißgerinnung, Fische mehrmals wenden, trocken anrichten.

Kochen/Garziehen im Fischsud
Verwendung: Ganze Fische, Fischscheiben, Fische zum Blaukochen.
Arbeitstechnik: Fischsud (Court-bouillon) herstellen (Wasser, Salz, evtl. weißes Mirepoix, Pfefferkörner). Sud darf nicht zu stark im Eigengeschmack sein. Vorbereitete Fische einlegen und garziehen lassen.

Erstellen Sie für nebenstehendes Gericht eine Materialanforderung, sowie eine entsprechende Arbeitsanweisung!

Seelachsfilet nach Florentiner Art im Kartoffelrand

Materialanforderung für 5 Portionen

Menge	Material
800 g	Seelachsfilet
30 g	Butter
50 g	Zwiebelbrunoise
0,2 l	Weißwein
0,2 l	Fischfond
700 g	Blattspinat, frisch
30 g	Butter
50 g	Zwiebelbrunoise
750 g	Kartoffeln, ohne Schale
0,15 l	Milch
50 g	Butter
0,5 l	Mornaysoße
50 g	Parmesankäse
1	Eigelb zum Bestreichen
20 g	Butter

Gewürze: Salz, weißer Pfeffer, Zitronensaft, Muskat.

Arbeitsweise

1 Seelachsfilets nach dem 3-S-System vorbereiten.
2 Fischfilets in ein gebuttertes Geschirr mit Zwiebelbrunoise legen, mit Weißwein und Fischfond begießen.
3 Seelachsfilets pochieren.
4 Kartoffelpüree auf eine Platte (feuerfeste Form) oder Teller dressieren (mit Eigelb bestreichen), Zwiebelbrunoise in Butter sautieren (anschwitzen), Blattspinat dazugeben, würzen und in den gespritzten Kartoffelrand geben.
5 Seelachsfilets auf den Spinat legen, mit Mornaysoße nappieren (überziehen).
6 Mit geriebenen Parmesankäse bestreuen, mit Butter beträufeln und gratinieren (überbakken).

Erstellen Sie für nebenstehendes Gericht eine Materialanforderung, sowie eine entsprechende Arbeitsanweisung!

Pochiertes Fischfilet mit Gemüsestreifen in Weißweinsoße

Materialanforderung für 5 Portionen

Menge	Material
750 g	Fischfilet
40 g	Butter
50 g	Zwiebeln
0,2 l	Weißwein
0,2 l	Fischfond
60 g	Mehlbutter (beurre manié)
0,1 l	Sahne
1	Eigelb
	Gewürze: Salz, weißer Pfeffer, Zitronensaft.
Garnitur	
200 g	Lauch
200 g	Karotten
200 g	Sellerie
60 g	Butter
0,1 l	Wasser
	Gewürze: Salz, weißer Pfeffer.

Arbeitsweise

1 Fischfilet vorbereiten, waschen.
2 In ein gebuttertes Geschirr mit gedünsteten Zwiebelbrunoise legen, mit Weißwein und Fischfond begießen.
3 Zugedeckt pochieren.
4 Fisch herausnehmen, Fond mit Beurre manié binden, passieren, legieren.
5 Fischfilet mit der Soße nappieren, gedünstete Gemüsestreifen als Garnitur verwenden.

Erstellen Sie für nebenstehendes Gericht eine Materialanforderung, sowie eine entsprechende Arbeitsanweisung!

Rotbarschfilet Orly

Materialanforderung für 5 Portionen

Menge	Material
800 g	Rotbarschfilet *Gewürze:* Salz, weißer Pfeffer, Zitronensaft *Garnitur:* gebackene Petersilie, Zitronenstücke.

Bierteig

Menge	Material
250 g	Mehl
0,2 l	Bier
30 g	Öl
2	Eigelb
2	Eiweiß
	Gewürze: Salz, Zucker.

Tomatensoße

Menge	Material
80 g	Speck
40 g	Fett
100 g	Mirepoix
40 g	Mehl
200 g	Tomaten
40 g	Tomatenmark
0,75 l	Brühe
	Gewürze: Salz, weißer Pfeffer, Knoblauch, Oregano, Zucker, Essig, Lorbeerblatt, Basilikum, Thymian.

Arbeitsweise

1 Rotbarschfilet nach 3-S-System vorbereiten.
2 Filets würzen und säuren, in Mehl wenden.
3 Durch den Ausbackteig (Bierteig) ziehen.
4 In Fett backen (fritieren).
5 Auf Gitter abtropfen und trocken auf Papiermanschette anrichten.
6 Mit gebackener Petersilie und Zitronenstükken garnieren, Tomatensoße extra servieren (à part).

Erstellen Sie für nebenstehendes Gericht eine Materialanforderung, sowie eine entsprechende Arbeitsanweisung!

Gebratenes Zanderfilet Doria

Materialanforderung für 5 Portionen

Menge	Material
750 g	Zanderfilet
80 g	Öl
70 g	Mehl
100 g	Butter
	Gewürze: Salz, weißer Pfeffer, Zitronensaft.
Garnitur	
400 g	Salatgurken
60 g	Butter
3	Zitronen
1 TL	gehackte Petersilie
	Gewürze: Salz, weißer Pfeffer.

Arbeitsweise:
1 Zanderfilets enthäuten, waschen, evtl. in Tranchen schneiden.
2 Würzen, in Mehl wenden.
3 In Öl kurz und scharf anbraten, Fett abgießen.
4 In Butter langsam fertig braten.
5 Salatgurken tournieren, in Butter vorsichtig al dente glasieren.
6 Zitronen filetieren und mit den Gurken kurz anschwenken, mit gehackter Petersilie bestreuen.
7 Fischfilets mit der Garnitur belegen und mit heißer Butter nappieren.

Was ist beim Kochen und der weiteren Verarbeitung von lebenden Hummern zu beachten?

Hummer

Arbeitsweise

Lebende Hummer werden zuerst in kochendem Wasser getötet. Zum Sautieren können sie dann zerlegt werden.

Zum Kochen der Hummer für Salate oder Kalte Platten 10 Liter Wasser mit 150 g Salz aufkochen und den Hummer einlegen. Nach dem Aufkochen die Hitze reduzieren und den Hummer auf kleiner Flamme garziehen lassen. Für einen Hummer von 500 g ist eine Garzeit von 20 Minuten anzusetzen. Ein Hummer mit einem Gewicht von 1000 g ist ca. 30 bis 35 Minuten zu garen.

Für den Einsatz auf Schauplatten ist der Hummer auf ein Brett zu binden, damit er die Form behält.

Der nach dem Kochen eingerollte Schwanz ist ein Zeichen für Frische. Zur Weiterverarbeitung des gekochten Hummers die Scheren ausbrechen, den Körper halbieren. Aus dem Kopf den Magen, aus dem Schwanz den Darmfaden entfernen. Das Hummermark für Ragouts wiederverwenden.

Hummer

Hummer halbieren. **Mageninhalt entfernen.**

Hummermark auslöffeln. **Schwanzfleisch entnehmen.**

Darmfaden entfernen. **Scherenfleisch ausbrechen.**

Erstellen Sie für nebenstehendes Gericht eine Materialanforderung, sowie eine entsprechende Arbeitsanweisung!

Hummer Thermidor

Materialanforderung für 2 Portionen

Menge	Material
1	Hummer mit 700 g
0,2 l	Fischgrundsoße
0,1 l	süßer Rahm
1	Eigelb
10 g	englischer Senf
20 g	Butter
	Gewürze: Salz, weißer Pfeffer, Weißwein, Kräuter.

Arbeitsweise
1 Hummer kochen, im Fond erkalten lassen.
2 Schwanzfleisch und Scheren ausbrechen und in Scheiben schneiden.
3 Fischgrundsoße mit englischem Senf, Sahne, Eigelb und Butter montieren.
4 Hummerfleisch in Butter anschwitzen, mit der Soße zu einem Ragout vermengen.
5 Hummerragout in die Karkasse füllen, mit restlicher Soße überziehen, gratinieren und mit frischen Kräutern besteuen.

Erstellen Sie für nebenstehendes Gericht eine Materialanforderung, sowie eine entsprechende Arbeitsanweisung!

Osso buco (Geschmorte Kalbshaxenscheiben)

Materialanforderung für 5 Portionen

Menge	Material
1750 g	Kalbshaxenscheiben
50 g	Mehl
100 g	Fett
150 g	Zwiebeln
200 g	Gemüsebrunoise (Sellerie, Karotten, Lauch)
60 g	Tomatenmark
0,7 l	braunen Fond
0,1 l	Weißwein
150 g	Gemüsewürfel als Garnitur
200 g	Tomatenfleischwürfel
	Gewürze: Salz, Pfeffer, Knoblauch, gehackte Kräuter, Basilikum.

Arbeitsweise

1 Kalbshaxe parieren, in Scheiben schneiden, würzen, in Mehl wenden.
2 Von beiden Seiten anbraten, herausnehmen.
3 Zwiebelwürfel und Gemüsebrunoise anschwitzen.
4 Tomatenmark zugeben, glacieren, mit braunem Fond und Weißwein auffüllen.
5 Fleisch und Gewürze zugeben, im Ofen schmoren.
6 Haxenscheiben ausstechen, Soße passieren und reduzieren, abschmecken, gehackte Kräuter unterziehen.
7 Gedünstete Gemüsewürfel und abgezogene, entkernte Tomatenfleischwürfel als Garnitur über die angerichteten Kalbshaxenscheiben geben.

Erstellen Sie für nebenstehendes Gericht eine Materialanforderung, sowie eine entsprechende Arbeitsanweisung!

Geschmorte Rinderrouladen

Materialanforderung für 5 Portionen

Menge	Material
900 g	Rinderfleischscheiben aus der Oberschale
50 g	Senf
250 g	Zwiebeljulienne
40 g	Butter
200 g	Speck, geräuchert
150 g	Gewürzgurken
100 g	Fett
100 g	Zwiebeln ⎫
80 g	Karotten ⎬ Mirepoix
60 g	Sellerie ⎪
60 g	Lauch ⎭
60 g	Tomatenmark
40 g	Mehl
0,2 l	Rotwein
0,7 l	Grundjus
	Gewürze: Salz, Pfeffer, Piment, Lorbeer, Pfefferkörner, Thymian.

Arbeitsweise
1 Geschnittene Rinderroulade zwischen zwei Folien klopfen.
2 Mit Salz und Pfeffer würzen und mittelscharfem Senf bestreichen.
3 Speckstreifen und Zwiebeljulienne in Butter andünsten, auskühlen und auflegen.
4 Essiggurkenstreifen auflegen.
5 Rouladen rollen, mit Schnur binden oder mit Nadeln stecken.
6 Rouladen mehlieren, in Fett kurz anbraten.
7 Rouladen herausnehmen, Mirepoix anrösten.
8 Tomatenmark zugeben, glacieren (ablöschen und reduzieren).
9 Mit Mehl bestäuben, anschwitzen, mit Rotwein ablöschen.
10 Mit Grundjus auffüllen, aufkochen, abschäumen, Gewürze zugeben.
11 Rouladen zugeben und 1 Stunde zugedeckt schmoren.
12 Schnur/Nadeln entfernen, Soße passieren und nachschmecken.

Garnituren: auf bürgerliche Art
Rouladen mit tournierten, glacierten Gemüsen (Karotten, Sellerie, Rübchen) umlegen.

Esterházy
Julienne von Wurzelgemüse (Sellerie, Karotten, Lauch, Zwiebeln) dünsten und über die Rouladen streuen.

Beilagen: Kartoffelpüree, Dampfkartoffeln, Macaire Kartoffeln.

Erstellen Sie für nebenstehendes Gericht eine Materialanforderung, sowie eine entsprechende Arbeitsanweisung!

Savarin
(Gerührter Hefeteig)

Materialanforderung für 10 Portionen

Menge	Material
250 g	Mehl
0,1 l	Milch
30 g	Zucker
15 g	Hefe
2	Eier
60 g	Butter
	Gewürze: Salz, geriebene Zitronenschalen.

Arbeitsweise

1 Alle Zutaten in direkter Teigführung mischen, Teig gut durchschlagen.
2 Teig zugedeckt gehen lassen.
3 Teig nochmals durchschlagen, in gut gefettete Förmchen (Ringformen) mit Spritzsack/Lochtülle einspritzen.
4 Nochmals gehen lassen, ca. 20 Minuten bei 200°C goldgelb backen.
5 Aus der Form nehmen, in warmen Läuterzukker mit Rum tränken, mit Früchten und Sahne garnieren.

Erstellen Sie für nebenstehendes Gericht eine Materialanforderung, sowie eine entsprechende Arbeitsanweisung!

Biskuitroulade
(Wiener Masse)
(auf warmem Wege)

Materialanforderung für 10 Portionen

Menge	Material
8	Eier
150 g	Zucker
100 g	Weizenpuder
100 g	Weizenmehl
60 g	Butter
	Gewürze: Vanillezucker oder das Ausgeschabte einer Vanilleschote, geriebene Zitronenschale.

Arbeitsweise
1 Die Eier mit dem Zucker sowie den Gewürzen über Wasserdampf bis zur „Rose" kremig aufschlagen.
2 Die Masse anschließend kalt schlagen.
3 Mehl und Weizenpuder sieben und unter die Eiermasse geben.
4 Zerlassene lauwarme Butter mit einem Holzspachtel unter die Masse ziehen.
5 Die weitere Arbeitsweise ist wie bei der auf kaltem Wege hergestellten Biskuitmasse.

Erstellen Sie für nebenstehendes Gericht eine Materialanforderung, sowie eine entsprechende Arbeitsanweisung!

Apfelstrudel

Materialanforderung für 10 Portionen

Menge	Material
250 g	Mehl
2 EL	Öl
1/8 l	lauwarmes Wasser
1	Ei
	Gewürze: Salz
Füllung	
1200 g	säuerliche Äpfel
100 g	Zucker
60 g	Rosinen
50 g	geriebene Nüsse
40 g	gehobelte Mandeln
60 g	Semmelbrösel (Paniermehl)
	Gewürze: Zitrone, Rum, Zimt, Sauerrahm oder Sahne.
1	Eigelb zum Bestreichen
50 g	Butter zum Bestreichen

Arbeitsweise

1 Zutaten zu einem festen Teig verkneten, unter einem warmen Topf ca. 15 Minuten ruhen lassen.

2 Strudelteig über den Handrücken ausziehen oder ausrollen, Teig darf dabei nicht reißen.

3 Äpfel schälen, vierteln, entkernen und in Scheiben schneiden, mit den Zutaten mischen, auf den mit Semmelbröseln bestreuten Teig gleichmäßig verteilen.

4 Ränder mit Eigelb bestreichen und mit dem Tuch zusammenrollen.

5 Mit Eigelb bestreichen und 30 Minuten bei 200° backen.

Erstellen Sie für nebenstehendes Gericht eine Materialanforderung, sowie eine entsprechende Arbeitsanweisung!

Dukatenbuchteln

Materialanforderung für 15 Portionen

Menge	Material
500 g	Mehl
25 g	Hefe
0,2 l	Milch
70 g	Butter
70 g	Zucker
2	Eier
	Gewürze: Salz, geriebene Zitronenschale.

Materialanforderung wie für Hefeteig/Rohrnudeln

Arbeitsweise
1 Hefeteig (siehe Rohrnudeln) herstellen.
2 Hefeteig gleichmäßig dick ausrollen (ca. 1,5 cm) und mit einem Ausstecher ($\varnothing$ 2–3 cm) Teigscheiben ausstechen.
3 In eine gebutterte und gezuckerte Form setzen, zugedeckt gehenlassen.
4 Die Oberfläche mit Butter bestreichen und ca. 20 Minuten bei 200° goldgelb backen, dabei mehrmals mit zerlassener Butter bestreichen.
5 Noch warm aus der Form stürzen und mit Vanillesoße servieren.

Erstellen Sie für nebenstehendes Gericht eine Materialanforderung, sowie eine entsprechende Arbeitsanweisung!

Deutscher Blätterteig

Materialanforderung für 1200 g Teig

Menge	Material
Vorteig	
500 g	Mehl
ca. 0,2 l	lauwarmes Wasser
1 EL	Rum oder Essig
	Salz
Fettziegel	
500 g	Ziehmargarine (Butter)

Arbeitsweise:

1 Mehl, Wasser, Rum oder Essig und Salz zu einem festen Vorteig verkneten.

2 Den Teig zu einer Kugel schleifen und zugedeckt ca. $^1/_2$ Stunde rasten lassen.

3 Ziehmargarine mit wenig Mehl vermengen und zu einem Ziegel formen.

4 Vorteig vierlappig ausrollen, den Fettziegel auflegen und die Teiglappen fest darüberspannen.

5 Teig vorsichtig von der Mitte zum Rand fingerdick ausrollen.

6 Dem Teig eine einfache Tour geben (dreiteilig), wieder ausrollen und zu einer doppelten Tour zusammenlegen (vierteilig).

7 In ein feuchtes Tuch einwickeln und ca. $^1/_2$ Stunde rasten lassen.

8 Anschließend wieder mit einer einfachen und einer doppelten Tour fertig tourieren, nochmals einwickeln und mindestens 1 Stunde rasten lassen, danach kann der Teig weiterverarbeitet werden.

Beschreiben Sie die Arbeitsweise von Fleurons und Käsestangen!

Beispiel einer Arbeitsbeschreibung für Blätterteig-Produkte:

Fleurons
(Blätterteighalbmonde)

Arbeitsweise
1 Blätterteig 5 mm dick ausrollen.
2 Teig mit Eigelb bestreichen.
3 Mit gerippten Ausstecher Halbmonde ausstechen, kühl ruhen lassen.
4 Bei 200 °C im Backofen mit Dampfschwaden 10 bis 15 Minuten goldgelb backen.

Käsestangen

Arbeitsweise
1 Blätterteig 5 mm dick ausrollen.
2 Teig mit Eigelb bestreichen, Mischung aus geriebenem Käse, Paprika, Kümmel und grobem Salz herstellen und auf den Teig streuen, leicht andrücken.
3 Fingerbreite Streifen schneiden und spiralenförmig eindrehen, kühl ruhen lassen.
4 Bei 220 °C im Backofen mit Dampfschwaden 15 Minuten backen.

Erstellen Sie für nebenstehendes Gericht eine Materialanforderung, sowie eine entsprechende Arbeitsanweisung!

Bayerische Krem

Materialanforderung für 10–15 Portionen

Menge	Material
0,5 l	Milch
1	Vanillestange
4	Eigelb
125 g	Zucker
6–8	Blatt Gelatine
0,5 l	Sahne

Arbeitsweise

1 Milch mit der Vanillestange und der halben Menge Zucker aufkochen.
2 Eigelb mit dem Restzucker schaumig schlagen und die heiße Milch auf die Eigelb-/Zuckermasse passieren.
3 Masse über Wasserdampf bis zur „Rose" kremig abziehen.
4 In kaltem Wasser eingeweichte Gelatine ausdrücken und dazugeben (in der heißen Masse löst sich die Gelatine sofort auf).
5 Masse in kaltem Wasser kaltschlagen, bis die Masse kremig anzieht.
6 Steifgeschlagene süße Sahne unter die stockende Masse heben.
7 Sofort in Gläser abfüllen, nach dem vollständigen Stocken entsprechend garnieren.

Ableitungen

Himbeerkrem (ohne Vanille)
Die passierten Himbeeren unter die abgekühlte Eimasse heben (für das Grundrezept 250 g Himbeeren verwenden).

Nusskrem
Geriebene Haselnüsse in der Pfanne goldgelb rösten, abkühlen und zum Schluss unterheben (für das Grundrezept 100 g geriebene Haselnüsse verwenden).

Schokoladenkrem
Grob geraspelte Schokolade in der Milch mitkochen, dabei die Zuckermenge um 50 g reduzieren (für das Grundrezept 100 g dunkle Schokolade verwenden).

Fachausdrücke

Übersetzen Sie die folgenden Fachausdrücke in deutsch und erklären Sie die Bedeutung!

l'abatis	Geflügelklein, bestehend aus Hals, Flügel, Magen, Leber, Herz
accommoder	Zubereitung eines Gerichtes
à part	extra anrichten z. B. Soßen, Gemüse- oder Sättigungsbeilagen
annoncer *annoncieren*	Ausrufen der Restaurant-Bestellung durch den „Annonceur"
à la minute	Gerichte, die erst nach der Bestellung des Gastes zubereitet werden
assaisonner	Würzen von Speisen mit Kräutern und Gewürzen
l'aloyau de bœuf	Halbierter Rinderrücken mit Filet
le bain-marie	Wasserbad zum Warmhalten von Speisen, Suppen und Soßen
barber *barbieren*	Abziehen der Haut bei Schuppenfischen
barder *bardieren*	mit Speck umwickeln, speziell bei Wildgeflügel zum Schutz von großer Hitze
beurrer	mit Butter bestreichen, oder mit Butter ausstreichen
le beurre manié	Mehlbutter, in gleiche Teile Butter und Mehl vermischen, zum Binden von Soßen und Suppen

le baron	Rücken und Keulen eines Lammes in einem Stück gebraten
blanchir *blanchieren*	abbrühen, überbrühen, vorgaren in heißem Wasser
le bouillon	Fleisch- und Knochenbrühe
le bouquet garni	Kräuter- oder Gemüsebündel
braiser *braisieren*	Schmoren von Fleisch, Wild, Geflügel Gemüse
brider *bridieren*	Binden von Geflügel
la braisière	Schmortopf mit Deckel
la bouchée	Kleines Pastetchen, Mundbissen
le caramel	Brauner, gebrannter Zucker
la carcasse	Knochengerüst oder Gerippe des Geflügels
le chaud-froid	kleines, kaltes Gericht mit Aspik und Sauce chaud-froid (helle oder dunkle Aspiksoße) überziehen
chemiser *chemisieren*	eine Form mit einer dünnen Schicht Aspik ausgießen, oder bei Eisbomben mit Eiskrem auskleiden
le chinois	Spitzsieb
ciseler *ziselieren*	Kleine Einschnitte bei Fischen um das An- oder Zerreißen der Haut zu verhindern
la cocotte	Feuerfestes Geschirr in ovaler oder runder Form
concasser	zerhacken oder in Würfel schneiden z. B. geschälte, entkernte Tomaten

la côte de bœuf	Rinderrippenstück, Hochrippe
le coulis	flüssiger Mehlbrei, neutrales Streckmittel
le court-bouillon	Fischsud mit einem Kräuter- oder Gemüsebündel garniert
les croûtons	in Butter geröstete Weißbrotschnitten oder Würfel
les darioles	kleine, glatte, konische Becherformen
le darne	Mittelstück eines größeren Fisches z. B. darne de saumon (Lachsmittelstück)
déglacer	Bratensatz in der Pfanne ablöschen
dégraisser degrassieren	Abfetten, Entfetten von Soßen und Brühen
dresser dressieren	anrichten, fertigmachen
Duxelles	feingehackte Pilzfüllung
emincer	in feine Scheiben schneiden z. B. Fleisch
l'entrée	Zwischengericht
les entremets	Süßspeisen oder Käsegang in der Speisenfolge
les escalopes	dünne Scheiben von rohem Fleisch z. B. Schnitzel
l'étamine	Passiertuch
étuver	dämpfen
la farce	Hackmasse, Füllmasse, Füllsel
farcir farcieren	das Füllen von Fleisch, Geflügel, Gemüse
fileter filetieren	Zerlegen von Fisch, Fischfilets ablösen

flamber *flambieren*	Sengen, Abflämmen von Geflügel, mit Alkohol abbrennen
le fonds	geschmacksgebende Grundbrühe für Soßen, Suppen, Schmorgerichte
frapper *frappieren*	in Eis einsetzen, in Salz einlegen
frire	in Fett schwimmend backen
la friture	Backfett; Fettbackgerät
fumer	Räuchern von Fleisch
le fumet	Essenz, kräftiger eingekochter Fond
la galantine	pochierte, gefüllte Rollpastete z. B. Geflügel, Fisch
garnir *garnieren*	Verzieren und Ausschmücken von Gerichten, Platten, Vorspeisen
glacer *glacieren*	Überglänzen von Fleisch mit Bratsaft; Fische mit Buttersoße im Salamander bräunen. Zuckerhaltige Gemüse mit dem eingekochten Saft überziehen.
la glace de viande	bis zur Sirupdicke eingekochter Fond zum überziehen und überglänzen von Braten
gratiner *gratinieren*	überkrusten, überbacken im Salamander
griller *grillieren*	auf dem Rost braten
les hâtelets	kleine Silberspieße
larder *lardieren*	mit dicken, rohen Speckstreifen durchziehen
lier *legieren*	mit Eigelb und Sahne (Liaison) binden z. B. helle Suppen und Soßen

mariner *marinieren*	Beizen, Würzen von Fleisch, Fisch, Wild in eine Marinade einlegen
masquer *maskieren*	verkleiden, mit einer dicken Soße überziehen
méler *melieren*	mischen, vermengen Mehl in eine Masse unterheben in Mehl wenden
la mise-en-place	Bereitstellung von Arbeitsmitteln und Zutaten (am Arbeitsplatz)
monter *montieren*	aufschlagen mit Butter oder Sahne aufarbeiten z. B. bei Soßen oder Suppen
la mousseline	feines Geflügel- oder Schinkenpüree
napper *nappieren*	überziehen, überdecken mit Soße oder Gelee
paner *panieren*	einbröseln, in Semmelbröseln wenden
parer *parieren*	zurichten, Fleisch zurechtschneiden überflüßige Haut und Sehnen wegschneiden
parfumer *parfümieren*	mit feinen Aromaten abschmecken
la panade	brandteigartige Bindung für Farcen
la parure	Fleischabschnitte durch Zuschneiden
passer *passieren*	durchstreichen, durchseihen, absieben
piquer *pickieren*	spicken mit feinen Speckstreifen durchziehen
pocher *pochieren*	garziehen unter dem Siedepunkt in wenig Flüssigkeit
la plonge	Spülküche

poéler *poelieren*	Fleisch oder Geflügel in der Schmorpfanne hellbraun dünsten
la pulpe	Früchtepüree
la réduction	auf ein Minimum eingekochte Flüßigkeiten wie Fonds oder Gewürzauszüge
réduire *reduzieren*	einkochen, verringern bis zur gewünschten Dicke
le relevé	Zwischengericht
rissoler *rissolieren*	anbraten, in Butter rösten, in Butter schwenken
le roux	Mehlschwitze aus Fett und Mehl
le salpicon	in kleine Würfel geschnittenes Fleisch, Geflügel, Gemüse mit weißer oder brauner Soße gebunden für Pastetenfüllungen, Einlagen, Fleischkroketten
saucer *saucieren*	mit Soße überziehen
sauter *sautieren*	in der Pfanne kleine Fleischstücke braten oder rösten, Gemüse in Butter anschwenken
la sauteuse	Schwenktöpfchen mit abgerundeten Boden und hohem Rand
le sautoir	flache Kasserolle für glacierte Fleisch- oder Gemüsegerichte
tourné	geronnen wie aufgeschlag. Sahne, Soßen, Milch
tourner *tournieren*	zurechtschneiden, abdrehen, formen, umdrehen
trancher *tranchieren*	in Scheiben schneiden, Fleisch, Geflügel zerschneiden
vanner	schwenken, schütteln
le zeste	Streifchen von Orangen- und Zitronenschalen

Haltbarmachung von Lebensmitteln

Zur Haltbarmachung können Lebensmittel konserviert werden, nennen Sie Methoden und deren Merkmale!	Trocknen, Gefriertrocknen – Wasserentzug Kühlen, Tiefgefrieren – Entzug von Wärme Sterilisieren – Erhitzen über 100 °C Pasteurisieren – Schonendes Erhitzen auf ca. 70 °C Vakuumverpacken – Entzug von Luftsauerstoff Pökeln, Salzen, Zuckern – Veränderung des osmotischen Drucks in der Zelle Säuern – Veränderung des pH-Wertes (Essigkonservierung) Zusatz von Konservierungsstoffen – Veränderung des pH-Wertes
Nennen Sie die fünf zugelassenen Konservierungsstoffe!	– Sorbinsäure – Ameisensäure – Benzoesäure – Propionsäure – PHB – Ester
Erklären Sie den Unterschied zwischen Vollkonserven und Präserven!	Vollkonserven sind sehr lange haltbar. Jedoch starke Veränderung des Frischecharakters. Beispiele: Gemüse, Fisch in Dosen, fest verschlossen. Präserven oder Halbkonserven sind kurz haltbar, kühl zu lagern und meist mit Konservierungsstoffen behandelt. Das Produkt wird wenig verändert. Beispiele: Rollmöpse, Hering in Gelee, Kaviar, Lachsersatz.
Nennen Sie wesentliche Vorteile konservierter Lebensmittel bei der Zubereitung in der Küche!	Bei der Zubereitung konservierter Lebensmittel fallen weniger Zubereitungsarbeiten an, denn diese Lebensmittel sind bereits stark vorbereitet, z. B. gewaschen, vorgegart, gegart, geschnitten.
Erklären Sie in diesem Zusammenhang die Bezeichnung Convenience Foods!	Übersetzt bedeutet dies „bequeme Lebensmittel". Ein Großteil der Vor- und Zubereitungsarbeiten wurde bereits von der Lebensmittelindustrie vor der Konservierung vorgenommen.
Nennen Sie Nachteile der konservierten Lebensmittel!	Durch die Konservierung geht ein Großteil des Frischecharakters verloren. Konservierte Lebensmittel müssen vom Koch gekonnt eingesetzt und weiterverarbeitet werden, damit sie für den Gast wieder ansprechend wirken.

Veränderungen der Stoffe

Erklären Sie den Begriff Mikroorganismen!	Mikroorganismen sind Kleinstlebewesen, wie z. B. Mikroben, die eine Größe von etwa 0,001 bis 0,01 mm haben. Sie sind mit bloßem Auge nicht mehr zu erkennen. In Ansammlungen, wie Schimmel, sind sie wieder sichtbar.
Nennen Sie drei bekannte Gruppen von Mikroorganismen!	1. Bakterien 2. Hefen 3. Schimmelpilze
Wie vermehren sich diese Mikroben?	Bakterien durch Zellteilung Hefen durch Sprossung Schimmelpilze durch Sporen und Wurzelgeflecht
Bestimmte Bakterienarten bevorzugen auch bestimmte Lebensmittel, nennen Sie diese!	
Salmonellen	Hackfleisch, Fleisch, Geflügel, Wurst, Enteneier
Fäulniserreger	Fleisch, Geflügel, Wurst
Milchsäurestäbchen	Milchprodukte
Essigsäurebakterien	vergären Weinalkohol zu Essig
Staphylokokken	Eitererreger, die aus eitrigen Wunden auf Lebensmittel geraten, besonders anfällig sind Fleisch, Wurst, Kartoffelsalat
Streptokokken	bauen Milchzucker zu Milchsäure ab
Botulinusbazillus	im Innern vergifteter Lebensmittel, Konserven
Hefen bevorzugen als Nahrung Zuckerstoffe, die sie vergären. Nennen Sie erwünschte Hefearten!	Backhefe – Teiglockerung Bierhefe – Bierherstellung, Alkoholbildung Weinhefe – Weinherstellung, Alkoholbildung

Nennen Sie ein erwünschtes Beispiel der Schimmelbildung!	Schimmelbildung auf oder in Käse, z. B. Weißschimmel auf Camembert oder Brie, Blauschimmel in Edelpilzkäsen, z. B. Roquefort.
Ab welcher Temperatur werden Bazillensporen abgetötet?	Erst ab 120 °C.
Weshalb sterben Mikroben durch Erhitzen ab?	Sie sterben ab, weil das Zelleiweiß gerinnt.
Wie verhalten sich Mikroben beim Tiefgefrieren von Lebensmitteln?	Sie sterben nicht ab, sondern stellen nur ihre Tätigkeit ein. Nach dem Auftauen beginnen sie wieder aktiv zu werden.
Nach ihrem Sauerstoffbedarf können Mikroben in drei Gruppen eingeteilt werden!	– Aerobier, die Sauerstoff benötigen und auf Lebensmitteln vorkommen. – Anaerobier, die ohne Sauerstoff leben und in Lebensmitteln oder Konserven vorkommen. – Fakultative Anaerobier, die mit und ohne Sauerstoff leben können. Sie kommen sowohl in als auch auf Lebensmitteln vor.
Um Lebensmittel vor dem Verderb zu schützen, müssen den Mikroben ideale Lebensbedingungen entzogen werden. Geben Sie Beispiele!	Hemmung durch Wärmezufuhr – Pasteurisieren, Sterilisieren, Wärmeentzug durch Kühlen oder Tiefkühlen, Feuchtigkeitsentzug durch Trocknen, Zuckern, Salzen, Sauerstoffentzug durch Vakuumieren. Herabsetzen des pH-Wertes durch Säuern oder Beizen.
Was ist bei der chemischen Bekämpfung von Schädlingen in der Küche zu beachten?	Sie sollte vom Fachmann durchgeführt werden. Chemikalien dürfen mit Lebensmitteln nicht in Berührung kommen.
Welche Anforderung sollte an Berufswäsche gestellt werden?	Sie soll kochfest sein, damit bei der Kochwäsche alle Mikroben vernichtet werden.
Welches Gesetz überwacht die Gesundheit des Personals in Lebensmittelbetrieben?	Das Bundesseuchengesetz

Betriebsorganisation im Küchenbetrieb

Arbeitsplatzgestaltung nach arbeitsphysiologischen, technischen und hygienischen Gesichtspunkten, unter Berücksichtigung der Arbeitssicherheit.

Was sind ergonomische Grundlagen?	Ergonomie = Erforschung der Leistungsmöglichkeiten u. optimalen Arbeitsbedingungen des Menschen. – Maßnahmen zur optimalen Anpassung betrieblicher Einrichtungen und Arbeitsabläufe an die menschliche Leistungsfähigkeit. – Beste Arbeitsbedingungen am Arbeitsplatz. – Minderung und Ausschaltung von Störfaktoren. – Wirtschaftlicher Einsatz der menschlichen Arbeit bei gleichzeitiger Humanisierung der Arbeit.
Welche Punkte sind bei der Gestaltung von Arbeitsplätzen zu beachten?	– Die Arbeitsplätze sollen den Leistungsfähigkeiten der Arbeitnehmer angepasst sein. – Verbesserung der Maschinen unter Berücksichtigung der Bewegungsabläufe. – Durch bessere Technologien das Arbeitsverfahren vereinfachen und verbessern. – Die Arbeitsbedingungen auf die Mitarbeiter abstimmen.
Wie heißt die zuständige Berufsgenossenschaft für das Gaststättengewerbe?	Berufsgenossenschaft Nahrungsmittel und Gaststätten, Mannheim
Welche berufstypischen Gefahren- und Unfallquellen aus dem Küchenbereich sind Ihnen bekannt?	– über Hindernisse stolpern die im Weg liegen oder stehen – schmieriger, rutschiger Fußboden im Feucht- oder Fettbereich – Ausrutschen durch glatte Bodenbeläge oder schlechtes Schuhwerk – Schnittverletzungen durch Aufschnittmaschinen oder nicht sicher aufbewahrten Messern – Verbrennungen durch Friteusen – Nicht den Unfallvorschriften entsprechende Maschinen

Welche persönlichen Faktoren können zu einem Arbeitsunfall beitragen?	– verminderte Aufmerksamkeit durch Übermüdung oder monotone Arbeit – starke Erregung durch Ärger – Unkenntnis der Gefahr – Falsche Einstellung zum Unfallrisiko durch Leichtsinn – Nichtbeachtung der Schutzvorschriften – Überforderung durch die psychischen Belastungen am Arbeitsplatz – mangelnde körperliche Eignung der übertragenden Arbeit – Abstumpfung Gefahren gegenüber durch ständige Konfrontation
Wie können Sie als verantwortlicher Küchenleiter vorbeugenden Unfallschutz in Ihrer Abteilung durchführen?	– Erklären – Hinweisen – Ermahnen – geeignete Arbeitskleidung anordnen – Lehrgänge zur Unfallverhütung anbieten – Maschinenbetriebsanleitungen aushändigen und Mitarbeiter darüber informieren – Arbeitswerkzeuge richtig aufbewahren – Warnschilder anbringen – auf ordnungsgemäße Kopfbedeckung oder Haarnetz achten

Spezialgedeck für Kaviar als Vorspeise: Kaviarmesser, Kaviarschaufel am Glas

Erklären Sie folgende Sicherheitszeichen!

— Warnung vor einer Gefahrenstelle

— Warnung vor ätzenden Stoffen

— Feuer, offenes Licht und Rauchen verboten

— Verbot mit Wasser zu löschen

— Verbot Wasser zu trinken

— Inbetriebsetzen verboten

Fortsetzung von Vorseite

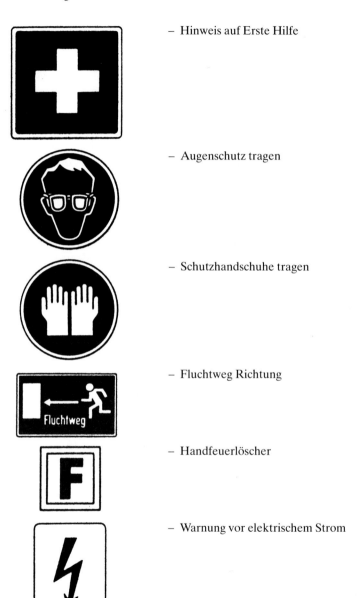

- Hinweis auf Erste Hilfe

- Augenschutz tragen

- Schutzhandschuhe tragen

- Fluchtweg Richtung

- Handfeuerlöscher

- Warnung vor elektrischem Strom

Welche vorbeugenden Maßnahmen sind bei der Benutzung von Friteusen zu beachten?	– sicherer fester Standort; – niemals mit heißem Fett transportieren; – unfallsichere, elektr. Anschlußleitung; – es darf kein Wasser in das Fett kommen; – Fett nicht überhitzen; – Rutschgefahr, Bodenbelag unter Friteuse; – Ablaufhähne dürfen sich nicht unbeabsichtigt öffnen lassen.
Wie müssen Messer in der Küchen aufbewahrt werden?	Messer, Beile und andere spitze und scharfe Werkzeuge dürfen nicht lose herumliegen; müssen geordnet und sicher in speziellen Schubladen untergebracht sein!
Welche 3 Punkte sind für das Entstehen eines Brandes ausschlaggebend?	– Brennbarer Stoff – Sauerstoff – Entzündungstemperatur
Welche Maßnahmen sind bei einem Brand in einem gastronomischen Betrieb zu ergreifen?	– die Gäste sind zu warnen und über die gekennzeichneten Wege in Sicherheit zu bringen; – Ruhe und Besonnenheit bewahren; – Türen sind zu schließen; – Aufzüge nicht mehr benutzen; – Entlüftungen, Rauch- und Wärmeabzugseinrichtungen sind zu öffnen; – geborgene und hinterlegte Gegenstände sind zu beaufsichtigen; – bis zum Eintreffen der Feuerwehr Löschversuche durchführen.
Was heißt Hygiene?	Hygiene ist die Gesunderhaltung des Menschen und wird auch „Sauberkeit zum Schutz vor Krankheiten" genannt.
Welche Hygieneformen sind in der Gastronomie anzuwenden?	– persönliche Hygiene; – Sauberkeit aller Geräte, Einrichtungsgegenstände, Maschinen und Geschirr; – peinlichste Sauberkeit in den Vorrats-, Lager-, Kühl- und Arbeitsräumen, in denen Nahrungsmittel aufbewahrt werden; – Verhinderung des Eindringens von Schädlingen, die Krankheiten übertragen.

Wann ist eine Hotelküche hygienisch?	wenn: – Wände hell und leicht zu reinigen sind, d.h. 2 m hoch Fliesen oder abwaschbare Farbe; – Fußböden wasserdicht und massiv sind, widerstandsfähig gegen Fett und Fettsäuren; – die Toiletten nicht in unmittelbarer Nähe von Produktionsräumen liegen; – Waschgelegenheiten in Arbeitsnähe sind, mit Einmal-Handtüchern; – die Küche gut be- und entlüftbar ist; – sich keine lebenden Tiere (außer Nahrungsmittel) in den Küchenräumen aufhalten; – alle Küchen- und Vorratsräume schädlingsfrei sind; – alle Räume über genügend Lichtquellen verfügen.
Wovon ist die Wirkung von Desinfektionsmitteln abhängig?	– von der Konzentration der Lösung – von der Anwendungstemperatur der Lauge – von der Einwirkzeit
Was verstehen Sie unter persönlicher Hygiene?	– Händewaschen verhindert die Gefahr der Bakterienübertragung. – Zum Trocknen der Hände Papierhandtücher, Stoffhandtuchspender oder Heißlufttrockner verwenden. – Ständig saubere Berufskleidung tragen, Berufswäsche soll als Kochwäsche behandelt werden, denn nur bei hoher Temperatur werden die Mikroben abgetötet. – Kopfbedeckung oder Haarnetz tragen!
Welche Aufgabe hat die Zugabe von Spülmitteln im Wasser?	– Besseres Ablösen des Schmutzes – Entspannen der Wasseroberfläche

Aus welchen Materialien werden Arbeitsgeräte im Küchenbereich hergestellt?	Aluminium Edelstahl Emaillierte Stahlkochgeräte Glas und Porzellan Silber
Welche Materialien finden im Küchenbereich keine direkte Verwendung?	Zink Blei Zinn Kupfer
Was ist Edelstahl?	Rostfreien Edelstahl erhält man durch Zugabe von 5% anderem Metall und mindestens 13% Chrom. Säurefest wird der Stahl durch Zusatz von Nickel. Die bekanntesten Edelstahlarten sind: Chromstahl Chrom-Manganstahl Chrom-Nickelstahl Bei Cromargan werden 18% Chrom und 10% Nickel zugesetzt.
Welche Vorteile haben Geräte und Geschirr aus Edelstahl?	– Lange Haltbarkeit, geringer Pflegeaufwand – unempfindlich gegen Säuren und Laugen, – geruchs- und geschmacksneutral, – sehr wiederstandfähig im Kücheneinsatz, – vielseitig verwendbar (Küche-Restaurant), – trotz hoher Anschaffungskosten wirtschaftlich rentabel.
Nennen Sie Vor- und Nachteile von Auminium im Küchenbereich!	Vorteile: – gute Wärmeleitfähigkeit, – geringe Anschaffungskosten, – geringer Vitamin-C Verlust, – rostfrei, – geringes Gewicht. Nachteile: – verbeulen sehr leicht, – empfindlich gegen Säuren und Laugen, – aufbewahrte Speisen bekommen einen Beigeschmack und schlechtes Aussehen.

Bezeichnen Sie das folgende Kochgeschirr in deutsch und französisch!

– Casserole pour Bain-marie
– Kasserolle für das Wasserbad

– Grande casserole
– große Kasserolle (ab 10 Ltr.)

– Sautoir
– flache Kasserolle

– Sauteuse
– Schwenkkasserolle oder Schwenktöpfchen

– Braisière
– Schmorpfanne (Schmorkasserolle) mit Deckel

– Marmite
– hohe Kasserolle (ab 20 ltr.) als Suppentopf geeignet

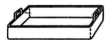
– Rôtissoir
– flache Bratenpfanne ohne Deckel

Erklären Sie das Funktionsprinzip einer Friteuse!	Friteusen besitzen eine tiefgezogene Fettwanne, so dass sich der Schaum, der sich beim Fritieren wasserhaltiger Speisen bildet, genügend ausdehnen kann. Unter dem Backkorb sitzt die ausschwenkbare Heizung, die zur genau gewünschten Temperatureinstellung durch ein Regelthermostat gesteuert wird. Durch einen Regler wird die Heizung abgeschaltet, wenn eine Überschreitung der zulässigen Fettemperatur erreicht wird. Somit sind Friteusenbrände, Fettverderb und Unfälle weitgehend unterbunden.
Was ist die Kaltzone bei einer Friteuse?	Der Bereich unter der Heizung; Temperaturbereich 80–100 °C.
Welche Fette können für eine Friteuse verwendet werden?	– ungehärtete oder gehärtete Pflanzenfette; – halbflüssige, anhydrierte Fritierfette.
Welche Temperaturbereiche sind beim Blanchieren, Bräunen und Ausbacken erforderlich?	Vorbacken = 140–160 °C Ausbacken = 160–180 °C
Nennen Sie die Arbeitsweise eines Heißluftgerätes (Konvektomat)!	Heißluftgeräte arbeiten nach dem Umluftprinzip. Durch die hohe Luftgeschwindigkeit in Verbindung mit der stufenlosen Temperatureinstellung (50–250 °C) wird ein guter Brateffekt erreicht. Damit können zur gleichen Zeit mehrere Bratbleche, Roste oder Schalen parallel übereinander angeordnet mit Nahrungsmitteln gegart werden. Vorteile: – kein Wenden und Begießen; – keine Geschmacksübertragung bei verschiedenen Speisen; – weniger Fettverbrauch bei Bratvorgängen; – geringer Energieverbrauch; – geringer Gewichtsverlust bei saftigem Fleisch.

Was ist die Gastro-Norm?	Ein gastronomisches Vielzwecksystem einheitlich genormter Behälterformen; Die Behälter sind stapelbar und können mit wasserdichten Deckeln versehen werden. Die Grundeinheit für die Gastro-Norm hat 1/1 mit den Maßen 530×325 mm bei max. Tiefe von 200 mm. Das am meisten verwendete Material für Gastronorm-Behälter ist Chromnickelstahl; es können aber auch Schalen und Behälter aus Kunststoff verwendet werden.
Nennen Sie die wesentlichen Vorteile des Gastronorm-Systems!	– Rationelle Betriebsabläufe; – platzsparendes Lagern von leeren oder gefüllten Behältern in speziellen Gastronormwagen; – pflegeleicht (aus anspruchslosen Grundstoffen); – Gastronormbehälter passen in alle neueren Küchengeräte; – für vielfältigen Arbeitseinsatz geeignet z. B. Heißluftgeräte, Backöfen, Dampfgeräte; – rationeller Transport innerhalb der Arbeitsräume durch spezielle Gastronormwagen.
Nennen Sie 2 Kältemittel, die in Kühlanlagen und Kreisläufen Verwendung finden!	Ammoniak (nur für Großanlagen), Fluorierte Chlorkohlenwasserstoffe.
Welche typischen Energiequellen sind für den Küchenbereich geeignet?	**Elektrische Energie** sauberes, bequemes Arbeiten, braucht keinen Lagerraum; die meisten modernen Gargeräte werden mit Strom beheizt; Maschinen können vom Standort flexibel eingesetzt werden. **Gas** Es wird zwischen Erd-, Misch- und Flüssiggas unterschieden (Flaschengas aus Propan und Butan). Gas ist für die Direktbeheizung am besten geeignet. Die Betriebskosten sind meistens günstiger als bei Elektrizität. Durch festverlegte Zuleitungen sind Heizgeräte und Brennstellen ortsgebunden. **Heizöl** Heizöl ist für die Direktbeheizung von Brennstellen, Kochkesseln und Heizgeräten nur bedingt einsetzbar.

In welche Abwaschbereiche wird die Spülküche eingeteilt?	**Geschirrspüle** (Porzellanspüle) Geschirrspülmaschine zum Abwaschen von Eßgeschirr und Besteckteile. **Schwarzspüle** In großen Spülbecken werden im Handbetrieb Töpfe, Arbeitsgeräte und Maschinenteile abgewaschen.
Was wird mit der Nachspülung in Spülmaschinen erreicht?	Heißes Frischwasser wird aus Strahldüsen auf das Geschirr gesprüht und damit anhaftende Waschlaugenrückstände entfernt. Das Geschirr bekommt die nötige Eigenwärme, um schnell nach dem Waschvorgang an der Luft zu trocknen. Dem aufgeheizten Frischwasser (ca. 85° C) wird ein Entspannungsmittel (Klarspüler) in der vorgeschriebenen Dosierung zugefüllt.

Spezialgedeck für Gänseleberterrine. Mittelgabel, Mittellöffel, Gänseleber auf Eis, 2 Kaffeelöffel in heißem Wasser zum Ausstechen der Terrine

Arbeitsabläufe unter Berücksichtigung personeller, räumlicher und produktbezogener Gegebenheiten

Was wird durch eine gute Betriebsorganisation erreicht?	Durch eine gute Organisation werden die Ziele und Aufgaben auf eine möglichst wirtschaftliche Weise verwirklicht. Mit geringem Aufwand soll ein möglichst großer Nutzen angestrebt werden, bei optimalem Zusammenwirken aller Mitarbeiter eines Betriebes.
Was sind die Prinzipien einer guten Betriebsorganisation?	Standardisierung der Angebote und Aufgaben; Spezialisierung der Mitarbeiter durch Aufgabenteilung; Koordinierung der Arbeitsabläufe; Mechanisierung der technischen Gegebenheiten.
Welche Eignungsmerkmale zeichnen einen guten Organisator aus?	– Sachkenntnis – Gestaltungskraft – kreatives Handeln – Begeisterungsfähigkeit – Ausstrahlungs- und Überzeugungskraft – Analytisches und logisches Denken – Objektivität und Ehrlichkeit – Glaubwürdigkeit und Vertrauen – Umfassende Erfahrungen – Sprachliche Begabung – Fähigkeit einer guten Mitarbeiterführung – Durchsetzungsvermögen – Willensstärke und Ausdauer
Was ist ein Stellenplan?	Aufgliederung der betrieblichen Abteilungen in einzelne Arbeitsbereiche.
Was ist eine Stellenbeschreibung?	Eine schriftliche Festlegung der übertragenen Bereiche für einen Mitarbeiter mit allen Aufgaben, Rechten und Befugnissen sowie den Pflichten und Anforderungen.

Nennen Sie einige Aussagen über den Inhalt einer Stellenbeschreibung!	– Grundlagen für Stellenausschreibungen – Hilfsmittel für neu eingetretene Stelleninhaber – Klare Informationen über Aufgaben, Kompetenzen und Verantwortung – Mittel der Selbstkontrolle – Das Verantwortungsbewußtsein wird erhöht – Mittel der Mitarbeiterkontrolle und Beurteilung
Erstellen Sie ein Organigramm (Stellenplan) für eine Küchenbrigade (in deutsch und französisch)! *Benützen Sie dafür ein extra Blatt!*	Organigramm-Beispiel siehe folgende Seite!

Spezialgedeck für frischen Hummer als Vorspeise: Hummergabel, Fischbesteck

Organigramm – Beispiel:

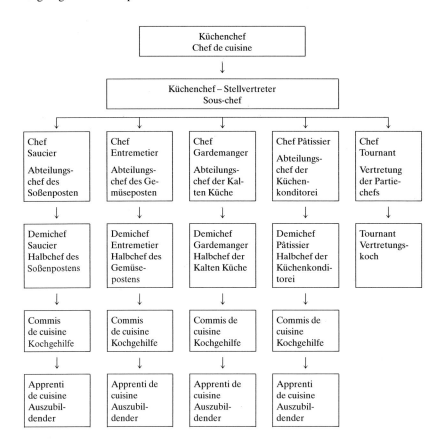

Weitere Küchenpartien sind:

Rôtisseur	– Bratenposten
Grillardin	– Grillposten
Poissonnier	– Fischposten
Potager	– Suppenposten
Boucher	– Küchenmetzger
Regimier	– Diätposten
Communard	– Personalkoch

Nennen Sie 3 Unterscheidungsmerkmale für den rationellen Arbeitsablauf!	– Gliederung des Arbeitsablaufs – Arbeitsverteilung – Erstellen von Arbeitsanweisungen
Was ist ein Arbeitsablaufplan?	Ein Arbeitsablaufplan gliedert alle Vorgänge der Aufgaben, die räumlich und zeitlich, neben- und nacheinander ablaufen. Um eine reibungslose Abwicklung zu gewährleisten, ist es notwendig, einen Arbeitsablaufplan zu erstellen.
Was ist eine Arbeitsanweisung?	Eine Arbeitsanweisung legt fest: – dass ein Arbeitsvorgang auf eine bestimmte Art und Weise durchgeführt wird; – dass ein Arbeitsvorgang in immer gleicher Weise wiederholt wird; – dass das Ergebnis eines Arbeitsvorganges immer gleich ausfällt, gleichgültig von welchen Mitarbeitern er ausgeführt wird. – Arbeitsvorgänge, mündlich oder schriftlich oder auch anhand von Fotos.
Welche Zielabschnitte kennen Sie bei der zeitlich orientierten Ablauforganisation?	– Ermittlung und Beschreibung der Teilaufgaben; – Festlegung der Reihenfolge der Teilaufgaben; – Festlegung der geplanten und der tatsächlichen Tätigkeitszeit; – Ermittlungen von eventuell auftretenden Zeitabweichungen; – Erhaltung der Arbeitsmotivation; – Gewährleistung der Arbeitsqualität.
Welche Punkte sind bei der Dienstplangestaltung zu beachten?	– Der Dienstplan soll kurzfristig den erforderlichen Personaleinsatz festlegen. – Der Dienstplan soll unproduktive Arbeitszeiten oder mögliche Überstunden vermeiden. – Der Dienstplan soll mit gezielter Diensteinteilung Zeitverluste und Leerzeiten vermeiden. – Der Dienstplan muss den gesetzlichen Bestimmungen entsprechen.

*Erstellen Sie einen Arbeits-
ablaufplan für einen Tag in
der Patisserie!*

*Benutzen Sie dafür ein
extra Blatt!*

Beispiel für einen einfachen Arbeitsablauf

Uhrzeit	Posten	Auszuführende Arbeiten Arbeitsschritte
9:00 ↓	Patisserie	Biskuitmasse herstellen und Böden backen
10:00 ↓		Herstellung der Desserts zum Mittagessen
10:00 ↓		Herstellung von Eisbomben
12:00 ↓		à la carte Geschäft und Dessertausgabe
14:00 ↓		Pause
14:30 ↓		Einsetzen von Torten
15:00 ↓		Vorbereitung und Herstellung der Abenddesserts
16:00 ↓		Vorbereitung für den nächsten Tag

Verkaufsgespräche und betriebsinterne Absprachen

Was ist Verkaufsförderung?	Ziel der Verkaufsförderung ist die Absatzweiterung. Dazu dient das gesamte absatzpolitische Instrumentarium: Werbung, Preispolitik, Absatzmethode, Produkt- und Sortimentsgestaltung.
Was besagt der „AIDA"-Effekt in der Absatzwerbung?	A = Aufmerksamkeit *(Attention)* erzielen I = Interesse *(Interest)* wecken D = Wünsche *(Desire)* wachrufen A = zur Handlung *(Action)* führen oder zum Kauf veranlassen
Welche Werbeträger bieten sich für gastronomische Aktionen an?	– Anzeigen (Zeitung); – persönliche Werbebriefe mit Veranstaltungshinweisen; – Veranstalterplakate auf Werbeflächen; – Außendekoration mit Aktionshinweisen; – Innendekoration mit der Präsentation der angebotenen Waren.
Erklären Sie folgende Arten von Werbung: *– Einzelwerbung,* *– Massenwerbung,* *– Alleinwerbung,* *– Sammelwerbung,* *– Gemeinschaftswerbung!*	a) **Nach der Zahl der Umworbenen:** – Bei der **Einzelwerbung** richtet sich die Werbemaßnahme an den einzelnen Umworbenen (z. B. Glückwunschkarte). – Die **Massenwerbung** richtet sich entweder an eine bestimmte Gruppe von Umworbenen (Familien, Reiter,...) oder gestreut an die Allgemeinheit (Kino-, Rundfunk-, TV-Werbung...) b) **Nach der Anzahl der Werbenden:** – Die **Alleinwerbung** wird immer von einem Werbenden durchgeführt. – Bei der **Sammelwerbung** finden sich mehrere Werbende zusammen, um gemeinsam zu werben, wobei jeder Teilnehmer namentlich erwähnt wird (z. B. Hotelprospekt einer Hotelkooperation). – Von **Gemeinschaftswerbung** spricht man, wenn in der Werbung der Einzelne nicht mehr erwähnt wird, sondern allgemein für eine bestimmte Gruppe, Branche, ein allgemeines Produkt oder z. B. einer Urlaubsregion geworben wird. ("Auf geht's, zum Urlaub im Bayerischen Wald!").

Welche Grundformen der Werbung sind Ihnen bekannt?	– Wirtschaftliche Werbung – Politische Werbung – Kulturelle Werbung – Religiöse Werbung
Welche Werbegrundform trifft für gastronomische Betriebe zu?	Die wirtschaftliche Werbung.
Was ist Werbung?	– Eine Maßnahme, um das Verhalten des Gastes zu beeinflussen und/oder – um den Gast/Käufer zu geänderten und neuen Bewertungen und Entscheidungen zu führen.
Wie können Maßnahmen der Werbung beeinflußt werden?	Werbung kann beeinflußt werden durch: – die Werbedauer – die Werbeform – den Werbezeitpunkt – das Werbebudget – das Werbekonzept – die Werbeträger – die Zielgruppe
Was verstehen Sie unter Public relations?	Vertrauenswerbung – Der Ruf und das Image eines gastronomischen Betriebes soll gefestigt und erhalten werden.
Welche Maßnahmen können Sie zur Vertrauensbildung/ Vertrauenswerbung ergreifen?	– Tag der offenen Tür – Pressekonferenzen – Gästebetreuung im Hotel/Restaurant – Behandlung von Reklamationen – Besichtigung des Betriebes mit Gästen – Betriebseigene Schulung zur Hebung des Belegschafts-Image
*Erklären Sie nach dem **Ort der Werbung** die Begriffe **Innenwerbung** und **Außenwerbung!***	– **Innenwerbung:** Darunter sind Werbemaßnahmen zu verstehen, die der Gastronom in seinem Hause unternimmt. – **Außenwerbung:** Bei dieser Werbung versucht der Gastronom durch Maßnahmen außerhalb seines Betriebes oder auch durch das Äußere seines Hauses auf sich aufmerksam zu machen.

Erklären Sie die Begriffe **gezielte** *und* **gestreute** ***Werbung!***	– **Gezielte Werbung** soll bestimmte Personen ansprechen, von denen wir bereits wissen dass sie an unseren Leistungen Interesse haben (z. B. Werbegespräch, Werbegeschenk, Werbebrief, …). – **Gestreute Werbung** richtet sich an die Allgemeinheit, wird aber nur einige der Umworbenen ansprechen (z. B. Plakataushang, Kinowerbung, Rundfunkwerbung, Zeitungsinserat,…).
Erklären Sie die Begriffe ***offene*** *und* ***versteckte Werbung!***	– **Offene Werbung** ist sofort als solche zu erkennen (z. B. Schaufenster, Prospekt, Homepage). – **Versteckte Werbung** wird von dem Umworbenen nicht als Werbung erkannt (z. B. guter, freundlicher Service, Veranstaltungen für Hausgäste, Sommernachtsball, Grillabend, Preiskegeln, …).
Welche ***Gesetze/Verordnungen*** *sind bei Werbung zu beachten, die die Verbraucher und Mitbewerber schützen sollen?*	– Gesetz gegen den unlauteren Wettbewerb, – Gesetz gegen Wettbewerbsbeschränkungen, – Preisangabenverordnung, – Lebensmittelgesetze, – Datenschutzgesetze.
Welche Untersuchung/ Analyse sollte durchgeführt werden, bevor mit Werbung begonnen werden kann?	Die Analyse … – des **Streugebiets**, auf das sich die Werbung erstrecken soll, – des **Streukreises**, d. h. des Personenkreises, den man ansprechen möchte, – der **Streuzeit**, d. h. der für die Werbung günstigsten Zeit, – des **Streuwegs**, d. h. des günstigsten Wegs für die Werbung.
Unterscheiden Sie die Werbung nach Werbezielen und erklären Sie.	Werbeziele: – Bei **Einführungswerbung** soll der Bekanntheitsgrad für ein neues Produkt gesteigert werden. – Bei **Expansionswerbung** sollen Umsatz und Marktanteil vergrößert werden. – Bei **Erinnerungswerbung** soll der Gast an bereits Bekanntes erinnert werden.

*Nennen Sie **Werbegrundsätze**, die bei der Planung und Durchführung erfolgreicher Werbung angewendet werden sollten.*	– Die **Wirksamkeit** muss optimiert werden! Werbung muss deshalb geplant und – soweit möglich – kontrolliert werden. Gelang es, den/die Umworbenen zum Kaufentschluss zu veranlassen? – Sie muss den Grundsätzen von **Ehrlichkeit und Wahrheit** entsprechen! Sie muss sachlich richtig sein, eindeutig informieren, nicht irreführen oder täuschen. – Die **Wirtschaftlichkeit** der Werbung ist zu beachten! Werbeaufwand und Werbeertrag müssen im sinnvollen Verhältnis stehen. – Die **Zielklarheit** im Auge behalten! Der beabsichtigte Werbezweck ist eindeutig und einheitlich anzustreben. – Die **Einheitlichkeit** muss durch Abstimmung verschiedener Einzelmaßnahmen auf die Werbekonzeption hin erreicht werden. – Durch **Originalität** sich von der Masse abheben! Die Werbung soll Besonderheiten des Hotels herausstellen, betonen. – Durch **Modernität und Aktualität** im Trend der Zeit liegen! Neue Ideen sind gefragt. Was passt zur Zeitstimmung? – Durch **Sozialverträglichkeit** bei der Werbemaßnahme soll vermieden werden, dass in der Außenwirkung ein falsches Image/eine Entfremdung – z. B. einer Urlaubsregion – stattfindet.
Was verstehen Sie unter Werbestil in gastronomischen Betrieben?	Der Werbestil muss sorgfältig auf den Stil des Betriebes abgestimmt sein, da der angesprochene Gast Rückschlüsse vom Stil der Werbung auf den Stil des Hauses zieht.
Mit welchen Werbemitteln können Sie in einem gastronomischen Betrieb Absatzförderung erzielen?	– Regionale Spezialitätenabende oder -wochen, – länderspezifische Spezialitäten, – saisonbedingte Gerichte, – Weinabende mit entsprechenden Degustations-Menüs, – familiengerechte Menüs zu bestimmten Anlässen, – Feinschmeckerabende in kleinerem Gästekreis. Und weitere Möglichkeiten.

Welche Vorbereitungen müssen getroffen werden um gastronomische Aktivitäten durchzuführen?	– Speisen- und Getränkekarten erstellen. – Entsprechende Waren einkaufen und auf Qualität prüfen. – Rezepte für die Gerichte festlegen und ein Probekochen durchführen. – Verkaufspreise auf Grund der Rezepturen und des Einkaufspreises kalkulieren. – Intensive Verkaufsschulung für das zu diesem Anlass eingesetzte Personal.
Welche Gesichtspunkte sind für die Auswertung der durchgeführten Aktionen von Bedeutung?	– Wie wurde das spezielle Angebot von den Gästen angenommen? – Wie fällt die Kosten-/Ertragsanalyse aus? – Waren Zeitpunkt und Zeitraum richtig gewählt? – Sollten ähnliche Aktionen wieder durchgeführt werden? – Wurden durch die Werbung die richtigen Zielgruppen angesprochen und neue Gäste gewonnen? – Hat sich die Verkaufsschulung der Mitarbeiter positiv auf den Umsatz ausgewirkt?
Was ist eine Checkliste für den Bankettverkauf?	– Auflistung aller Leistungen des Betriebes zur Durchführung des Banketts. – Hilfsmittel für den Verkäufer während des Verkaufsgespräches. – Darlegung der Leistungsfähigkeit des Betriebes. – Wirkungsvolle Werbemöglichkeit. – Durch das Ankreuzen in der Checkliste haben alle betroffenen Abteilungen eine genaue Information über die Wünsche des Veranstalters.
Wie können Sie die Wünsche und Vorstellungen bei einem Verkaufsgespräch für eine Bankettveranstaltung exakt erfassen?	– Durch fundiertes Fachwissen in allen Bereichen der Gastronomie. – Durch Einfühlungsvermögen für die Belange des Gastes. – Durch ein ausgeprägtes Kosten-, Preis- und Umsatzbewusstsein. – Durch gute und sichere Verkaufsargumente. – Durch ein überzeugendes Organisationstalent.

Welche Punkte sind entscheidend für den Erfolg eines Verkaufsgespräches?	– Sympathie – Fachwissen – Überzeugungskraft
Nebenstehende Bankettvereinbarung soll in nachstehende Checkliste übertragen werden!	Herr Huber von der Firma PETER aus 94469 Deggendorf, Rossmannstr. 60, möchte eine Bankettvereinbarung treffen. Er plant am 20.12.20... 60 Personen zu einem Abendessen gegen 18.00 Uhr einzuladen. Anlass ist ein Firmenjubiläum. Die Gesamtrechnung wird vom Betrieb voll übernommen. Herr Huber stellt sich vor, dass ein Alleinunterhalter spielen sollte, jedoch erst nach dem Essen, welches bis 21.00 Uhr zu Ende sein sollte. Der Rahmen sollte feierlich sein mit Blumengestecken zum Preis von € 20,00 pro Gesteck. Als Menü wurde Nr. 15 zum Preis von € 35,00 ausgesucht. Die passenden Getränke: Weiß- und Rotwein, Champagner. Für den Begrüßungstrunk sollte Sekt mit Orangensaft oder Campari mit Orangensaft angeboten werden. 10 Personen sollen an diesem Abend im Hotel untergebracht werden. Gegen 21.00 Uhr ist eine Kurzrede mit kleiner DIA-Schau von ca. 10 Minuten über die Firma geplant. Während des Essens wird nur Herr Dr. Peter nach der Vorspeise eine Rede halten. Beim Apéritif wird Herr Huber eine kurze Begrüßungsansprache halten.

Datum, Tag: Mittwoch, den 20.12, 20...	Art der Veranstaltung: FIRMEN JUBILÄUM
Veranstalter: Fa. PETER / H. Huber	Anschrift: 94469 DEGGENDORF, ROSSMANNSTR. 60
Raum: Saal I/II für Sitzung:	Gesprächspartner: H. Huber Tel.: 0991/3157698
Personenzahl: 60	Empfang: ca. 18:15 h Diner: 18:45 h Ball:
Uhrzeit: 18⁰⁰ - 1⁰⁰	Aperitif: Sekt mit Orangensaft od. Campari/Orangensaft

Menü für Lunch oder Diner: | **Weine Nr.:**

Menüvorschlag No. 15   W 10
                                  R   6

                                  Sch.   4

Preis: 35,-

Kaffee / Mokka: ja   Kognak / Likör: evtl. abfragen   Tabakwaren: —

Änderungen:

Blumen: Gestecke m. Kerzen **Farbe:** winterliche Anordnung **Preis:** € 20,- pro bestellt
Besondere Dekorationen: **Preis:**

Bemerkungen: 20.-21.12   5 DZ reserviert / Alleinunterhalter!
von 21:00 - ca. 1:00 Uhr → Kosten werden übernommen und in
Bei Begrüßung → Ansprache H. Huber (5 Min) Rechnung gestellt
Nach der Vorspeise → Rede dir Peter (15 Min)
gegen 21:00 → Diaschau (10 Min)

Tischform: Hufeisen   **Sitzordnung:** durch H. Huber   **Menükarten:** vom Haus   **Reden:** S.O.

Angenommen am: 10.09.20...   **durch:** Geschäftsführer   Huber
                                                        Unterschrift des Veranstalters

Kontrolle und Abrechnung

Was ist ein Lager oder ein Magazin in einem gastronomischen Betrieb?

Rohstofflager
– Kühlhäuser für Fleisch und Gemüse,
– Kartoffelkeller

Lager für halbfertige Waren
– Konservenmagazin
– Kühlschrank
– Kühlräume

Lager für fertige Waren
– Weinkeller
– Bierkeller
– Kühlräume

Lager für Betriebsmittel
– Wäschelager
– Geschirrlager
– Möbellager

Wie sollten Lagerräume beschaffen sein?

– Jeder Lagerraum muss grundsätzlich kühl und trocken sein.
– Die Räume müssen gut zu lüften sein.
– Wände, Fußböden und Decken sollen fugendicht sein.
– Glatter Fußboden erleichtert die Reinigung.
– Mit Kalk gestrichene Wände oder Fliesen verhindern das Eindringen von Schädlingen.

Warum sollte die Lagermenge dem zu erwartenden Geschäftsvolumen angepasst sein?

Sind Lagerbestände zu groß, besteht die Gefahr von veralteter oder verdorbener Ware; große Bestände sind eine zinslose Festlegung von Betriebskapital, Erstellungskosten für leere Lagerräume sind unproduktiv. Sind die Lagerbestände zu klein, können Produktion und Absatz nicht mehr voll gewährleistet werden. Eventuell müssen teure Nachbestellungen durchgeführt werden. Es soll keine betriebliche Störung auftreten.

Welche Punkte müssen bei der Warenannahme und Eingangskontrolle beachtet werden?	a) Annahme b) Auspacken und Überprüfen der Waren c) Überprüfung der Lieferscheine mit der gelieferten Ware sowie der Rechnung d) Verbuchung des Wareneingangs
Was ist der Lagerbestand?	Menge aller Güter, die im Betrieb auf Vorrat gelagert werden. Die Höhe des Lagerbestandes wird in € festgehalten. Es wird der Lager IST-Bestand durch Zählen, Wiegen und Messen bei der Inventur ermittelt. Der Lager SOLL-Bestand errechnet sich durch die Lagerbuchhaltung.
Welche Wareneingangsbücher kennen Sie?	– Weinbuch – Bierbuch – Wareneingangsbuch – Warenausgangsbuch
Was ist eine Lagerfachkarte?	An den Lagerfächern angebrachte Karteikarten für die mengenmäßige Erfassung der Warenein- und -ausgänge.
Was ist eine Lagerkarteikarte?	Ein Karteikartensystem, das parallel zur Lagerfachkarte geführt wird, um Warenbewegungen wert- und mengenmäßig zu erfassen.
Welche Aufgabe hat eine Lagerkartei?	In der Lagerkartei ist jeder Artikel des Lagers mit einer eigenen Karteikarte registriert. Wichtige Informationen wie Lieferant, Einkaufspreis sowie die angeforderte Abteilung werden auf der Karteikarte festgelegt.

Beispiel einer Lagerkarteikarte:

Lagerkartei				Lieferant: Fa. Köhler				Bestand	
Artikel: Prinzessbohnen 1/1				80997 München				Maximal	48 Dosen
stehend eingelegt				Tel.: ……				Minimal	12 Dosen
Dat.	Lieferant	Eingang		Verbrauch				Bestand	Bemerkung
		Menge	Preis	Nr.	Küche	Büfett	Bar	Sonstig		
1.1.	Fa. Köhler	48	1,48						48	Unterschrift
2.1.					6				42	″
4.1.					4				38	″
7.1.					20				18	″
8.1.					10				8	″
10.1.	Fa. Köhler	48	1,52						56	″

Was ist die Wareneinsatzkontrolle?

Für den Küchenbetrieb die wirksamste wirtschaftliche Kontrolle.
Der Sollwert des Wareneinsatzes soll zwischen 30 und 35% liegen.
Zur Überprüfung des Warenverbrauchs wird eine Trennung zwischen Lagerung und Verbrauch festgelegt.

Der Küchenverbrauch errechnet sich:
Anfangsbestand lt. Inventur
+ Warenanforderungen
./. Küchenwarenbestand (lt. Inventur)
= Küchenverbrauch

Küchennettoerlöse werden mit 100% vorgegeben und der errechnete Küchenverbrauch dazu in Prozent ausgerechnet.

Welche Punkte sind bei der Warenausgabe zu beachten?	– Die Waren dürfen nur auf schriftliche Anforderung ausgegeben werden. – Die Angaben der Warenanforderung sind in die Lagerkartei- und Lagerfachkarten einzutragen. – Die ausgegebenen Waren müssen von den anfordernden Abteilungen kontrolliert werden.

Ausgefülltes Muster einer Materialanforderung

Materialanforderung Nr. 300654

Abteilung: *KÜCHENKONDITOREI*   Datum: 01. 01. 20 ...

Menge	Artikel	Einheit	Quantität	Eink.-Preis	Total
50 kg	Mehl Type 405	kg	50	0,40	20,00
50 kg	Zucker	kg	50	0,70	35,00
120 Stck.	Eier Gewichtskl. 3	Stck.	120	0,12	14,40
5 kg	Mandeln gehobelt	kg	5	3,75	18,75
10 l	Schlagrahm	l	10	2,05	20,50
2 kg	Puderzucker	kg	2	0,90	1,80

Angefordert von:	Ausgegeben von:	Ware kontrolliert und empfangen:	Betriebs-abrechnung	110,45
Maierl	*Stamm*	*Maier*		*Schmid*
ABTEILUNGSLEITER	LAGER		BÜRO	

Verkaufsfördernde Veranstaltungen und Aktionen

Welche verkaufsfördernde Maßnahmen für den gastronomischen Bereich sind Ihnen bekannt?
- Kulinarische Wochen
- Wochenendpauschalen
- Empfänge
- Cocktailpartys
- Seniorenveranstaltungen
- Kindernachmittage
- Hinweise auf besondere Angebote im Hotel/Restaurant
- Einladung von Chefsekretärinnen, von Taxifahrern
- Ausstellungen und Vernissagen in Hotels und andere Möglichkeiten

Was versteht man unter Sales promotion?
Verkaufsförderung mit Hilfe der absatzpolitischen Instrumente Werbung, Preispolitik, Absatzmethode sowie Produkt- und Sortimentsgestaltung.

Was ist Verkaufsförderung außerdem?
Kontaktpflege (persönliche Kontakte) zwischen Betrieb (Hotel und Restaurant) und dem kaufwichtigen Gast.

Nennen Sie die wichtigsten Aspekte für eine positive Verkaufsschulung!
- Sicheres Auftreten
- Saubere Garderobe
- Gepflegte Erscheinung
- Freundliche Ausstrahlung
- Gute Allgemeinbildung
- Gutes Namens- und Personengedächtnis
- Innovationsbereitschaft
- Solides, umfassendes Fachwissen
- Kenntnis (richtige Einstufung) der Gästetypen und andere Möglichkeiten